MAOMÉ
O TRANSFORMADOR DO MUNDO

Mohamad Jebara

MAOMÉ
O TRANSFORMADOR DO MUNDO

Uma Biografia Reveladora sobre o Fundador da Religião Islâmica

Tradução
Gilson César Cardoso de Sousa

SEOMAN

Título do original: *Muhammad, The World-Changer*.

Copyright © 2021 Mohamad Jebara.

Publicado pela primeira vez pela St. Martin's Essentials, um selo da St. Martin's Publising Group.

Copyright da edição brasileira © 2023 Editora Pensamento-Cultrix Ltda.

1ª edição 2023.

Todos os direitos reservados. Nenhuma parte desta obra pode ser reproduzida ou usada de qualquer forma ou por qualquer meio, eletrônico ou mecânico, inclusive fotocópias, gravações ou sistema de armazenamento em banco de dados, sem permissão por escrito, exceto nos casos de trechos curtos citados em resenhas críticas ou artigos de revistas.

A Editora Seoman não se responsabiliza por eventuais mudanças ocorridas nos endereços convencionais ou eletrônicos citados neste livro.

Editor: Adilson Silva Ramachandra
Gerente editorial: Roseli de S. Ferraz
Gerente de produção editorial: Indiara Faria Kayo
Preparação de originais: Adriane Gozzo
Editoração Eletrônica: Join Bureau
Revisão: Claudete Agua de Melo

Dados Internacionais de Catalogação na Publicação (CIP)
(Câmara Brasileira do Livro, SP, Brasil)

Jebara, Mohamad
  Maomé: uma biografia reveladora sobre o fundador da religião islâmica / Mohamad Jebara; tradução Gilson César Cardoso de Sousa. – 1. ed. – São Paulo: Editora Seoman, 2023.

  Título original: Muhammad, the world-changer: an intimate portrait.
  Bibliografia.
  ISBN 978-65-87143-43-9

  1. Maomé, Profeta, m.632 – Biografia 2. Islamismo – História I. Título.

22-139620 CDD-297.63

Índices para catálogo sistemático:
1. Maomé, Profeta: Islamismo: Biografia 297.63
Inajara Pires de Souza – Bibliotecária – CRB PR-001652/O

Seoman é um selo editorial da Pensamento-Cultrix.

Direitos de tradução para o Brasil adquiridos com exclusividade pela EDITORA PENSAMENTO-CULTRIX LTDA., que se reserva a propriedade literária desta tradução.
Rua Dr. Mário Vicente, 368 – 04270-000 – São Paulo, SP – Fone: (11) 2066-9000
http://www.editoraseoman.com.br
E-mail: atendimento@editoraseoman.com.br
Foi feito o depósito legal.

SUMÁRIO

Nota do Autor 11
Introdução: Maomé Além de Estereótipos 15

Parte I: Raízes da Mentalidade

1. Um Nome Único: *Encarregado de Uma Difícil Missão*........ 37
2. O Órfão 63
3. O Aprendiz 89

Parte II: A Formação da Mentalidade

4. O Empresário: *Maomé Torna-se um Homem Que Faz a Diferença* 119
5. O Profeta: *Inspirando Outros* 147
6. Boicote: *Opressão Transformada em Oportunidade* 183

Parte III: Aplicando a Mentalidade

7. Medina 223
8. O Teste Final 261

9. O Triunfo: *A Nova Ordem Meritocrática da Arábia* 299
10. O Islã: *Preservação dos Ideais Básicos para a Posteridade* 331

Epílogo: *O Imponderável Legado da Mentalidade de Maomé* 359
Fontes do Material 377
Índice Remissivo 401
Lista de Legendas 413
Lista de Autorizações 415

*Ao Infinito Mistério dos Mistérios,
Grande Força Invisível por trás de todas as formas de vida,
Luz que ilumina a ordem cósmica,
Sábio Mentor, Maravilhosa
Inspiração do homem que mudou o mundo*

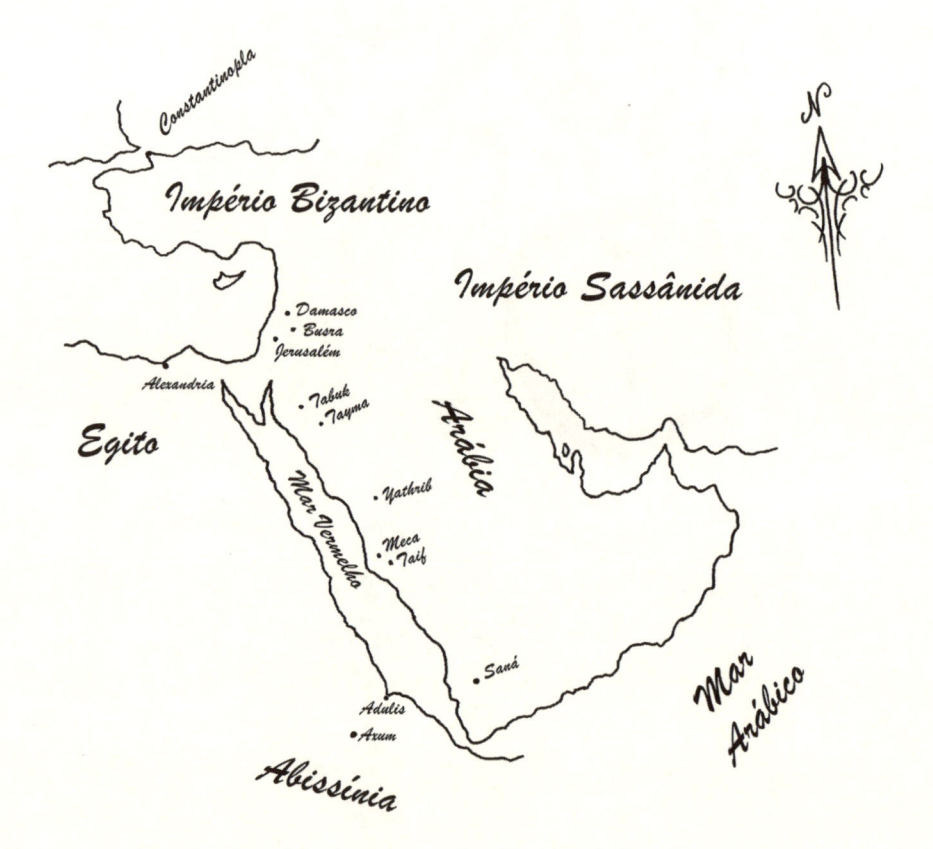

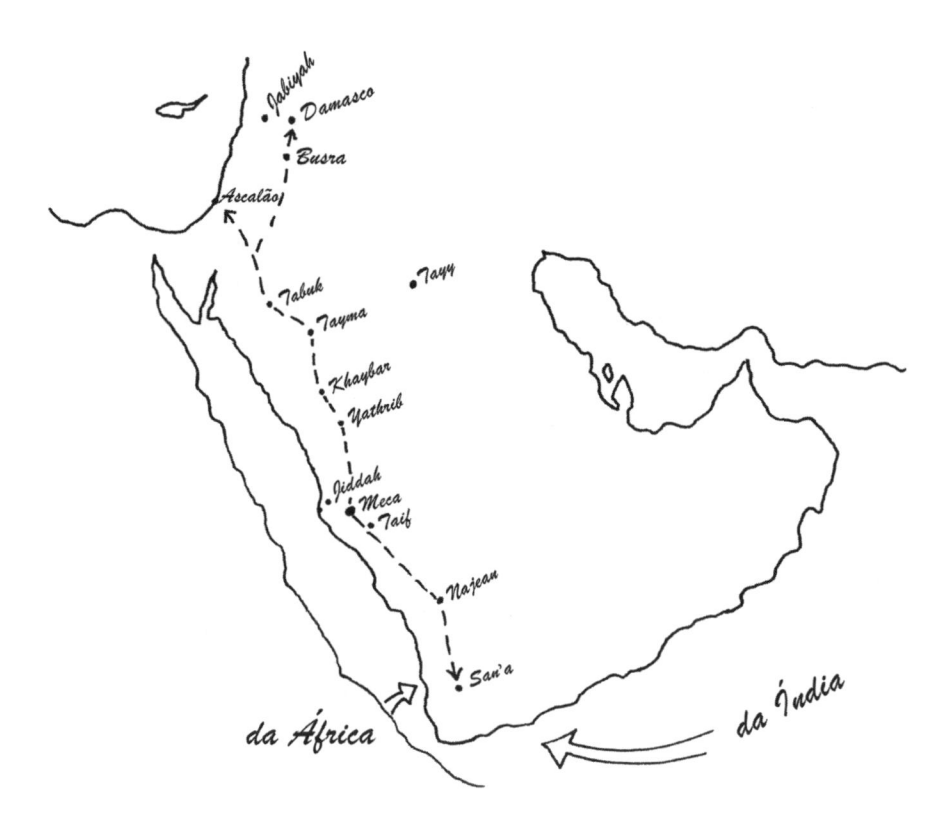

Principais Rotas de Caravanas

NOTA DO AUTOR

Instruído nos métodos da tradicional educação islâmica, mas escrevendo para o público em geral, precisei harmonizar um leque de fatores para tornar esta biografia tanto ancorada nas ciências islâmicas estabelecidas quanto acessível a leitores de todas as formações. Meu objetivo foi recorrer à sabedoria do *'ulama* (corpo tradicional de estudiosos e eruditos islâmicos) para proporcionar uma compreensão humanizada de Maomé e seu mundo.

Para melhor legibilidade, omiti a expressão honorífica "que a paz esteja com ele", costumeiramente acrescentada ao nome de Maomé. Do mesmo modo, em vez de compor notas de rodapé para cada fato apresentado no texto, incluí uma lista de fontes documentais no fim do livro.

As transliterações de algumas consoantes (*sirat*, não *zirat*) e vogais (*Musa*, não *Musé*; e *'alaihim*, não *'alaihum*) baseiam-se no vernáculo cúfico e nas orientações *tajwid* (elocução) do imã Hafs, por meio de 'Asim, que é a pronúncia popular do árabe clássico padronizado pelos abássidas no Oriente (ou seja, nas terras a leste do Egito, incluindo os antigos domínios dos otomanos, safávidas e mongóis). Para alguns nomes próprios, adotei a seguinte padronização: Meca, não Makkah; Medina, não Madinah; Al-Zahiriya, não Ath-Thahiriyyah; Iêmen, não

Yaman. Também para melhor legibilidade, não acentuei as vogais longas ou alguns sons árabes característicos.

A tradução de qualquer língua antiga para os idiomas contemporâneos encerra seus desafios. Minhas traduções (incluindo passagens do Alcorão) recorrem ao significado das raízes semíticas das palavras árabes, ao conhecimento do que os termos árabes queriam dizer na época de Maomé (muitos se alteraram desde então) e ao contexto narrativo, a fim de identificar o significado pretendido entre inúmeros homônimos potenciais. Esforcei-me ao máximo para transmitir os matizes da linguagem original sem as interpretações doutrinárias desenvolvidas em séculos posteriores (presentes, por exemplo, em várias traduções inglesas de versos do Alcorão que tentam competir com a Bíblia King James). As traduções baseiam-se na tentativa de combinar a conotação de passagens em variações corânicas, conhecidas como *Qira'at* (expressões, termos vernáculos). Como explicarei mais adiante, muitas vezes uso os termos *o Divino* ou *o Divino Amoroso* para a palavra árabe *Allah* e *Mentor Divino* ou *Mentor Cósmico* para a palavra árabe *Rabb*.

Calculei a cronologia de eventos importantes aqui esboçados comparando detalhes colhidos da erudição islâmica com outras fontes históricas, além do calendário islâmico com o moderno calendário gregoriano (com EV significando Era Vulgar). Algumas palavras árabes que veiculam matizes relacionados ao tempo forneceram evidências adicionais. Por exemplo, vários verbos aludem ao momento da ação, como *asbaha* (no início da manhã); *yaghdu* (no fim da manhã); *ashraqa* (ao alvorecer); *adh-ha* (de manhã); *zala* (ao meio-dia); *thalla* (à tarde); *amsa* (à tardinha); *bata* (à noite); *taraqa* (à meia-noite); e *raha* (tarde da noite). Pistas extraídas da língua podem, assim, dar notável exatidão a fatos ocorridos há séculos.

Por fim, conforme enfatizo na introdução, Maomé deixou bem claro a seus seguidores que se concentrassem em suas ideias, não em sua vida ou pessoa. Esse pedido, no entanto, foi ignorado logo depois de sua morte, e o estudo de sua vida – *sirah* – surgiu como disciplina formal da erudição islâmica. Embora este livro constitua modesta contribuição para esse campo, eu o escrevi com sentimentos desencontrados, ciente do fato de que estava invadindo a privacidade de Maomé. Maomé, o ícone histórico e espiritual, merece ser mais bem compreendido, e espero que me perdoe a intrusão.

Introdução

MAOMÉ ALÉM DE ESTEREÓTIPOS

Meca: 10h da manhã, sexta-feira,

O aroma de especiarias frescas e incenso saturava o frio ar matinal à medida que uma impressionante figura de vermelho e branco percorria o mercado de Meca, apinhado de vendedores que se preparavam para celebrar o equinócio de primavera.

O homem de vermelho e branco permaneceu do lado de fora, entre a multidão, as roupas ousadas desafiando a classificação tribal padronizada numa sociedade em que a vestimenta funcionava como carteira de identidade. Os habitantes da Arábia exibiam as filiações de clã por meio de cores, formas e estilos distintos do traje e do toucado. Mas a combinação de cores daquele homem não remetia a nenhum visual tribal conhecido e sugeria, em vez disso, uma fusão de identidades, incluindo estilos externos à Arábia.

A sexta-feira era, aparentemente, um dia de grande exaltação para os árabes. Os mecanos a chamavam de *yawm-ul-ʿurubah* (dia do orgulho árabe). Sua celebração semanal refletia o apego da Arábia à identidade tribal. A multidão do mercado nem sequer imaginava que o homem de vermelho e branco iria, no futuro, converter as sextas-feiras no *yawm-ul--jumu'ah* (dia da inclusão).

Embora os árabes dessa época estivessem muito atrás dos impérios vizinhos em educação e desenvolvimento – Bizâncio, Pérsia e Abissínia superavam, em muito, a Arábia –, o orgulho permanecia como elemento importante do senso de identidade de seu povo. Um código de honra lendário estimulava altos padrões de generosidade e confiança. Em Meca, nenhum visitante passava fome, pois os clãs competiam ardorosamente para receber bem os hóspedes, muitos deles mercadores que iam vender seus artigos na cidade, por causa da reputação de seus habitantes de honestidade nos negócios.

As chuvas haviam voltado no fim do inverno, e as plantas do deserto começavam a florescer. As inundações de fevereiro cessaram, deixando abertos os caminhos para os mercadores locais, que logo partiriam para o norte, para a Síria, na caravana da estação.

Caravanas repletas de mercadorias e peregrinos convergiam agora para a capital, avançando por ruas desimpedidas, ladeadas de edifícios de tijolos, rumo a uma construção cúbica assimétrica no centro. Conhecida como Ka'bah (nexo), essa construção abrigava os objetos mais preciosos da Arábia: 360 ídolos reverenciados. O santuário, único edifício de pedra em Meca, era administrado por sacerdotes que só permitiam a entrada a pessoas da elite, bem-vestidas e ricas. Peregrinos pobres, que não podiam se permitir vestimentas de luxo, enxameavam-se seminus nas imediações da Ka'bah. Graças ao homem de vermelho e branco, o santuário seria, futuramente, transformado em ponto de reunião igualitário, sem porteiros nem ídolos – e sem a exigência de trajes especiais.

Os mecanos não produziam bens para exportação, mas eram intermediários confiáveis que conectavam a Índia e a África Oriental a Bizâncio, onde era grande a procura de especiarias para cozinhar e incenso para os rituais cristãos – e esses produtos valiam o peso em ouro.

O homem de vermelho e branco fizera, muitas vezes, em caravana, a longa jornada para o norte, para Damasco, transportando sua carga pelas areias desoladas. Para a maioria dos comerciantes árabes, a jornada em caravana era apenas negócio: eles atravessavam culturas estrangeiras sem procurar aprender nada. No entanto, o homem de vermelho e branco observara atentamente o mundo além da Arábia, conversando com os nativos, indagando sobre sua cultura e constatando como a natureza era mais verdejante deserto afora.

Investigador contemplativo, chegou à conclusão de que o orgulho intenso de seu povo o privara de dinamismo. Os árabes estavam tão apegados à cultura dos antepassados que temiam qualquer mudança. Seu código de honra implicava não só reverência cega aos ancestrais como culpabilização dos outros, preconceito contra as mulheres, desdém pelos pobres, desconfiança de estrangeiros e medo arraigado da inovação.

Todavia, a recusa de mudar dos mecanos seria posta à prova.

A alguma distância da Ka'bah, o homem de vermelho e branco saiu da multidão e começou a subir uma pequena colina sobranceira ao mercado. O local tinha função cívica e nome especial: Abu Qubais (pequeno lugar restrito). Era dali que se comunicavam as notícias urgentes ao povo.

À medida que subia confiantemente, o homem de vermelho e branco ia deixando pelo caminho uma trilha de mirra aromática. A multidão, no mercado, notou-o e fez silêncio. Compradores e vendedores interromperam a algazarra, a fim de olhar para cima.

Um metro e oitenta de altura, ombros largos, cerca de 40 anos, o homem estava em boa forma. Parecia jovem e ao mesmo tempo maduro, com olhos negros cativantes e dentes muito brancos em contraste com a pele moreno-clara. Os cabelos eram brilhantes, pretos, em tom avermelhado, caindo em mechas encaracoladas por trás das orelhas.

Chegando ao alto do Abu Qubais, o homem fitou a paisagem lá embaixo: a Ka'bah e o deserto, o qual se estendia para além da cidade e se perdia a distância. Fez uma pausa e logo quebrou o silêncio. Foi citando pelo nome, um a um, os catorze clãs de Meca: "Banu Hashim! Banu Umayyah! Ó vós, mui honoráveis entre os Quraish!".

Cada clã reconheceu o homem pela habilidosa diplomacia, a qual, menos de cinco anos antes, impedira uma guerra civil em Meca. As enchentes de inverno haviam assolado a cidade e destruído a Ka'bah. Chegada a hora de reconstruir o santuário, cada clã reivindicou a honra de colocar a nova pedra angular. O debate acalorado foi desandando em querela – até que o homem tirou seu *burdah* (manto) cor de esmeralda e colocou a pedra sobre ele. Anciãos de cada clã seguraram as bordas do manto e, juntos, levaram a pedra até o local no qual seria instalada.

Essa mediação cívica inteligente consolidou a reputação do homem, que, além de tudo, era comerciante respeitado de Meca. Ele não só emergira da mais abjeta miséria para acumular fortuna com seu tino para os negócios como se encarregava dos armazéns da cidade, mantendo os bens de outros moradores seguros enquanto viajavam.

O homem de vermelho e branco começou evocando sua sólida reputação. "Pergunto a vós – pois todos me conheceis bem, uma vez que tenho estado a vida inteira entre vós –, o que pensais de meu comportamento e palavras?" Respostas vieram de todos os lados: *amin* (confiável), *rahum* (piedoso), *karim* (generoso), *ibnu sayydi qawamih* (descendente de grande chefe) *'athimun shanuka, sadiqul-lisanuk* (honrado no comportamento, verdadeiro nas palavras).

Montado o cenário, o homem de vermelho e branco ergueu a voz (*'ardh*), pronunciando o árabe com perfeição, em tom sonoro, cada palavra rica de expressividade. Numa retórica vívida e florida que evocava o florescer da primavera, conclamou o povo à sua frente a romper a estagnação e a se abrir para novas possibilidades.

A multidão do mercado ouvia, imóvel e atônita, aquele apelo enfático. Após um minuto de tenso silêncio, um indivíduo ruivo, de olhos verdes penetrantes, finalmente explodiu: "Dane-se, Maomé! Foi para isso que você nos chamou aqui?". Os presentes, sacudindo a cabeça com desdém, dispersaram-se. Alguns riam enquanto se afastavam. "Terá Maomé perdido o juízo?" Um ricaço igual a ele se encerrar durante anos numa caverna desolada do monte Hira apenas para voltar pedindo-lhes que mudassem de vida!

Maomé ficou sozinho no Abu Qubais. A grande declaração prenunciando uma nova era não provocara, aparentemente, nenhum impacto. O que nem ele nem a multidão presente naquela manhã de março poderiam saber era que sua declaração, na realidade, mudaria o curso da história do mundo; que o ambicioso processo de transformação pessoal pregado na colina galvanizaria milhões de pessoas; e que aquele homem solitário no monte se tornaria uma das pessoas mais influentes da história.

Pelos vinte e dois anos seguintes, Maomé se recuperaria de seu fracasso, venceria repetidamente obstáculos quase insuperáveis e lideraria um impulso de inovação que acabou por criar a mentalidade intelectual da civilização moderna. Regressaria a Meca, apresentar-se-ia a uma multidão de cento e vinte mil pessoas e seria saudado como grande transformador do mundo. Seu candente apelo ao florescimento viria a triunfar, ecoando pela história até hoje e inspirando pessoas de todas as formações a mudar a própria vida e o mundo.

◆ ◆ ◆

Vivi com Maomé a vida inteira: recebi seu nome ao nascer, mas, por anos, não soube nada sobre ele.

Quando eu tinha 10 anos, crescendo no Canadá, achei a escola monótona, pois os professores exigiam que aprendêssemos fatos sem analisá-los – uma resposta só e nenhum discernimento próprio. Regurgitar informação não é comigo, e comecei a questionar tudo, numa espécie de rebelião pré-adolescente.

Enquanto isso, o mistério de minha identidade muçulmana permanecia oculto. Fora visitas ocasionais à única mesquita de minha cidade e o jejum do Ramadã, vivenciei as tradições religiosas de minha família sem saber *por quê*. Nas paredes de algumas casas, via tapeçarias mostrando um cubo negro rodeado pelo que me parecia água (só depois descobri que era uma massa de pessoas andando em volta dele). Presumi que fosse uma estação de tratamento de água.

Por ocasião de um acampamento escolar, os monitores me perguntaram se eu tinha alguma restrição alimentar. Fiquei intrigado com a pergunta. "Seu nome é Mohamad", explicaram eles, procurando ser delicados. Mas eu nunca ouvira a palavra *halal* (sem restrições) e não fazia ideia de que deveria comer diferente dos outros alunos. No entanto, levava comigo o nome do profeta do Islã por toda parte. Certa vez, num parque, alguém o ouviu e brincou: "Ei, Maomé, como vai sua montanha?". Não entendi: gostava de fazer caminhadas, mas não havia montanhas em minha cidade.

Certo sábado, liguei a televisão no canal de língua francesa que transmitia, regularmente, uma série de desenhos com figuras históricas. O episódio daquela manhã mostrava um personagem selvagem, semelhante a um pirata, chamado Maomé. Ele brandia uma espada e matava pessoas em batalha. Não percebi que aquele era meu homônimo até descobrir uma edição de 1952 da enciclopédia *Funk & Wagnalls*. O verbete "Islã" incluía a imagem de um homem barbudo empunhando uma espada e um livro. No fundo, via-se um cubo negro no meio de árvores verdes (a Ka'bah na Escócia?), rodeado de homens com sabres desembainhados. Na parte superior, uma legenda dizia: "Maomé, fundador do Islã, com a espada e o Alcorão, símbolos de sua fé".

Seria aquele o homem que inspirara meu nome? A imagem perturbadora podia não ser muito acurada, mas eu não tinha acesso a nenhuma outra descrição, exceto a dos anciãos de minha comunidade que exaltavam Maomé quando falavam árabe.

Mais ou menos na mesma época, assisti ao filme *The Message*, em inglês (filmado simultaneamente em árabe e lançado com o título *Al-Risalah*). Esse filme chegou aos cinemas no período de *Guerra nas Estrelas*. Foi filmado na África do Norte e mostrava um órfão numa terra estranha, empenhado numa busca de identidade e, ao mesmo tempo, salvando o mundo.

Meus amigos e eu quase gastamos a fita VHS do filme: vimos esse épico do deserto umas dez vezes. Ficamos entusiasmados com aquela grande obra cinematográfica, parte de nossa tradição. Sabíamos pouco das raízes de nossa religião, mas ali estava uma introdução impressionante, enriquecida com roupas típicas, cenários esplêndidos e paisagens arrebatadoras. Pela primeira vez, senti-me ligado a uma herança da qual podia me orgulhar. Embora Maomé não diga nada no filme (na realidade, ele nem aparece; a câmera apenas mostra os acontecimentos de seu ponto de vista), eu ao menos tinha a oportunidade de ver o mundo pelos olhos dele.

Mas havia duas mensagens contraditórias: as pessoas de minha cultura muçulmana reverenciavam Maomé como modelo de absoluta perfeição, ao passo que minha cultura popular ocidental o via como guerreiro selvagem. Eu precisava resolver essa contradição.

A conselho de um vizinho, minha busca começou na mesquita, com a palestra de um estudioso visitante. O tema – os ensinamentos de Maomé sobre higiene – não parecia muito auspicioso. No entanto, o palestrante captou minha atenção ao decodificar termos árabes dos ditos do profeta (conhecidos como *Hadith*) e cruzando informações de vários relatos da vida de Maomé. O estudioso parecia um detetive: esmiuçava as fontes para juntar um quebra-cabeça, decifrava palavras antigas para extrair delas ricos significados ocultos e se detinha, de vez em quando, para nos perguntar o que pensávamos, como modo de nos orientar rumo à síntese de nossas próprias conclusões.

Fiquei entusiasmado. Os estudos islâmicos tornaram-se meu *hobby*, enquanto outros garotos da vizinhança se apaixonavam pelo *hockey*. Assim como eles jamais realmente esperaram jogar na Liga Nacional de *Hockey*, eu também nunca pensei em me tornar clérigo. Mas logo estava gastando tudo que ganhava com entrega de jornais em passagens de ônibus para assistir às aulas de Alcorão extracurriculares, viajando nos fins de semana para estudar com estudiosos visitantes do Oriente Médio e comprando todas as gramáticas de árabe que conseguia encontrar.

Descer o buraco de coelho até o mundo de mil e quatrocentos anos das ciências muçulmanas nem sempre era fácil. Dominar a pronúncia do árabe corânico (*tajwid*) revelou-se assustador. Esforcei-me para chegar à elocução correta de uma língua antiga, diferente de meu inglês nativo. Certa vez, como parte de minhas lições, precisei recitar, de cabeça, um trecho de vinte páginas do Alcorão (*juz'*). O mínimo deslize na décima nona página fazia meu professor bater na coxa, sinal de que eu teria de recomeçar da primeira.

Por fim, com 12 anos, consegui completar a memorização do Alcorão. Contudo, para minha surpresa, o nome de Maomé só aparecia quatro vezes no livro sagrado. Aprender o Alcorão literalmente, palavra por palavra, não revelara nada sobre ele. E, embora eu houvesse memorizado os vocábulos e sua pronúncia correta, não tinha ideia do que significavam. Dedicaria os três anos seguintes a aprender a língua e a gramática árabe, o que me revelou novas camadas de significação, mas também suscitou mais perguntas sobre a mensagem do livro.

Os professores aconselhavam-me paciência – "tal qual a palmeira, que, às vezes, leva setenta anos para dar frutos". Como eu nunca vira uma palmeira, a metáfora sobre o valor da gratificação intelectual adiada não fizera nenhum efeito. Ainda assim, comecei a aprimorar minha disciplina: prestar atenção às instruções, memorizá-las corretamente, ser organizado e me preparar.

Por fim, uma noite, após cinco anos de estudo, meu professor me deu um livro novo, *Siratu Rasulillah*, de Ibnu Hisham, biografia oitocentista da vida de Maomé escrita por um egípcio erudito. Devorei o volume em três dias, no ônibus, próximo a um lago local e até nos corredores da escola. A narrativa era fascinante e muito mais fantástica do que eu esperava. O autor fornecia poucos detalhes sobre o próprio profeta, preferindo enfocar relatos do mundo à sua volta.

Meus professores notaram que o livro despertara minha curiosidade, mas não resolvera nada. Gentilmente, ofereceram-me outro: *History of Prophets and Kings* [História de Profetas e Reis], de At-Tabari, revisão da história do mundo, por um historiador iraquiano do século X, que incluía uma seção sobre Maomé. At-Tabari apresentava não só o contexto histórico, mas também novos detalhes extraídos de Ibnu Hisham. Transcrevia conversas mais pormenorizadas que Maomé tivera com figuras importantes, como o sobrinho de sua esposa, Waraqah, um eremita cristão. At-Tabari também dava informações sobre o mundo em que Maomé nascera, inclusive, para minha surpresa, que a cidade de Medina tinha um grande bairro judeu (não mostrado no filme *The Message*) e fora fundada por refugiados judeus após a destruição do Templo de Jerusalém.

Os eruditos evidentemente sabiam muita coisa sobre a vida e a sociedade de Maomé, mas os detalhes permaneciam dispersos por uma multiplicidade de fontes. Além disso, as discrepâncias entre os relatos de Hisham e At-Tabari significam que não havia consenso definitivo a respeito de inúmeros pormenores relacionados a Maomé. Estranho! Ao contrário de Moisés e Jesus, Maomé viveu num passado relativamente recente. Centenas de pessoas conhecidas dos historiadores conviveram muito tempo com ele. Devem ter, então, registrado os acontecimentos notáveis que presenciaram!

Na tentativa de deslindar essa misteriosa ausência, deparei-me com um *hadith* em que Maomé declarou: "Não me glorifiquem, não me engrandeçam e não me elogiem como os cristãos fizeram com Jesus, filho de Maria, pois sou um simples mortal". Quando os seguidores se sentiam intimidados diante dele, Maomé insistia: "Sou apenas um mortal, em nada diferente de vocês".

Concluí que Maomé se ocultara propositadamente. De fato, como seu primo 'Ali relatou vinte e cinco anos após a morte do profeta: "O mensageiro de Deus nos proibiu de escrever qualquer coisa dele ou sobre ele, afora o Alcorão". Maomé instou seus seguidores a se concentrar na mensagem, não no mensageiro, para não se transformar num ídolo petrificado. Isso resolvia a primeira parte do mistério: há poucas fontes primárias porque Maomé as proibiu.

Décadas após a morte de Maomé, uma nova geração começou a enfeitar a narrativa a respeito dele. Novos convertidos zelosos atribuíram milagres fabulosos ao profeta do Islã. Alguns dos seguidores mais próximos concluíram que chegara a hora de registrar tudo. Associados de primeira hora como 'Urwah ibnuz-Zubair, Ibnu 'Abbas e Ibnu Mas'ud compuseram biografias que, no entanto, logo se perderam para a história. Por volta de 700 EV, esses textos já não existiam, tendo sido, a maioria, destruídos durante o cerco de Meca e Medina pelo Império Umayyad (Omíada).

Sem testemunhas oculares em forma escrita, os estudiosos tiveram de recorrer à tradição oral de vinhetas, que só foram transcritas um século após a morte de Maomé. Portanto, identificar o Maomé histórico exige esmiuçar inúmeras fontes acumuladas (nem todas confiáveis), conhecidas como *sirah* (seguir pegadas). A *sirah* compreende centenas de narrativas diferentes amealhadas ao longo de séculos e em forma de diálogos. É uma fusão de história e literatura que procura dar uma ideia da vida e da importância de Maomé. O livro que você tem em mãos é outro capítulo desse discurso contínuo.

Cada biografia foi elaborada num contexto social e político distinto. Os primeiros livros populares de *sirah* foram escritos cerca de 750 EV, à medida que diferentes escolas de jurisprudência islâmica (*mathahib*) se formavam e buscavam fontes para justificar seus princípios. As biografias desse período narram histórias sobre Maomé em um estilo que reflete determinadas linhas de pensamento. Como os autores não podem impedir facilmente que sua visão de mundo afete sua prosa (acusação de que me declaro inocente neste livro), os autores de *sirah*, de modo característico, apresentam evidências que façam sentido para seu público contemporâneo.

Pressões políticas também influenciam muito a *sirah*. O trabalho mais antigo desse tipo, "As Crônicas do Mensageiro de Deus", foi encomendado pelo califa Al-Mansur como coletânea de histórias inspiracionais para seu filho de 10 anos, Al-Mahdi. Um contador de histórias da Arábia chamado Ibnu Ishaq foi contratado para oferecer um modelo de comportamento ao herdeiro pré-adolescente do califa. Este, que ajudara recentemente a perpetrar o massacre de uns 30 mil omíadas num golpe de Estado, queria que o filho fosse um sucessor poderoso. Sem muita surpresa, o Maomé de Ibnu Ishaq é um conquistador valente e hábil estadista. Destacados eruditos da época, como o imã Malik de Medina, rejeitaram a obra como ficção, mas ela permaneceu como um clássico do gênero.

Em contrapartida, tomemos o clássico *Ash-Shifa* (A Cura), obra biográfica escrita por um jurista que viveu na sociedade multicultural aberta da Espanha muçulmana do século XII. O compilador, Qadhi (juiz) 'Iyadh al-Yahsubi, era, obviamente, um espírito esclarecido, conhecido pela moderação no tribunal. Seu Maomé é mais um humanista repleto de empatia que um guerreiro do deserto. O profeta aparece como um homem astuto, mas não intimidador, que recebe bem a todos e é exemplo de crescimento espiritual por autoajuda.

A postura tradicional dos eruditos islâmicos, ao longo dos séculos, foi priorizar a preservação da informação – ainda que inconsistente –, de modo que os méritos de um texto fossem extraídos por análise posterior. Sua metáfora para conteúdos semiproblemáticos era um cacto (*sabr*): embora espinhoso e amargo, ele, não obstante, produz água para salvar a vida em condições difíceis. A *sirah* está, assim, repleta de detalhes bizarros ocasionais que confundem o leitor. Ibnu Hisham, por exemplo, na introdução a uma antologia de vinhetas antigas, admite ter omitido pormenores que poderiam "incomodar algumas pessoas".

Os livros de *sirah* talvez tenham sido, outrora, bem organizados como uma coletânea coerente nas bibliotecas medievais de Bagdá, Córdoba e outras cidades, mas durante o saque mongol de Bagdá em 1258 EV centenas de milhares de manuscritos foram jogados no rio Tigre. Na época da Inquisição, a maioria dos livros de Córdoba acabou na fogueira, em praça pública; os monges resgataram apenas alguns volumes do inferno, levando-os para as bibliotecas dos conventos. E o que foi salvo está disperso pelas bibliotecas da Europa, da África, da Ásia e do Oriente Médio.

A *sirah* é, portanto, um campo fragmentado que nunca teve suas partes formalmente reunidas. Quando me dei conta dessa diáspora erudita de obras espalhadas, o desafio de encontrar fragmentos em locais improváveis tornou-se, para mim, uma verdadeira paixão. Procurar biografias raras era um pouco como percorrer uma loja de discos usados antes do iTunes. Certa vez, durante uma parada na Síria, descobri uma pequena livraria com um volume raro do estudioso Ibnu 'Asakir (século XII) sobre a estada de Maomé em Damasco, incluindo alguns relatos vívidos de suas interações com os habitantes. Ali estava uma joia escondida que me proporcionaria visão clara de aspectos de sua vida previamente obscuros.

Nessas circunstâncias, a vida de Maomé emerge apenas como um mosaico fragmentário que não descreve diretamente a figura principal. Refazer um retrato preciso torna-se um quebra-cabeça arqueológico complexo. As peças estão por aí, mas sepultadas sob séculos de poeira, à espera de que alguém as redescubra.

Comecei meu trabalho de detetive com quarenta livros abertos e espalhados pelo piso do meu quarto. Um texto seria cruzado com outro, que, por sua vez, daria pistas para os seguintes. Percorri essa trilha passando por biógrafos, séculos e dialetos, à cata de fontes sólidas, em meio a um turbilhão de escritos. Quando estabelecia dados iniciais, não fazia ideia de aonde as evidências me levariam e deixava que a informação me guiasse, sem tirar conclusões antecipadas.

Mas então, como determinei quais informações eram confiáveis enquanto esmiuçava centenas de relatos de eventos ocorridos há mais de mil anos? De maneira muito conveniente, o próprio Maomé forneceu uma metodologia simples, em três etapas, em um *hadith* clássico sobre a parábola da abelha coletando pólen para fabricar mel:

- ◆ Comece por uma tábula rasa e reúna informações de diferentes fontes, sem prejulgar nada.

- Analise todas as informações para determinar as partes possivelmente úteis.
- Sintetize as evidências restantes de modo capaz de proporcionar benefícios.

Baseei meus padrões de utilização de dados em um sistema analítico. O vocabulário e as expressões árabes não usados no tempo de Maomé eram outras tantas bandeiras vermelhas, com referências a tecnologias e conceitos surgidos apenas depois de sua morte. (Imagine um puritano do século XVII falando e checando notícias no celular como um surfista da Califórnia, no século XXI.) Quando várias fontes independentes forneciam o mesmo detalhe, uma vinheta tinha mais validade, a menos que uma estivesse copiando a outra. Evidências arqueológicas também podiam ajudar a validar ou invalidar narrativas. Remontar uma vinheta ao surgimento original auxiliava a determinar a probabilidade de que viera de uma testemunha ocular, não de um boato.

Um exemplo particularmente notável de uma história capciosa é o famoso mito do "Massacre de Medina", segundo o qual Maomé teria ordenado, nessa cidade, a execução de sete mil a nove mil judeus, sob a acusação de traição. A pesquisa revela que a fonte mais antiga dessa lenda data de mais de um século após a morte do profeta. Além disso, fontes confiáveis do século VII, que tratam de grandes construções no suposto local da vala comum do massacre, revelam que nenhum resto humano foi encontrado ali, o que seria impossível após tamanho morticínio apenas alguns anos antes. Estudiosos islâmicos eminentes (como Al-Awza'i, Ibnu Hajar Al-'Asqalani, At-Tabari e muitos outros) rejeitam a história como mera invenção, pois contradiz tanto o registro histórico quanto os valores básicos de Maomé. Não bastasse isso, sabe-se bem que, quando Maomé morreu, cinco anos depois do suposto extermínio de Medina, vários de seus vizinhos próximos eram judeus.

Essa difamação lançada contra Maomé mostra os riscos de percorrer o terreno incerto da *sirah*. Se o profeta ordenou, de fato, o extermínio de centenas de prisioneiros de guerra, a informação macula seu legado; contudo, se, ao contrário, a vinheta é um embuste, elaborado num contexto político posterior (na realidade, uma imitação canhestra da história de Masada), então os analistas precisam ter cuidado para não emitir um veredito baseado em falsos testemunhos. Mentiras trazem consequências: extremistas já invocaram o Massacre de Medina para justificar atrocidades, e críticos do Islã recorreram a ele para denegrir o caráter de Maomé.

Desse modo, incluí, neste livro, detalhes da vida de Maomé que submeti a amplo processo analítico. Na verdade, cruzar fontes de referência e pesquisar o registro histórico não basta: é preciso, também, desenvolver proficiência nos aspectos do contexto cultural de Maomé. Não se pode entender o mundo dele sem avaliar as informações que ele próprio colheu ao longo da vida.

De máxima importância é a língua, pois o árabe da época de Maomé difere sobremaneira do árabe-padrão atual. Vejamos um mandamento clássico corânico: *Turhibuna*. O árabe moderno o traduziria assim: "Deveis insuflar o terror nos corações". Porém, a raiz da palavra, *irhab* (que hoje significa "terrorismo"), na época de Maomé era o termo para "ganhar respeito". Portanto, a tradução mais acurada da expressão seria: "Deveis influenciar pessoas ganhando o respeito delas". De fato, o Alcorão fala de *rahbah* (reverência) de judeus e cristãos por Deus. Quando menciona o terror, emprega o conceito tradicional de *irjaf*, que quer dizer "tremor", condenando os *murjifun* (aterrorizadores) por fazer tremer de horror o coração das pessoas.

O árabe, como a maioria das línguas, está repleto de homônimos que apresentam múltiplos sentidos com as mesmas letras. Os falantes de inglês precisam determinar, com base no contexto, se a palavra *bar* se refere a uma barra de chocolate, a um pedaço de sabão, a um boteco, a uma arma ou a uma ordem de advogados. Do mesmo modo, a primeira palavra do Alcorão, *iqra*, pode significar "Leiam!"; mas, dado o contexto em que Maomé se dirige a uma multidão de árabes, na maior parte analfabetos, presos a um estado de estagnação autoimposta, a palavra sugere, em vez disso, que seu objetivo era inspirar uma evolução consciente. Assim, o termo *iqra* pode ser traduzido pelo homônimo "Floresçam!".

O que também complica a investigação linguística são os muitos dialetos do árabe falados na Arábia do tempo de Maomé. A mesma palavra podia, em diferentes cidades, ter significados distintos ou mesmo opostos. Com efeito, estudiosos notaram que o estilo linguístico do Alcorão muda depois de Maomé seguir de Meca para Medina. Alguns críticos atribuem essa mudança ao aumento do prestígio político do profeta, alegando que a parte de Meca apresenta linguagem suave, ao passo que o tom da parte de Medina vai se tornando agressivo à medida que Maomé conquista cada vez mais poder. Na realidade, Maomé adaptou sua mensagem aos dialetos locais. Por causa da herança antiga e partilhada, os mecanos preferiam poucas palavras pomposas – com camadas de nuances profundas –, a fim de exprimir suas ideias. Já os medinenses, mais emotivos e multiculturais, favoreciam uma torrente de palavras explicativas para expressar conceitos. Tentar entender os capítulos mecanos pelo prisma do dialeto medinense – e vice-versa – é tarefa infrutífera.

Maomé viajou, ainda, para fora das fronteiras da Arábia, recolheu cuidadosamente notícias dos conflitos entre os impérios vizinhos e procurou aprender o que podia de outras culturas de visitantes estrangeiros na Arábia. Compreender o mundo fora da bolha local era necessário a seus esforços, para divulgar uma mensagem capaz de atingir o maior público possível. Mergulhar no contexto linguístico e sociopolítico de Maomé permite melhor apreciação de sua vida e obra.

Convergir os holofotes sobre uma figura sagrada como Maomé pode parecer amedrontador. Insistir nesse exame talvez leve à dessacralização de uma relíquia venerável; explorar o desconhecido pode abalar crenças firmemente estabelecidas; e escolher uma perspectiva nova talvez provoque reações violentas.

Aqueles que se sentirem apreensivos quanto à jornada a empreender devem levar em consideração uma vinheta conhecida da vida de Maomé. Após a pregação abortada em Abu Qubais, o público mecano continuou a rejeitar sua mensagem, que violava os mais sagrados costumes da Arábia. Certa vez, Maomé ajudou uma velha senhora a carregar seu pesado jarro de água, do poço de Meca até a casa dela. A mulher não reconheceu o homem que a ajudara e agradeceu ao estranho aparentemente anônimo com um pequeno conselho: "Como vê, meu filho, sou uma mulher pobre e nada posso lhe oferecer em paga de sua bondade. Mas vou lhe dar um conselho: aquele Maomé nos fez muito mal, desencaminhando a juventude. Evite-o". Maomé respondeu, com educação: "Lamento, mas não seguirei seu conselho bem-intencionado". E, afastando-se, acrescentou: "Pois sou Maomé!". No dia seguinte, a velha senhora ouviu baterem à sua porta e encontrou uma grande cesta de alimentos, além de um punhado de moedas de prata.

A mulher contou essa história para explicar a maneira pouco usual com que Maomé inspirou sua mudança. Seu testemunho deve nos animar, hoje, a vencer o medo de estudar uma figura sagrada como ser humano.

◆ ◆ ◆

Após procurar o Maomé humano em livros *sirah* e discussões eruditas por vários anos, concluí que minha pesquisa exigia uma visita aos antigos lugares pelos quais ele passou. Nascido no Canadá, eu jamais vira um deserto. Fazer a tradicional peregrinação muçulmana aos 21 anos foi minha primeira exposição à terra de Maomé.

Quando a porta do ônibus se abriu em Meca, o cheiro de *diesel* e de frutas estragadas perturbou meus sentidos. Bem-vindo ao *hajj*!

Sob o sol a pino da Arábia, aprendi que até a sombra de uma árvore oferecia pouquíssima proteção quando uma lufada de vento quente crestava meu rosto, como se saísse pela porta de um forno aberto. Depois, durante uma súbita chuvarada do deserto, pingos enormes de água caíam com tanta força que chegavam a ferir minha pele. Em segundos, a água ultrapassou meus calcanhares, formando uma forte enxurrada. Com a mesma rapidez, a chuva cessou, e a água desapareceu no chão seco, como se tivesse sido sugada a vácuo. Meca, a cidade de extremos climáticos, lembra bem o significado árabe de seu nome: "o esmigalhador de crânios".

Sendo natural da América do Norte, tomei a água e as árvores por ponto pacífico, em razão das inúmeras referências a elas no Alcorão. Na viagem de nove horas de Medina à fronteira jordaniana, pelo deserto, fiquei espiando pela janela, de olhos arregalados, quilômetro após quilômetro, sem ver nada que brotasse do chão, nem mesmo mato rasteiro. De meu ônibus de luxo, com ar-condicionado, imaginava Maomé percorrendo aquela paisagem desolada várias vezes, em jornadas de caravana entre Damasco e outros lugares.

À noite, longe das luzes artificiais da cidade, o deserto revelou um céu luminoso, pontilhado de estrelas dispostas como diamantes. De modo nada surpreendente, o Alcorão é repleto de alusões aos céus – incluindo capítulos intitulados *An-Najm* (As Estrelas), *Al-Buruj* (As Constelações) e *At-Tariq* (O Pulsar) –, bem como a numerosas imagens de amplidões.

Sem dúvida, o ambiente da Arábia influenciou muito a visão de mundo de Maomé e a linguagem utilizada por ele para popularizar o que chamava de *fikr* (mentalidade) – termo mencionado dezoito vezes no Alcorão. A curva de uma onda numa lagoa, uma fonte borbulhante, gotas pesadas de chuva fazendo a terra estremecer – o Alcorão descreve todos esses fenômenos como pontos de referência para transmitir ideias abstratas a um povo iletrado, cujo conhecimento do mundo era obtido apenas naquele cadinho arenoso.

Explorando o deserto nas imediações de Meca, avistei antigos leitos de rio secos e cânions profundos com fósseis de animais marinhos, outrora abundantes na Arábia. Isso, obviamente, chamou a atenção de Maomé, que não escondeu o desejo de ver o país "verde como já foi, com ricas searas e rios transbordantes". Para Maomé, o desaparecimento dos rios significou a perda de grande potencial.

Recuperar o potencial latente da Arábia, tanto natural quanto humano, exigia uma mente empreendedora – algo que Maomé, provavelmente, desenvolveu nas primeiras viagens de caravana a Damasco.

O nome semítico da cidade, Damashq ("rapidamente construída"), reflete a condição de primeira e mais antiga metrópole planejada do mundo.

Como jovem adulto, resolvi seguir Maomé até Damasco e estudar na antiga mesquita omíada da cidade. Meus mestres foram Shaikh Muhammad Sukkar e Shaikh 'Abdur-Razzaq al-Halabi, antigos eruditos corânicos cuja linha de professores remontava diretamente a Maomé, passando por estudiosos eminentes.

Damasco, lugar de transformação, foi onde Sha'ul (Saulo) se tornou Paulo, um dos principais disseminadores da Igreja Cristã. A própria mesquita omíada funcionou, por oitenta anos, como catedral-mesquita, compartilhada por muçulmanos e cristãos. O edifício serviu de templo para persas, gregos e romanos antes de se tornar igreja. Sentado no pátio, pude notar evidências de várias transformações gravadas na mistura de pedras: entalhes romanos em um bloco, desenhos persas em outro etc.

Maomé viu a tapeçaria de reinvenções feitas nos blocos daquele edifício do passado, uma descrição visual do velho ciclo de empreendedorismo da cidade. Ele declarou mais tarde: "Sou apenas uma pedra na casa para cuja construção profetas e sábios que me precederam contribuíram, cada qual, com a sua". Somente em Damasco compreendi a nuance dessa Hadith, com ênfase em um mosaico de indivíduos que se complementavam uns aos outros.

Também descobri a Biblioteca Al-Zahiriyah, na Cidade Velha. Repleta de manuscritos antigos, a biblioteca era um tesouro oculto no meio de becos calçados de pedra. Ela me cativou com os volumes encadernados em couro, as estantes de madeira com ar severo e os espaços de leitura aconchegantes. Os arquivos revelavam verdadeiras joias de informação havia muito esquecida sobre as interações diárias do profeta com o povo. Essas vinhetas humanizadoras de Maomé ajudaram a cristalizar a imagem dele que eu vinha aprimorando.

Em suma, acabei por ver Maomé como um empreendedor que mudou o mundo e agiu, de maneira impressionante, em várias áreas. E fez isso a despeito de – ou talvez por causa de – uma luta sem trégua para superar imensos obstáculos numa sociedade petrificada. Viu-se, então, obrigado a confrontar a dor da estagnação em nível pessoal profundo e a se comprometer inteiramente com um fluxo dinâmico.

Quanto mais eu considerava sua história única, mais a vida de Maomé me parecia acessível a pessoas do século XXI. Após fazer fortuna como empreendedor que saiu da pobreza para a riqueza, Maomé dedicou a segunda parte da vida à popularização do conhecimento, pondo-o ao alcance das massas. Quando suas pregações iniciais fracassaram (como a de Abu Qubais), ele precisou recorrer a novos recursos que pudessem impressionar mais os públicos obstinados. Seus esforços atraíram tanto um grupo de pessoas dispostas a correr riscos quanto antigos adeptos, rara mistura de empreendedores bem-sucedidos, mas insatisfeitos com a situação, e pobres ansiosos por novas oportunidades.

Por fim, Maomé encontrou em Meca o lugar ideal para implementar sua visão cívica e tornou-se um prolífico administrador, que transformou a cidade com canais de irrigação, sistemas de esgoto, centros comunitários e até uma constituição democrática. Seu enorme sucesso em Medina ameaçava os monopólios consolidados da Arábia. A princípio, a concorrência tentou afastá-lo, mas a recusa de Maomé a retirar-se induziu-os a tramar sua aniquilação.

Com o novo movimento agora sob cerco, Maomé precisou operar em uma arena bem diferente: a estratégia militar. Embora ele e as coortes fossem inferiores em número, Maomé logo urdiu estratégias ousadas que obtiveram vitórias com o mínimo de derramamento de sangue e resultaram, por fim, em sua posição como unificador das tribos dispersas da Arábia.

Com efeito, os dois últimos anos de vida de Maomé viram sua mensagem se difundir amplamente e dar os primeiros passos para se tornar uma grande religião universal. Ao mesmo tempo, o humilde fundador se eclipsava, nomeando um talentoso adolescente, seu protegido, como principal clérigo de Meca e outro adolescente como general supremo da Arábia. Insistindo no novo sistema meritocrático, Maomé preferiu não escolher um sucessor – decisão sensata, mas fatal, que deixaria seu legado aberto à cobiça.

Seu sucesso se deveu muito à mentalidade que defendia. Otimista, buscava sempre novas soluções para superar obstáculos e promover o *yusr* (fluxo). Recomendava que as pessoas tirassem o melhor da breve passagem pela terra, observando que "o início do tempo é serenidade (*ridhwan*), o meio do tempo é otimismo por um futuro melhor (*rahmah*) e o fim do tempo é responsabilidade (*'afw*)". Os primeiros relógios mecânicos fabricados na Síria, no século XI, exibiam essa citação, com destaque, numa caligrafia elegante.

A mentalidade inovadora de Maomé produziu conceitos fundamentais que ajudaram a motivar o renascimento muçulmano do século IX e, mais tarde, o Renascimento europeu quinhentista. Esses conceitos incluíam os primórdios do método científico para a solução de problemas, do qual ele fora um dos pioneiros; uma ordem social baseada na meritocracia, não no berço; o empenho em preservar o meio ambiente; o livre mercado, que estimulou o fluxo de riqueza e evitou a estagnação provocada pelo acúmulo; e, claro, o monoteísmo absoluto como inspiração para o autoaperfeiçoamento.

A ideia principal de Maomé foi o que hoje chamamos de "modernidade" – meritocracia inovadora com pesquisa livre, individualidade e oportunidade – e derivou, primeiro, de uma mentalidade, não de uma tecnologia superior ou de recursos naturais. Este livro acompanha a evolução desse pensamento.

Embora a multidão do mercado em Abu Qubais risse da pregação de Maomé e voltasse a seus espaços seguros e estagnados, ele perseverou e acabou por divulgar um pensamento inovador, o qual, sem dúvida, moldou o mundo moderno. O epílogo confirma esse legado e explora, de passagem, o modo como os indivíduos podem aproveitá-lo na própria vida.

Que a jornada comece!

PARTE I

―◈―

RAÍZES DA MENTALIDADE

1

UM NOME ÚNICO
Encarregado de Uma Difícil Missão

Meca, madrugada de segunda-feira, 21 de abril, 570 EV

S em tâmaras frescas as mulheres podiam sangrar até a morte durante o parto.

Tão logo 'Abdul-'Uzza recebeu a notícia, após a meia-noite, de que a cunhada daria à luz, enviou um cavaleiro, às pressas, à cidade próxima de Ta`if para comprar tâmaras frescas nos pomares locais. As frutas precisavam ser colhidas na hora para preservar a potência do néctar. As parteiras de Meca confiavam num elixir feito com o suco puro de tâmaras para estimular as contrações, ajudar a "puxar" o bebê pelo canal e proteger a mãe do sangramento excessivo.

'Abdul-'Uzza estava frenético, pois o nascimento poderia acontecer a qualquer momento. A hora seguinte determinaria se mãe e filho sobreviveriam ao parto precário. Andando de um lado para o outro na entrada do pátio, ele perscrutou ansiosamente o horizonte. Quando amanheceu, uma nuvem de poeira surgiu ao longe. Então, um cavaleiro velado emergiu, galopando pela passagem sul de Meca, para entregar seu pacote de emergência: vinte tâmaras suculentas conhecidas como *rutab* (delícia).

Thuwaibah, jovem escrava grega, estava junto à porta com uma bandeja de barro. 'Abdul-'Uzza pegou o pacote do cavaleiro e despejou rapidamente o conteúdo na bandeja. Thuwaibah, conhecida pela presteza e agilidade, saiu correndo do pátio de seu senhor com a bandeja de tâmaras.

Ziguezagueando por vielas estreitas, Thuwaibah esquivou-se de galinhas que ciscavam e de jovens pastores com suas ovelhas, a caminho de pastagens fora da cidade. Passou correndo entre mulheres que carregavam massa de pão coberta de pano, enquanto o aroma do pão de cevada fresco se misturava à fragrância de madeira de acácia crepitando nos fornos de Meca.

Fazendo jus ao nome (portadora de presentes), Thuwaibah segurava a bandeja com firmeza, enquanto irrompia por entre as mulheres que equilibravam seus jarros de barro na cabeça, vindo do poço Zamzam, a principal fonte de água doce de Meca. No santuário da Ka'bah, ao lado do poço, sacerdotes vestidos de branco com a cabeça raspada e amuletos de ouro incrustados de esmeraldas acendiam o incenso. Queimar a preciosa especiaria marcava a oferenda de ação de graças de um novo dia às 360 imagens toscamente esculpidas na cidade.

Para o senhor de Thuwaibah, havia muita coisa em jogo. Se a mulher em trabalho de parto não tivesse um filho, ele – como irmão do marido dela recém-falecido – poderia gerar um herdeiro masculino em nome do irmão. Se o parto não fosse bem-sucedido, seria mais uma tragédia para uma família que ainda se recuperava de uma perda terrível.

Passando pela Ka'bah, Thuwaibah desceu a colina Marwah, apressando-se pela ladeira em direção à casa simples de tijolos de barro de três cômodos. Lá dentro, um bebê frágil iniciava a própria jornada pela escuridão do canal da mãe em direção à luz da manhã. Esperando por ele estava um mundo carregado de desafios e obstáculos – um mundo que ele logo teria a tarefa de mudar.

◆ ◆ ◆

Ao longo da vida, Maomé permaneceu profundamente consciente de que quase não viera ao mundo.

Toda segunda-feira, ele se abstinha de comer e beber durante o dia. Quando perguntado por que jejuava, Maomé respondia: "Esse foi o dia em que nasci". Na Arábia do século VI, muitas pessoas nem sabiam o ano de seu nascimento, menos ainda o dia da semana. No entanto, Maomé não só se apegou a esse fato como se lembrava dele semanalmente.

Os detalhes do nascimento improvável de Maomé eram conhecidos por ele graças ao testemunho ocular da mãe adotiva, Barakah. Quando Thuwaibah irrompeu no quarto ao amanhecer daquela segunda-feira, foi Barakah quem pegou a bandeja e a passou à parteira.

Tal como Thuwaibah, Barakah era escrava. Fora sequestrada na Abissínia quando criança, arrancada da família de elite e vendida como escrava a milhares de quilômetros de casa. O avô de Maomé, 'Abdul--Muttalib, a comprou como presente para o amado filho, 'Abdullah. Mas 'Abdullah morrera apenas dois meses antes, deixando Barakah para cuidar de sua viúva, Aminah.

Na sala de parto iluminada por lanternas, Aminah estava deitada no chão, sobre um colchão de fibra de palmeira. A jovem frágil de 20 anos lutava para empurrar o bebê para fora. Ao seu lado, uma parteira experiente chamada Ash-Shifa (cura) pegou as tâmaras frescas e espremeu o suco em sua boca, lambuzando seus lábios e obrigando-a a engolir. Do outro lado, Barakah derramou água de um cântaro na boca de Aminah para ajudá-la a tragar o suco de tâmaras, enquanto a parturiente se esforçava para beber em meio a contrações dolorosas.

Ninguém esperava que Aminah sobrevivesse. A tensão invadiu a sala. As três atendentes preparavam-se para aquilo que supunham ser os últimos momentos da vida da pobre mulher e esperavam que, ao menos, não tivessem em mãos um natimorto. O infortúnio pelo qual Aminah passara nas últimas semanas permaneceu ignorado.

Menos de um ano após se casar com seu amor de infância, Aminah despediu-se de 'Abudllah quando ele partiu em viagem de negócios para o porto mediterrâneo de Ascalão, centenas de quilômetros a noroeste. Todas as manhãs, Aminah postava-se com Barakah nos arredores de Meca, aguardando o retorno da caravana de 'Abdullah, enquanto um bebê em crescimento esperneava dentro dela. Por fim, em 15 de fevereiro, as mulheres avistaram um cavaleiro solitário avançando do horizonte e usando a característica capa índigo de 'Abdullah – outro presente do pai. Aproximando-se, o cavaleiro descobriu o rosto; era o primo de 'Aminah, Sa'ad.

"Onde está 'Abdullah?!", gritou Aminah. Barakah ouviu Sa'ad dar a notícia da morte inesperada de 'Abudllah pela peste, durante a viagem da caravana. Os joelhos de Aminah se dobraram, e ela desmaiou.

Por duas semanas, Aminah, de coração partido, chorou no ombro de Barakah. Temendo que o trauma induzisse um aborto espontâneo, Barakah tentou acalmar sua senhora, que não queria comer. Estando as duas jovens acomodadas, ao anoitecer, em um quarto mal iluminado, o cunhado de Aminah, Al-'Abbas, entrou correndo para avisar a elas que um general abissínio marchava do Iêmen para cercar Meca, com um enorme exército encabeçado por treze elefantes de guerra colossais. Barakah teve de escolher a frágil senhora por um terreno traiçoeiro, até um refúgio no topo de uma montanha, fora da cidade. Quando o cerco cessou várias semanas depois, a sitiada Aminah voltou para o quarto ainda mais frágil que antes.

Debilitada, Aminah podia sentir a pressão crescente da família de 'Abdullah, que esperava que ela desse à luz um herdeiro homem. Seus sogros não eram uma família comum de Meca. 'Abdul-Muttalib era o chefe ancião da cidade, e 'Abdullah, o favorito entre dezessete filhos. A cidade inteira aguardava o desfecho da gravidez de Aminah.

Em meio a toda essa pressão, Aminah não tinha sequer o apoio da própria família. Filha única, não nascera em Meca e viera havia pouco do distante oásis de Yathrib. Seus pais estavam a várias centenas de quilômetros dali, alheios à condição trágica da filha.

Aminah empurrou com o que restava de suas forças. Contra todas as probabilidades, ouviu, de repente, os gritos de um bebê, entregue nas mãos hábeis de Ash-Shifa. A criança era frágil, mas vencera a prova. 'Abdullah tinha um herdeiro do sexo masculino!

Imediatamente, Barakah pegou o menino e o banhou em uma bacia de água morna com mirra e sálvia. Enxugou-o com uma toalha de algodão, depois o envolveu em uma manta de seda verde-esmeralda, presente do avô, que a havia encomendado da Pérsia para servir de presságio de que o bebê levaria uma vida confortável. Barakah entregou a criança a Aminah, que a embalou com lágrimas nos olhos.

Thuwaibah saiu correndo do aposento para dar a notícia. Seguiu pelos becos até a praça principal e aproximou-se de 'Abdul-Muttalib, que estava sentado do lado de fora da Ka'bah com um grupo de anciãos da cidade. "É um menino!", bradou, antes de correr de volta para a casa de seu senhor. Muito feliz com a grande notícia, um 'Abdul-'Uzza radiante declarou: "Thuwaibah, você agora é uma mulher livre!".

Enquanto isso, 'Abdul-Muttalib partia às pressas para conhecer o novo neto. Na casa do falecido filho, ele se aproximou da nora, que ainda estava deitada no colchão. Aminah esforçou-se para erguer o bebê até o avô. Barakah interveio para lhe entregar a criança. 'Abdul-Muttalib levantou o menino no ar e o olhou em silêncio. Como ancião principal de Meca, nomeara centenas de recém-nascidos da cidade ao longo dos anos, mas agora era hora de escolher um nome para o neto sobrevivente, que daria continuidade à linhagem do amado 'Abdullah.

Após longa pausa, 'Abdul-Muttalib olhou nos olhos do menino e declarou: "Ele se chamará 'Muhammad' (Maomé)!".

As mulheres se voltaram, perplexas: nunca tinham ouvido esse nome antes, pois a raiz semítica arcaica *H-M-D* não era comumente usada em Meca. Perguntaram, então: "Por que o senhor escolheu um nome novo?".

'Abdul-Muttalib explicou: "Eu o chamei de 'o modelo exemplar' para que seu exemplo seja exaltado nos lugares mais ilustres, e seu nome se torne conhecido entre as nações".

As mulheres responderam ululando alegremente, dando as boas-vindas ao mundo ao pequeno Maomé.

As parteiras não pediram a 'Abdul-Muttalib que explicitasse o significado e as origens de sua escolha incomum. A raiz *H-M-D* descreve alguém de pé, em uma plataforma elevada, executando ações a serem imitadas pelos espectadores. A qualidade de seu exemplo é tão impressionante que inspira outras pessoas, tal como o mestre carpinteiro dando belas formas à madeira diante de aprendizes ávidos por aprender.

Ao dar nome ao neto, 'Abdul-Muttalib não só reviveu esse termo arcaico como lhe deu forma gramatical, acrescentando um *M* no início. O prefixo transformou a ação verbal de algo finito em algo atemporal. Em vez de ação única, *Maomé* descreve um estado constante de fazer, inspirando nos outros, perpetuamente, o desejo de imitar o exemplo.

O nome não surgira do nada. Como o Alcorão explicaria mais tarde a respeito de Maomé, "eles podem encontrá-lo escrito nas Escrituras Judaicas". O Antigo Testamento usa a raiz *H-M-D* 65 vezes, com a forma plural, *Mahamadim*, encontrada no Cântico dos Cânticos, 5:16 e *"M'hamudela"*, no Livro das Lamentações, 1:7 – para não mencionar *tehmod* (cobiçar ou desejar) nos Dez Mandamentos. 'Abdul-Muttalib criou um novo nome bíblico para o neto – refletindo as raízes maternas na cidade de Yathrib, onde passou os primeiros oito anos de vida com a família judia da mãe.

'Abdul-Muttalib criou o nome não para homenagear, mas para desafiar o neto: seja grande para ajudar os outros a serem grandes. Esse nome serviria como um lembrete – tanto para os outros quanto para ele mesmo – de sua missão ao longo da vida. O nome tinha, por assim dizer, a ação embutida nele, uma dinâmica de esforço perpétuo.

'Abdul-Muttalib devolveu o neto aos braços de Aminah. Pegou uma tâmara úmida do prato e espremeu o suco nos lábios de Maomé, ritual chamado *tahnik* (consagração, iniciação). Depois, deixou que a mãe e o bebê descansassem por uma hora.

Mais tarde, com o sol da manhã brilhando, 'Abdul-Muttalib saiu de casa com o novo neto envolto na manta. Enquanto o chefe caminhava pelas ruas de Meca em direção à Ka'bah, a multidão abria caminho e olhava com preocupação: havia um bebê vivo ou morto naquela manta?

Espalhou-se o boato de que mãe e filho haviam morrido. Os cidadãos de Meca tinham vindo para oferecer condolências.

'Abdul-Muttalib subiu os sete degraus que levavam à única entrada do cubo preto. No topo, virou-se devagar, levantando as mãos e o bebê ao céu. Sorrindo para o rosto da criança, declarou: "Este é meu filho, um presente do céu, nascido com honra, fonte de frescor para meu fígado e calmante para meus olhos". A multidão de Meca considerava o fígado o recipiente simbólico de emoções intensas. 'Abdul-Muttalib estava reconhecendo que, sob um exterior estoico, se sentia devastado pela perda do querido filho. Esse raro momento de fraqueza do avô em público só aumentou a alegria que brilhava em seu rosto.

Então, 'Abdul-Muttalib acrescentou: "Eu lhe dei o nome de Maomé!". Ouviram-se murmúrios de perplexidade. Que nome era aquele? Parecia estranho. 'Abdul-Muttalib, percebendo os olhares curiosos, repetiu a explicação que dera às parteiras.

Decorridos sessenta anos, o recém-nascido que ele agora segurava retornaria a Meca como adulto, após anos no exílio, e se postaria no mesmo degrau mais alto da Ka'bah. Na multidão, estariam algumas pessoas que testemunharam a primeira declaração pública de seu nome – só que, agora, era um nome conhecido entre as nações. Fechando um círculo, Maomé proclamaria: "Sou filho de 'Abdul-Muttalib!".

◆ ◆ ◆

Todas as famílias da elite de Meca com bebês do sexo masculino fizeram fila na praça principal da cidade ao lado da Ka'bah. Cada mãe segurava o filho, e cada pai permanecia atrás, com uma mão no ombro da esposa. Os bebês acabavam de ser banhados, esfregados com especiarias aromáticas para aumentar o atrativo e vestidos com as melhores roupas. Um desfile de mulheres do clã Banu Sa'd passou pelas famílias, inspecionando o rosto de cada criança e avaliando a riqueza de cada pai.

Esse era um ritual de sociabilidade semestral praticado havia séculos. A elite de Meca procurava fortalecer a identidade cultural dos filhos, confiando-os aos beduínos, um dos poucos clãs nômades restantes da Arábia e com sólida experiência em sobrevivência no deserto. As crianças também aprenderiam uma forma pura do árabe com o clã, um dos últimos que a falavam. Para os nômades do Banu Sa'd, adotar temporariamente uma criança da cidade garantia honorários nada desprezíveis. Amamentar as crianças também consolidava laços familiares simbólicos com os clãs de elite da Arábia, valioso modo de proteção e segurança em caso de fome.

Vinte famílias formavam a fila, cada qual esperando que uma mulher forte escolhesse seu filho para substituí-la no deserto. Aminah estava entre elas, estreitando o filho ao colo, com emoções desencontradas.

Foram difíceis os primeiros anos de vida de Maomé. Sua melhor chance de sobrevivência seria passar algum tempo com uma amável ama de leite beduína no ar saudável do deserto, longe das doenças trazidas a Meca por comerciantes estrangeiros. Mas isso significava que Aminah teria de desistir do precioso filho único, após apenas alguns meses juntos.

As mulheres Banu Sa'd não sabiam o que fazer com essa mãe viúva e seu frágil bebê. 'Abdul-Muttalib ficou atrás de Aminah como seu patrocinador. Os nômades notaram a ausência de um pai e assumiram que um avô seria um benfeitor menos generoso. Uma a uma, dezenove mulheres beduínas passaram por Maomé, balançando a cabeça e as mãos, num gesto de rejeição. Barakah, de pé ao lado, observou com preocupação como cada criança era rapidamente entregue a uma mãe adotiva, que a tomava nos braços e partia com ela para o deserto.

Aminah, Maomé e 'Abdul-Muttalib logo ficaram sozinhos na praça, enquanto todas as outras crianças se iam. Barakah acercou-se de Aminah e a abraçou, consolando-a. De repente, 'Abdul-Muttalib exclamou: "Ah, olhem! Mais uma mulher está se aproximando". Ao longe, uma mulher beduína em uma jumenta enlameada (*atan*) marchou em direção à Ka'bah, com o marido lutando para fazer o animal avançar. Aminah e Barakah trocaram olhares inquietos.

Halimah – cujo nome significa "temperamento reprimido" – vinha acompanhada do marido, Al-Harith ("o colhedor de almas", expressão também usada como apelido para leões ferozes). Halimah inspecionou a criança e franziu a testa. "Esse menino fraco será um fardo", argumentou. "Além disso, não vamos conseguir muito dinheiro por todo trabalho extra de cuidar dele." E virou-se para alcançar a caravana de mulheres que partia.

"Já chegamos até aqui", ponderou Al-Harith. "Quantas vezes não vimos os desertos estéreis florescerem após a chuva? Talvez nossa família venha a ser as muitas gotas que recuperarão o menino. Quem sabe ele nos dê ricos frutos um dia?"

Um pouco envergonhada por ter de retroceder na decisão inicial, Halimah voltou e, silenciosamente, pegou o bebê dos braços de Aminah. Aminah inclinou-se para beijar a fronte de Maomé, enquanto uma lágrima rolava por sua face e pingava no rosto do filho. Chorou ao ver Maomé desaparecer no horizonte com a nova família adotiva.

O bebê Maomé olhou o panorama que se abria a distância, sua primeira viagem além dos limites de Meca. A comitiva de mulheres Banu Sa'd desceu para um vale desolado a leste da cidade, pontilhado por centenas de tendas de pelo de cabras pretas. O fedor das cabras, do esterco, das ervas amargas e do suor de semanas permeava o ar. Mulheres, homens e crianças com tatuagens tribais distintas e o cabelo arranjado de modo a lembrar chifres vagavam entre as tendas. O som de amuletos chocalhando para afastar os maus espíritos soava no acampamento, em meio ao distante silvo ocasional de cobras e escorpiões.

O clã Banu Sa'd era um raro vestígio da antiga vida nômade semítica. Estava constantemente em movimento, nunca descansando em um local por mais de alguns meses.

Como a maioria das culturas nômades antigas, o Banu Sa'd tinha estrutura matriarcal. Enquanto os homens garantiam proteção contra ameaças externas, as mulheres encarregavam-se dos assuntos internos do clã: apascentando o rebanho, cuidando das crianças, tecendo o pano das barracas, preparando as refeições, coletando madeira e água e administrando os cofres comunais do clã. Ao descer para o acampamento, o pequeno Maomé deve ter notado, em meio ao mar de tendas negras, uma solitária tenda vermelho-brilhante no centro. Ali, o conselho de mulheres Banu Sa'd se reunia em sessão formal. Maomé passou muitos dias sentado no colo de Halimah enquanto ela participava das deliberações do conselho.

Nos primeiros meses com os Banu Sa'd, Maomé foi a todos os lugares com Halimah. Ela o atava às costas com uma tira de linho tingida com o suco vermelho de frutas do deserto. A tira carmesim destacava-se na paisagem amarelada do deserto, permitindo que Halimah encontrasse Maomé rapidamente, quando o colocava no chão enquanto trabalhava. Quando ele ficou forte o suficiente para andar, cambaleava atrás dela carregando um balde de água que enchia nos poços locais e levava de volta ao acampamento enquanto ela equilibrava um jarro na cabeça.

Halimah cuidou de Maomé até ele completar 2 anos. Ele era, estão, uma criança robusta, graças a uma dieta regular de leite de camela fresco, tâmaras secas, bananas selvagens, mel, frutas e ervas amargas combinadas com ar fresco. Em uma cerimônia formal de desmame, Halimah repetiu o ritual *tahnik* de 'Abdul-Muttalib, esfregando os lábios de Maomé com suco de tâmaras, a fim de simbolizar sua transição para uma criança com responsabilidades e tarefas.

Sua primeira tarefa foi, literalmente, um gancho: suspenderam-no a cinquenta metros de altura para colher mel de abelhas nas fendas de um paredão. As abelhas construíam as colmeias em paredões precisamente para protegê-los dos predadores. Meninos com mãos pequenas eram abaixados para enfiar os dedos ali e tirar os favos.

Maomé, de 2 anos, foi amarrado a cordas de fibra de palmeira enroladas nas pernas e nos braços. Com uma jarra de barro em uma mão e um pedaço de madeira de acácia em chamas na outra, desceram-no pela borda do penhasco. Se a corda arrebentasse, seria seu fim. Os homens soltaram a corda aos poucos, baixando Maomé ao longo da face da rocha, até ele chegar às colmeias.

Maomé, então, apagou a chama e enfiou a vara fumegante na colmeia. Depois que a fumaça acalmou as abelhas, jogou fora a vara, observando sua lenta queda vale abaixo. Em seguida, enfiou a mão nua no buraco e puxou lentamente os favos de mel, colocando cada pedaço, com cuidado, na jarra de barro que segurava com a outra mão. Deixou, de propósito, parte dos favos de mel na fenda. Uma vez cheia a jarra, fez sinal para os homens postados na borda do penhasco e foi gradualmente puxado de volta ao topo.

As abelhas lhe proporcionaram educação precoce: reuniam pólen de várias fontes e o refinavam nos favos, para produzir um líquido doce que os nômades usavam para curar feridas e melhorar sua cozinha. O tom e o sabor do mel difeririam em cada lugar, refletindo a diversidade do pólen das flores silvestres locais. Além disso, a abelha era pacífica, lutando contra intrusos ameaçadores apenas em legítima defesa e como último recurso.

Além de aprender observando a natureza de perto, Maomé começou a falar sob a tutela de Halimah. Ela o levava à noite para junto da fogueira, colocando-o ao lado da filha, Huthafah (a erradicadora), irmã adotiva do menino e fonte primária de dados sobre esse período de formação inicial de sua vida. Sentavam-se sob o dossel de estrelas, ouvindo o ancião do clã contar histórias dos antepassados e compartilhando essa sabedoria milenar. As reuniões noturnas cativavam a imaginação de Maomé, e ele, mais tarde, usaria parábolas vívidas para ensinar lições a grupos sentados em *halaqah* (círculo).

A cultura nômade deixava o garoto admirado. Mais tarde, ele observaria que a única constante do nômade era a mudança, maravilhando-se com sua impressionante adaptabilidade. Sempre que o vento soprava, a paisagem do deserto mudava. Todas as noites as estrelas giravam no céu. Em um ambiente de liberdade absoluta, os nômades tinham que improvisar e confiar na cooperação coletiva para palmilhar o deserto.

No entanto, Maomé também se preocupava com a falta de destino dos Banu Sa'd. Eles raramente estreitavam lealdades duradouras com qualquer terra ou povo. Era por isso que os árabes estabelecidos costumavam lhes pedir que servissem de árbitros e mediadores neutros.

Após três anos no deserto, Maomé tornou-se um garoto saudável. O clã reconheceu seu amadurecimento ao confiar-lhe o cuidado de seu maior patrimônio: o numeroso rebanho de cabras. Todas as manhãs, Maomé e um grupo de trinta outros meninos (com idade entre 3 e 13 anos) levavam centenas de cabras para pastar a vários quilômetros do acampamento. Eles se dividiam em pares para cobrir o perímetro do rebanho, que se espalhava por vários acres. Acompanhados por cães treinados, os meninos protegiam as cabras de predadores com paus e fundas.

Certa manhã, quando Maomé estava com o irmão adotivo 'Abdullah, notou uma cabra perdida vagando por uma colina próxima. Avisou que iria atrás dela, e 'Abdullah viu-o afastar-se. Mas logo 'Abdullah percebeu que alguma coisa estava errada. Maomé não voltava. 'Abdullah subiu a colina. Quando chegou ao topo, viu dois homens vestidos com trajes himiaritas lutando com Maomé. O menino resistia bravamente.

'Abdullah chamou os meninos mais velhos para ajudar. Eles o seguiram, as adagas erguidas e brilhando ao sol. Vendo o grupo de meninos se aproximando, os homens jogaram o agora inconsciente Maomé no chão e correram. Os meninos pastores levaram o ferido de volta ao acampamento. Seu peito sangrava onde os homens o haviam atingido; ele ostentaria essa cicatriz para sempre.

Naquela noite, Halimah e Al-Harith ouviram, horrorizados, 'Abdullah descrever o encontro. Tinham prometido a Aminah que ficariam com Maomé até ele completar 5 anos e nem podiam imaginar a possibilidade de perder uma criança confiada a seus cuidados. Maomé, ficara decidido, devia ser devolvido no dia seguinte à família, em Meca. Sua infância nômade acabara.

❖ ❖ ❖

Comparada às tendas frágeis do deserto, a Ka'bah feita de pedra era enorme. Tapeçarias luxuosas da Pérsia, do Egito e do Iêmen pendiam do teto. Era a única estrutura de pedra de Meca que alcançava as alturas, um monumento à sua grandeza como capital ancestral dos árabes. De acordo com a tradição, fora o patriarca Abraão quem a construíra, milhares de anos antes. Maomé contemplou-a ao percorrer Meca sentado atrás de Al-Harith em um burro.

Do lado de fora da parede noroeste da Ka'bah, os anciãos de Meca estavam sentados em um semicírculo reservado a eles. Chamado Hijr-Isma'il (santuário de Ismael), marcava o local de sepultamento do primogênito de Abraão. Uma parede baixa em forma de ferradura isolava o local de reunião tradicional dos anciãos. Vinte idosos acocoravam-se de costas para a parede, enquanto o avô de Maomé, como ancião-chefe, se acomodava em uma almofada vermelha, encostado à Ka'bah.

'Abdul-Muttalib levantou-se de um salto ao ver o neto e Al-Harith. "Por que essa visita repentina?", perguntou, antes de se recompor. O código de Meca exigia manter a lendária hospitalidade de Abraão. "Estou esquecendo minhas maneiras", desculpou-se. Ordenou aos servos que preparassem um grande banquete de preciosa carne de camelo para os convidados de honra e chamou os principais poetas da cidade para entretê-los com contos épicos de ancestrais árabes e impérios havia muito tempo desaparecidos. Durante o jantar, Al-Harith explicou o súbito retorno de Maomé, e 'Abdul-Muttalib o recompensou generosamente com uma grande bolsa de moedas de ouro.

Aminah ficou em êxtase quando 'Abdul-Muttalib bateu à sua porta naquela noite, para reunir mãe e filho. Abraçou Maomé, enquanto o menino de 4 anos enxugava as lágrimas de alegria da mãe. Barakah não a via sorrir tão radiante desde antes da morte do marido. Na manhã seguinte, Aminah e Barakah prepararam um banho quente para Maomé, esfregando anos de sujeira do deserto com sabonetes de azeite importados da Síria. Com delicadeza, aplicaram mel em seu ferimento no peito.

Então Aminah levou o filho para um passeio, para que ele conhecesse sua cidade de nascimento. Depois de anos entre os nômades, Maomé observou Meca com o distanciamento crítico de um forasteiro. Enquanto os Banu Sa'd estavam em constante movimento e adaptação, os mecanos enfatizavam a permanência e a estabilidade. As famílias que encontrou viviam na mesma casa havia gerações, com cada clã morando no próprio bairro exclusivo. A praça do mercado da cidade fora igualmente dividida em lotes específicos, com base em reivindicações ancestrais.

A frase "Sempre foi assim" aparecia com frequência nas conversas como motivo de orgulho. Os habitantes de Meca, Maomé rapidamente percebeu, não gostavam de mudança.

Livre das tarefas da vida nômade, Maomé utilizou o lazer recém-descoberto para fazer amigos e brincar, o que nunca fizera antes. Gostava de passear pelas ruas com o amigo 'Umair, compondo figuras com galhos e pedrinhas. Um dia, eles foram ao mercado com o pai de 'Umair, que, como a maioria dos homens de Meca, carregava uma imagem de quinze centímetros feita de tâmaras amassadas.

O pai de 'Umair instruiu o filho: "Vigie nossa divindade enquanto faço compras". No entanto, o menino ficou com fome e não resistiu às tâmaras, devorando rapidamente a imagem. Temendo a ira do pai, 'Umair correu para casa, a fim de pegar tâmaras da despensa da família, e, com rapidez, moldou uma nova imagem. Voltou ao mercado e apresentou a imagem ao orgulhoso pai, que prontamente a colocou em uma saliência e se prostou diante dela. "Obrigado por proteger meu filho!"

Maomé testemunhara alguma veneração casual de imagens entre os Banu Sa'd, mas a devoção dos habitantes de Meca pareceu-lhe cômica e ilógica. Todos reverenciavam o antepassado Abraão e sabiam que ele adorara um Deus chamado Alá, o mesmo reverenciado pelos primos judeus. O que o jovem Maomé não conseguia entender era como os árabes haviam perdido a conexão com essa herança, substituindo-a pela idolatria.

Mil anos antes de Maomé nascer, os árabes começaram a sentir que a conexão com Abraão estava se deteriorando. Um ancião de Meca, Amr ibn Luhayy, viajou para a Mesopotâmia – local de nascimento de Abraão – e voltou com uma imagem, Hubal (portal para o grande espírito), declarando que a estátua representava a sabedoria de Abraão. Hubal – estatueta humana esculpida em ágata vermelha com duas pérolas nos olhos e o braço direito de ouro maciço – era, ironicamente, a mesma divindade que Abraão poupou quando quebrou as estátuas na loja do pai. Sacerdotes da Mesopotâmia logo apareceram promovendo o culto de ídolos como representantes de ancestrais tribais que poderiam servir de intermediários ao Deus de Abraão. A essa altura, Alá tornara-se obscuro e remoto, mero nome desprovido de significado ou intimidade.

Se Alá era como um rei distante e desinteressado, os ídolos ancestrais serviam aos governantes locais, encarregados dos negócios dos árabes. A Ka'bah, originalmente um santuário desnudo dedicado à veneração monoteísta e acessível a todas as pessoas, agora estava repleta de ídolos e aberta apenas à elite poderosa. Tribos da Arábia inteira faziam, outrora, uma peregrinação anual ao santuário de Abraão para se reconectar com o Divino e com pessoas de outras terras. No novo sistema, a peregrinação tornou-se mero turismo explorado pelo comércio: tocava-se reverentemente uma imagem tribal e compravam-se, como lembrança, ídolos e talismãs.

Os habitantes de Meca viram reinos árabes florescentes ganhar proeminência apenas para atrair a invasão estrangeira e a aniquilação. Os magníficos, mas abandonados, templos esculpidos em rocha sólida pelos nabateus no norte da Arábia testemunhavam esse destino. Sua cidade antes grandiosa e arrogante, chamada Raqmu (impressão profunda), tornou-se a arruinada Petra (aniquilada: de "al-Batra", aqueles que são eliminados). Nenhum descendente masculino sobreviveu para preservar o nome dos nabateus e homenagear os ancestrais.

Sem a concepção da vida após a morte, os árabes precisavam ser lembrados pelos descendentes para ter um legado. A palavra árabe para masculino, *thakar*, significa "aquele que lembra", enquanto *untha* (feminino) significa "portadora de herança louvável".

Com medo de serem exterminados e esquecidos, os anciãos da Arábia reuniram-se séculos antes em Meca, durante a temporada de peregrinação, para adotar uma política de *taqlim* (poda). Poetas da época preservaram seu raciocínio: "Permitir que uma árvore cresça descontroladamente a tornará perceptível e, portanto, alvo. Limitar o crescimento da sociedade vai mantê-la mais saudável e segura". Eles decidiram, então, proteger sua capital, restringindo o crescimento de Meca. De fato, na infância de Maomé, apenas seis mil pessoas viviam permanentemente na cidade compacta.

Para enganar possíveis invasores, os árabes davam nomes invertidos às cidades mais valorizadas. Supunham que nenhum rei seria tentado a invadir Makkah (esmagadora de caveiras). Seu segundo nome era Bakkah (furadora de olhos). Chamavam terras férteis de Hadhramawt (lugar de morte iminente) e Ma`rib (cavador de buracos) – e as paisagens estéreis de 'Adn (jardim do deleite) e Riad (jardins exuberantes com rios frescos).

Da mesma maneira, davam aos filhos nomes aterrorizantes para afastar tanto espíritos malignos quanto inimigos potenciais. Nomes populares incluíam 'Umar (tirador de vidas), Mus'ab (infligidor de sofrimento agonizante), Mu'awiyah (cadela feroz), 'Uthaman (víbora), Hatim (calamidade), Hashim (pulverizador), Sufyan (espada de dois gumes), Hafs (hiena), Khalid (invencível), Hamzah (leão perseguidor), Hydar (leão atacante), Asad (leão guardião), Layth (leão rugidor), Fahd (pantera) e Kilab (cães do inferno).

Para afugentar invasores estrangeiros, os árabes evitavam inovar ou correr riscos, interpretando ambos como ameaças mortais à identidade árabe.

Isoladas pelo medo, as pessoas depositavam fé na superstição. Chamavam os corvos de "portadores de maus presságios". Nas ruas de Meca, o jovem Maomé ouvia constantemente alguém exclamando *"Tiyarah!"* (mau presságio – literalmente, "é culpa do pássaro!") para explicar seu infortúnio. Uma vez, Maomé viu um mercador cancelar uma expedição depois que um corvo pousou sobre as mercadorias já acondicionadas nas costas de um camelo. A mera aparição do pássaro era aviso suficiente.

De certo modo, o sistema árabe funcionou: nenhum estrangeiro invadiu Meca para impor aos habitantes tributos ou novas línguas. Impérios outrora poderosos desmoronavam ao redor deles, mas os mecanos permaneciam intocados. "Melhor um analfabeto livre que um alfabetizado escravo", pensavam os anciãos. Preservar-se a todo custo exigia escolher, de maneira consciente, a estagnação. O jovem e sensível Maomé não tardou a notar essa contradição: um povo que se apresentava como herdeiro magnífico desperdiçara sua herança ancestral; era um grande edifício com um núcleo apodrecido.

Quando adulto, Maomé chamaria o estado voluntariamente estagnado da Arábia de *Jahiliyyah*. Conotando "ignorância", a raiz da palavra, *J-H-L*, descreve um oleiro reutilizando um molde antigo – mesmo depois de desgastado – apenas para não ter de fabricar um novo.

Jahiliyyah alude à mentalidade de aceitar as tradições herdadas sem questionamentos. O Alcorão empresta à *Jahiliyyah* o sentido de "confinar". Adverte contra "retornar à paralisia dos tempos idos, ostentando ares altivos de superioridade, como alguém que tenta se proteger em uma fortaleza isolada".

Meca, é claro, estava apenas metaforicamente isolada. Mercadores da África, da Pérsia, de Bizâncio, do Egito e de outros lugares pululavam nas praças da cidade. Havia tolerância religiosa, e alguns árabes até se converteram ao cristianismo e ao judaísmo (desde que não desafiassem a ordem social árabe ou menosprezassem os antepassados, a religião das pessoas não importava). Contudo, alguns pais de Meca temiam tanto que os comerciantes estrangeiros pudessem corromper o árabe dos filhos que enfiavam algodão nas orelhas deles – embora Aminah nunca tenha feito isso com Maomé. Como pessoas que ganhavam a vida trocando mercadorias, os habitantes de Meca encarnavam a mentalidade mercantil dos intermediários, o que apenas exacerbou as atitudes *Jahiliyyah*. Os mecanos não produziam nada e temiam que qualquer alteração nas mercadorias transportadas pudesse reduzir seu valor. Viviam da troca, não da mudança. O Alcorão descreve Meca como "vale que nunca cresce".

O único produto dos habitantes de Meca eram os filhos, cujo principal valor consistia no papel de preservadores da memória. Se os filhos fossem considerados deficientes ou incapazes, podiam ser descartados como mercadorias estragadas. Maomé percebeu que meninas da vizinhança ocasionalmente desapareciam. Já moço, soube que eram enterradas vivas pelos pais, que consideravam sinal de fraqueza ter muitas filhas. De fato, o feminicídio (*wa'd*) seria um dos primeiros males sociais que o

Alcorão abordaria, perguntando retoricamente: "Por qual crime ela foi morta?". Esses enterros ocorriam fora de Meca, às escondidas, mas com aprovação pública tácita.

Aceitar o infanticídio, apesar de um código cavalheiresco, era apenas uma das contradições da *Jahiliyya*. Maomé testemunhou outro episódio, quando dois clãs em Meca brigaram para decidir quem tinha o direito de venda de certas lembranças comercializadas para peregrinos. De repente, uma tribo enfurecida declarou que o recém-iniciado mês sagrado de peregrinação, Burak (época em que todas as formas de violência eram proibidas pelo código tribal), havia acabado, permitindo que atacasse a rival, a tribo Quraish, de Maomé. Essas guerras eram chamadas de *harb-ul-fijar* (guerra sacrílega – literalmente, profanação do sagrado), porque violavam a tranquilidade exigida pela peregrinação. As duas tribos prontamente se enfrentaram nas planícies ao redor de Meca, atirando flechas uma contra a outra. Maomé, com 5 anos, juntou-se a outras crianças de sua tribo, recolhendo flechas caídas para ser reutilizadas. O incidente – a única exposição de Maomé à guerra pelas cinco décadas seguintes – lhe pareceu absurdo. Até uma criança de 5 anos podia ver isso. *Jahiliyyah* era uma mentalidade rígida e limitadora, sem adaptabilidade ou propósito moral.

No ano seguinte, Maomé, então com 6 anos, compreendeu, pela primeira vez, a dolorosa realidade da escravidão, forma particularmente dura e brutal de estagnação forçada. Um dia, perguntou a um amigo onde os pais dele estavam. O menino revelou que era escravo e seu dono o vendera, separando-o, assim, da família.

Com lágrimas nos olhos, Maomé correu para Aminah com uma pergunta candente: "Onde está meu pai?". Até então, ninguém lhe dissera nada sobre 'Abdullah. Incapaz de se conter, Aminah começou a chorar e saiu do quarto. Barakah correu para confortar Maomé e assegurar-lhe que ele não fizera nada errado.

Pouco depois, Aminah voltou para o quarto, onde Barakah estava sentada, embalando Maomé no colo. Aminah acomodou-se ao lado deles, colocou a mão na cabeça de Maomé e começou a falar-lhe sobre o pai. Ele fora um grande homem. Após contrair uma doença no porto de Ascalão, durante uma viagem de caravana, conseguiu chegar até Yathrib. Infelizmente, não pôde ser salvo e foi sepultado lá.

Aminah planejara revelar a história toda ao filho quando ele tivesse idade suficiente para entender, mas, já que tocara no assunto, era hora de visitar o túmulo do pai.

Felizmente, a caravana anual – coordenada com a chegada da lua cheia – partiria no dia seguinte para Damasco. E assim Aminah tomou a súbita decisão de juntar-se, com Barakah e Maomé, à caravana, para a primeira etapa da viagem até Yathrib.

Maomé, finalmente, conseguiria desvendar parte de sua herança oculta.

◆ ◆ ◆

Um toque de trombeta sinalizou que a caravana de mais de mil camelos estava saindo de Meca. Os animais começaram a se levantar um a um. Em um deles ia Maomé, aconchegado entre Aminah e Barakah.

Por duas semanas, a caravana atravessou paisagens áridas; descansava durante os períodos mais quentes do dia e recuperava terreno ao luar, coleando como uma serpente pela areia. Os viajantes usavam jarros de barro feitos especialmente para recolher o orvalho matinal do deserto e ter, assim, água para beber.

À medida que a caravana se aproximava de Yathrib pelo sul, Maomé olhava as vastas extensões de formações rochosas de lava que cercavam o oásis por três lados, como uma ferradura irregular. Mais um dia e chegariam à entrada principal da cidade, ao norte. Quando o sol nasceu na manhã seguinte, Maomé avistou uma ilha verde no meio do imenso oceano de areia. Milhares de palmeiras pontilhavam o fértil solo vulcânico da cidade, com riachos atravessando os pomares e jardins repletos de cantos de pássaros.

O ar úmido e a brisa fresca dominaram os sentidos de Maomé. Ele nunca respirara um ar tão agradável antes e, quando adulto, o descreveria como "fonte de cura abençoada". Também jamais vira um assentamento agrícola, com vinhedos, palmeiras, campos de cevada e renques de hortaliças intercalados com poços de água.

Brilhando ao sol da manhã havia centenas de casas de tijolos de barro de dois andares, com treliças decorativas de cerâmica atestando a habilidade artesanal dos carpinteiros e construtores locais. Com mais de 15 mil habitantes, Yathrib superava Meca em tamanho e grandiosidade. Entre as casas, erguiam-se vários fortes, cada um servindo de cofre e armazenamento de produtos de um clã.

Maomé nunca vira tanto verde (que se tornaria sua cor favorita), tantas pessoas, tantos edifícios – e tantos judeus.

De fato, os judeus haviam fundado Yathrib mais de mil anos antes. A primeira leva viera como exilada, após a destruição do Primeiro Templo de Jerusalém, por volta de 585 a.C. Para refugiados indigentes, o paredão baixo de rochas vulcânicas pontiagudas, ao redor de um oásis exuberante, oferecia abrigo seguro para fixar raízes, sem a necessidade de construir muralhas defensivas. Novas levas de migrantes judeus de Jerusalém chegaram depois da destruição do Segundo Templo pelos romanos (70 d.C.) e uma revolta fracassada contra o domínio romano (132 d.C.). Agricultores pagãos que fugiam da seca no Iêmen se estabeleceram entre os judeus depois de 400 d.C.

Ao contrário dos vizinhos árabes, que davam nomes proibitivos às suas cidades, os fundadores de Yathrib preferiram homenagear um ser superior: "Deus *(Yah)* torna fértil *(tharib)*" – construção de duas palavras aramaicas que refletiam as raízes dos fundadores. De fato, os yathribitas fundiram sua língua aramaica com o árabe hejazi, formando um dialeto distinto do vernáculo mecano "mais puro".

Parentes do clã Banu Najjar saudaram Aminah e seu filho na chegada. Os primos levaram os visitantes de Meca para as terras de seu clã, ao sul do estábulo de camelos.

Passando pelo centro de Yathrib, Maomé observou uma nova cultura. Muitos homens usavam borlas brancas e azuis-violeta por fora das camisas de linho e cobriam a cabeça com turbantes distintivos enrolados em forma de gorros. Enquanto os habitantes de Meca haviam se afastado do Deus de Abraão, os judeus de Yathrib conectavam-se a Ele todos os dias, com suas roupas e rituais. Uma pequena caixa chamada *mezuzah* (literalmente, batente da porta) continha rolos de pergaminho com passagens bíblicas, pendurados nos batentes das portas das casas. Em todos os lugares que Maomé olhava havia lembretes da Presença Divina (*Shekhinah*), sem ídolos físicos ou santuários pagãos.

Quando Aminah e Maomé chegaram ao bairro Banu Najjar, sua família os abraçou. Ela não via os pais desde o casamento, sete anos antes. Seu pai, Wahb (versão aramaica do nome hebraico Natã, "presente de Deus"), e sua mãe, Barrah (benevolência), ficaram muito felizes por se reunir com a única filha e conhecer o primeiro e único neto. Os detalhes desse encontro são vagos, mas Wahb, por tradição, teria saudado o neto impondo as mãos na cabeça de Maomé e recitando uma bênção. Aminah sentiu-se confortada com os pais, os quais prepararam um banquete de boas-vindas. Maomé observou os parentes lavar as mãos e o rosto antes de comer – costume desconhecido em Meca – e, pela primeira vez, provou alho, cebola, alho-poró, lentilha, abóbora e outros vegetais de raiz (todos mencionados posteriormente no Alcorão). Por causa da paisagem árida de Meca, sua culinária consistia, em especial, de carne, cevada, pães e alimentos secos. Ao contrário dos mecanos, que adoravam carne de camelo e faziam dela grande parte de sua dieta, os yathribitas a evitavam em razão de restrições alimentares religiosas.

A manhã seguinte, uma sexta-feira, se passou em trabalhos de limpeza e cozinha, com os Banu Najjar fazendo os preparativos para o sabá. Maomé, como outros membros da família, tomou banho e vestiu suas melhores roupas. Ao anoitecer, as mulheres do clã recitaram bênçãos e acenderam pequenas lanternas para marcar o início do sabá, cerimônia repetida em todas as casas do bairro Banu Najjar. Imagens de lâmpadas afastando a escuridão e embelezando o mundo permeiam o Alcorão, que dedica um capítulo (Surah An-Nur, "A iluminação") à energia iluminadora do Divino.

Naquela noite, nos cultos, os homens cantaram o Cântico dos Cânticos, que incluía uma versão hebraica do nome de Maomé: Kullo Mahamadim, "ele é totalmente adorável" ou "ele encarna tudo o que as pessoas desejam imitar" (5:16). Enquanto em Meca o nome de Maomé soava estranho, entre os yathribitas evocava um conceito bem conhecido. Pela primeira vez, o menino ouviu uma variedade de nomes bíblicos: Abraão (ninguém em Meca se chamava Abraão, embora os mecanos venerassem o patriarca), José (Yusuf), Moisés (Musa), Jonas (Yunus) e Jó (Ayyub).

Na manhã de sábado, Yathrib estava silenciosa. Ninguém negociava no mercado, cavalgava ou trabalhava nos campos. Pela primeira vez, Maomé experimentou um dia de descanso – o que o Alcorão chama repetidamente de *yawm as-sabt* (dia do repouso ou dia da eternidade). Enquanto os homens iam à sinagoga, Aminah levou Maomé para passear nos pomares da família. Caminhando de mãos dadas, acompanhados por Barakah, Aminah evocava recordações de infância. Barakah notou que o comportamento de Aminah agora era outro. Ela brincava com Maomé nos bosques de tamareiras, rindo, como não fazia havia anos. De repente, Aminah apontou para uma parte do jardim e explicou que era o local onde, quando criança, vira o pai dele, 'Abdullah, pela primeira vez. Fora amor à primeira vista, lembrou Aminah. "Aqui sua história começou", disse a Maomé.

Iniciada a semana, Maomé teve a primeira oportunidade de conhecer a profissão dos parentes. Os Banu Najjar faziam jus ao nome de família: "clã de carpinteiros". Eram artesãos habilidosos. Fabricavam moldes para tijolos, portais e portas, pratos, copos e tigelas, mesas, bancos e vigas de telhado. Também haviam esculpido as *mezuzahs* de madeira que Maomé vira nos batentes das portas das casas, assim como os cilindros de madeira usados para enrolar os livros da Torá. Trançavam fibras de palmeira, fazendo o tipo de corda que segurava Maomé durante as coletas de mel no deserto, as quais eram usadas para tirar baldes de água dos poços.

Os agricultores de Yathrib cultivavam várias espécies de produto, de acordo com os ciclos agrícolas naturais.

Nos limites do bairro Banu Najjar, Maomé encontrou uma fábrica de processamento de tâmaras que consistia em uma área retangular coberta por um dossel de redes para impedir a entrada de pássaros; nesse espaço, os trabalhadores colocavam as tâmaras para secar em esteiras de palha. Como abelhas em uma colmeia, transformavam as tâmaras secas em xarope, bolos e até uma bebida fermentada chamada *nabith*. A fábrica era um empreendimento criativo; quarenta e sete anos depois, Maomé a escolheria como local de sua primeira mesquita.

Em meio aos bosques de tamareiras, Maomé também conheceu uma nova maneira de brincar. Em um bebedouro da propriedade de um judeu chamado Aris (agricultor), aprendeu a nadar e passava horas brincando com os novos parentes e amigos. Quando adulto, Maomé não só fazia questão de exortar os pais a ensinar os filhos a nadar como reunia os seguidores mais próximos em torno desse mesmo poço para discussões profundas. Na realidade, a inspiração para a penúltima passagem do Alcorão lhe veio próximo daquele poço, durante um desses encontros. O poço de Aris evocava claramente lembranças positivas para Maomé, que, muitas vezes, voltava lá em tempos conturbados, para relembrar a pura alegria da infância ao lado da mãe, na época em que ela estava feliz.

Em 23 de julho, os judeus de Yathrib reuniram-se na entrada norte da cidade, área que chamavam de *thaniyyat al-wada* (colinas de entrada para a lamentação). Olhando ansiosamente para o norte, em direção a Jerusalém, local de seu Templo duas vezes destruído, os judeus assinalavam o dia de luto conhecido como Tish'ah B'Av (o nono de Av) cobrindo a cabeça de cinzas, sentando-se no chão e gemendo sua perda. Era um dia comunitário de jejum, quando todos se abstinham de comida, bebida e relações conjugais.

O Templo em Jerusalém fora construído no local onde os judeus acreditavam que Abraão amarrara o filho e fizera uma aliança com Deus. Embora os yathribitas tivessem estabelecido um oásis próspero no exílio, ansiavam pelo santuário perdido e pela cidade onde o Império Bizantino os impedia de entrar. Ao contrário dos mecanos, os judeus de Yathrib haviam perdido o vínculo físico com Abraão, mas mantinham forte conexão com seu legado espiritual. Naquela noite, recitaram o Livro das Lamentações (com o homônimo de Maomé, *Mahamudeha*, aparecendo no sétimo versículo) – um lembrete de que, apesar do exílio, os yathribitas continuavam unidos por uma escritura formal e pelo anseio comum por um futuro melhor.

O problema era que os yathribitas estavam profundamente divididos. Esperavam a libertação divina. Enquanto isso, sua comunidade carecia de liderança eficaz. Ao contrário de Meca, Yathrib não tinha conselho central de anciãos de toda a cidade. Cada clã administrava o próprio conselho rabínico, no qual se reunia uma mistura de estudiosos genuínos e políticos corruptos.

As disputas incessantes dos yathribitas acabariam se tornando paralisantes, levando os anciãos da cidade, décadas depois, a se aproximar de Maomé para pedir-lhe que atuasse como seu líder mediador.

Porém, no momento, Maomé era apenas um menino coletando impressões. Em Yathrib, no entanto, ele descobriu rituais poderosos e adquiriu um senso de missão inspirador, que moldaria o restante de sua vida.

◆ ◆ ◆

Três meses depois, na véspera da lua cheia, um arauto a cavalo irrompeu em Yathrib para anunciar a chegada iminente da caravana que voltava de Damasco para Meca. Durante toda visita, Aminah ainda não levara Maomé ao túmulo do pai, motivo ostensivo da viagem. A caravana, porém, era a única possibilidade de volta para Meca, e ela não podia adiar mais.

Na manhã seguinte, depois que Barakah ajudou a embrulhar os pertences para serem carregados em um camelo da caravana, Aminah pegou o filho pela mão e se dirigiu ao cemitério dos Banu Najjar.

Seu primo Sa'ad, que seis anos antes dera a notícia da morte de 'Abdullah, guiou a pequena comitiva até o túmulo. O local do sepultamento de 'Abdullah – um simples monte de terra que se elevava trinta centímetros acima do solo – estava demarcado, nos quatro lados, por folhas secas de palmeira e tijolos de barro.

Ao ver a sepultura, Aminah desfaleceu. Por seis anos, vivera na negação da morte do amado.

Barakah e Sa'ad levaram a frágil jovem de volta à casa dos pais, colocando-a em um colchão no quarto do segundo andar. A mãe e outros parentes do sexo feminino se reuniram ao redor dela com expressão preocupada, enquanto Barakah enxugava sua testa febril com um pano molhado. Quando Aminah se recusou a comer, Barakah percebeu que – ao contrário da ocasião do nascimento de Maomé –, daquela vez, a condição da jovem não augurava um desfecho feliz. Escoltou Maomé para fora do quarto, para que não visse a mãe sofrendo.

Ao pôr do sol, Aminah pediu, num sussurro, a presença de Maomé. Quando Barakah o levou para o quarto, o menino de 6 anos não conseguiu conter a angústia e começou a chorar. Barakah apoiou Aminah contra um travesseiro, para que pudesse estreitar Maomé ao peito, banhando seus cabelos negros de lágrimas. Ele enxugou aquelas lágrimas com gentileza e segurou seu queixo, enquanto dizia que a amava. Maomé, que justamente naquela manhã confrontara a realidade da morte do pai, não poderia imaginar que perderia também a mãe.

A princípio, Aminah não disse nada. Beijou Maomé e tentou abraçá-lo com o pouco que restava de forças. Então, fitando vagamente os grandes olhos pretos do menino, esforçou-se para articular suas palavras finais. Com voz fraca, murmurou: *"Ya Maoméu kun rajula!"* (Ó Maomé, seja um transformador do mundo!).

Então, cerrou os olhos. O sol se pusera, e a lua cheia surgira, lançando luz sobre a sombria cena do quarto, enquanto o menino, agora órfão, chorava perdidamente sobre o corpo sem vida da mãe.

Todos no quarto se perguntavam por que Aminah usara o último suspiro para sobrecarregar o filho de 6 anos com uma missão de vida tão pesada. Escolhera as últimas palavras cuidadosamente. Repetira *"Kun rajula"* duas vezes. A palavra-raiz *rajala* refere-se a alguém com a rara capacidade de causar impacto no mundo. Na origem, aplicava-se a um especialista em transformar pedras brutas em joias requintadas. A forma *kun rajula* transformou gramaticalmente esse processo em estado de ser constante e atemporal.

Aminah aproveitara a última energia para plantar uma semente no filho. Sem dúvida nenhuma inspirado por esse exemplo, Maomé, mais tarde, aconselharia seus seguidores: "Se o mundo estiver acabando diante de vossos olhos, mas tiverdes uma muda em vossas mãos, plantai-a!".

Com as palavras finais, Aminah transformou Maomé em alguém especial, dizendo-lhe que ele já tinha capacidade de transformar o mundo: só precisaria dar largas a esse potencial. Fora uma lição pesada, mas profunda, para uma criança de 6 anos, impressionável, que acabara de se tornar órfã em uma sociedade construída sobre laços familiares. Maomé levaria décadas para entender seu presente de despedida.

2

O ÓRFÃO

Yathrib: 4:30h, quinta-feira, 20 de agosto, 576 EV

Maomé passou a noite agarrado à mãe. Ao amanhecer, três homens empunhando enxadas e pás trabalhavam no cemitério de Banu Najjar, abrindo um nicho ao pé da tumba de Aminah. A sinfonia noturna dos grilos começou a dar lugar ao chilrear dos pássaros, enquanto o orvalho cobria a paisagem com um pálido manto úmido. Nas ruas desertas da cidade, um grupo solitário de mulheres da sociedade funerária do clã levava lençóis brancos, incenso e potes de argila cheios de água fresca para a casa enlutada.

Com Maomé nos braços, Barakah recebeu as mulheres, encaminhando-as para o quarto do segundo andar, onde Aminah jazia. Segundo a tradição, elas removeram as roupas da morta e, gentilmente, banharam-na antes de ungi-la com perfumes. Em voz baixa, entoavam litanias melancólicas enquanto a envolviam com três camadas de linho fino, para formar um sudário imaculado.

Galos cantando acordaram os moradores da cidade e sinalizaram o início do cortejo fúnebre. Enquanto alguns parentes carregavam o cadáver de Aminah pelas ruas, outros cercavam o corpo erguendo bem alto folhas de palmeira, envolvendo-o em um casulo verde. Maomé juntou-se à procissão em um silêncio atordoado. Não diria uma palavra naquele dia. No cemitério, olhou incrédulo enquanto a mortalha branca era baixada na sepultura, colocada suavemente no nicho contíguo e selada com tijolos cozidos. Em seguida, a sepultura foi coberta de terra, formando uma barreira física que separava Maomé da mãe.

Aos olhos da sociedade tribal, Maomé era agora *yatim* (órfão) – literalmente, "incompleto". Sem pais para nutri-lo nem rede de irmãos para apoiá-lo, carecia de bens vitais em uma ordem social na qual os laços familiares determinavam a posição. Como poderia cumprir o desejo moribundo da mãe de mudar o mundo?

Era uma tarefa aparentemente impossível.

◆ ◆ ◆

A caravana partira enquanto Aminah jazia no leito de morte. Na manhã do sepultamento, avançara um dia para o sul. Maomé não teria tempo de lamentar com os avós. De acordo com o costume árabe, o agora órfão Maomé lamentaria com o avô em Meca. Parentes do clã Banu Najjar colocaram o menino e Barakah em cavalos para alcançar a caravana de camelos quando ela fizesse uma parada de descanso nos poços de Badr (lua cheia).

Maomé passou a maior parte das duas semanas de jornada para Meca chorando e tentando dormir. Barakah o consolava, assumindo o papel de mãe adotiva, embora o menino de 6 anos sob seus cuidados fosse tecnicamente seu dono (fato a que a criança permanecia alheia).

Enquanto a caravana serpenteava pela paisagem árida do deserto, o desafio de Barakah era ajudar a restaurar a vontade de viver de Maomé. Os dois subiram em seus camelos e acomodaram-se em um *howdah* – estrutura de madeira envolta em linho amarelo com dossel de couro. As laterais vedadas pelo linho permitiam que o ar circulasse ao mesmo tempo que bloqueava as lufadas de areia, e a cobertura de couro os protegia do sol intenso. Ao longo do caminho, Barakah erguia as abas laterais do compartimento para mostrar a Maomé a paisagem que desfilava. De vez em quando, apontava para árvores solitárias crescendo no deserto árido, símbolo da vida que persiste contra todas as probabilidades.

Em uma das paradas para descanso em um bebedouro no deserto, Barakah avistou uma borboleta emergindo de um casulo pendurado em um arbusto próximo. O que parecia uma mortalha, disse Barakah a Maomé, era, na realidade, uma incubadora de vida, ajudando uma lagarta feia a se transformar em um lindo inseto alado a voar pelo céu. Barakah vinha de uma família cristã que incutira nela forte crença na vida após a morte e na ressurreição. Citando todos os exemplos naturais de resistência da vida à morte aparente, Barakah exortou o menino a não desistir.

A última parada de descanso das caravanas antes de Meca foi nos poços de Hudaibiyyah (dobrador de costas). Barakah mostrou a Maomé que, onde quer que a água caísse no chão ao redor do poço, pequenas manchas de plantas verdes emergiam do deserto seco. Uma coisa tão simples quanto a água já bastava para dar nova feição à areia. Maomé, sugeriu ela, deveria procurar as gotas metafóricas de água ao seu redor para crescer, embora se sentisse desesperançado. Essas gotas poderiam ser pessoas iguais a ela e exemplos inspiradores como a borboleta do deserto. Fontes de esperança e nutrição estavam por toda parte; Maomé apenas teria de reconhecê-las.

O sol do meio-dia brilhava, quando, de repente, o pânico se apossou do acampamento. Um *qidam* (vento leste), uma enorme tempestade de areia, aproximava-se rapidamente, um *tsunami* do deserto que engole tudo pelo caminho. Em poucos minutos, o acampamento foi tragado pelas areias secas e escaldantes, enquanto ventos ferozes ululavam, vergastando as tendas frágeis. Barakah deitou-se sobre Maomé, protegendo-o caso o vento arrebatasse a tenda.

Enquanto isso, um arauto na vanguarda da caravana levava a notícia da morte de Aminah a 'Abdul-Muttalib, que se preparou para receber o neto de coração partido. Sua própria esposa falecera duas semanas antes. Avô e neto se reencontrariam de luto.

Quando a caravana chegou, 'Abdul-Muttalib abraçou Maomé calorosamente e levou a ele e a Barakah para morar em sua casa. Com vasto pátio e dez quartos caiados de branco, decorados com desenhos geométricos vermelhos e janelas de treliça, a casa era uma das maiores de Meca.

Maomé não era a única criança ali. O avô de 81 anos ainda tinha dois filhos adolescentes na casa: Hamzah e Az-Zubair. Hamzah adorava vinho, mulheres e caça. Aos 16 anos, era conhecido por lutar sem medo com leões, de mãos nuas, antes de desembainhar a adaga para matá-los. O irmão mais velho, Az-Zubair, fazia jus ao nome, "rocha invencível", e era o principal ajudante do pai. Confiável e meticuloso, Az-Zubair administrava a casa após a morte da mãe, organizando banquetes e recebendo dignitários.

Mas 'Abdul-Muttalib concentrou as energias no neto a quem dera um nome único. Na manhã seguinte à chegada da caravana, 'Abdul-Muttalib levou Maomé em suas rondas cívicas. Naquela manhã de sexta-feira, no conselho dos anciãos ao lado da Ka'bah, Maomé sentou-se no colo de 'Abdul-Muttalib diante do semicírculo de vinte anciãos. A almofada do ancião-chefe foi colocada sob a única bica de água da Ka'bah, simbolizando vida e rejuvenescimento.

Após a reunião do conselho, 'Abdul-Muttalib levou o neto ao mercado em 'Ukath (lugar do orgulho), assim chamado em referência à competição anual em que os poetas declamavam odes a seus clãs. Localizado em uma grande praça, o mercado abrigava mais de uma centena de barracas altas. Os comerciantes vendiam todos os tipos de mercadorias: especiarias, tâmaras, hortaliças, tecidos, cabras, cavalos, ferramentas e muito mais. Maomé observava o mercado com interesse, captando sua dinâmica. Uma barraca em particular chamou-lhe a atenção: as mercadorias vendidas eram seres humanos, até mesmo crianças de sua idade.

Perplexo, perguntou ao avô por que meninos e meninas estavam sendo vendidos como animais. 'Abdul-Muttalib explicou que eram crianças cujos pais não podiam pagar suas dívidas. Outras crianças haviam sido sequestradas, como quase ocorrera a Maomé quando cuidava das cabras com os nômades Banu Sa'd. 'Abdul-Muttalib sugeriu que Maomé perguntasse a Barakah sobre a escravidão se quisesse saber mais.

Após o jantar, Maomé foi encontrar Barakah e contou-lhe o que vira no mercado. Explicou que o avô o aconselhara a perguntar a ela sobre o assunto. Colocando-o no colo, Barakah respondeu: "Eis minha história".

Barakah viera de uma família nobre abissínia, em uma cidade no sopé das Montanhas Semien. Um dia, enquanto fazia um piquenique com a mãe e servos entre figueiras e oliveiras numa encosta, rebeldes que se opunham ao rei a raptaram, amarraram-na, esconderam-na em uma caravana de mercadores e transportaram-na para o Nilo, onde a colocaram em uma barca para ser vendida, mais tarde, no Egito. Um mercador de escravos midianita a comprou em leilão e a levou para Ascalão, onde 'Abdul-Muttalib a comprou no mercado ribeirinho como presente para o filho, 'Abdullah. Quando Barakah finalmente chegou a Meca, estava com 8 anos.

Maomé saltou e correu em direção a 'Abdul-Muttalib com uma pergunta urgente: "Avô, como uma pessoa escravizada pode ser emancipada?". O ancião-chefe entendeu o que o neto perguntava e respondeu: "Como Barakah lhe pertence legalmente, para libertá-la você deve declarar, em público, junto à Ka'bah, sua emancipação". Tecnicamente, isso não era verdade: Maomé poderia fazer a declaração em qualquer lugar. Mas 'Abdul-Muttalib, sem dúvida, queria que o neto fizesse uma declaração pública – uma oportunidade de provar aos céticos em Meca que o neto era seu protegido por direito.

Na manhã seguinte, Maomé pegou Barakah pela mão e correu para a Ka'bah. Com o avô, postou-se nos degraus do templo e declarou: "Esta é Barakah. Eu, Maomé, filho de 'Abdullah, com o apoio de meu avô, declaro que Barakah, deste momento em diante, é livre como o vento, não vergada ao jugo da escravidão. Seja testemunha disso, ó povo, e que os presentes passem a informação aos ausentes".

Alguns na multidão começaram a rir, mas se contiveram em respeito ao ancião-chefe. Barakah ficou muito feliz. Lágrimas fluíram de seus olhos quando ela abraçou Maomé. Embora livre para voltar à terra natal e à família ('Abdul-Muttalib ofereceu-lhe escolta), Barakah, então com 20 anos, preferiu ficar com Maomé. Se aquele jovem mudaria o mundo, ela queria estar ao seu lado.

◆ ◆ ◆

Os sábios de Meca – conhecidos como Majlis ash-Shuyukh (congresso dos anciãos) – não tinham poder político formal, mas serviam como mediadores respeitados, ajudando as pessoas da cidade e dos arredores a resolver disputas. Eles se reuniam quase todos os dias para receber os peticionários, que ficavam esperando sua vez à entrada do recinto especial dos anciãos.

Naquela manhã em particular, dois homens se dirigiram ao conselho. 'Abdul-Muttalib fez sinal para que cada um apresentasse seu caso.

O primeiro começou: "Meu vizinho e eu decidimos juntar nossos rebanhos para dividir os mesmos pastos e pastores. Um de meus bodes emprenhou a cabra dele, e ela pariu. Sinto-me no direito à prole, pois ela é da linhagem dos meus rebanhos".

O outro homem discordou, argumentando: "A cabra é minha. Cuidei dela, alimentei-a e gastei dinheiro para mantê-la saudável e segura. Portanto, os filhos que ela pariu [em geral, parem gêmeos ou trigêmeos] enquanto eu zelava por ela deveriam ser meus, uma vez que meu vizinho não teve participação nenhuma nos cuidados dela".

Os anciãos fizeram sinal para que os dois homens se afastassem enquanto discutiam o caso. A maioria dos anciãos estava inclinada à interpretação patriarcal: o homem cujo bode emprenhara a cabra tinha direito aos cabritos, pois a semente do bode tornara a prole possível. Após ouvir os argumentos, 'Abdul-Muttalib ofereceu uma visão diferente. Como o dono da cabra a alimentara e protegera durante toda gravidez, os cabritos pertenciam a ele, o qual, no entanto, deveria pagar ao vizinho uma compensação adequada pela participação do bode.

A sugestão pouco ortodoxa convenceu o conselho e satisfez ambas as partes da disputa. Após décadas, Maomé seria solicitado a resolver uma situação semelhante: um homem suspeitava que a esposa dera à luz o filho de outro homem. Nesse caso de paternidade obscura, Maomé decidiu que a criança pertencia ao marido, declarando: *"Al-waladu lil-firash"* (a criança deve obrigações àquele que cuidou da mãe grávida).

Depois que a sessão do conselho terminou, 'Abdul-Muttalib tomou uma atitude rara em relação ao neto. Levantando-se da almofada vermelha dos chefes anciãos, avô e neto subiram os degraus da Ka'bah. Os espectadores ficaram surpresos: além de alguns anciãos e sacerdotes privilegiados, ninguém tinha permissão para entrar no santuário, menos ainda um órfão de 6 anos. Ignorando as expressões escandalizadas dos espectadores e o espanto dos sacerdotes zeladores do santuário, 'Abdul--Muttalib afastou as enormes cortinas bordadas que cobriam a porta, permitindo que um raio de luz entrasse no interior sombrio. Pegou a mão do neto e cruzou com ele a soleira.

A cortina se fechou atrás dos dois. Quando os olhos de Maomé se ajustaram à escuridão, ele viu um salão retangular repleto de estátuas toscamente esculpidas, presas às paredes por cavilhas de chumbo. Algumas lanternas minúsculas de óleo iluminavam os ídolos abaixo. Uma fumaça densa saía de queimadores de incenso suspensos no teto, enquanto sacerdotes fantasmagóricos, vestidos de branco, entoavam antigos encantamentos mesopotâmicos (os primeiros sacerdotes eram mesopotâmicos), fazendo a voz ecoar na escuridão. Maomé apertou a mão do avô com força.

Então, de soslaio, avistou algo impressionante. No centro da parede norte do santuário havia um ícone retangular de madeira com a imagem de uma mulher velada abraçando o filho. Era uma representação bizantina de Maria e Cristo que alguém trouxera de Damasco. Maomé olhou para mãe e filho, retratados com os rostos colados. A mãe estava triste; o menino parecia consolá-la enquanto tocava, com suavidade, seu queixo.

Presumivelmente, o ícone despertara lembranças de eventos ocorridos em Yathrib, apenas três semanas antes. O menino soltou-se da mão do avô e aproximou-se da pintura. Após algum tempo, Maomé sentiu uma mão sobre seu ombro. "É hora de continuar nossa ronda", disse o avô. Ao saírem do santuário, Maomé olhou de novo para a imagem.

O sol do meio-dia cegou Maomé quando ele e o avô deixaram o santuário. Através da névoa, Maomé notou um casal com uma criança aproximando-se de um par de imagens instalado em frente à porta da Ka'bah. Eles se curvaram diante das estátuas – que representavam os antigos amantes árabes Isaf e Na`ilah – e depois entregaram o filho a um sacerdote, que colocou o bebê em um pequeno altar, entre as duas estátuas. O padre sacerdote pegou duas flechas de madeira e marcou a primeira com uma cruz, usando sangue retirado do dedão do pé do bebê, e a segunda com um círculo branco, utilizando giz. Em transe rítmico, o sacerdote brandiu as flechas e depois as jogou no chão, diante das imagens. (Se a flecha com a cruz de sangue caísse sobre a de giz branco, o bebê seria sacrificado.)

Percebendo o espanto no rosto do neto, 'Abdul-Muttalib comentou: "Tive de passar por esse teste também, com seu pai". Enquanto a dupla continuava a atravessar a praça em direção ao Poço Zamzam, 'Abdul--Muttalib continuou: "Vê aquele poço, meu filho? Fui eu que o descobri".

O ancião-chefe notou a confusão do neto perante esses dois fatos aparentemente desconexos e surpreendentes. Fez sinal para que Maomé se sentasse com ele à sombra do dossel do poço, onde mulheres locais enchiam seus jarros de água. Em seguida, começou a contar uma história notável.

Aos 21 anos, 'Abdul-Muttalib ainda não era membro do conselho dos anciãos. Como passara os primeiros anos em Yathrib, muitos habitantes de Meca o consideravam forasteiro. Um dia, no mercado, travou conversa com um estrangeiro idoso, o qual lhe falou sobre a lenda de um antigo poço chamado Zamzam, que ficava no coração de Meca, não muito longe da Ka'bah. Os jurhumitas – antigos reis de Meca – haviam tapado sua abertura séculos antes, quando foram destituídos do poder e exilados. Com o tempo, as pessoas se esqueceram do poço e de sua localização. Outros mercadores ouviram a história do velho e a descartaram como lenda. Mas 'Abdul-Muttalib ficou intrigado. Meca devia ter tido uma fonte de água no centro ou ninguém fundaria uma cidade ali.

Como ele poderia encontrar esse poço perdido? 'Abdul-Muttalib passou dias ponderando sobre o desafio, sentado perto da Ka'bah. Um dia, avistou um corvo escavando o chão. Talvez 'Abdul-Muttalib pudesse encontrar o poço. Começou a consultar pessoas idosas para reunir pistas sobre a história de Zamzam. Juntando fragmentos de informações, deduziu a localização aproximada do poço soterrado. Enquanto Meca dormia, cavou pequenos buracos para procurar umidade sob a superfície. Após três semanas, recolhera amostras de solo em toda a área em que Zamzam deveria ter estado, mas ainda estava de mãos vazias.

Prestes a desistir, 'Abdul-Muttalib viu uma pega (*al-ghurab al-a'sam*) pousar na praça e empurrar uma pedra para escavar embaixo dela. Foi um momento *eureka*: o único lugar que esquecera de perfurar fora sob a imagem dos dois amantes. Naquela noite, empurrou o altar para o lado e começou a cavar. E eis que a terra estava úmida. Cavou até o sol nascer. Quando os anciãos da cidade viram aquilo, correram para impedir a profanação das imagens do amor. Nesse momento, a picareta de 'Abdul--Muttalib atingiu uma pedra, fazendo um tinido alto. Enquanto os anciãos, furiosos, o cercavam, ele desimpediu a pedra e a puxou para o lado. Água fresca e pura jorrou, encharcando-o. A fonte das águas vivificantes ficara escondida por séculos sob um altar no qual crianças eram sacrificadas.

As estátuas foram logo reinstaladas a poucos metros de distância, e um novo muro foi construído para proteger o poço. Encantados por terem uma fonte de água no centro da cidade, os anciãos exigiram autoridade para regular o uso do poço. 'Abdul-Muttalib ficou ofendido: achava que o poço lhe pertencia, pois fora ele que o descobrira. Enquanto a disputa se acirrava, alguns anciãos zombavam de 'Abdul-Muttalib por ele ser filho mestiço de uma mulher judia, órfão sem lembrança do pai e ele próprio pai de apenas um filho. No código tribal da sociedade de Meca, o número de descendentes masculinos de um homem aumentava seu prestígio.

Sentindo-se impotente e humilhado, 'Abdul-Muttalib, de repente, fez um juramento diante de todos os anciãos. "*Allahumma*", gritou, invocando o Deus de Abraão. "Se me aquinhoardes com dez filhos, eu vos sacrificarei um deles como oferta de ação de graças." Décadas depois, com o nascimento do caçula e décimo filho, Hamzah, 'Abdul-Muttalib enfrentou um dilema. Tinha de cumprir o voto, em especial porque não o fizera aos ídolos, mas diretamente ao Divino.

Como os pais que Maomé observara nas estátuas dos amantes (Al-'Ashiqan), 'Abdul-Muttalib começou a jogar dados. O fardo do sacrifício caiu sobre o filho 'Abdullah. Havia algum jeito de evitar o sacrifício do filho mais amado? 'Abdul-Muttalib consultou a suma sacerdotisa dos nômades Banu Sa'd, que o orientou a fazer duas flechas: uma com o nome de 'Abdullah e a outra com a palavra *camelo*. 'Abdul-Muttalib jogou as flechas no chão, finalmente obtendo um acordo favorável: poderia sacrificar cem de seus camelos em vez de perder 'Abdullah, então com 10 anos. (Não de modo surpreendente, Maomé definiria, mais tarde, o valor do dinheiro de sangue – chamado *diyah* – como cem camelos.)

Para Maomé, a história oferecia outro lembrete, o de que ele, por pouco, não nascera. Mas a criatividade do avô também o impressionou. Havia uma fonte de vida enterrada sob Meca, sem que ninguém soubesse. O avô investira tempo e energia para descobri-la. Que outras forças poderosas permaneceriam invisíveis no mundo ao seu redor?

◆ ◆ ◆

A grande vila branca brilhava ao sol do meio-dia.

Encerrada a reunião dos anciãos, 'Abdul-Muttalib e o neto seguiram para o norte da Ka'bah pela única avenida reta de Meca, em direção à mansão branca. Os moradores da cidade paravam o ancião-chefe no caminho para lhe transmitir seus cumprimentos, enquanto Maomé olhava à frente para aquela que era, de longe, a maior casa de Meca. A maioria dos prédios da cidade era marrom-fosco e tinha apenas um andar. Mas aquele edifício reluzente era três vezes maior e duas vezes mais alto. Uma varanda de treliça de madeira projetava-se do segundo andar, sombreada por um grosso dossel de tapeçaria.

'Abdul-Muttalib notou o fascínio do neto pelo edifício, que funcionava como a prefeitura formal de Meca. Disse a Maomé que seu antepassado, o bisavô de 'Abdul-Muttalib, Qusai, o construíra. Qusai nascera Zaid ibn Kilab, cidadão de Meca cuja família produzira os primeiros governantes da cidade, mas não detinha o poder havia várias gerações. Kilab morrera quando o único filho tinha apenas alguns meses. Então, um comerciante cristão visitante propôs casamento à mãe viúva de Zaid e levou os dois para Damasco. Criado como cristão, falando aramaico e grego, o menino quase não se lembrava da cidade natal e tinha conhecimento limitado de sua cultura, religião e idioma. Mas a mãe o lembrava de que ele era descendente de Ismael e de sua esposa jurhumita, incitando-o a um dia retornar a Meca para recuperar o trono dos ancestrais.

Desde jovem, Zaid treinou arduamente para ser líder. Aprendeu a ler e a escrever em várias línguas e destacou-se na arte da diplomacia. Contudo, apesar dos melhores esforços de Zaid, a família do padrasto nunca o aceitou, e a elite de Damasco o fez se sentir um estranho que jamais venceria na vida. Aderiu à Auxilia romana aos 16 anos, subindo rapidamente na hierarquia e ganhando o direito à cidadania romana. No exército, viajou por todo o Império Romano, observando diversos povos, línguas e culturas unidos sob a Paz Romana. Zaid dominou o tiro com arco e renomeou-se Qusai (mestre no arco de longo alcance). Ao substituir o nome recebido do pai, Qusai reinventava-se para voltar a Meca.

Aos 21 anos, voltou à cidade natal pela primeira vez em mais de duas décadas. Disfarçado de comerciante sírio, pesquisou o cenário político e social de Meca. Vestia-se de modo extravagante, esperando chamar a atenção dos anciãos de Meca caso desse a impressão de que era muito rico. O ancião-chefe, Hulail, logo ouviu falar desse jovem impressionante e ofereceu um banquete em sua homenagem. No jantar, o elegante Qusai cativou o público discorrendo com eloquência tanto no dialeto árabe de

Meca quanto em línguas estrangeiras. Impressionado, Hulail ofereceu-lhe Hubbah, sua cobiçada filha, em casamento.

Ao se casar com a filha do chefe, Qusai posicionou-se como príncipe herdeiro da cidade, pois Hulail não tinha filhos e sagrou Qusai seu sucessor. Em poucos meses, Qusai consolidou seu poder e revelou sua verdadeira identidade como herdeiro do clã governante original de Meca. Na realidade, ele trabalhara habilmente no sistema para mudá-lo – alcançando um resultado que os anciãos da cidade não poderiam contestar.

Nessa época, Meca não tinha nenhum conselho central de liderança. O governante da cidade atuava como autocrata, e cada tribo operava o próprio conselho informal para resolver pequenas disputas. Inspirado pelas experiências no Império Romano, Qusai imaginou uma Meca forte, com um conselho tribal unido que incluísse os chefes de todos os clãs da urbe. Um sistema organizado de ordem cívica consolidaria a unidade da cidade e possibilitaria ampla aceitação para grandes mudanças.

Qusai compreendeu a importância tanto da ordem quanto do simbolismo, influenciado, sem dúvida, pelas experiências romanas. Meca precisava de um edifício faustoso para abrigar o conselho e garantir seu prestígio. Ele comprou um terreno com vista para a Ka'bah e começou a construir uma réplica em miniatura do Senado Romano. Quando estava na Grécia durante o treinamento militar, Qusai apaixonou-se pelas casas caiadas de branco. Contratou artesãos gregos para branquear as paredes de gesso do novo parlamento, acrescentando desenhos decorativos em tinta vermelha. Carpinteiros do clã Banu Najjar de Yathrib foram chamados para instalar um grande teto, projetar janelas de treliça e construir a ampla varanda, de onde os membros pudessem olhar para o sul, em direção à Ka'bah.

Qusai chamou o edifício de Dar-un-Nadwah (a Casa da Assembleia). O piso térreo incluía doze quartos de hóspedes para receber dignatários proeminentes. O andar superior, um grande salão com doze janelas imensas, com molduras feitas de cedro importado. Decorando os pilares principais do salão, viam-se doze círculos desenhados com tinta vermelha misturada com sangue extraído do braço direito dos chefes de Meca, em sinal do compromisso conjunto com a nova ordem cívica. No salão principal, havia doze almofadas vermelhas, com as bandeiras dos clãs desfraldadas atrás delas.

A repetição do número doze não foi por acaso. Para os semitas, esse número simbolizava completude: doze tribos de Israel, doze discípulos de Cristo, doze signos do zodíaco e doze meses do ano. Dar-un-Nadwah acolheu os chefes dos doze clãs principais de Meca. Os líderes de clã, que precisavam ter no mínimo 40 anos, dispunham então de um clube luxuoso, com eventos privados, além da melhor comida e entretenimento da cidade. Qusai, por sua vez, ganhou uma corte centralizada de nobres, por meio da qual podia ficar de olho nas elites mais importantes da cidade.

Contemplando Dar-un-Nadwah, Maomé maravilhou-se com o monumento do antepassado. O edifício era um testemunho da capacidade de Qusai de superar a condição de órfão estrangeiro e corresponder às grandes expectativas da mãe. E Qusai trabalhou na lógica da ordem estabelecida para mudá-la.

'Abdul-Muttalib chamou a atenção de Maomé para um poste de madeira esculpido com primor na frente de Dar-un-Nadwah, que marcava o ponto de partida da caravana anual para Damasco. Sorrindo, contou outra notável história de família. Fora o neto de Qusai, Hashim – pai de 'Abdul-Muttalib –, que garantira para Meca as rotas comerciais seguras que as caravanas agora tomavam. Fora ele que decretara que todos os camelos de partida para Damasco deveriam formar uma grande caravana e se reunir primeiro diante do salão do avô.

O sistema centralizado de caravanas colocou Meca no mapa, atraindo mercadores de toda região. Antes disso, a pretensão da cidade à proeminência era apenas como o principal destino de peregrinação da Arábia. Na qualidade de convocador e organizador da grande caravana – com passagem segura garantida e direitos comerciais isentos de impostos –, o antecessor de Maomé, Hashim, transformou a cidade natal em potência econômica.

A inovação de Hashim não aconteceu facilmente. Após a morte de Qusai, seus filhos perderam posição de destaque em um confronto de clãs de Meca. Seu neto Hashim cresceu em Meca como político marginalizado. Nascido 'Amr (imortal), depois da morte do pai, tomou o nome de Hashim (pulverizador) para polir sua reputação como herdeiro de Qusai. Alto e musculoso, com longos cabelos negros ondulados, Hashim era conhecido pelo sorriso brilhante. Extrovertido e empreendedor, sabia que precisava criar as próprias oportunidades.

Um dia, sentado à sombra da Ka'bah, ouviu um mercador sírio queixar-se do conflito entre bizantinos e sassânidas que ameaçava cortar o comércio ao longo da antiga Rota da Seda. Hashim decidiu aproveitar essa rivalidade em seu favor. Com uma apresentação do comerciante sírio, viajou para Al-Jabiyah, capital montanhosa do reino de gassânida, para conhecer o rei Al-Harith IV, que governava como vassalo de Bizâncio no sul da Síria, por onde passava grande parte do comércio de caravanas. Hashim, então com 27 anos, conseguiu um contrato que lhe concedia direitos exclusivos para importar mercadorias da Índia e da África por Meca.

O rei Al-Harith também concordou em fornecer a ele uma carta de apresentação para o imperador Anastácio I, em Constantinopla. Hashim valeu-se do excelente histórico militar do avô Qusai para ajudá-lo a garantir um encontro com Anastácio, o qual, em geral, não concedia audiências a jovens desconhecidos da Arábia. As impressionantes habilidades diplomáticas de Hashim encantaram o imperador, o qual lhe concedeu direitos exclusivos de importação e forneceu-lhe uma carta isentando formalmente os habitantes de Meca de impostos e tarifas. Fortalecido por esse golpe diplomático, Hashim aproximou-se de outros impérios vizinhos da Arábia e negociou pessoalmente tratados comerciais semelhantes com a Pérsia, a Abissínia, o Egito e até a Índia.

Quatro anos mais tarde, Hashim retornou à Arábia, após transformá-la em via comercial essencial. Anciãos representantes das principais tribos da Arábia reuniram-se em Meca para a cerimônia de assinatura do Hilf-ul-Mutayyabun (Pacto dos Perfumados). Todos eles colocaram as mãos em um caldeirão com um amálgama de ricas especiarias – noz-moscada, canela, cardamomo e cravo misturados com incenso, almíscar e mirra da África –, significando as rotas comerciais que Hashim lhes garantira. Para selar o pacto, passaram as mãos nas paredes da Ka'bah, enxugando o rosto e colocando a mão direita sobre o coração.

Hashim conseguiu ser reconhecido como ancião. Embora tivesse apenas 31 anos, o conselho lhe concedeu a condição de líder de clã em Dar-un-Nadwah – isenção especial dos limites de idade estabelecidos pelo próprio avô.

O inovador Hashim lutou para encontrar uma esposa que correspondesse ao seu espírito pioneiro. Estava de olho em uma mulher notável de Yathrib. Ela se chamava Salma (completa), nobre judia descendente do rei Davi, e era empresária independente do clã Banu Najjar. Para desespero do conselho rabínico de Yathrib, Salma se casara e se divorciara várias vezes por vontade própria, não estando mais ansiosa para se casar de novo. Muitas vezes, Hashim e Salma faziam negócios juntos, e ele, repetidamente e sem sucesso, lhe propôs casamento.

Por fim, Salma concordou em se casar depois que Hashim provou seu valor ao se tornar membro do grupo de anciãos de Meca. Além de exigir a conversão de Hashim ao judaísmo, Salma insistiu em estabelecer os próprios termos para o casamento, em especial que manteria o direito ao divórcio, continuaria residindo em Yathrib e os filhos viveriam com ela até os 13 anos – tempo suficiente para completar a cerimônia do bar-mitzvá. Mesmo pelos padrões de Yathrib, essas eram exigências excepcionais. Hashim aceitou alegremente, e o casal logo teve um filho, o avô de Maomé.

O menino recebeu o nome de Shaibah (sábio erudito, literalmente branco-prateado) e morava com a mãe em Yathrib. Quando tinha 2 anos, mensageiros de Gaza deram a notícia de que seu pai morrera ali durante uma viagem de negócios. Isso rompeu a ligação do menino com os ancestrais de Meca. Shaibah permaneceu em Yathrib com a mãe, até ela morrer seis anos depois, o que o tornou *yatim*.

O irmão de Hashim, Al-Muttalib, veio de Meca para reaver o sobrinho. Quando voltaram juntos, a pele bronzeada de Shaibah confundiu os parentes, que se encontravam com ele pela primeira vez. Presumiram que se tratava do novo aprendiz de Al-Muttalib e o apelidaram de 'Abdul-Muttalib (aprendiz de Al-Muttalib). O apelido pegou.

'Abdul-Muttalib, é claro, não estava familiarizado com o dialeto e os costumes de Meca. Os garotos locais o provocavam por causa do sotaque estrangeiro e de estranhas referências culturais. Como *yatim*, ele não tinha nenhuma maneira óbvia de influenciar a vida da cidade, apesar da condição lendária do pai e do bisavô. 'Abdul-Muttalib aprendeu rapidamente que só exerceria influência se dominasse a única ferramenta disponível a todas as pessoas: a língua árabe.

◆ ◆ ◆

Ter encontrado o poço de Zamzam não deu a 'Abdul-Muttalib condição de liderança. Embora obtivesse algum sucesso nos negócios, não se tornou ancião-chefe por causa de sua fortuna. Em vez disso, o forasteiro subira ao topo da sociedade de Meca principalmente pelas habilidades linguísticas.

Quando tribos conflitantes estavam quase se pegando pela garganta, suas habilidades diplomáticas – em particular a de falar com cada clã usando o próprio dialeto e expressões idiomáticas persuasivas – evitavam o confronto. Quando o general abissínio Abraha sitiou Meca com planos de arrasar a cidade e escravizar os habitantes, 'Abdul-Muttalib conseguiu se encontrar com ele e convencê-lo a desistir. Evitar a guerra e a carnificina por meio das palavras marcou 'Abdul-Muttalib como talento único e o guindou à posição honrosa de ancião-chefe de Meca.

'Abdul-Muttalib contou muitas das próprias intervenções diplomáticas enquanto estava sentado com o neto em Abu Qubais, com vista para o centro de Meca. Quando o sol se pôs, ele insistiu com o menino sobre a importância de uma comunicação eficaz. A linguagem era a base da liderança. Como os árabes não tinham exércitos permanentes, o poder vinha da persuasão. O líder tinha de ser eloquente, hábil em nuances e capaz de falar com pessoas de diferentes origens, de modo que elas pudessem entender.

'Abdul-Muttalib ensinou ao neto que o sinal da verdadeira eloquência é quando se pode fazer o cego ver, ajudar a pessoa sem olfato a distinguir fragrâncias, conseguir que quem não tem paladar deguste sabores, atiçar os sentidos e agitar as emoções. A palavra árabe para eloquência – *fus-hah* – descrevia um processo de revelar dimensões interiores não visíveis do exterior. Um orador árabe eloquente devia evocar cenas vívidas que levassem os ouvintes a experimentar ideias com os sentidos.

'Abdul-Muttalib não ignorava que Maomé teria de desenvolver um árabe excepcional para causar impacto duradouro, por isso decidiu que o menino de 8 anos teria de dominar essa arte. Começou explicando os elementos fundamentais do árabe e o contexto social no qual a língua fora formada. Considerou três etapas principais. Como língua semítica, o árabe surgiu entre os nômades que desenvolveram palavras relacionadas a movimento, adaptabilidade e liberdade. Depois, quando os nômades começaram a formar assentamentos agrícolas, o árabe incorporou um novo conjunto de palavras relacionadas a plantio, ciclos naturais e crescimento. Por fim, quando as pequenas cidades se transformaram em centros urbanos, as pessoas exigiram novas palavras relacionadas a estrutura, cooperação e padrões estabelecidos.

Cada etapa enriquecia a língua. 'Abdul-Muttalib observou que Maomé já vivera entre os nômades e, consequentemente, conhecera o clima agrícola em Yathrib. Agora, precisava dominar o contexto linguístico mais desenvolvido: a comunicação urbana de elite, baseada nas etapas anteriores e moldada para exprimir um novo nível de sofisticação. Nômades e fazendeiros não precisavam persuadir os outros em grande escala; sua comunicação era, sobretudo, com os membros da família. Mas ser líder em uma cidade exigia a capacidade de influenciar milhares de pessoas diferentes.

A língua semítica começara com formas alfabéticas criadas durante a transição da vida nômade para o assentamento agrícola. Pela primeira vez, indivíduos sem parentesco de sangue viviam juntos e precisavam encontrar um modo de criar uma nova identidade unida além da linhagem. As palavras escritas deram-lhes um ponto de referência comum.

Cada letra começava como uma imagem representando objetos físicos comuns no cotidiano dessas comunidades recém-instaladas: um boi (para arar), uma casa (ao contrário da tenda do nômade) e uma forquilha (para a colheita). Estes complementavam conceitos preexistentes representados por outras letras: partes do corpo (mão, palma, cabeça, olho, boca, dente, molar, dorso, peito), ferramentas (anzol, tinteiro, forcado, arco, agulha) e animais (camelo, peixe).

A inovação dos semitas foi usar essas imagens físicas para representar conceitos abstratos: O *alif* (*A*), baseado em um boi, passou a conotar maestria. O *bayt* (*B*), baseado em uma casa, evocava o pertencimento. O *mim* (*M*), baseado na água, representava fluxo de vida e fertilidade.

As palavras árabes foram construídas combinando-se três letras em raízes centrais. As três letras juntas fundiram conceitos separados em algo novo e evocativo. *A-L-H* – palavra para o Divino – combinava os conceitos de maestria, orientação e louvor. O árabe usou suas 28 letras para formar milhares de raízes, cada uma com significados diferentes e matizada com base na estrutura gramatical. Como o árabe desenvolveu inúmeras formas gramaticais, cada qual com significado exclusivo, a língua continha várias possibilidades de expressão de ideias.

O termo árabe para as combinações de três letras era *juthr* (raiz). De fato, a língua era entendida como uma árvore, com raízes que alimentavam um tronco que sustentava muitos galhos, cada um com os próprios sub-ramos e botões que desabrochavam para eventualmente se tornar frutos. As palavras-raiz eram objetos físicos concretos, mas seus frutos se desenvolveram em conceitos altamente abstratos. A ligação entre o físico e o metafórico dava poder à linguagem.

Como os árabes não tinham livros escritos, a maioria dos anciãos não via necessidade de ser alfabetizada. Maomé notou que, em vez disso, tinham enorme estoque mental de informações. Os membros do conselho dos anciãos estavam familiarizados com pelo menos 60 mil raízes árabes e milhares de formas gramaticais. Como o árabe era baseado em raízes semíticas, os anciãos também eram capazes de decifrar outras línguas na região, como o etíope, o siríaco e o aramaico, o que lhes permitia percorrer os mercados de outras cidades, como Damasco.

'Abdul-Muttalib enfatizou ao neto a importância de examinar o contexto em que determinadas palavras se desenvolveram. Muitos fazendeiros e moradores da cidade não sabiam, por exemplo, que a raiz *Sh-M-R* – usada para transmitir a ideia de salvaguarda – referia-se, originalmente, a um anel de espinhos de acácia que protegia nômades adormecidos, durante a noite, de animais selvagens.

A raiz *Q-R-A* foi desenvolvida entre fazendeiros para descrever o florescimento de árvores frutíferas, em contraste com a raiz *Z-H-R*, usada para todas as formas de florescimento, incluindo flores infrutíferas. A imagem-raiz do florescimento evoluiu para se associar à abertura da boca para dar uma ordem. Mais uma vez, nômades ou moradores urbanos utilizavam a palavra com frequência, porém alheios ao conceito físico subjacente.

A raiz *S-L-M* foi desenvolvida para descrever a reparação de rachaduras em muros de cidade e edifícios urbanos (diferente da raiz *S-L-H*, usada para descrever a reparação de paredes de pomares). Com o tempo, o conceito de *salam* passou a significar a segurança de estar cercado por paredes sólidas e depois evoluiu para paz (ausência de insegurança). Os moradores urbanos entendiam que *S-L-M* exigia andaimes, cooperação e regulamentos – conceitos amplamente perdidos por nômades e agricultores.

A mesma palavra poderia ter significados diferentes em comunidades distintas, mesmo que todos falassem a mesma língua. A raiz *D-F-A* descrevia ajudar alguém a se aquecer fazendo-lhe uma fogueira ou cobrindo-o com mantas. No oeste da Arábia, isso significava ter certeza de que alguém estava confortável; no leste, poupar um animal do sofrimento. Em uma história clássica, um líder do oeste determinou que um prisioneiro da elite recebesse todo conforto, mas o soldado do leste entendeu a recomendação como uma ordem para decapitá-lo. O resultado não foi bom.

Voltar às raízes físicas centrais das palavras poderia desvelar significado especial. *Taqwa* e *amal* eram utilizadas para transmitir o conceito de esperança. Enquanto *amal* foi construída sobre o conceito subjacente de devaneios, *taqwa* referia-se à corda usada para tirar água de um poço. Uma conotava devaneios e desejos passivos; a outra, ação. Em vez de apenas esperar que a água chegasse à boca, alguém poderia tecer uma corda para puxá-la do poço.

Graças ao avô, Maomé passou a ter um conjunto de recursos persuasivos mais poderoso que o de qualquer outra pessoa na Arábia. De fato, a base para a missão profética de Maomé na tradição muçulmana é o Qur`an (Alcorão): ideias divinas reveladas por meio de Maomé. Na compreensão tradicional, o milagre do Alcorão é tanto a linguagem quanto o conteúdo. De certa maneira, o Alcorão oferece uma janela para o mundo perdido da eloquência criativa dos anciãos. Emprega a abordagem artesanal da linguagem, moldando palavras em imagens, aromas, sabores e emoções – apenas para forjar uma nova e impressionante mensagem. Alterna entre os modos nômades, agrícolas e urbanos, fazendo referência estratégica a conceitos e situações familiares a públicos diversos.

Em curto prazo, os talentos linguísticos legados pelo avô deram a Maomé a capacidade de se conectar com pessoas muito mais velhas. Em apenas alguns anos, ele seria capaz de se conter ao falar com os anciãos e, rapidamente, ganhar o respeito deles.

◆ ◆ ◆

À medida que o pôr do sol envolvia, aos poucos, Meca na escuridão, trombetas ressoavam das colinas da cidade proclamando a morte iminente de 'Abdul-Muttalib. Duas semanas antes, o ancião-chefe de 83 anos ficara inesperadamente doente. Meca inteira entrou em estado formal de luto cívico, enquanto as mulheres começaram a chorar. Os mecanos acreditavam que um ancião moribundo merecia ouvir a lamentação de seu povo antes de sucumbir.

O velho jazia prostrado, vestido com uma túnica branca egípcia; estava no quarto, iluminado apenas por pequenas lanternas. As filhas reuniram-se em torno dele, refrescando sua testa febril com panos úmidos e recitando poesias rebuscadas sobre sua vida. Na Arábia pagã, onde faltava o conceito de vida após a morte, amigos e parentes faziam elogios antes que alguém morresse, para que o moribundo pudesse partir feliz.

Como a sociedade esperava que os homens permanecessem estoicos, os filhos de 'Abdul-Muttalib observavam silenciosamente o pai moribundo. Maomé, no entanto, não conseguiu conter as lágrimas. Deitou-se ao lado do avô, abraçando o velho. Por dois anos, dormiram lado a lado no mesmo colchão. Durante o dia, também eram inseparáveis. No entanto, agora uma separação final era iminente.

'Abdul-Muttalib fez sinal para o filho Abu Talib se aproximar. "Cuide deste meu filho", disse com voz fraca, acariciando a cabeça de Maomé. "Seja um pai para ele, como se ele fosse seu, ou até mais que um pai." Abu Talib curvou-se, concordando, e declarou: "Cumprirei seu legado com o máximo de minhas habilidades. Vou mantê-lo seguro como se fosse meu próprio corpo, carne de minha carne, sangue do meu sangue".

Então, o avô moribundo colocou a mão sob o queixo de Maomé, levantando o rosto lacrimoso do menino para olhá-lo nos olhos. Com um último suspiro, 'Abdul-Muttalib declarou: "Ó Maomé, que seu nome seja eterno – torne-se um modelo exemplar!". E seus olhos se fecharam.

As mulheres no quarto gemeram, batendo no rosto com desespero. Os homens assistiram a tudo em silêncio, lágrimas rolando pela face. Maomé ficou abraçado ao avô durante a hora seguinte. Ninguém se atreveu a tirá-lo dali, até que finalmente Barakah interveio e o levou embora.

Na manhã seguinte, o cortejo fúnebre do ancião seguiu para o norte, em direção ao cemitério principal de Meca, Jannat-ul-Mu'allah (a floresta elevada). Maomé e o tio Abu Talib caminharam na frente, e os oito irmãos restantes carregaram o esquife. O simbolismo de Maomé, único dos netos a encabeçar o cortejo, marcou-o como herdeiro espiritual e protegido de 'Abdul-Muttalib. A presença de Abu Talib à frente indicava ser ele o novo guardião de Maomé. Após os ritos fúnebres de três dias, o menino mudou-se para a casa do tio, com Barakah.

'Abdul-Muttalib escolheu cuidadosamente Abu Talib para ser o novo guardião de Maomé. Poderia ter escolhido o filho mais rico, mas 'Abdul-'Uzza (o provedor de tâmaras frescas durante o trabalho de parto de Aminah) não tinha a compaixão e a sensibilidade do irmão. A natureza descontraída e receptiva de Abu Talib fez dele o candidato ideal para cuidar de um menino traumatizado, afligido pela perda de mais um parente querido. Além disso, a dedicada esposa de Abu Talib, Fatimah Bint Assad, tinha inteligência social e emocional sofisticada. Mulheres às voltas com crises conjugais e desafios parentais recorriam regularmente a Fatimah para aconselhamento.

Fatimah teve de mobilizar todo poder de suas habilidades terapêuticas para cuidar do mais novo membro da família. Maomé enfrentava uma repetição do processo de luto que experimentara dois anos antes, quando a mãe morrera. Em estado de choque, ele mal falava, e, quando o fazia, era com voz muito fraca. Para as refeições em família, Fatimah preparava um grande prato para todos, mas Maomé sentava-se ao lado, em silêncio, enquanto os primos devoravam toda comida. Fatimah começou a separar, com antecedência, uma porção para o sobrinho e fazia questão de jantar a seu lado, para garantir que ele comesse, de fato.

Todas as manhãs, ao nascer do sol, Fatimah fazia uma caminhada nas colinas ao redor de Meca. O exercício era um precioso tempo só para ela antes que a grande família despertasse, mas Fatimah passou a convidar Maomé para caminharem juntos. Despertava-o antes do amanhecer e segurava sua mão enquanto subiam as rochas que brilhavam, em tons suaves de violeta e laranja, sob o sol nascente. A respiração deles se condensava no ar frio da manhã, à medida que órix e jerboas se agitavam a distância, e falcões sobrevoavam, vasculhando o terreno em busca do café da manhã.

Maomé permanecia em silêncio a maior parte do tempo, mas Fatimah tagarelava o tempo todo, mostrando as diferentes criaturas que se agitavam ao redor deles e relembrando acontecimentos do dia anterior. Tal como o falecido sogro, Fatimah notava que Maomé tinha enorme potencial, mas temia que, em seu estado traumatizado, pudesse se recolher a um silêncio impenetrável.

Um dia, o trajeto da dupla os levou a uma ponte que atravessava uma pequena ravina nos arredores de Meca. Como Meca não tinha árvores, as pontes eram construídas com cordas de fibra de palmeira. Enquanto Fatimah e Maomé cruzavam a frágil ponte de corda, ela aproveitou o momento para compartilhar uma visão terapêutica. Um processo natural que rasgara a terra formara a ravina abaixo. Em vez de ficar preso de um lado, sentindo-se impotente, alguém tecera essa estrutura para possibilitar a travessia do abismo, e outros se beneficiaram do trabalho árduo dessa pessoa. As cordas, embora formadas de material morto, tornaram-se uma força vital de conexão.

Usando a metáfora da ponte de corda, Fatimah encorajou Maomé a não se recolher, apesar de ter se separado do avô: devia reconhecer que algo geralmente descartado pode ter grande valor. *Salah*, palavra para essas pontes, passou a significar "conexão". Conduzindo Maomé pela ponte, Fatimah o incitou a reparar as conexões em sua vida. Ressaltou que a ponte de cordas requeria manutenção constante, pois as fibras frágeis murchavam com o tempo; dar novos nós preservava a força da construção.

Sob a orientação de Fatimah, Maomé começou a sair do isolamento. Embora ainda evitasse manter relações mais profundas com os outros, Maomé logo ficou conhecido em Meca como um jovem afável e amigável, com muitos conhecidos. Permaneceu grato a Fatimah por trazê-lo de volta ao mundo, quando ninguém mais sabia como fazê-lo. Quando Fatimah morreu, décadas depois, Maomé a sepultou pessoalmente, após envolver o corpo dela em uma túnica verde, sua marca registrada. "Ela apareceu para me servir de mãe, depois que perdi a minha", declarou junto ao túmulo de Fatimah, como tributo à sua memória. "Acreditava em mim e ajudou-me a superar minha dor."

A ajuda de Fatimah permitiu que a outra mãe adotiva de Maomé, a recém-libertada Barakah, saísse da casa. Ela se casou e teve um filho. Maomé a via regularmente, mas continuou a viver com os tios, estreitando as relações com seus filhos. Maomé passava a maior parte do dia acompanhando do tio Abu Talib, ajudando-o nas entregas de mercadorias e realizando outras tarefas.

Um dia, Abu Talib e Maomé andavam pelo mercado, quando um nômade com amuletos pendurados nas roupas de couro cru olhou para eles e começou a gritar. Seus penetrantes olhos negros, circundados com *khol* para amenizar o brilho do sol, fixaram-se em Maomé, e a barba branca trançada do nômade tremeu.

O velho era especialista na antiga arte do *firasah* (literalmente, revelação do oculto) – tipo de adivinhação que os árabes usavam para revelar o caráter e o destino de um indivíduo. Do acampamento no deserto, viera para a cidade para ler o rosto, as mãos e outras características físicas dos filhos de Meca, cobrando dos pais pelo exame. No entanto, quando seu olhar caiu sobre o jovem Maomé, o especialista em *firasah* ficou cativado. "Traga-me o menino!", gritou com voz rouca, enquanto Abu Talib afastava Maomé. "Um dia, ele se tornará senhor de grandes impérios!"

A multidão do mercado riu da encenação do nômade idoso, julgando-o um mestre senil. No entanto, uma menina de 12 anos, chamada Khadijah, suspeitou, em meio ao enxame zombeteiro, de que poderia haver algo mais na histeria do velho.

Abu Talib ficou abalado com o incidente. Tirou Maomé do mercado antes que a situação piorasse e relatou os detalhes à esposa quando voltaram para casa. Fatimah perguntou se o especialista em *firasah* percebera em Maomé, tal como 'Abdul-Muttalib, as mesmas qualidades exclusivas. Então, incentivou o marido a educar o jovem de maneira a desenvolver todo seu potencial. Talvez fosse o momento, sugeriu, de Maomé acompanhar Abu Talib na jornada da caravana para Damasco.

Abu Talib rejeitou a ideia de imediato. Prometera proteger Maomé; em Meca, ele estaria mais seguro. Por dois anos, Fatimah insistiu com o marido para que deixasse de confinar o menino. Por fim, quando Maomé tinha 10 anos, Abu Talib cedeu.

Na noite anterior à partida da caravana, Fatimah e Abu Talib informaram a Maomé que ele acompanharia o tio. Animado e nervoso, Maomé correu para compartilhar a notícia com Barakah. Sentados sob as estrelas, Barakah lembrou detalhes da paisagem do norte da Arábia, que ela vira pela última vez quando criança.

Na manhã seguinte, o orvalho parecia dançar ao evaporar-se, rodopiando sobre centenas de camelos carregados de mercadorias. Comerciantes de toda região juntaram-se à caravana, tanto pela segurança que oferecia quanto pela vantagem da isenção de impostos de Meca em território bizantino. As esposas se despediram dos maridos, entregando-lhes quatro pedrinhas como amuletos para afastar o mal das quatro direções.

Influenciado pela mãe monoteísta, Maomé não se interessava por encantamentos; então, Fatimah lhe deu um presente diferente para a viagem: uma pequena bolsa de água de pele de cabra. Enquanto dezenas de trombetas trovejavam, camelos se erguiam como plantas brotando da paisagem árida. Maomé juntara-se brevemente à caravana quatro anos antes, para a viagem a Yathrib, mas, dessa vez, faria toda jornada até Damasco – e sem a companhia de Aminah e Barakah.

Conduzir o próprio camelo era um grande desafio. Enquanto montava o animal, alguém lhe entregou seu *'aql* – corda de segurança ajustável. Quando o camelo estava sentado, o *'aql* era amarrado ao redor do joelho direito, para impedi-lo de ficar de pé. De fato, o Alcorão usa a palavra *'aql* (intelecto) quarenta e uma vezes, aplicando-a, em sentido figurado, ao uso da mente e da lógica para estimular o fluxo e a flexibilidade.

Meca ia ficando para trás, e Maomé segurava firmemente as rédeas do camelo. O menino sensível de 10 anos recordou com tristeza a última vez que se juntara à caravana, com a mãe ao lado. Abu Talib viu lágrimas escorrendo pela face do sobrinho à medida que a comitiva avançava para o deserto.

3

O APRENDIZ

*Costa do Mar Vermelho: 6:30h da tarde,
quinta-feira, 21 de maio, 580 EV*

A massa de água azul parecia engolir o sol poente, com seus tons vermelhos vibrantes se dissolvendo no horizonte. Ondas titânicas chicoteavam a costa de arenito.

De cima do camelo, Maomé olhava aquilo impressionado, enquanto a caravana descia as vastas dunas do oeste da Arábia em direção ao Mar Vermelho. Aquelas águas azuladas ofuscavam os pequenos lagos de Yathrib e as poças da estação chuvosa de Meca. Pela primeira vez, ele ouviu o som suave das ondas do mar.

Uma grande tempestade de areia tornara intransitável a rota habitual pelo interior, de modo que o guia precisara conduzir a caravana ao longo da costa. O guia beduíno do deserto, chamado *hadi* (literalmente, especialista em recordação), era mestre em sua arte. Embora os habitantes de Meca pudessem seguir as rotas comerciais bem conhecidas consultando as estrelas, sempre contratavam um *hadi* para o caso de rotas alternativas serem necessárias. O nômade conseguia se adaptar a condições climáticas flutuantes e mudar rapidamente de rumo, com uma desenvoltura que Maomé admirava muito.

O guia dependia, em parte, de sua capacidade de analisar os rastros de animais selvagens, em particular o órix, cujo olfato apurado e profundo conhecimento do terreno lhes permitiam permanecer em caminhos seguros. O órix sabia evitar o perigo (leões, hienas e leopardos) e ficar perto de fontes de água. O *hadi* tratava esse animal como um desbravador a serviço dos camelos da caravana: por onde fosse, os camelos podiam ir também.

Maomé testemunhou como o rastreador conseguia recriar uma cena apenas analisando os traços deixados para trás pelo órix. O tamanho das pegadas de um animal denunciava sua altura e idade. A profundidade e a proximidade das pegadas especificavam peso, agilidade e velocidade. O padrão dos passos fornecia pistas sobre sua saúde geral e estrutura anatômica.

Às margens do Mar Vermelho, a comitiva parou para descansar e respirar o ar salgado. Camelos relaxavam ou vagavam pela areia molhada. Maomé sentou-se na praia, ao crepúsculo, e observou os camelos gravarem padrões com seus passos, adornando as trilhas com esterco. Anos depois, comentaria: "O esterco é prova da existência do camelo, e as impressões na areia provam que essa criatura pode andar e revelam suas características – mesmo que não possam ser vistas. Uma terra tão vasta e repleta de caminhos serpenteantes, belos, e um céu pontilhado de constelações majestosas e de estrelas-guias não são a prova de um gênio invisível por trás de tudo isso?". Se a prova da existência e das características do camelo permaneciam após sua partida, o ser humano poderia compreender o Divino da mesma maneira: observando o universo.

O menino de 10 anos, na praia, ainda estava a décadas de se tornar profeta. Mas já desenvolvia importantes recursos de dedução de fenômenos maiores, capazes de extrair ideias valiosas, com base em informações pequenas e aparentemente triviais.

Maomé saboreou, pela primeira vez, peixe fresco assado, olhando para um mar escuro, iluminado pelos últimos raios do sol poente. As ondas espelhavam as vastas dunas do deserto atrás dele, que pareciam não ter fim.

◆ ◆ ◆

No dia seguinte, a caravana seguiu viagem, atravessando uma paisagem surreal. Maomé pasmou com as inúmeras rochas que se erguiam como imponentes rosas da areia, cada qual esculpida de forma única, ao longo dos milênios, por ventos rodopiantes. Alcovas profundas nas laterais desses afloramentos eram locais de descanso ideais para os viajantes, durante as horas mais quentes do dia. Quando tempestades de poeira subitamente rugiam pelas enormes dunas e envolviam o acampamento, as pessoas agachavam-se segurando longas lanças pintadas de vermelho na ponta – marcadores para os socorristas, caso a tempestade de areia os enterrasse vivos.

Arqueiros montados flanqueavam a caravana, atentos aos bandidos saqueadores e às bestas selvagens. À frente da caravana, um grupo de cavaleiros explorava a paisagem em constante mudança, procurando cavernas subterrâneas escondidas. Durante o dia, o *hadi* cravava varetas no solo para determinar o tempo com base nas sombras que projetavam sob o sol errante. À noite, constelações iluminavam o caminho a seguir. Para manter os camelos se movendo em sincronia, músicos nômades tocavam flautas para embalar as feras obstinadas em uma marcha hipnótica.

Maomé via a longa caravana serpenteando como um riacho, ajustando-se às irregularidades do terreno e aproveitando oportunidades inesperadas. O conceito de *yusr* aparece repetidamente no Alcorão, evocando a imagem da água contornando obstáculos. Maomé pregaria mais tarde: "Os fundamentos da fé estão no fluxo e na facilidade; qualquer pessoa inflexível será superada e arruinada pela rigidez".

Duas semanas depois de partir de Meca, a caravana fez a primeira parada importante em Yathrib, para deixar os camelos descansar e reabastecer. Fazia quatro anos desde a primeira e única visita de Maomé à cidade. Consciente de que o desejo da mãe no leito de morte permanecia não realizado, Maomé absteve-se de visitar seu túmulo. Parentes dos Banu

Najjar deram a triste notícia de que seus avós, Wahb e Barrah, haviam morrido. Toda família imediata de Maomé desaparecera.

À medida que a caravana seguia para o norte, passava por todos os tipos de comunidades e culturas. Sotaques, edifícios, estilos de roupas e culinárias mudavam com a paisagem. No oásis de Tayma, Maomé encontrou uma cidade vibrante, governada por uma dinastia de reis judeus, cujos habitantes falavam uma fusão de árabe e aramaico. Em Tabuk, cidade nas antigas terras de Midiã, Maomé viu casas de pedra pela primeira vez, enquanto a caravana se abastecia de água nos poços centenários. Em Mada`in Saleh, a caravana passou por câmaras funerárias nabateias abandonadas, com grandes fachadas escavadas em rochas maciças.

Por fim, a caravana atravessou a ponte norte da Arábia e chegou à antiga cidade de Bosra, a qual apresentava um grande arco de entrada e as primeiras ruas pavimentadas que Maomé pisara. Grupos de árvores sombreavam os caminhos, e uma relva exuberante crescia entre os prédios. A caravana passou por um enorme anfiteatro romano, desceu por uma avenida central cercada de colunas e parou para descansar do lado de fora de um mosteiro de duzentos anos, construído com grandes pedras cinzentas. O mosteiro apresentava um arco elegante, tetos abobadados e imagens de videiras gravadas no exterior de pedra lisa – obra-prima arquitetônica em comparação com a frágil estrutura da Ka'bah, que, muitas vezes, era abalada por inundações repentinas.

Para viajantes cansados, a chegada ao mosteiro assinalava o fim da parte da jornada no deserto e a oportunidade de desfrutar da culinária local fresca: grão-de-bico, feijão e outras leguminosas indisponíveis em Meca. Os monges ganhavam um fluxo constante de receita alimentando as caravanas. Enquanto os companheiros de viagem de Maomé corriam para devorar o almoço, o menino de 10 anos parou para lavar as mãos. Maomé, o membro mais jovem do grupo por vários anos, caminhou lentamente até o fim da fila, observando, sem perder a compostura, a agitação dos comensais. Quando finalmente chegou sua vez, agradeceu, com educação, ao monge que o serviu em um prato de madeira.

Bahira, o abade do mosteiro, olhou para o menino. O velho, em geral, permanecia alheio ao bando de participantes da caravana, os quais, no fundo, considerava grosseiros. Mas a maturidade e a eloquência incomuns de Maomé impressionaram o clérigo. Bahira era magro por causa dos longos jejuns, tinha as faces cavadas e longa barba branca. As roupas grossas de lã marrom, cheias de buracos, transmitiam aura de piedade. De herança mista assíria e armênia, o abade passara anos viajando pela Ásia e pela África, buscando conhecimento e coletando manuscritos raros, antes de se retirar para uma vida de reclusão naquele mosteiro à beira do deserto.

Bahira quis conhecer o menino, e membros da caravana encaminharam o clérigo a Abu Talib, que informou a ele que Maomé era seu sobrinho órfão. Abu Talib permitiu que Bahira conversasse com Maomé e acompanhou os dois enquanto se sentavam à sombra de uma antiga oliveira. O velho e o jovem falavam em voz baixa, de modo que Abu Talib só conseguia distinguir o tom geral da animada conversa.

Maomé jamais revelou os detalhes precisos da conversa, mas os dois imediatamente se entenderam. Além do leitor de rostos *firasah*, Bahira foi o primeiro não parente que vira potencial em Maomé. O jovem, que nunca havia visto um local religioso cristão ou conhecera um clérigo, viu o monge, intuitivamente, como mentor. Entusiasmado com a conversa, Bahira rompeu, por impulso, as regras do mosteiro – que, em geral, impediam o acesso de viajantes árabes das caravanas à abadia – e convidou Maomé a entrar. Abu Talib seguiu-os a curta distância.

Bahira, fazendo jus ao nome (que significa "profundamente erudito"), conhecia vários idiomas, e a biblioteca de seu mosteiro abrigava dezenas de manuscritos e pergaminhos notáveis. Ele permitiu que Maomé explorasse o conteúdo do lugar. Em Yathrib, aos 6 anos, Maomé vira rabinos lendo rolos de pergaminhos, mas na biblioteca de Bahira pegou e abriu, pela primeira vez, um livro encadernado. Admirou as formas encantadoras das letras da Bíblia siríaca de Bahira e explorou outros livros decorados com iluminuras. Os árabes não produziam livros escritos nem ilustrados, menos ainda volumes encadernados com orientações divinas.

Na parede da biblioteca, Maomé notou o mesmo ícone de Maria abraçando o menino Jesus que o cativara na Ka'bah – a imagem, ao que parecia, era exposta em toda região. Bahira foi o primeiro especialista em cristianismo a quem Maomé podia consultar sobre a imagem impressionante. Soube, então, de um menino nascido sem pai terreno, criado apenas pela mãe, chamado a resolver os problemas de sua sociedade.

Bahira descreveu a tradição cristã ortodoxa da natividade de Maria, uma narrativa cativante que tinha ecos no Alcorão. Quando Ana, mãe de Maria, estava grávida, fez votos de que o filho (pois achava que seria um menino) servisse no templo de Jerusalém. Maria fez questão de cumprir o voto da mãe. Aos 6 anos, fez jus ao nome (Maryam, em hebraico, significa "rebelião"), entrando no templo. Passou pelos sacerdotes e foi direto ao santo dos santos – lugar sagrado onde apenas o sumo sacerdote podia penetrar uma vez por ano (no Yom Kippur).

Maria não quis se sujeitar às restrições de sua sociedade nem receou correr riscos para mudar o mundo ao redor. Incutiu esse mesmo compromisso no filho, que também se rebelou contra a elite de sua sociedade. Jesus pregou aos cegos e leprosos, elogiou o exemplo positivo do inimigo samaritano e foi para a Galileia para ensinar os pescadores. Proferiu seu maior sermão não em um templo, mas em uma montanha, na natureza, onde todos poderiam ouvi-lo.

Embora Maomé aprendesse muito com Bahira, não se sentiu atraído pela vida monástica, que exigia se retirar do mundo em vez de tentar mudá-lo. O Alcorão, no entanto, declararia que "os monges cristãos solitários são sinceros nas palavras e nas ações – agem com humildade". Isso contrastaria clérigos corruptos que abusam da liderança com monges humildes que não exercem nenhum poder sobre os outros em sua devoção sincera. Além disso, quando Maomé elaborou, mais tarde, um código de guerra, citou, em específico, mosteiros e monges como instituições e indivíduos que não podem ser prejudicados ou perturbados. (O mosteiro de Bahira existe até hoje, assim como muitos outros mosteiros antigos em terras muçulmanas.)

Após a conversa inicial no mosteiro, Bahira mandou Maomé de volta para a caravana. Virando-se em particular para Abu Talib, o monge declarou: "Este menino é único. Proteja bem seus talentos, porque ele causará impacto no mundo. Enfrentará forte oposição, e muitos tentarão assassiná-lo". Abu Talib ficou surpreso ao ver que um menino tão novo podia inspirar tamanha animosidade. Bahira esclareceu: "Ele abalará os próprios fundamentos da fé existente e não se conformará com o mundo tal qual é".

◆ ◆ ◆

A caravana precisava chegar a Damasco no domingo, antes que os portões da cidade se fechassem. Quando o comboio de camelos se aproximou do destino, depois de seis semanas de viagem, Maomé contemplou com olhos arregalados a maior cidade que já vira. Sua silhueta assomava ao longe, com muralhas maciças encimadas por estandartes esvoaçantes e um mar de torres de igrejas.

Damasco, uma das cidades mais antigas do mundo, foi a porta de entrada da Ásia para a Europa. Rodeada de altas montanhas por três lados, a cidade foi construída em um planalto que a fazia parecer imponente quando vista de baixo. O rio Barada, que corria ao longo da borda norte de Damasco, ligava a cidade, a nordeste, às férteis terras agrícolas.

Enquanto a maioria dos centros urbanos evoluiu de assentamentos agrícolas provisórios, Damasco, metrópole movimentada de mais de 100 mil habitantes, foi fundada, milhares de anos antes, como cidade planejada, situada favoravelmente no eixo comercial da Rota da Seda. Era um centro de refinamento e empreendedorismo, um lugar para incubar novos produtos e ideias. Como artesãos e inovadores habilidosos, os damascenos orgulhavam-se da qualidade de seus produtos. Matérias-primas fluíam para a cidade e dali saíam como mercadorias refinadas, com destino, sobretudo, aos mercados europeus.

A caravana anual de Meca trazia uma variedade de produtos indisponíveis no Levante e na Europa. No inverno, os habitantes de Meca faziam uma viagem de caravana para o sul, a fim de se abastecer de mercadorias levadas por navio ao Iêmen: especiarias como canela, cardamomo e pimenta-do-reino, além de rubis e esmeraldas brutos. Também carregavam produtos importados africanos, como marfim, couro e incenso. Armazenados em Meca por vários meses até o inverno terminar em Damasco, as mercadorias seguiam, então, para o norte, com a caravana do início do verão, que levava avestruzes, guepardos, cães de caça e falcões para o mercado.

Quando a caravana se aproximou de Damasco no início da manhã de domingo, o sol nascente iluminava as montanhas a oeste, coroadas de neve – nova visão para Maomé. A maior parte da neve nas altitudes mais baixas já derretera, avolumando rios caudalosos e paisagens verdes que se estendiam em todas as direções. Pastagens exuberantes alinhavam-se na estrada principal, e, nas colinas em volta, pastores conduziam seus rebanhos pelos prados verdejantes.

Moradores ao sul de Damasco observavam enquanto a comitiva de centenas de camelos se arrastava em direção à cidade, acompanhada dos homens do deserto. Ao contrário dos árabes barbudos e de cabelos compridos, os habitantes de Damasco eram barbeados, com cabelos curtos e pele mais clara; eram, ainda, mais baixos que os árabes. Maomé viu outras caravanas se aproximando do Ocidente, trazendo compradores europeus pelo porto de Cesareia e norte-africanos do Egito. O comércio direto do leste fora interrompido pela guerra em andamento dos bizantinos contra os sassânidas, mas alguns comerciantes indianos ainda conseguiam alcançar Damasco, e produtos persas valorizados, como seda e nardo (estimados por mulheres damascenas pela fragrância exótica), eram contrabandeados da Pérsia.

Cada caravana que se aproximava levantava bandeiras para identificar sua origem e era saudada, em troca, pelos imponentes estandartes dourados e vermelhos do Império Bizantino que ladeavam a estrada para Damasco. A caravana de Maomé hasteou a bandeira de Meca, constituída de cinco tapetes vermelhos bordados e retangulares, que se juntavam no alto de um longo mastro. Contas em cordões de couro adornavam sua haste, com penas de avestruz e falcão para afastar o mal.

As caravanas faziam questão de chegar a Damasco no domingo, quando o mercado da cidade fechava para o sabá cristão, permitindo aos comerciantes descarregar com mais facilidade e preparar seus produtos para a venda no dia seguinte. A entrada principal da cidade era o enorme portão ocidental, Bab al-Jabiyah, que ficava aberto do nascer ao pôr do sol, sendo fechado à noite. Maomé contemplou o portão em arco, aninhado entre duas enormes torres de vigia e guardado por sentinelas protegidas por armaduras, empunhando espadas curtas e escudos circulares de bronze, decorados com uma cruz vermelha. A Arábia não tinha exércitos, mas em Damasco centenas de soldados bizantinos patrulhavam as ruas. Defendiam-se dos ataques dos sassânidas e impediam a entrada da ralé, garantindo que Damasco permanecesse um oásis urbano reservado predominantemente para as classes média e alta.

Os visitantes de Damasco tinham de pagar um pedágio para entrar na cidade, bem como um imposto sobre seus bens. Todavia, os habitantes de Meca estavam providos com a carta que Hashim (bisavô de Maomé) conseguira, anos antes, do imperador bizantino, a qual os isentava de todas as tarifas. Dois mundos encontravam-se quando os mecanos apresentavam aos funcionários da alfândega aquela carta em uma mistura de grego, árabe e aramaico. Uma vez resolvidas as questões legais, a caravana parava do lado de fora dos muros da cidade, às margens do rio Barada. Os camelos acampavam ali pelo restante da visita, enquanto os bens preciosos, que haviam transportado nas costas, eram levados aos armazéns alugados, ao lado do mercado principal da cidade.

Damasco foi uma sobrecarga sensorial para o jovem Maomé. Entrar pelo portão Bab al-Jabiyah era como passar de um mundo monocromático para uma vibrante explosão de cores. Pessoas de várias origens, vestindo uma variedade de roupas, giravam em torno dele. Egípcios, gregos, armênios, eslavos, curdos, espanhóis, indianos e outros formavam um caldeirão de culturas e línguas. O povo de Damasco tinha milhares de anos de experiência de vida em comum e desenvolvera uma polidez refinada e maneiras corteses. Os damascenos sempre se curvavam quando se cumprimentavam.

O aroma de especiarias recém-moídas e água de rosas embalsamava o ar fresco da manhã. Viam-se, em todos os lugares, réstias de alho, item básico da cozinha damascena, penduradas para secar. Conhecida como a Cidade do Jasmim, Damasco estava repleta de flores delicadas (cujos óleos eram destilados em perfumes), bem como de roseiras, videiras e cedros. Era muito diferente do mau cheiro do acampamento Banu Sa'd.

Acompanhado do sempre vigilante Abu Talib, o jovem Maomé desceu a rua principal de Damasco, a Via Recta, avenida ladeada por colunas maciças que se estendia de oeste a leste. Grandes paralelepípedos retangulares, perfeitamente encaixados, ampliavam a grandiosidade da avenida. Lembranças de civilizações dos dez mil anos anteriores da cidade foram sobrepostas umas às outras, espécie de história viva. Casas de três andares impressionantes foram construídas de pedras habilidosamente cortadas e de tijolos perfeitamente cozidos. Estátuas esculpidas com requinte adornavam a cidade.

O toque melodioso dos sinos das inúmeras igrejas chamava os fiéis para o culto dominical – lembrete de que Damasco era uma cidade com predominância cristã. Os peregrinos vinham de longe para visitar os santuários dedicados aos primeiros seguidores de Jesus (que fizeram de Damasco um de seus centros), incluindo a casa em que santo Ananias converteu Paulo. De fato, foi na estrada para Damasco que Paulo teve uma visão ofuscante de Jesus, a qual o transformou de perseguidor dos seguidores de Cristo em um de seus maiores discípulos. Paulo, com efeito, expandiu o movimento de reforma judaica de Jesus para uma religião com ritos próprios e teologia, visando ao público universal. Em 325 d.C., Damasco era uma cidade de maioria cristã, uma das primeiras do mundo.

Peregrinos ricos e outros visitantes de Damasco alugavam quartos em pousadas e pensões. A maior parte dos membros da caravana, no entanto, alojou-se em hotéis que cercavam o mercado principal. Nos salões de dois andares – usados como quartéis de reserva do exército durante as guerras –, dormiam, em cada um, cem pessoas em colchões finos de palha. Abu Talib e Maomé receberam colchões lado a lado, no segundo andar. Do telhado do prédio, Maomé viu a imponente catedral de João Batista e as docas ao lado do mercado e ao longo do rio Barada. Barcaças de junco e madeira entregavam madeira, vegetais frescos e cereais das terras agrícolas do norte. Rodas de água maciças transportavam água do rio para um grande aqueduto, que abastecia os banhos públicos e as fontes da cidade.

Abu Talib mostrou-lhe as privadas públicas, onde mais de trinta pessoas podiam se sentar em uma câmara, com vários buracos esculpidos em longas lajes de pedra. Foi uma experiência desconfortável para o menino tímido – assim como o foram os banheiros públicos, onde Maomé insistia em usar uma tanga enquanto se lavava em meio a uma multidão de homens nus. A casa de banho tinha vários cômodos: um *frigidarium* com água fria, um *caldarium* com vapor quente e um *tepidarium* com uma piscina morna, onde os homens despejavam água sobre si mesmos e esfregavam a pele com sabonetes de azeite. Maomé notou que meninos escravizados, alguns mais jovens que ele, carregavam lenha para aquecer a água.

Na manhã de segunda-feira, o mercado ganhou vida. Comerciantes de Meca começaram a circular pela multidão, procurando compradores para seus produtos e convidando os interessados a experimentá-los nos armazéns próximos. Maomé misturou-se à multidão com Abu Talib, segurando a mão do tio enquanto vagavam entre centenas de barracas. O mercado era geralmente dividido por produto: cereais em um lugar, têxteis em outro, e assim por diante.

Amêndoas, pistaches, nozes, figos, passas, damascos e laranjas eram vendidos com amoras frescas espremidas em uma bebida doce e xaroposa. Vendedores ambulantes ofereciam bebidas de alcaçuz e tamarindo, enquanto carroças transportando neve das montanhas próximas vendiam uma sobremesa cara de calda de amora refrescada com neve. O mercado também tinha uma seção inteira dedicada às delícias de renome mundial de Damasco, como halva (*halwah*), frutas cristalizadas e nozes variadas: uma recompensa para Maomé de novos sabores excitantes.

Ele tomou gosto instantâneo por azeitonas. (Pão mergulhado em azeite tornar-se-ia uma de suas refeições favoritas.) No mercado de azeitonas, observou os frutos sendo prensados entre grandes cilindros de pedra para extrair o óleo verde-dourado, depois processado com lixívia e ervas aromáticas em barras quadradas de sabão.

Maomé ficou intrigado ao ver mestres artesãos refinar matérias-primas em produtos de consumo acabados. Os joalheiros lapidavam as pedras brutas da Índia, também entregues pela caravana de Meca, em gemas polidas. Ferreiros forjavam espadas, lançando faíscas pelo ar. Certa vez, uma faísca chamuscou a túnica de Maomé, fazendo um buraco nela.

Maomé teve uma experiência mais atraente ao observar os fabricantes de perfume extrair óleos de flores e ervas. Enquanto os especialistas misturavam óleos com perfumes e os engarrafavam em recipientes elegantemente esculpidos, um pouco de unguento respingou nas roupas de Maomé, deixando nelas uma fragrância agradável, que permaneceu por horas.

No fim da viagem, Maomé perguntou a Abu Talib se eles poderiam visitar a casa da infância de seu antecessor, Qusai, que cento e cinquenta anos antes forjara uma nova identidade para si mesmo em Damasco, antes de retornar a Meca. Eles rastrearam os primos distantes, descendentes dos meios-irmãos de Qusai, e Maomé gostou de ver a grande casa com o belo pátio cercado de árvores e roseiras.

Após seis semanas em Damasco, chegou o dia previsto de partida da caravana. Abu Talib embrulhou as moedas de ouro de suas vendas em um longo pano (*nitaq*) e o amarrou à cintura.

Quando a comitiva partiu, o jovem Maomé olhou para os camelos, que agora carregavam pouco ou nada, e perguntou-se por que os mercadores de Meca voltavam de mãos quase vazias, levando apenas as compras pessoais de espadas, sedas para as esposas, uvas-passas, nozes, azeite e, claro, escravos de origem eslava.

◆ ◆ ◆

Após o dinamismo da cosmopolita Damasco, o lar parecia opressivo. O confinamento físico de Meca – geograficamente espremida entre quatro montanhas que aprisionavam o calor externo e atrofiavam o crescimento das plantas – espelhava a melancolia monótona da cidade atrasada. (Maomé, mais tarde, compararia a inércia de Meca a uma caixa torácica esmagada por um peso externo.)

Alguns meses depois, Maomé perguntou ao tio se poderia se juntar à caravana anual de inverno que ia para o sul, para o Iêmen, a fim de comprar mercadorias que, em seguida, transportaria para Damasco no verão. Abu Talib concordou.

Os iemenitas diferiam dos primos da Arábia central em um ponto importante: o paganismo dera lugar quase total ao monoteísmo. Embora Maomé achasse a língua e a cultura familiares, o que encontrou ali foi uma terra com grande população judaica e significativa minoria cristã. Mais tarde, ele se referiria aos iemenitas como sinceros, sofisticados, confiáveis e de bom coração.

Quando voltou a Meca, Maomé perdera a paciência com os ritos pagãos que dominavam a cidade; dos catorze principais clãs, apenas um, o Banul Harith, era judeu. Sem dúvida, os mecanos dificilmente poderiam ser chamados de fanáticos: seu empenho na manutenção do sistema de idolatria era motivado mais pelo desejo de preservar as tradições que por dedicação profunda. A prática religiosa permaneceu casual, na maioria das vezes, sem pressão formal para participar do culto. No entanto, os contemporâneos de Maomé repararam que o menino não tomava parte em cerimônias e mais tarde observaram: "Jamais o vimos oferecer sacrifícios em altares, participar de rituais religiosos, consultar um sacerdote ou usar um amuleto".

Maomé também evitava álcool, observando como a intoxicação levava a um comportamento ridículo. Aos 12 anos, ficou chocado ao saber que o curador de Dar-un-Nadwah, enquanto estava bêbado, vendera o edifício confiado aos seus cuidados por um mero frasco de vinho. Comparado à maioria dos habitantes de Meca, Maomé era modesto. Depois que inundações repentinas danificaram a Ka'bah, ele ajudou nos esforços de reparo. Boa parte dos trabalhadores tirou as próprias tangas e as colocou nos ombros para transportar tijolos sem esfolar a pele. Quando Abu Talib sugeriu que ele fizesse o mesmo, Maomé desmaiou.

Quando criança, Maomé fazia pequenos trabalhos para ajudar nas despesas da casa do tio. As finanças eram, muitas vezes, apertadas, e Maomé constituía uma boca extra para alimentar. No outono e na primavera, entre as épocas das caravanas, trabalhava como pastor. Acordava antes do amanhecer para levar o rebanho do patrão ao pasto. Treinado pelo tio Hamzah, Maomé logo se tornou um arqueiro habilidoso – uma necessidade, porque lobos, leões, hienas, águias e outros predadores tentavam atacar o rebanho com regularidade. O custo de qualquer animal perdido seria deduzido de seu salário.

Como pastor, Maomé conduzia o rebanho de colina em colina, procurando os melhores pastos. Ficava de olho nas plantas e ervas prejudiciais às ovelhas e colhia as que davam boas bebidas e remédios. Aprendeu a antecipar o comportamento de animais predadores e aves de rapina. Carregava um cajado (com seu almoço amarrado no topo) para guiar o rebanho e afastar os lobos. Vários cães pastores o acompanhavam, e ele os admirava como guardiões leais – o que se reflete em um versículo do Alcorão (18:22) que homenageia determinado cão ao mencioná-lo três vezes para ressaltar seu valor como companheiro dedicado.

Enquanto os guias de camelos precisavam ser duros com os animais teimosos, o pastoreio ensinou Maomé a liderar com gentileza. De acordo com a tradição muçulmana, todos os profetas precisavam servir como pastores. Pastorear ovelhas ensinou aos profetas paciência, responsabilidade, proteção e a guiar com ações em vez de palavras. Mais tarde, Maomé diria a seus seguidores: *"Kullukun ra'i"* – "Cada um é pastor à sua maneira" – e observou que "a conduta gentil produz resultados positivos; a conduta dura, o oposto".

Antes de retornar à cidade ao anoitecer, Maomé levava o rebanho aos poços próximos de Hudaibiyyah. Como a maioria dos poços da Arábia, o acesso à água era regulado por um pacto chamado *ummah* – termo árabe que descrevia uma força que atrai elementos como faz um ímã com objetos metálicos. O acordo de *ummah* estipulava quando diferentes pastores poderiam trazer seus animais para beber, evitando o caos e delineando um entendimento compartilhado sobre como dividir um recurso coletivo. Um guardião do poço, denominado *warid* (gerente da água), com um cajado esculpido, direcionava, de maneira ordenada, o acesso à água. Enquanto Maomé esperava por sua vez, notou que as pessoas haviam adotado o sistema *ummah* porque produzia resultado benéfico.

Maomé acrescentou a carpintaria ao seu repertório aos 14 anos. Provavelmente adquiriu ferramentas e conhecimentos básicos dos primos, em Yathrib, quando a caravana passou pela cidade.

Os jovens de Meca observavam o que consideravam um rito de passagem para a maturidade, aos 15 anos. Um dia, alguns jovens convidaram Maomé para se juntar a eles, para uma visita a Al-Hanut (a loja), uma taverna sem janelas nos arredores da cidade. Maomé presumiu, inocentemente, que o estabelecimento era, como o nome sugeria, uma loja. Chegou e encontrou dois brutamontes guardando uma porta de madeira coberta por uma cortina azul-escura. Após examinar os meninos, os seguranças puxaram a cortina para o lado e os deixaram entrar. Pequenas lanternas de azeite forneciam iluminação ambiente mínima, enquanto jovens pastores tocavam melodias sensuais em flautas. A sala não tinha cadeiras, e os servidores, passando entre os fregueses de pé, serviam vinho de ânforas. Nos cantos da sala, mocinhas de cabelos penteados, maquiagem pesada e joias baratas faziam fila para ser cobiçadas, e algumas dançavam ao ritmo de tambores de pele de animal.

O único produto vendido em Al-Hanut, Maomé percebeu de repente, eram meninas, algumas com apenas 12 anos. Quando o cafetão via um cliente se aproximar de alguma das pupilas, chegava mais perto e negociava o preço. O cliente levava a garota para fora, para uma duna de areia próxima, e voltava assim que terminava o serviço.

Enojado com a cena, Maomé saiu correndo da taverna para nunca mais voltar. Compreendeu que as jovens eram vítimas, muitas delas órfãs iguais a ele. A exploração dessas garotas o irritou, e ele decidiu se opor à prática. Em termos inequívocos, o Alcorão declara: "Não forçarás tuas jovens escravas à prostituição" (24:33). Ao mesmo tempo, Maomé reconheceu que aquelas garotas tinham grande potencial. Uma de suas frases mais famosas descreveria esse tipo de prostituta, cujo coração puro transcendia seu estado de pária.

Apesar da partida abrupta de Al-Hanut, os colegas continuaram a convidar Maomé para festas. De acordo com sua natureza não confrontadora, ele recusava os convites com educação, alegando responsabilidades de trabalho. Quando os amigos o convidaram para uma festa de casamento, assumiu tarefas extras de pastoreio para não comparecer, para o caso de *casamento* ser um eufemismo para uma farra em Al-Hanut. Sozinho entre os pares, Maomé escolheu permanecer virgem, guardando-se para a mulher certa.

Maomé começou a trabalhar para um dos anciãos de Dar-un--Nadwah, Ibnu Jud'an, que o contratou para reparar o teto de sua varanda. Ibnu Jud'an logo percebeu a maturidade do jovem trabalhador e o convidou para uma conversa. Os dois sentaram-se no telhado, observando o sol poente lançar seus derradeiros raios sobre o Monte Hira, que assomava perto de Meca. Em tom compungido, Ibnu Jud'an começou a relatar como crescera pobre e ficara amargurado com a condição marginalizada da família. Aderira ao crime, por isso os parentes o deserdaram, deixando-o mergulhado na depressão.

Nas profundezas do desespero, Ibnu Jud'an fugiu para o deserto ao amanhecer, determinado a acabar com a própria vida pulando de um penhasco. Escalou uma montanha fora de Meca e descobriu uma caverna bem escondida por um monte de pedras e guardada por uma cobra. Dominado pelo pânico, Ibnu Jud'an percebeu, de repente, que não queria morrer de fato. Então, os raios do sol nascente se refletiram de seu amuleto e iluminaram a cobra – uma estátua feita de ouro maciço e dois rubis como olhos. A caverna era um túmulo de reis jurhumitas. Dentro dela, joias preciosas e tesouros cercavam corpos mumificados. Inspirado pela fortuna com a qual se deparara a caminho do suicídio, Ibnu Jud'an resolveu usar as riquezas recém-descobertas para ajudar outros desesperançados.

Ibnu Jud'an retornou a Meca transformado. Parara de beber álcool. Para expiar os anos de crime, enviou sacos de dinheiro para as famílias dos homens que assassinara e/ou roubara. Essas expiações e muitos atos de caridade acabaram por esgotar toda sua fortuna. Mas Ibnu Jud'an tornou-se empresário de sucesso e líder carismático, chegando a representar o mesmo clã que outrora o deserdara na assembleia de Dar-un-Nadwah.

Maomé ouviu o relato com admiração. O exemplo de Ibnu Jud'an reforçou a crescente convicção do jovem de que escolher com sabedoria – mesmo em circunstâncias desafiadoras – era vital. Não mais criança, reconheceu a importância de assumir a responsabilidade pela própria conduta, incluindo quem escolhia para fazer amizade. Mais tarde, declararia: "Um amigo saudável é como um vendedor de perfumes: ou você adquire perfumes dele ou, ao menos, vai embora cheirando melhor. Mas um amigo tóxico é como um ferreiro que vai chamuscar suas roupas ou deixá-lo com um cheiro horrível".

Ibnu Jud'an olhou para o jovem sentado à sua frente e percebeu que ele tinha potencial muito além de consertos de móveis e pastoreio. Compartilhara a história do momento decisivo de sua vida para encorajar Maomé a aproveitar as próprias oportunidades – e continuaria a estimular o amadurecimento do jovem nos próximos anos. Maomé ganhara um novo mentor.

◆ ◆ ◆

Na viagem seguinte, de caravana, os monges do mosteiro em Bosra saudaram Maomé com rostos tristes: Bahira morrera.

Maomé, com 19 anos, estava na nona viagem de caravana a Damasco e agora caminhava sozinho ao lado dos camelos, sem a supervisão constante do tio. Durante o ano anterior, ficara musculoso por causa do pastoreio e da carpintaria.

A caravana seguiu para Damasco, chegando pouco antes da festa de São João Batista, um dos maiores feriados da cidade. Como Bahira, João Batista era eremita. Desgrenhado, emergira do deserto ao encontro de Jesus, a quem batizara no rio Jordão. Mais tarde, o rei Herodes mandou decapitar João, e sua cabeça foi enterrada em Damasco, sob um pilar de uma imponente catedral que levava o nome do santo. Em preparação para a festa, os damascenos colocavam fitas vermelhas nos telhados e ao longo dos pilares que revestiam a estrada principal e penduraram guirlandas de flores de várias cores nas portas e janelas.

Quando Maomé entrou em Damasco, os sinos dominicais da igreja tocaram. Uma procissão serpenteava pelas ruas da cidade em direção à catedral. Homens em longas túnicas brancas balançavam incensórios com incenso trazido do Iêmen pelas primeiras caravanas de Meca. O bispo – usando uma mitra dourada e trajes bordados com rubis que os mecanos importavam – empunhava um cajado na mão esquerda e uma cruz dourada na direita. Dois garotos de túnicas brancas impediam que seu manto se arrastasse no chão, e filas de homens carregando ícones coloridos de santos cantavam enquanto desfilavam entre as multidões perfiladas nas ruas de paralelepípedos. A procissão finalmente chegou à catedral, onde as multidões afluíram para o santuário, depois dos clérigos.

Mais alto que o damasceno médio, Maomé assistiu às cerimônias atrás de uma fileira de espectadores. Ficou intrigado com a devoção dos habitantes. Depois que a cerimônia religiosa terminou e os fiéis partiram, ele decidiu explorar o antigo santuário, o qual, por vários milhares de anos, servira aos ritos persas, gregos e romanos, antes de ser convertido em catedral, no ano 395.

Como sede do bispo de Damasco, a catedral fora construída para impressionar. Bem no alto da cidade, o imponente edifício era ricamente ornamentado, o teto feito de troncos de cedro libanês, com uma imagem colossal do Cristo Pantocrator pintada no centro. Belos afrescos representando os signos do zodíaco e cenas bíblicas estilizadas decoravam os pisos. Maomé vira o mesmo ícone de Maria e Jesus pendurado na Ka'bah treze anos antes, mas este era muito mais bonito. Portas colossais de madeira, construídas por artesãos muito mais habilidosos que os Banu Najjar, eram providas de belas dobradiças metálicas. Maomé observou pedras nas paredes, com inscrições em várias línguas. O murmúrio das pessoas orando ressoou no grande salão. Como o interior não tinha bancos, os homens ficavam de um lado, e as mulheres – com a cabeça coberta para o culto – do outro.

Maomé saiu do santuário escuro e sereno da catedral para a luz brilhante, contemplando a praça que todos os dias, exceto aos domingos, abrigava um mercado vibrante e concorrido. A localização da catedral, perto do mercado principal, era emblemática da vontade da cidade de justapor o sagrado e o comercial.

Maomé juntou-se aos compatriotas enquanto eles carregavam as mercadorias para os armazéns adjacentes ao mercado. Na manhã seguinte, Damasco acordou com uma cerimônia formal de troca de guarda na entrada da cidade, onde um oficial do exército ordenou a abertura do portão principal, para que as pessoas afluíssem ao mercado de segunda-feira. Os habitantes de Meca abasteciam suas tendas ou perambulavam pelo mercado atrás de clientes potenciais.

Enquanto o tio cuidava da tenda, Maomé fazia suas rondas para encontrar clientes. Avistou um comerciante de meia-idade em uma loja, vestido com roupas elegantes, com intricados acabamentos em madeira esculpida. Evidentemente rico, o mercador sentava-se em uma grande cadeira enquanto orientava os funcionários. Maomé ouviu um cliente idoso, com as costas curvadas e uma bengala rústica de haste de oliveira, explicar desajeitadamente que não conseguiria pagar uma dívida a tempo.

O mercador, num gesto magnânimo, fez sinal ao capataz para que perdoasse a dívida. Impressionado, Maomé apresentou-se ao mercador e marcou um encontro para a tarde seguinte, para lhe apresentar a mercadoria que trouxera de Meca.

No dia combinado, Maomé chegou a tempo ao local do encontro, mas o mercador não apareceu. Por mais dois dias, Maomé voltou no mesmo horário. Por fim, no terceiro dia, o mercador – que havia esquecido o encontro – passou pela rua e viu Maomé à sua espera. Adivinhou o que acontecera e ficou profundamente impressionado com a persistência de Maomé. Os dois iniciaram uma conversa amigável, e o mercador (cujo nome permanece desconhecido) comprou toda mercadoria de Abu Talib naquela semana e logo se tornou os principais olhos e ouvidos de Maomé (para acompanhar as tendências) em Damasco.

Livre da companhia do tio, Maomé explorou a cidade com o olhar aguçado de um adulto. Os outros habitantes de Meca preferiram desperdiçar o tempo livre nas muitas tavernas e bordéis da cidade, provocando o celibatário Maomé. Ele não tinha interesse no fetiche por prostitutas eslavas importadas, embora notasse que o mercado de escravos de Damasco apresentava variedade muito mais ampla de etnias e tipos que o de Meca. Ali, os comerciantes de escravos haviam se especializado: alguns vendiam intelectuais, como tutores e secretários particulares, ou escribas e escriturários; outros vendiam nobres, como persas de elite capturados em batalha; outros, ainda, vendiam empregados domésticos. Os mecanos compravam, principalmente, moças artistas, que cantavam e dançavam para eles na viagem de volta e eram forçadas à prostituição.

Fazia um mês que Maomé estava em Damasco. Um dia, enquanto explorava a cidade, um homem mais velho e aparentemente pobre, vestindo uma túnica copta amarelada, chamou sua atenção. Maomé elogiou a túnica dele, como modo de puxar conversa. O homem, que era egípcio, convidou Maomé a se juntar a ele para uma refeição. Enquanto jantavam em um restaurante próximo, Maomé percebeu a angústia do homem e perguntou se algo estava errado. O velho revelou a fonte de seu infortúnio:

comprara uma grande carga de sorgo e milho no delta do Nilo e trouxera seus bens para Damasco, apenas para saber que os habitantes locais preferiam trigo e cevada. A caravana de retorno ao Egito partiria em três dias, e ele não conseguira vender nenhuma das mercadorias.

Maomé queria ajudar o homem e ainda ficaria dez dias em Damasco. Decidiu pedir conselho ao novo mentor, o mercador damasceno que comprara todo estoque do tio. Naquela noite, Maomé visitou o mercador, que hospedava um grupo de amigos recém-chegados da Mesopotâmia. Os homens mencionavam enxames de gafanhotos vindos do leste. Maomé deduziu que os insetos chegariam nas proximidades de Damasco em uma semana. Uma ideia súbita lhe ocorreu: os gafanhotos que chegavam eram a solução para os grãos indesejados do mercador egípcio!

Levantando-se com entusiasmo, Maomé pediu licença para sair e foi correndo encontrar o tio. De algum modo, convenceu Abu Talib a confiar-lhe todas as moedas de ouro e dirigiu-se às pressas ao mercador egípcio para comprar todo o estoque de grãos. O pobre homem ficou tão feliz por ter encontrado um comprador a tempo que vendeu o estoque com um bom desconto. A notícia da compra de Maomé rapidamente se espalhou entre mecanos perplexos. Estaria ele doido? Como Abu Talib pudera permitir que o sobrinho o convencesse a fazer algo tão ridículo?

Maomé ia todos os dias às muralhas externas da cidade e olhava o horizonte. Os membros de seu clã riam. "O que está procurando, Maomé? Que um cliente apareça ao longe para comprar seus limões?" O jovem respondia com sorriso confiante. Uma semana se passou. A caravana para Meca deveria partir em três dias. Abu Talib começou a entrar em pânico, mas os olhos do sobrinho brilharam com confiança silenciosa.

Então aconteceu. Cavaleiros invadiram a cidade anunciando uma emergência. A grande horda de gafanhotos aproximava-se com rapidez. Comerciantes correram do mercado para as muralhas da cidade e viram uma enorme nuvem negra surgindo do leste e escurecendo o céu. A nuvem aterrorizante era um enxame de milhões de gafanhotos, capazes de devastar, em minutos, hectares de plantações. Os comerciantes correram de volta ao mercado numa debandada frenética para comprar grãos de reposição. No depósito de Abu Talib, Maomé subiu em uma caixa de madeira, enquanto os comerciantes, desesperados, gritavam ofertas. Logo todo estoque de Maomé foi vendido, gerando alto lucro.

Foi a primeira boa ação de Maomé que, literalmente, rendeu dividendos. Ele ajudara um estranho em extrema necessidade e proporcionara lucro substancial ao tio. Aqueles que haviam zombado dele algumas horas antes agora o parabenizavam. O jovem, assumindo um risco ousado, mas calculado, colhera os frutos.

Abu Talib, no entanto, desperdiçou seus ganhos com rapidez, oferecendo um grande banquete para a caravana. A generosidade o mantinha financeiramente instável.

◆ ◆ ◆

Como era hábito dos mecanos, a caravana que voltava de Damasco descansou durante a noite no meio do deserto da Arábia. Camelos amarrados pelo joelho direito dianteiro cochilavam, a respiração condensando-se no ar frio da noite, enquanto bufavam e resmungavam no sono. Grilos cricrilavam, corujas piavam e morcegos esvoaçavam. Uivos de lobos e hienas ocasionalmente ecoavam a distância.

Os homens apinhavam-se em torno de dezenas de pequenas fogueiras para se aquecer e relaxar depois de percorrer trinta quilômetros naquele dia. Ratos do deserto catavam restos do jantar, enquanto flautas competiam com o murmúrio das conversas em torno de cada fogueira. Os caravaneiros passavam a maior parte do dia caminhando em silêncio ao lado de camelos, pois falar demais poderia levar à desidratação. A fogueira da noite era uma oportunidade para conversar com outros membros da caravana, que se reuniam após semanas para trocar histórias da estada em Damasco.

Maomé percorreu as fogueiras procurando pelo ex-empregador e mentor Ibnu Jud'an. Encontrou o ancião na frente de sua tenda. Ibnu Jud'an abraçou calorosamente o protegido e o felicitou. Com rapidez, espalhara-se a notícia da façanha de Maomé, e o ancião cumprimentou o jovem, com orgulho, por se manter firme contra os incrédulos.

Maomé sorriu, mas parecia distraído, olhando para o lado, atraído pelas conversas junto à fogueira próxima. Um rapaz de 17 anos criticava os homens educadamente, mas com firmeza, por desperdiçar tempo farreando nos bordéis e nas tavernas de Damasco, em vez de aprender novas ideias com os habitantes locais e se aprimorar. Os homens caíram na gargalhada. "Você está perdendo toda diversão. Não bebe e não se junta a nós nos bordéis. Uma viagem como esta é um total desperdício para pessoas iguais a você!"

Maomé notou que o jovem não recuou. Aprendera com Bahira a estar sempre à procura de talentos e, pela primeira vez, sentia o potencial de um jovem mecano.

Ibnu Jud'an percebeu a curiosidade de Maomé e disse: "Vejo que está impressionado com o filho do meu primo. Venha, deixe-me apresentá-lo a 'Atiq". O nome do jovem – que significa "livre-pensador" – não era comum para um habitante de Meca. Com a apresentação de Jud'an, Maomé se juntou à fogueira, sentando-se ao lado de 'Atiq e ouvindo silenciosamente enquanto ele continuava a discussão com os homens mais velhos.

Na manhã seguinte, Ibnu Jud'an sentou-se em seu camelo com um sorriso orgulhoso no rosto. Conforme as flautas tocavam a distância, observou Maomé e 'Atiq caminhando juntos e absorvidos em uma conversa animada. Os dois abstêmios celibatários se deram bem. Ibnu Jud'an riu sozinho, feliz por ter aproveitado a oportunidade de apresentá-los. Mal sabia a revolução que a dupla iria desencadear.

Maomé e 'Atiq passaram toda viagem de caravana para casa imersos em conversas profundas, trocando ideias e revelando histórias pessoais. Pela primeira vez, Maomé tinha um colega com quem se conectar – 'Atiq era dois anos mais novo –, alguém de sua geração que compartilhava sua visão de que a sociedade *Jahiliyyah* precisava mudar.

'Atiq era de família rica; o pai contratara um tutor para ensinar o jovem a ler e a escrever. Ele se portava com refinamento digno, que refletia a educação nobre. Com talento especial para a poesia, falava baixo, mas com eloquência, e procurava se destacar nos melhores aspectos da cultura árabe, rejeitando os excessos. Quando adolescente, demonstrara perspicácia empresarial e generosidade, obtendo lucros que distribuía aos pobres. Em tenra idade, tornara-se mestre genealogista, capaz de relembrar e discutir ancestrais tribais e conexões familiares complexas.

Enquanto os dois caminhavam, 'Atiq contou algo que acontecera com ele quando tinha 12 anos. Certa manhã, levava recados para o pai e encontrou um homem bêbado caído na beira da estrada. O homem espalhava esterco fresco de ovelhas no rosto. Desgostoso com a visão, 'Atiq resolveu, ali mesmo, nunca beber. Começou a questionar outros aspectos da sociedade de Meca. Deu-se conta de que uma mulher livre jamais poderia ser prostituta na sociedade árabe e de que apenas as mulheres escravizadas eram exploradas. Rejeitou a escravidão e a repressão das mulheres. Quando criança, viu uma raposa urinar ao lado de um ídolo enquanto o pai estava prostrado diante da estátua – um absurdo que o transformou em agnóstico. Se a idolatria era ilógica, que outros elementos sagrados da tradição ancestral poderiam ser igualmente imperfeitos?, questionou-se. Vale notar que o pai respeitava o pensamento independente do filho.

'Atiq poderia facilmente identificar problemas e ajustar, de maneira adequada, seu comportamento, mas esforçou-se para articular soluções sistêmicas profundas. Sua reação à pobreza generalizada era ser caridoso, e ele combateu a escravidão libertando os próprios auxiliares escravizados – mas pouco mais fez para promover mudanças. Era motivado por intenções nobres, porém buscava soluções pequenas e de curto prazo nas normas sociais, e jamais tentou impor seus pontos de vista. A falta de egoísmo era notável: nunca se promoveu e realizava atos de caridade no anonimato.

Ouvindo as histórias de 'Atiq, Maomé percebeu que não era o único que encontrava falhas na sociedade mecana. Os dois jovens vibravam na mesma sintonia e permaneceriam assim pelo resto da vida. Não há registros de que tivessem tido algum conflito ou duvidassem um do outro. De vez em quando, 'Atiq, educadamente, fazia pequenas correções, por exemplo, melhorando as composições poéticas pouco inspiradas de Maomé. 'Atiq era ouvinte ativo, que sugeria, com respeito, diferentes abordagens, se necessário. Complementava Maomé, contribuindo com riqueza, conhecimento, habilidades persuasivas e uma rede de jovens descontentes da elite de Meca.

Quando a caravana chegou a Meca, Maomé fizera o primeiro amigo verdadeiro. Era um companheirismo de ideias. A dupla costumava se encontrar depois do trabalho e saía para caminhadas, no fim da tarde, pelos arredores de Meca, frequentemente se sentando no topo de Abu Qubais para assistir ao pôr do sol sobre a cidade. Pouco depois de voltarem de Damasco, num gesto de intimidade, Maomé deu ao amigo um novo apelido: 'Abdullah, em homenagem ao falecido pai.

Dois anos depois, Maomé e 'Atiq enfrentaram o primeiro teste do compromisso compartilhado de desafiar a estagnação prejudicial de Meca. Um mercador iemenita chegara para vender seus produtos: tecidos, peles e couros importados da África. Um membro da assembleia de Dar-un-Nadwah comprou todo estoque, mas atrasou o pagamento prometido. A caravana de inverno estava prestes a partir para o Iêmen, e o mercador ainda não havia recebido o dinheiro.

Desesperado por ajuda, postou-se junto à Ka'bah e expôs, em público, suas queixas. A maioria dos transeuntes o ignorou porque o homem não era da cidade e carecia de qualquer apoio tribal em Meca. Mas a história chegou a Maomé, que resolveu agir. Ele pediu a 'Atiq, Az-Zubair e Hamzah que o encontrassem naquela noite na casa de Ibnu Jud'an. Sentados no terraço, Maomé pediu aos cinco que fossem juntos à casa do membro do conselho corrigir a situação – a honra de Meca estava em jogo.

Na manhã seguinte, o grupo partiu para a casa do ancião ofensor, 'Amr ibn Hisham. 'Amr era empresário brilhante e ambicioso, cujas realizações lhe renderam o epíteto de Abul-Hakam (o sábio) e um assento em Dar-un-Nadwah aos 30 anos, tão só a segunda pessoa depois do antecessor de Maomé, Hashim, a ganhar isenção do limite de idade habitual. O homem era letrado, romântico, bonito, realizado e profundamente inseguro, com necessidade insaciável de se provar à custa dos outros.

'Amr ibn Hisham sempre avançava, indiferente ao sofrimento que causava aos outros. Sobrecarregava os camelos na caravana, exigia muito dos escravos e prendia por dívida pessoas vulneráveis, para poder exigir-lhes as filhas em pagamento. Com cinismo frio e egocêntrico, 'Amr ibn Hisham pouco se importava com a angústia do mercador iemenita. Dia após dia, engambelava o homem, preferindo adiar o pagamento para poder usar o dinheiro em outros investimentos nesse meio-tempo.

A casa de Ibn Hisham, localizada a leste da Ka'bah, era uma das melhores da cidade. As pessoas que passavam se viravam curiosas para olhar Maomé e o pequeno grupo de apoiadores. Maomé agarrou a elaborada aldrava de bronze – importada do Egito – e bateu-a com firmeza contra a porta. Um criado logo apareceu e convidou os jovens a entrar. Eles recusaram, solicitando que 'Amr ibn Hisham viesse a seu encontro – decisão estratégica para não se tornar hóspedes com obrigações com o anfitrião.

'Amr ibn Hisham apareceu para cumprimentá-los. "Como posso servi-los, cavalheiros?", perguntou, acenando para o companheiro mais velho, Ibnu Jud'an, e olhando interrogativamente para os homens mais jovens. "Nós nos reunimos para pedir justiça a alguém com quem o senhor teve negócios", começou Ibnu Jud'an. Então Maomé deu um passo à frente. "Um mercador iemenita queixou-se do senhor, perto da Ka'bah, a respeito de uma compra ainda não paga, alegando que o pagamento vem sendo continuamente adiado. Ele deverá voltar para casa com a caravana de inverno em alguns dias e não pode fazê-lo sem seu dinheiro. O que o senhor diz sobre essas acusações?"

'Amr ibn Hisham riu, envergonhado: "Sim, claro, pretendo pagar o mercador, mas preciso de mais tempo para colocar minhas finanças em ordem". Maomé não se deixaria influenciar por outra tática de adiamento, declarando: "Não sairemos daqui sem o dinheiro do homem".

Maomé estava colocando 'Amr ibn Hisham contra a parede, enquanto uma multidão se reunia para assistir ao confronto. O mercador vaidoso importava-se muito com sua imagem pública e jamais perdoaria Maomé por fazê-lo parecer desonesto. Não teve escolha senão concordar com a exigência. "Tudo bem, esperem aqui", disse com um grunhido, voltando um minuto depois, furioso, com um saco de moedas. Entregou a bolsa em silêncio a Ibnu Jud'an e bateu a porta na cara dos jovens.

Maomé, com 21 anos, permaneceu alheio ao desafio que o novo inimigo representaria. No momento, correu com os colegas para o mercado, a fim de entregar o saco de moedas ao feliz comerciante iemenita, permitindo-lhe finalmente voltar para casa. O grupo, então, se dirigiu à casa de Ibnu Jud'an, para comemorar a façanha.

Sentados no telhado sob um dossel, os homens bebiam leite de camela e saboreavam o almoço, refrescados pela brisa do meio-dia. Lembraram a expressão no rosto de 'Amr ibn Hisham e festejaram a improvável vitória. Maomé, entretanto, parecia tranquilo. "Não seria muito melhor se usássemos o que fizemos hoje para ajudar mais pessoas?", perguntou ao grupo. "E se nos uníssemos em apoio a todos os injustiçados da cidade que não têm ninguém para ajudá-los?"

"Essa é uma ideia brilhante!", disse Ibnu Jud'an. Mais tarde, pouco antes do pôr do sol, os cinco foram para a Ka'bah. Exercendo o privilégio de ancião, Ibnu Jud'an postou-se no degrau mais alto e declarou: "Hoje fizemos um pacto para aumentar a honra de nossa sociedade. Vamos defender o direito de qualquer um que seja injustiçado. Essa promessa permanecerá enquanto o mar molhar a lã e os montes de Hira e Thabir permanecerem de pé". O nome do acordo era Hilf-ul-Fudhul, "Pacto para Aumentar a Honra da Sociedade".

Três dias depois, os homens se reuniram na assembleia de Dar-un-Nadwah para garantir apoio ao pacto. Como membro da assembleia, Ibnu Jud'an não pôde apresentar a ideia pessoalmente, mas providenciou para que os outros fossem admitidos na sessão semanal do conselho de sexta-feira. Maomé recrutou o primo Al-Fadhl como porta-voz do grupo. Não estava acostumado a falar em público e reconheceu que o primo faria um trabalho melhor. Nem Maomé nem 'Atiq queriam elogios; queriam que o conselho adotasse a iniciativa pelo valor intrínseco.

Al-Fadhl dirigiu-se à assembleia invocando o prestígio de Meca e o lendário cavalheirismo dos ancestrais. "Nós nos unimos para fazer este pacto a fim de elevar a honra de nossa sociedade, defendendo um princípio de nossos antepassados: o da boa conduta." Os anciãos olharam para 'Amr ibn Hisham tão logo a notícia do acontecimento se espalhou por toda a cidade. Para manter as aparências, o ancião respondeu com esperteza: "Isso é muito nobre de sua parte". Por dentro, no entanto, estava colérico. Os demais membros do conselho assentiram em silêncio, indicando que não se oporiam ao pacto.

A história da proposta espalhou-se rapidamente e logo se tornou popular em Meca. Um mês depois, um mercador visitante soube que um rico mecano, chamado Nubaih, sequestrara sua linda filha. Foi até a Ka'bah em busca de ajuda, lamentando: "Onde estão os nobres de Hilf-ul-Fudhul?". Maomé e os companheiros dirigiram-se à casa de Nubaih e exigiram a devolução da jovem, declarando à sua porta: "Você sabe quem somos e o que nos comprometemos a fazer!". Nubaih pediu para ficar com a mulher durante a noite, ao que Maomé exclamou de trás do grupo: "Não, por Deus! Você não manterá sequer uma ponta da unha dela, nem mesmo por um piscar de olhos!". Vendo sua determinação, Nubaih devolveu, com relutância, a filha ao pai.

Por fim, Maomé desenvolvia autoconfiança bastante para viver de acordo com seus valores. As sementes de sua mentalidade de mudança do mundo começavam a germinar.

Parte II

A FORMAÇÃO DA MENTALIDADE

4

O EMPRESÁRIO

Maomé Torna-se um Homem
Que Faz a Diferença

*Meca: 9:30h da manhã, sexta-feira,
8 de maio, 593 EV*

Uma figura bem-vestida, com uma túnica de seda bordada a ouro, ziguezagueava entre as barracas do mercado de Meca, observando Maomé de longe, furtivamente. Enquanto fingia inspecionar a mercadoria, o homem não perdia de vista o rapaz de 23 anos que ajudava o tio na barraca da família. Alguém lhe dissera que Maomé era especial, mas ele precisava ver isso com os próprios olhos.

O misterioso caçador de talentos era Hakim ibn Hizam, sobrinho de uma rica viúva de Meca chamada Khadijah. Ela precisava de um novo gerente financeiro para seu negócio. A busca tinha de ser às ocultas, para que Hakim pudesse avaliar a possível contratação sem o conhecimento do jovem.

O código *Jahiliyyah* de Meca não permitia que uma mulher possuísse riqueza, menos ainda que a administrasse abertamente nos mercados da cidade. No entanto, Khadijah tinha mente comercial brilhante e liderava uma empresa de negócios bem-sucedida – nos bastidores. Em público, o falecido marido administrara os assuntos financeiros da família, mas ela exercia o verdadeiro poder, tomando decisões estratégicas ousadas e negociando acordos comerciais.

Aos 26 anos, Khadijah casara-se e ficara viúva duas vezes. Precisava de um novo representante para seu negócio: alguém seguro o bastante para respeitar a capacidade de liderança de uma mulher.

Para administrar os negócios financeiros da tia, Hakim procurava um homem disposto a pensar de modo não convencional. A essa altura, as notícias do pacto de ética nos negócios já haviam se espalhado por toda Meca. O jovem que iniciara esse esforço audacioso bem poderia ser a pessoa de que Khadijah necessitava para seus negócios. Hakim pediu a Ibnu Jud'an que o apresentasse, supondo que aquela pessoa fosse Al--Fadhl, primo de Maomé. Afinal, fora ele quem persuadira, com eloquência, a assembleia dos anciãos a abençoar o pacto.

Para surpresa de Hakim, Ibnu Jud'an revelou que a verdadeira força por trás do pacto era um homem ainda mais jovem chamado Maomé. "Eu o conheço bem", explicou Ibnu Jud'an. "Ele trabalhou para mim na juventude e nos tornamos íntimos." Então, o ancião narrou em detalhes as realizações de Maomé.

Hakim estava convencido, mas não poderia sugerir Maomé a Khadijah sem o avaliar. Assim, na manhã seguinte, ficou intrigado ao ver Maomé manusear sua mercadoria com cuidado, organizando os produtos por tipo, forma e cor. A maioria dos mercadores de Meca amontoava as mercadorias na tenda. O método de Maomé, inspirado em exemplos observados no mercado de Damasco, tornava a mercadoria mais visível e, portanto, mais desejável.

Ao se aproximar, Hakim sentiu o cheiro das roupas agradavelmente perfumadas de Maomé. O jovem cuidava da mercadoria e de si mesmo. Mas como se sairia numa conversa?

"Bom dia. Você é Maomé?", perguntou Hakim.

Maomé virou-se para ele respeitosamente e respondeu: "Bom dia! Sim, sou Maomé". Hakim pressionou o jovem com perguntas sobre seus pontos de vista em ética nos negócios e técnicas de negociação. Um pouco surpreso com as perguntas inusitadas, Maomé, no entanto, respondeu a todas elas com educação e encantou o cliente, que comprou alguns itens antes de desaparecer.

Naquela noite, Hakim contou a Khadijah que encontrara o homem certo para o emprego – o iniciador do pacto Hilf-ul-Fudhul. Ela ficou intrigada. "Você quer dizer Al-Fadhl?"

"Não, seu primo Maomé." Hakim então explicou como Maomé planejara o famoso pacto.

"Maomé?!", exclamou ela. Não ouvia esse nome desde os 12 anos, quando o mestre *firasah* causara espanto no mercado ao constatar grandeza no rosto do órfão de 9 anos. Enquanto a lembrança daquele estranho incidente voltava, Khadijah ouvia Hakim repetir a recomendação de Ibnu Jud'an e o que ele próprio observara no mercado.

Khadijah ficou impressionada, mas precisava ter certeza. "Traga-o aqui amanhã", pediu. "Gostaria de avaliá-lo eu mesma."

◆ ◆ ◆

Testar Maomé era urgente. As caravanas partiriam para Damasco em menos de duas semanas. Se a viúva rica não encontrasse um gerente financeiro a tempo, seu estoque de mercadorias poderia ficar em Meca por mais um ano.

No fim da tarde, Hakim voltou ao mercado, mas dessa vez não estava incógnito. Um criado o protegia com um requintado guarda-sol indiano de lã vermelha bordada com franjas de seda roxa em um cabo dourado, o tipo de luxo importado pelo qual só os mais ricos de Meca poderiam pagar. Outro servo refrescava o mestre com um leque de penas de avestruz, enquanto um terceiro agitava um relho de rabo de cavalo para espantar as moscas.

Os mercadores haviam começado a arrumar as tendas e olhavam interrogativamente para a comitiva de Hakim. Maomé carregava suas mercadorias em mulas, para ser transportadas para o depósito na casa do falecido avô. Rajadas de vento sacudiam o dossel da tenda contra a estrutura de madeira, emitindo estalidos em meio ao retinir dos sinos pendurados nas tendas próximas, dispositivos usados por muitos comerciantes de Meca para afastar o mal.

Maomé ergueu os olhos de repente e viu a comitiva de Hakim se aproximar. Entregou ao tio os tecidos que trazia nos braços e foi cumprimentar o mercador. Hakim revelou sua identidade, explicando que Ibnu Jud'an patrocinara aquele encontro. Informou Maomé da possibilidade de um trabalho com Khadijah e perguntou se gostaria de encontrá-la imediatamente. Surpreso e intrigado, Maomé saiu da tenda.

Khadijah morava em uma grande casa de tijolos de barro com janelas de treliça ornamentadas e paredes de estuque caiadas. À esquerda da entrada principal, uma *mastabah*, ou terraço de pedra, funcionava como alpendre, onde as empregadas batiam manteiga e moíam cevada em moinhos de pedra, na preparação do jantar. Uma serva chamada Maysarah assava uma cabra sobre carvões de madeira de acácia vermelha brilhante. Maysarah correu para cumprimentar o grupo, depois dirigiu-se a Maomé dizendo: "Bem-vindo, jovem mestre! Minha senhora espera pelo senhor lá dentro".

Maysarah conduziu Hakim e Maomé até a porta da frente, feita de madeira de oliveira primorosamente esculpida, com uma bela aldrava de bronze. O doce aroma do incenso queimando no lado de dentro revigorou os sentidos de Maomé. Zaid, um escravo de 13 anos, conduziu os homens por um vestíbulo quadrado, até um espetacular salão retangular. Janelas de treliça cobriam o teto de quatro metros e meio da sala; finas tapeçarias egípcias de seda e tapetes sírios cobriam as paredes.

A grandiosidade da casa proclamava a riqueza de Khadijah, que fazia jus ao epíteto Amiratu Quraish (Imperatriz de Meca). Ela entrou na sala vestida com roupas de seda chinesa bordada. Sentou-se em uma almofada vermelha e afirmou sua autoridade como chefe da casa. Uma criada a abanava com um leque de penas de pavão preso a uma haste de índigo, importado de Alexandria.

Como Hakim com sua comitiva, Khadijah fez de tudo para impressionar Maomé. A almofada vermelha evocava o assento do ancião em

Dar-un-Nadwah; o leque de pavão significava realeza; e a plataforma elevada assegurava que olhasse de cima para Maomé, que tinha um metro e noventa de altura. Khadijah fez sinal para que Maomé se sentasse no chão acarpetado diante dela, enquanto o sobrinho se acomodava em uma almofada à direita da plataforma.

Khadijah era esbelta, com cabelos pretos ondulados, trançados com fios de ouro e cravejados de esmeraldas. Brincos dourados emolduravam seu sorriso brilhante. A pele clara proclamava uma vida de luxo e conforto, longe dos raios do sol, e as pálpebras pintadas destacavam os grandes olhos cor de avelã. Os longos dedos finos combinavam com os pés esguios, calçados com sandálias persas da melhor qualidade. O elegante colar de ouro tinha incrustações de madrepérola, jade e rubis.

Zaid entrou carregando uma bandeja de prata com copos de cristal entalhados, com sucos de frutas e gelo, um luxo raro pelo qual só os habitantes mais ricos de Meca podiam pagar. Mas o menino tropeçou e deixou cair um dos cálices de cristal, que se estilhaçou. Maomé observou com cuidado a reação de Khadijah. O rosto da mulher permaneceu calmo, mas ela ficou preocupada quando notou que o dedo de Zaid estava sangrando por causa de um pequeno corte. A compaixão de Khadijah pelo menino impressionou muito Maomé.

O silêncio pairou sobre o salão enquanto Maomé e Khadijah se avaliavam. Khadijah falou primeiro, agradecendo a Maomé por reservar um tempo para se encontrarem e explicando que procurava alguém com visão para ajudá-la a tornar seu negócio mais lucrativo. Enquanto ela falava, os servos estenderam no chão uma grande colcha de couro e começaram a trazer comida.

Khadijah disse estar ciente das ideias brilhantes de Maomé. Sabia que seus negócios ousados em Damasco haviam rendido muito dinheiro para o tio, mas que Maomé não tinha capital substancial para trabalhar, pois todos seus ganhos iam para o sustento da grande família do tio. Revelou que estava preparada para colocar seus vastos recursos à disposição dele. Maomé ganharia um salário e teria a vantagem adicional de comissões e bônus caso mostrasse bom desempenho.

Maomé pediu três dias para pensar no assunto. Não queria parecer ansioso demais para aproveitar aquela oportunidade notável. Khadijah concordou e se despediu dele. Após a refeição, Zaid levou Maomé para fora e, em sinal de respeito a um convidado de honra, o acompanhou até o fim da rua.

Na noite seguinte, Zaid apareceu à porta de Abu Talib carregando uma cesta de figos frescos de Khadijah, como gesto simbólico de parceria. O jovem serviçal ficou surpreso ao encontrar Maomé ajudando sua tia Fatimah a preparar o jantar; os homens, na Arábia, em geral, não auxiliavam no trabalho doméstico. Abu Talib convidou o menino para jantar, durante o qual Zaid e Maomé rapidamente se envolveram em uma conversa profunda. A maturidade precoce de Zaid impressionou Maomé, que percebeu pelo refinamento do adolescente que ele tinha uma história inusitada. Em resposta ao estímulo de Maomé, Zaid lhe fez um relato doloroso:

"Nasci de um nobre da tribo Tayy [no centro-norte da Arábia]. Meu pai, Harithah, era um homem poderoso e próspero. Eu era amado e honrado por ele e por minha mãe. Meus pais fizeram um esforço especial para me educar bem, trazendo-me um tutor para me ensinar a ler e a escrever. Cristã devota, minha mãe teve cuidado especial em me transmitir sua fé. Quando eu tinha 7 anos, ela me levou em uma peregrinação para visitar o santuário de um santo em Damasco.

"Na volta, passamos pelo território do clã Qayn. Enquanto dormia ao lado de minha mãe, fui surpreendido por mãos ásperas sobre minha boca e minhas mãos. Dois homens mascarados me puxaram para fora da tenda. Fui amordaçado, amarrado e jogado sobre um cavalo. Tentei me soltar, sem sucesso. Chorei enquanto partíamos. Poucos dias depois, fui vendido no mercado de escravos de Yathrib, onde Hakim ibn Hizam me comprou por quatrocentas dracmas [três vezes o preço típico dos escravos]. Ele me trouxe para Meca e me deu de presente para sua tia, Khadijah, que me proporcionou todo conforto e até continuou minha educação".

A história de Zaid comoveu muito Maomé. Sua provação ecoou a de Barakah e lembrou a Maomé que ele quase sofrera o mesmo destino quando tinha 4 anos e era pastor. Também revelou mais sobre Khadijah, a misteriosa mulher que logo poderia se tornar sua patroa. Ela criara Zaid, provendo-lhe lições de literatura e matemática e tratando-o como filho.

Depois que Zaid saiu, Maomé conversou com Abu Talib e Fatimah sobre a oferta de trabalho incomum de Khadijah. Aceitar a posição implicaria não trabalhar mais para o tio, mas Abu Talib o encorajou a aproveitar a oportunidade. Fatimah ficou encantada com o fato de uma estranha ter visto potencial no jovem.

Antes de tomar a decisão final, Maomé insistiu em pedir a bênção de Barakah. Ela estava casada havia mais de uma década e com um filho chamado Ayman (afortunado). Ainda assim, acompanhava as façanhas do filho adotivo e observava, com orgulho, o progresso dele. Satisfeita ao saber da nova oportunidade profissional, Barakah sorriu e insinuou: "Khadijah, evidentemente, gosta de você". Maomé sentiu que havia algo mais em seu sorriso, mas ela não disse mais nada.

Três dias depois do primeiro encontro, Maomé retornou à casa de Khadijah para formalizar a parceria. Abu Talib o acompanhou como testemunha; Hakim serviu de testemunha de Khadijah. Durante uma refeição extravagante, seguida de tâmaras e passas do Iêmen e de Damasco – símbolos dos dois destinos da caravana –, eles entraram em acordo verbal. Maomé prometeu administrar honestamente a riqueza de Khadijah, e ela, honrá-lo como parceiro, com compensação apropriada.

Após a cerimônia, Khadijah levou Maomé a um grande armazém nos fundos de casa e o apresentou aos trabalhadores e escravos que moravam ali e administravam as mercadorias. A grande caravana para Damasco partiria em poucos dias. Maomé teria de se familiarizar rapidamente com o novo emprego.

◆ ◆ ◆

Pela primeira vez, alguém de fora da família imediata de Maomé estava pronto para investir financeiramente nele. A nova empregadora ofereceu-lhe acesso a enormes quantias de dinheiro e a uma equipe de trabalhadores. Trabalhando para Abu Talib, Maomé planejara a estratégia e depois a executara ele próprio, com capital limitado. Com Khadijah, poderia se concentrar em planejar e treinar outros para executar as tarefas.

No pouco tempo que passou com ela, Maomé tentou avaliar bem a patroa incomum, que exalava grande autoconfiança. Ela era alfabetizada, mas não podia fazer nenhum acordo financeiro sem um representante masculino. Era pensadora independente e, ainda assim, não podia comercializar abertamente no mercado de Meca. Vivia cercada de conforto, mas carregava a dor de ter perdido dois maridos em rápida sucessão. Khadijah, em certo sentido, estava encerrada em uma prisão opulenta. Sua vida era um subterfúgio gigante: administrava um império comercial internacional, porém nos bastidores. A casa dela, Maomé notou, não tinha imagens. Ainda criança, Khadijah rejeitara a idolatria, embora não de modo que ofendesse os pais.

Enquanto apressava os preparativos para a partida da caravana, Maomé estabeleceu sua primeira prioridade: conquistar a confiança da patroa. Quando inspecionou o grande armazém na parte de trás da casa, encontrou o estoque em péssima condição. Então, instruiu os trabalhadores escravos de Khadijah a esvaziar o depósito e designou Zaid para catalogar cada item. À medida que realizavam o inventário, Maomé usou suas habilidades de carpintaria para construir novas prateleiras e nichos de armazenamento. Khadijah pôde, por fim, saber o que possuía e onde cada produto estava guardado, uma transparência administrativa que lhe permitiria acompanhar as vendas realizadas por Maomé.

Uma vez organizada a mercadoria, Maomé determinou que os trabalhadores de Khadijah carregassem os camelos. Para Maomé, então com 23 anos, essa viagem a Damasco seria a primeira como chefe de seu segmento da caravana. Ao contrário de outros mercadores, que sobrecarregavam os camelos, Maomé fazia questão de poupar os dele, planejando descansos periódicos para os animais. Cuidar do conforto da cáfila não era apenas humano, mas eficiente: os camelos de Maomé permaneciam revigorados por mais tempo que os camelos sobrecarregados, os quais, muitas vezes, desabavam de exaustão.

Antes que a caravana partisse, Khadijah chamou Zaid de lado e o instruiu a ficar de olho em Maomé durante a viagem de três meses, observando, sobretudo, como ele tratava os trabalhadores e as mercadorias. Em seguida, a caravana partiu.

Maomé e Zaid caminhavam juntos, absortos na conversa. O jovem não era só alfabetizado e educado, mas também capaz de sustentar uma discussão em torno de tópicos profundos. Maomé começou a chamá-lo de Al-Habib (o adorado, o amado) e até o consultava sobre os negócios.

Em Damasco, Maomé levou Zaid para conhecer seu amigo comerciante, o mentor grandemente responsável por seu sucesso anterior. O velho cavalheiro apresentou Maomé a um mercador armênio interessado nos mesmos produtos que Maomé acabara de transportar. No dia seguinte, Maomé e Zaid encontraram o armênio e foram almoçar em um restaurante local, onde fecharam um acordo para a compra de todo o estoque. Zaid ficou impressionado com a maneira pela qual os contatos de Maomé lhe permitiram ser tão eficiente.

Com o trabalho principal concluído e semanas de espera antes da partida programada da caravana para Meca, Maomé e Zaid percorreram Damasco, nadando todos os dias no rio Barada e, muitas vezes, aventurando-se no campo para montar a cavalo. Maomé conversava diariamente com comerciantes locais, o que Zaid logo percebeu ser algo mais que simples função social. Maomé coletava informações e aprendia a discernir a qualidade dos produtos finos. Pouco antes do retorno a Meca, Maomé tomou uma medida bastante incomum: separou a maior parte dos lucros da magnífica venda do mês anterior e comprou um grande suprimento de joias, tecidos e outros itens caros.

Ninguém jamais carregara seus camelos com tamanha variedade de mercadorias para a viagem de volta. Mas Khadijah autorizara Maomé a realizar seu sonho de maximizar ambas as faces do comércio de caravanas. Ele voltou para Meca e rapidamente vendeu todo estoque de artigos raros de luxo e em demanda. Sem nenhum outro mercador oferecendo mercadorias semelhantes, as pessoas correram para comprar as de Maomé, muitas vezes a preços bem altos. No processo, Maomé dobrou os lucros que já obtivera em Damasco. Impressionada com a ousadia do funcionário e o enorme aumento nos lucros, Khadijah deu a ele um bônus substancial. Maomé correu para compartilhar os fundos com Barakah e o tio, em gratidão pelos anos de tutela.

Khadijah percebeu no novo contratado, que, com efeito, dobrara sua riqueza em apenas alguns meses, um talento raro. Em vez de tentar dominá-la ou roubá-la, aquele jovem a tornara mais próspera.

Depois de um ano de trabalho juntos, ela não insistia mais em se sentar acima dele quando se encontravam no salão principal de sua casa. Um dia, estando ambos sentados lado a lado para uma revisão de estratégia de negócios, Khadijah informou a Maomé que o estava elevando à função de sócio em seu empreendimento conjunto. Maomé merecera.

Um ano mais tarde, logo após Maomé completar 25 anos, Khadijah (então com 28) começou a perceber que seu interesse por ele ia além do profissional. No entanto, como mulher orgulhosamente independente, não poderia se entregar por impulso às emoções. Precisava de evidências empíricas de que o parceiro de negócios poderia ser confiável em nível ainda mais alto: como cônjuge leal. Com a caravana anual prestes a partir para Damasco, Khadijah elaborou um plano. Seu gerente doméstico, Maysarah, acompanharia Maomé a Damasco. Os dois não haviam trabalhado juntos antes e não eram propriamente amigos. Maysarah ajudaria Maomé em seu trabalho, enquanto, na realidade, o espionaria para Khadijah. Recebeu instruções claras para não perder Maomé de vista e relatar seu comportamento. Seu parceiro frequentava os lendários bordéis de Damasco e passava o tempo livre farreando?

Sem o conhecimento de Maysarah, Khadijah fez um acordo semelhante com dois informantes disfarçados na caravana. Naquele ano, quando o comboio de camelos partiu para Meca, três homens monitoravam Maomé de modo independente. Os três investigadores observaram quando Maomé chegou a Damasco e visitou seu mentor, que imediatamente o pôs em contato com um ávido mercador de Chipre. Em um dia, Maomé vendeu todo seu estoque.

Os três emissários seguiram Maomé enquanto ele passava as cinco semanas seguintes explorando Damasco e coletando informações de outros mercadores. Maysarah se juntou a Maomé nas rondas diárias, à medida que os dois espiões disfarçados seguiam a dupla, em segredo, pelo bazar e pelos restaurantes. Viram Maomé ouvir de um comerciante iraquiano em visita que uma praga devastara o trigo perto do Eufrates, duas semanas antes. Maomé calculou que a mesma praga levaria cerca de duas semanas para chegar a Damasco. Equipado com essa peça vital de informação, procurou saber qual pesticida protegeria a colheita.

O próprio Maomé disfarçou-se de fazendeiro e perguntou aos químicos locais qual composto poderia proteger melhor o trigo da peste. E permanecia alheio aos três espiões. Enquanto era vigiado, Maomé capitalizava as duas informações vitais. Na manhã seguinte, acompanhado de Maysarah, percorreu Damasco comprando todo enxofre vermelho (*kibrit-ul-ahmar*) que pôde encontrar, esgotando a maior parte de seus fundos. Os comerciantes ofereciam preços de atacado para se livrar do enxofre, e os demais riam da loucura de Maomé. "Ele comprou um grande fedor", zombavam.

Duas semanas se passaram sem notícias da peste, e os mercadores multiplicaram as ironias. Então, dois dias antes da partida programada da caravana, a pestilência irrompeu, ameaçando o celeiro fértil que cercava Damasco. A demanda pelo enxofre vermelho explodiu. Em algumas horas, Maomé vendeu todo estoque pelo dobro do preço que pagara. Embora Maysarah implorasse para que não fizesse isso, Maomé comprou, no mesmo instante, mercadorias para levar de volta a Meca – onde as vendeu com grande lucro. Dessa vez, triplicou a riqueza de Khadijah.

Em Meca, Khadijah consultou cada um dos três espiões, e todos contaram a mesma história. Notaram o tratamento gentil que Maomé dispensava a estranhos, a integridade ao lidar com os servos, a paciência perante as zombarias dos mercadores de Meca, a firmeza no negócio do enxofre e o distanciamento de bordéis e bares. Khadijah encontrara seu homem.

Ela convidou Maomé para uma conversa na noite do retorno de Damasco. Escoltado por Zaid, Maomé entrou na casa e encontrou Khadijah sentada ao lado do irmão mais velho, Hizam (pai de Hakim ibn Hizam). A cena era semelhante à de dois anos antes, porém, dessa vez, Khadijah usava suas melhores joias e roupas. Ela pediu que Maomé se acomodasse ao seu lado em uma almofada e revelou que contratara dois investigadores disfarçados para monitorar sua conduta na caravana. Queria mostrar a Maomé quanta reflexão e escrutínio investira na decisão de lhe fazer sua proposta: "Com o apoio de meu irmão, ofereço-me a você em casamento".

Maomé ficou em silêncio por um instante e depois respondeu: "Sinto-me honrado". Pediu três dias para conversar com a família antes de voltar para ouvir a proposta oficial. Correu à casa de Barakah e declarou, ofegante: "Querida mãe, trago notícias maravilhosas!". Barakah ficou muito feliz e o abraçou.

Três dias depois, Maomé voltou à casa de Khadijah acompanhado dos tios, de Barakah, de tia Fatimah e do melhor amigo, 'Atiq. Apresentou Barakah à família de Khadijah, a qual jamais poderia esperar que uma mulher estrangeira, outrora escrava e sem parentesco, se juntasse a uma comitiva de noivado. "Esta é Barakah, minha mãe depois da minha mãe", explicou Maomé ao grupo atônito. "Ela é a última remanescente de minha família imediata."

Durante as poucas semanas que antecederam a cerimônia de casamento, Maomé dedicou-se a um projeto importante: construir um novo quarto principal no telhado da casa de Khadijah. Ele próprio desenhou a planta, fabricou os moldes para os tijolos, ergueu os andaimes e as vigas de madeira e instalou uma elaborada janela de treliça. Estendeu sobre as vigas do telhado um dossel de folhas de palmeira entretecidas em lama e caiou as paredes.

O quarto elevado – para o qual Maomé também fabricou uma nova cama de casal – refletia o desejo de um recomeço simbólico para ele e Khadijah. O lugar se tornaria um pequeno santuário para o novo casal, que agora iniciaria sua jornada em comum.

◆ ◆ ◆

Sob a lua cheia do fim de outubro, centenas de convidados reuniram-se para um casamento diferente de tudo que Meca vira. O luar forneceu iluminação natural para as festividades, que aconteceram em um pátio adjacente à propriedade de Hizam. A cena era digna da realeza. Mas ao contrário da maioria dos casamentos da elite de Meca – para os quais apenas outras elites eram convidadas –, Maomé abriu as portas para todos. Mendigos esfarrapados apinhavam-se no pátio ao lado dos anciãos de Dar-un-Nadwah vestidos com suas melhores roupas.

Maomé queria que a noiva tivesse um dia inesquecível. Barakah assumiu o papel tradicional de mãe de Maomé e foi, naquela manhã, à casa de Khadijah preparar a futura nora para o casamento. Levou presentes raros que Maomé importara do Iêmen, entregues por um mensageiro em um cavalo veloz. Pau-de-águila da Índia, queimado como incenso, para perfumar a túnica egípcia bordada de Khadijah; brincos de prata do Iêmen nas orelhas da noiva, enquanto Barakah tecia fios de ouro em seus cabelos e ungia suas pálpebras com cajal indiano; e, para completar a indumentária de Khadijah, um véu verde de seda bordada com fios de ouro. Khadijah estava uma noiva radiante.

Maomé e Khadijah concordaram que o casamento deveria ser uma cerimônia secular. O casal trocou votos sem sacerdotes ou rituais religiosos. Fizeram-no na presença um do outro, ao contrário das cerimônias tradicionais de Meca, em que a noiva e o noivo se sentavam em salas diferentes. Outra característica atípica foi a falta de vinho na refeição festiva. A festa incluiu trinta camelos assados, a carne escaldante servida por cozinheiros nômades Banu Sa'd em folhas de bananeira selvagem (*talh*). Músicos beduínos entretinham a multidão.

Com o grupo Banu Sa'd no casamento, estava Halimah, a "mãe do deserto" de Maomé, que ele não via fazia anos. Em raro gesto de profundo respeito, Maomé a convidou, com Barakah e tia Fatimah, a se sentar ao lado dele no jantar. Os homens de Meca quase nunca se cercavam de mulheres. Mas Maomé quis celebrar o momento marcante com as três mães adotivas, vínculo simbólico entre a família de apoio original do órfão e a nova família que estava construindo com Khadijah.

Alguns dias após o casamento, Maomé e Khadijah foram passar férias na cidade turística de Ta`if, em um planalto conhecido pelo clima ameno e pelas belas paisagens e fontes naturais. Foi a primeira oportunidade para o casal ficar realmente a sós. Maomé era virgem quando se casou. Embora ocultasse a maioria dos aspectos da vida pessoal, incluindo as relações íntimas com Khadijah, ressaltou mais adiante aos seguidores a importância da intimidade entre marido e mulher. Disse: "Alguns homens, como os camelos, são duros e abusivos com as parceiras durante o dia, mas esperam que elas se mostrem submissas na intimidade da noite. Antes de se aproximar de sua parceira, primeiro envie mensageiros: beijos, abraços, carícias e palavras floridas de carinho". (Todo um ramo da erudição islâmica se concentraria, mais tarde, nas relações conjugais, reconhecendo a intimidade como um ato espiritual de devoção tão abençoado quanto a prece.)

O casal retornou a Meca com uma criança adotada. O presente nupcial de Khadijah para Maomé foi Zaid, agora com 16 anos. Maomé imediatamente o libertou, aconselhando-o a voltar para a casa da família biológica, mas Zaid insistiu em ficar. De pé nos degraus da Ka'bah, Maomé levantou a mão direita de Zaid e declarou: "Este é Zaid. De hoje em diante, é meu filho, e tudo o que é meu é dele". Maomé era, agora, pai adotivo, e seu novo filho ficou conhecido como Zaid ibn Maomé (filho de Maomé). Foi o único dos seguidores de Maomé que mais tarde seria mencionado pelo nome no Alcorão.

Na multidão, naquele dia, estava um primo distante de Zaid. Ele correu para casa para informar ao pai de Zaid que seu filho, havia muito tempo perdido, estava vivo e morando em Meca, na casa de um homem chamado Maomé. O pai de Zaid viajou imediatamente para Meca, chegando tarde da noite. Toda a casa dormia, mas Maomé deu as boas-vindas ao estranho, oferecendo ao viajante faminto um prato de comida. Sentou-se ao seu lado enquanto ele comia e perguntou: "Como posso servi-lo?".

"Sou Harithah ibn Sharahil, da tribo de Tayy," disse o homem. "Meu filho Zaid foi sequestrado há seis anos, e o procurei freneticamente. Notícias chegaram até mim de que ele está com você. Estou disposto a pagar-lhe o dobro do que pagou por ele, para tê-lo de volta."

Maomé sorriu: "Zaid não está à venda por preço nenhum". O pai pendeu a cabeça, abatido. Maomé explicou: "Zaid é um homem livre" e foi acordar o rapaz para trazê-lo ao salão principal. Harithah correu para abraçar o filho, notando com surpresa que ele estava ungido de perfumes caros, trajando uma bela túnica egípcia, com a pele limpa e as unhas aparadas.

Despertada pela reunião chorosa de pai e filho, Khadijah desceu a escada do quarto, na cobertura. Ficou a um canto observando, em silêncio, Zaid olhar para Maomé e declarar "Escolho você!", acrescentando: "Com sua permissão, pai". Harithah assentiu. O filho estava em boas mãos, gozando de todo conforto e oportunidades. Depois de passar a noite dormindo ao lado de Zaid, ele voltou para casa no dia seguinte.

Zaid tornou-se, assim, o primeiro aprendiz de Maomé e testemunha ocular crucial de sua vida com Khadijah. Muitas vezes, via-o abraçar Khadijah calorosamente, beijando sua testa e seu nariz ao cumprimentá-la. Em uma sociedade que desaprovava demonstrações públicas de afeto entre marido e mulher, Maomé passeava de mãos dadas com Khadijah, fazendo caminhadas diárias ao pôr do sol. Muitos habitantes de Meca riam do que consideravam um espetáculo ridículo, e alguns até foram se queixar ao irmão de Khadijah, Hizam. O casal apaixonado não lhes dava atenção.

Como todos os casais, Maomé e Khadijah tinham seus desentendimentos ocasionais. No entanto, Zaid observou como conversavam sobre os problemas, frequentemente sentados no terraço da cobertura. Essas conversas terminavam sempre em um abraço apaixonado.

O recém-casado Maomé voltou ao trabalho. Todas as manhãs, carregava sua mercadoria em mulas e montava uma barraca no mercado de Meca, ao lado do melhor amigo. 'Atiq também se casara e era pai de três filhos pequenos. Os amigos passavam o tempo entre as vendas absortos em uma conversa profunda. Depois, voltavam para casa, no calor do meio-dia, para a pausa do almoço. Maomé juntava-se a Khadijah no terraço da cobertura, comendo no mesmo prato e bebendo no mesmo copo. Quando Khadijah passava a Maomé o copo de coalhada, ele pousava os lábios onde os lábios dela tinham pousado. Depois de comer, dormiam por uma hora, antes de Maomé voltar ao mercado.

Alguns meses após o casamento, quando Maomé voltou da viagem de caravana de inverno ao Iêmen, Khadijah teve uma surpresa: estava grávida. Sete meses depois, deu à luz um menino, entregue às mãos hábeis de Barakah. A mãe adotiva de Maomé enrolou o bebê no mesmo xale de seda em que Maomé fora enrolado quando recém-nascido, vinte e seis anos antes.

Órfão que nunca conhecera o pai, Maomé olhava o primogênito, maravilhado. Tinha a solene responsabilidade de dar nome ao menino. Continuando a tradição do avô 'Abdul-Muttalib, Maomé inventou um nome: Al-Qasim (o preenchedor de lacunas). A imagem veio da experiência dele na carpintaria; a palavra *qasam* referia-se a um fragmento de madeira que os carpinteiros talhavam para preencher lacunas naturais em uma placa de madeira. Com o novo nome, Maomé reconhecia-se como um mortal incompleto e expressava sua alegria ao receber um filho para ajudar a preencher um vazio em sua vida.

À medida que o menino crescia, Maomé o carregava nos ombros, levando-o ao mercado e a passeio no deserto, para brincar com ele. Ao contrário da maioria dos mecanos, Maomé era um pai prático: trocava as roupas do filho, banhava-o em uma pequena banheira com água e infusão de alecrim e lavava as fraldas de pano sujas. Mesmo os aspectos mais singelos da paternidade pareciam encantar Maomé, privilégio do qual o próprio pai jamais gozara.

Quando Al-Qasim completou 2 anos, estava pronto para ser desmamado. Com prazer, Maomé executou a cerimônia de *tahnik* da criança, espalhando a calda de tâmaras *rutab* frescas nos lábios do filho. A celebração era um lembrete da notável transformação pela qual a vida de Maomé passara nos três anos anteriores. Com apenas 28 anos, ele era, agora, um dos homens mais ricos de Meca, com uma grande casa e uma esposa bela, inteligente, que lhe dera um filho bonito e saudável.

◆ ◆ ◆

Ao se casar com Khadijah e se juntar à família dela, Maomé tornava-se, tecnicamente, coproprietário de escravizados. Como se pôde ver com a libertação de Barakah e Zaid, Maomé abominava a escravidão, que era, para ele, o exemplo máximo da estagnação forçada. Na sociedade de Meca, os escravizados eram visualmente diferenciados dos homens livres. Os escravizados do sexo masculino tinham a cabeça raspada, e quase todos andavam nus ou usavam apenas uma pequena tanga. As mulheres não podiam cobrir os cabelos, e muitas ficavam com os seios à mostra. Os proprietários tinham pouca preocupação com o conforto ou as necessidades delas, obrigando-as a trabalhar, com frequência, mesmo quando adoeciam.

Os escravos de Khadijah, é claro, pertenciam a ela – e só poderiam ser libertados com o consentimento dela. Quando Maomé tornou-se seu parceiro de negócios, começou a plantar na mente dela, aos poucos, as sementes da libertação. Tratava os escravizados da casa com consideração desconhecida na sociedade de Meca. Ajudava-os a carregar os camelos, concedia-lhes períodos de descanso e tempo para se recuperar de doenças, vestia-os com linho fino, compartilhava perfumes com eles e os pagava quando faziam tarefas extras.

Um dia, a caminho do trabalho, Maomé viu um homem açoitando impiedosamente seu escravo. Na hora, ofereceu-lhe o dobro do valor pelo infeliz e comprou sua liberdade. Com os escravos de Khadijah, Maomé adotou uma abordagem alternativa. Sentava-se no chão e comia com eles da mesma travessa. Descobriu que quase todos haviam sido sequestrados quando crianças e vinham de famílias nobres. Eles não só sabiam o que era liberdade como haviam sofrido o trauma do sequestro e da desumanização.

Reconhecendo que os trabalhadores escravizados de Khadijah tinham mentes livres em corpos agrilhoados, Maomé os encorajou a expressar opiniões e, no processo, restaurou neles o senso de dignidade. Como resultado da renda e da folga, a produção deles no trabalho disparou. Quando tratados como seres humanos, desempenhavam suas funções com mais entusiasmo e energia.

Maomé começou a demonstrar à esposa que os escravizados não precisavam de trabalho forçado. Ele mesmo assumia muitas tarefas completamente estranhas aos homens de Meca. Varria a casa, cozinhava as refeições e trazia lenha das colinas próximas – todas tarefas reservadas a escravizados. Khadijah, até então desacostumada com o comportamento pouco ortodoxo de Maomé, sentiu-se inspirada por seu exemplo. Embora tivesse crescido com empregados que atendiam a todas as suas necessidades, começou a ajudar as escravizadas na cozinha e achou o trabalho doméstico fortalecedor, pois aprendeu, pela primeira vez, a fazer as coisas por si mesma.

Após o nascimento de Al-Qasim, Maomé concluiu ter chegado a hora de pedir à esposa que libertasse sua criadagem. Khadijah não precisava de muito para se convencer. No entanto, ela e Maomé reconheceram que libertar publicamente mais de uma dúzia de escravos domésticos em frente à Ka'bah provocaria um alvoroço. Como a escravidão era uma prática muito difundida, Maomé reconheceu que tentar erradicá-la de uma vez enfureceria os senhores que dependiam do trabalho escravo para sua subsistência. Assim, Khadijah organizou uma cerimônia privada em seu armazém, com Ibnu Jud'an, 'Atiq e Barakah como testemunhas. Os escravizados ouviram com espanto quando Khadijah os libertou oficialmente, declarando: "Vocês agora estão todos livres, como os pássaros no céu e o vento, para ir aonde quiserem".

Além de salário, Maomé ofereceu aos trabalhadores recém-libertados a possibilidade de promoções e aumentos. Eles passaram a trabalhar com mais afinco, e logo a produção dobrou, trazendo mais lucros para todos.

Os esforços cívicos pioneiros de Maomé não se limitaram a libertar os escravizados; ele também encontrou meios de prestar serviços valiosos às elites. Depois que alguns dos servos outrora escravizados de Khadijah se mudaram para montar os próprios lares, Maomé transformou os antigos aposentos no primeiro cofre de Meca. Construiu uma nova porta sólida e prateleiras, para manter os objetos de valor organizados. Zaid criou um livro-razão para registrar os itens trazidos para custódia.

Como Meca não tinha bancos, as elites da cidade acharam ali um espaço confiável onde proteger seus itens preciosos – ainda mais que Maomé oferecia esse serviço de graça. Embora pudessem guardar heranças de família e joias valiosas nas próprias casas, as elites mecanas, evidentemente, confiavam mais em Maomé que nos próprios parentes e servos. De fato, após estabelecer seu sistema de depósito de segurança, Maomé ficou conhecido como Al-Amin (o confiável) entre os habitantes de Meca, com os itens em seu depósito chamados *al-amanah* (a confiança). Fidelidade e honra definiram o líder emergente.

O prestígio de Maomé cresceu com o nascimento do segundo filho. Com orgulho, chamou o menino de 'Abdullah, em homenagem ao pai. Com dois filhos nascidos em rápida sucessão, Maomé parecia estar seguindo os passos do avô, formando um grande clã de herdeiros do sexo masculino.

Mas, então, a tragédia aconteceu. Certa noite, Maomé colocou Al-Qasim para dormir e estava ansioso para levar o filho a uma caminhada no dia seguinte. De manhã, quando foi ao quarto acordá-lo, descobriu que Al-Qasim morrera durante a noite.

Barakah confortou a perturbada Khadijah, enquanto Maomé preparava o corpo do filho para o enterro. Com lágrimas escorrendo pelo rosto, Maomé envolveu Al-Qasim no mesmo xale verde-esmeralda em que o menino e ele próprio foram embrulhados ao nascerem. À noite, Maomé levou a criança morta para o cemitério de Meca, acompanhado de familiares e dos amigos 'Ariq e Ibnu Jud'an. Eles sepultaram Al-Qasim ao lado do avô, 'Abdul-Muttalib, no sepulcro da família. A cerimônia fúnebre foi privada, e Maomé chorou ao lado do túmulo.

O menino cujo nascimento preenchera um grande vazio na vida de Maomé desaparecera. 'Atiq e Barakah não deixaram Maomé e Khadijah sozinhos durante esse período traumático. Barakah ajudou com o bebê 'Abudllah, enquanto Khadijah – mais uma vez grávida – sofria por Al--Qasim. Para agravar a dor, Ibnu Jud'an morreu algumas semanas mais tarde, deixando Maomé sem seu mentor em um momento particularmente vulnerável.

Pouco depois da morte de Ibnu Jud'an, Maomé encontrou um ex--funcionário dele chamado Suhaib. Filho de um governador persa-árabe e de mãe europeia, Suhaib, de cabelos louros e olhos azuis, fora sequestrado, aos 5 anos, em uma incursão bizantina. Logo foi vendido no mercado de escravos, em Constantinopla, para uma família grega, que treinou o menino para ser escriba e joalheiro. Após duas décadas de escravidão, Suhaib conheceu Ibnu Jud'an em Damasco, e o gentil ancião ajudou a contrabandeá-lo para a liberdade na caravana de volta a Meca.

Maomé conheceu Suhaib na casa de Ibnu Jud'an, pois, muitas vezes, ele realizava trabalho remunerado para o velho que ajudara a libertá-lo. Com a morte do patrão, no entanto, Suhaib ficou sem saber o que fazer. Tinha habilidades, mas pouco capital, e, portanto, não poderia competir com os comerciantes estabelecidos em Meca. "Como superarei esses obstáculos?", perguntou Suhaib, sentando-se à sombra da tenda de Maomé.

Após um minuto de silêncio, Maomé pegou algumas pedrinhas e as juntou em uma pilha. "Assim!", disse ao jovem. "Se você e os outros juntarem o que possuem, os pequenos capitais individuais se tornarão uma grande soma, que vocês poderão usar para competir com os ricos."

Na manhã seguinte, Maomé convidou um grupo de catorze moradores pobres de Meca, muitos deles ex-escravizados como Suhaib, para ir à sua casa. Cada um levou seu pequeno capital. A ideia de Maomé era lançar a primeira corporação da Arábia. No terraço, pediu a Zaid que catalogasse o dinheiro e os objetos de valor que cada um trouxera (incluindo os fundos que Maomé forneceu em nome de Barakah). A participação acionária de cada indivíduo na nova corporação foi baseada em seu investimento.

Cinquenta por cento de todos os lucros seriam divididos proporcionalmente entre os investidores, e a outra metade, reinvestida.

Como Suhaib contribuíra com a maior quantia e tinha habilidades exclusivas como joalheiro, Maomé sugeriu que liderasse o empreendimento. O grupo usou o fundo comum para comprar esmeraldas, rubis e diamantes não lapidados, que Suhaib transformava em belas joias. Ele também treinou vários outros ex-escravizados. As mulheres ricas de Meca rapidamente se tornaram clientes regulares de Suhaib. Graças a ele, poderiam agora comprar joias personalizadas, sem precisar pedir ao marido que as encomendassem a joalheiros em Damasco. Os lucros da corporação aumentaram.

Maomé incentivou o grupo a pensar de maneira criativa, concentrando esforços no desenvolvimento de negócios até então inexistentes em Meca, como a joalheria fina. Explorar nichos de mercado sem concorrência lhes deu grande vantagem sobre a elite conservadora.

Logo após a fundação da empresa, Khadijah deu à luz uma linda menina, a quem o casal chamou de Zainab (arbusto perfumado que cresce em meio às ruínas). O nome sugeria que Zainab restauraria o vazio deixado por Al-Qasim. Maomé lhe deu uma túnica de seda branca e uma boneca de madeira primorosamente esculpida de Damasco. Por alguns meses, o nascimento de Zainab trouxe alguma felicidade aos pais. Porém, como sucedera com o irmão mais velho, 'Abdullah morreu de repente, durante a noite.

Perder um segundo filho, o único do sexo masculino sobrevivente, foi outro golpe devastador para Maomé. Em resposta, ele e Khadijah continuaram a aumentar a família. Quando Maomé estava com 30 anos, nasceu Ruqayyah, mais tarde conhecida pela notável beleza. Dois anos depois, veio Um Kulthum. Com três filhas pequenas em casa, Maomé decidiu não mais ir a Damasco com a caravana anual. O agravamento do conflito entre bizantinos e sassânidas aumentava o perigo ao longo da rota, e Maomé não poderia se arriscar a deixar esposa e filhas sem um parente masculino imediato. Se Maomé morresse, as filhas seriam vistas como não núbeis na sociedade mecana.

Na mesma época, Maomé adotou um novo filho, o jovem primo 'Ali (celestial). A fim de aliviar o fardo do tio e da tia, que lutavam para criar os muitos filhos, Maomé ofereceu-se para ficar com 'Ali. Viu potencial no menino e queria orientá-lo. Khadijah ensinou 'Ali a ler e a escrever, e, mais tarde, ele se tornaria mestre da poesia, da gramática e da caligrafia árabes – e pioneiro da educação islâmica avançada. De fato, Maomé declararia: "'Ali é a porta para a instituição do conhecimento e do aprendizado profundos". 'Ali morou muitos anos na casa de Maomé, e os dois se tornaram íntimos, numa repetição da amizade de Maomé e Zaid. 'Ali desempenharia papel crucial na vida de Maomé: muitas das histórias pessoais mais reveladoras sobre Maomé são conhecidas porque ele as compartilhou com 'Ali.

Quando Maomé completou 35 anos, Khadijah ficou grávida novamente. As parteiras alertaram Maomé de que ela poderia entrar em trabalho de parto em breve, e ele correu ao mercado para comprar romãs frescas, que contêm altos níveis de folato, ferro e outros nutrientes essenciais, extremamente benéficos às gestantes.

Quando Maomé voltou para casa do mercado e passou pela Ka'bah, ouviu gritos. Alguns anciãos agarravam as túnicas uns dos outros, de punhos erguidos e gritando raivosamente. Um balde de sangue de ovelha de um açougueiro próximo estava sobre uma pilha de pedras, marcando o local onde, segundo a tradição, Abraão se postara enquanto projetava o santuário. Os anciãos arregaçaram as mangas direitas e mergulharam as mãos no balde, demonstrando a intenção de derramar sangue.

Maomé correu e implorou aos homens: "Estimados anciãos de Meca, sábios e respeitados como mediadores em todas as disputas! Por certo, todas elas podem ser evitadas com diálogo!".

Os anciãos responderam: "Esta é uma honra que só cabe a um homem". "A que se referem?", perguntou Maomé. Eles explicaram que a disputa era pela pedra angular da Ka'bah. Inundações repentinas haviam danificado recentemente os alicerces do edifício. Após a reconstrução da Ka'bah, a única coisa que ficara fora do lugar fora a pedra angular preta original, supostamente colocada pelo próprio Abraão no canto leste, à direita da porta principal.

Com os ânimos exaltados, os anciãos de Meca se prepararam para lutar, e ninguém de Dar-un-Nadwah conseguiria impedir o derramamento de sangue iminente. Mas Maomé despiu-se do manto listrado verde--esmeralda, ou *burdah*. Os anciãos observaram em súbito silêncio, enquanto ele pegava a pedra fundamental de Abraão e a colocava no centro do manto. Maomé pediu a cada um dos doze anciãos que pegasse um pedaço do manto. Eles levantaram a pedra, caminharam devagar em direção à cavidade e a colocaram no lugar.

Com essa ação espontânea, Maomé consolidou sua reputação de sábio pacificador e merecedor da confiança de todas as tribos de Meca. Enquanto corria para casa levando romãs para a esposa, os anciãos o observavam. Por certo, murmuraram, aquele jovem rico e diplomático tinha um futuro brilhante na assembleia de Dar-un-Nadwah.

◆ ◆ ◆

Quando Maomé irrompeu pela porta da frente, Barakah veio ao seu encontro e deu-lhe a notícia maravilhosa: Khadijah acabara de dar à luz uma menina saudável. Embalando a quarta filha, Maomé sabia como chamá--la: Fatimah (autossuficiente). Foi tanto uma homenagem à tia que o protegera em alguns dos dias mais sombrios quanto uma esperança de que a pequena pudesse seguir os passos independentes dos pais.

Fatimah, de fato, cresceria para se parecer com o pai em comportamento e maneiras, ganhando o apelido de Ummu Abiha (o epítome do pai). Desenvolveu o mesmo passo confiante e o estilo de falar eloquente de Maomé, chegando até a imitá-lo batendo o dedo indicador direito sobre a palma da mão esquerda ao fazer uma asserção. Além disso, foi o único rebento de Maomé cujos filhos sobreviveram até a idade adulta, produzindo sua única linhagem de descendentes.

Embora Maomé não pudesse saber quão frágil seria a futura linhagem, o nascimento de Fatimah sinalizou que ele seria visto na sociedade *Jahiliyyah* como um homem excluído, por não ter herdeiros do sexo masculino. Para os árabes, apenas os filhos contavam como preservadores da memória. Filhas eram absorvidas pelos clãs dos maridos, enquanto filhos adotivos como Zaid e 'Ali não contavam. Com dois filhos biológicos mortos e Khadijah com 38 anos, o nascimento de Fatimah foi a última chance de Maomé ter um herdeiro homem. Khadijah nunca mais engravidou.

O caminho de Maomé para a liderança foi bloqueado pela falta de filhos. Al-'As Ibn Wa`il, membro proeminente da assembleia de Dar-un-Nadwah, começou a se referir a Maomé como *abtar*, homem metaforicamente castrado, excluído da memória e da liderança. "Ele deve ser amaldiçoado", disse tolamente outro ancião.

Homem sensível, Maomé deve ter ficado magoado com essa maledicência. Por mais que tentasse superar obstáculos por meio de trabalho duro e determinação, Maomé, aos 36 anos, confrontou, mais uma vez, a dura realidade de que aspectos-chave da vida permaneceriam além de seu controle. Aceitar sua condição significava enfrentar os limites da autoconfiança – justamente a qualidade que evocara ao dar nome a Fatimah. Em vez de se socializar de novo, Maomé mergulhou em prolongada crise de meia-idade.

Do âmago da melancolia, aproximou-se mais das filhas. Tinha conhecimento de que a bisavó, Salma, fora aclamada como bem-sucedida comerciante no mercado de Yathrib; ele fora criado por Halimah, membro do conselho de liderança das mulheres do Banu Sa'd; e se casara com a patroa, Khadijah. Agora era sua vez de criar uma nova geração de mulheres independentes, instruindo as filhas e apoiando 'Atiq na educação das dele, Asma e 'Aishah, ambas brilhantes.

Enquanto Maomé se certificava de que as filhas estivessem sempre bem-vestidas com belas túnicas de terras distantes, Khadijah as ensinava a ler e a escrever. Maomé observou: "Educar um homem é capacitar um indivíduo, mas educar uma mulher é capacitar uma nação inteira". Anos mais tarde, quando um homem procurou Maomé para legar sua riqueza à comunidade, uma vez que não tinha filhos, Maomé o aconselhou a investi-la em benefício das filhas. Para deixar esse ponto bem claro, Maomé proclamou: "Qualquer um que tenha uma filha, honre-a, e não prefira os filhos a ela".

Concentrando-se na família, Maomé estava, de fato, reconhecendo que sua principal esfera de influência agora era sua casa, não o mundo mais vasto em derredor. Acumulou imensa fortuna – com a qual a família poderia viver pelo resto da vida sem trabalhar –, mas não viu nisso nenhum propósito mais profundo. A riqueza não lhe trouxe felicidade nem lhe permitiu ser transformador do mundo. Maomé precisava de um chamado à ação para inspirar o restante de seus dias. Mas onde poderia encontrá-lo?

Enquanto acompanhava o marido em um dos passeios de fim da tarde, Khadijah notou que Maomé estava preocupado. Detiveram-se no outeiro de Abu Qubais para observar o pôr do sol sobre o mercado lá embaixo, e Khadijah comentou gentilmente: "Meu amado, há algum tempo sinto um grande fardo pesando sobre você. Não o pressionarei a revelá-lo, mas saiba que vou apoiá-lo sempre e ficar ao seu lado com todas as minhas forças".

Maomé virou-se para Khadijah com expressão de profundo amor. A notável esposa investira nele, dera-lhe uma família, respeitara seu caráter único e apoiara seus ideais, mesmo quando colidiam com as normas sociais. Com lágrimas nos olhos, ele a abraçou e a beijou na testa. "Preciso refletir", admitiu em tom suave. "Necessito de tempo para olhar no fundo de minha alma. Tem de haver um propósito maior para minha existência além dessas realizações medíocres."

Khadijah sugeriu que o depósito na parte da frente da casa se tornasse o espaço de meditação de Maomé. Depois de colocar as filhas na cama, ele poderia se retirar para sua área privada e desfrutar de algum tempo para si. Maomé aproveitou a ideia, limpando o quarto e mobiliando-o com uma lamparina de barro de azeite, um pequeno tapete persa e um colchão simples. Da pequena janela do recinto, contemplava a montanha que se erguia mais alta no horizonte de Meca, conhecida como Hira (lugar para resolver confusões).

Todas as noites, Maomé retirava-se para o quarto de meditação, ficando lá, muitas vezes, até tarde, enquanto todos os outros dormiam. Certa feita, depois da meia-noite, 'Ali acordou para se aliviar. Do corredor, ouviu Maomé gemendo: "Ó Grande Força por trás de toda vida, ó Maravilhoso Arquiteto da criação, ó Sábio Criador de todas as coisas, guiai-me até vós. Mostrai-me o caminho!". Espreitando para dentro do quarto, 'Ali notou lágrimas escorrendo pelo rosto de Maomé.

Até a crise de meia-idade, Maomé vivera uma vida relativamente pouco espiritual, examinando muitas religiões com interesse, mas abstendo-se de qualquer prática religiosa. Influenciado pelo monoteísmo da mãe, Barakah, e de Bahira, Maomé acreditava em um ser superior, porém achava a fé pouco inspiradora. Os pagãos adoravam imagens como intercessoras; os judeus esperavam um messias; e os cristãos transformaram um ser humano em salvador expiatório. Embora Maomé rejeitasse a ideia da necessidade de um intermediário entre o homem e o Divino, não se empenhava muito na busca de Deus.

Em meio à tristeza, Maomé, pela primeira vez, expressou o desejo de tal relacionamento. As palavras que 'Ali ouviu refletiam a tentativa de Maomé de estabelecer uma conexão sólida com o Divino. Ao dirigir-se diretamente a Ele, Maomé buscava inspiração para a própria vida, um chamado. Mas admitiu também que estava confuso, sem saber qual caminho seguir. O brado lamentoso de Maomé revelou um homem que procurava desesperadamente uma nova mentalidade, poderosa o suficiente para superar a estagnação.

Após vários meses de reflexão, Maomé não fez nenhum progresso e lutava para se concentrar. A agitação de uma casa cheia de meninas e os ruídos da rua eram distrações constantes para sua meditação. No entanto, um dia, sentado no colchão, Maomé olhou pela janela, para além da agitação das ruas de Meca, e seus olhos se fixaram no monte Hira. À medida que o sol se punha, os raios vermelhos iluminavam a montanha.

Era isso! Maomé precisava se afastar, buscar um lugar mais silencioso e remoto, um local mais elevado, de onde pudesse ter uma perspectiva mais vasta. Se pelas regras da sociedade estava irreparavelmente derrotado, ele a trocaria por um lugar mais próximo dos céus, o pico da montanha mais alta de Meca. Como o mentor Bahira, fugiria da vida social e de suas restrições. Como o mentor Ibnu Jud'an, escalaria uma montanha, em um momento de angústia, na esperança de encontrar um tesouro escondido que pudesse transformar sua vida.

Quando Maomé compartilhou seus planos com Khadijah, ela o apoiou, mas insistiu que não fosse sozinho. Hira era um lugar longínquo e isolado. Caso se ferisse ou fosse picado por uma cobra, precisaria de companheiros. Maomé escolheu os filhos adotivos Zaid (de 26 anos) e 'Ali (de 6) para acompanhá-lo. Calmos e maduros, nenhum dos dois atrapalharia sua meditação na montanha.

Em uma manhã fria de primavera, Maomé partiu com os dois filhos adotivos. Vestira-se modestamente, trocando as roupas elegantes habituais por uma simples túnica branca de linho, uma capa preta e um turbante preto. Khadijah preparara tâmaras secas, água, pão e um frasco de azeite para sustentar o trio na excursão planejada de três dias.

Enquanto os galos cantavam no ar fresco da manhã, Khadijah postou-se à porta da casa, segurando a bebê Fatimah enrolada em um xale de algodão. Viu as três figuras desaparecendo atrás da crista de uma colina.

Durante os próximos três anos, Maomé faria a mesma jornada inúmeras vezes, deixando a esposa e as filhas para trás em busca de um propósito no topo da montanha, sempre acompanhado dos filhos adotivos. Dia após dia, mês após mês, ele saía... mas voltava de mãos vazias.

5

O PROFETA
Inspirando Outros

*Monte Hira: 3h da manhã, sexta-feira,
13 de março, 610 EV*

A constrição no peito veio do nada, assim que o primeiro raio de luz faiscou no horizonte. Maomé sentiu uma profunda energia transpirar das profundezas de seu corpo. Enquanto pulsava em seus membros, parecia se desdobrar e ecoar pelas montanhas. Com ela, surgiu uma palavra misteriosa e sobrenatural, como se o Cosmos – *malakut* – o chamasse de repente: *Iqra`!* O termo descreve quando um botão de flor se abre e desabrocha para o mundo ao redor. Pronunciada em tom de ordem, *Iqra`!* significava "Permita-se florescer!".

Depois o silêncio completo.

Maomé estremeceu ao ouvir a palavra trazida do fundo da alma. Estava ofegante, e seu hálito se condensava no ar frio da madrugada, à medida que permanecia sentado no topo do monte Hira, diante da boca de uma caverna escavada no pico. Bem abaixo dele, Meca surgia coberta por uma nuvem de neblina de orvalho matinal. Durante toda a noite, Maomé contemplara a cidade enquanto meditava, fechando os olhos em concentração e depois abrindo-os para explorar o horizonte infinito.

Nos últimos quatro anos, passara mais de cem noites no cume, na mesma postura: sentado no chão de pernas cruzadas, as costas retas, as mãos nas coxas. Os filhos adotivos, Zaid e ʿAli, dormiam na caverna atrás dele, para respeitar o silêncio que o pai mantinha nas excursões. No início, as caminhadas do trio para Hira eram mensais, mas nos últimos seis meses a frequência se intensificara. Com o aniversário de 40 anos se aproximando com rapidez, Maomé passava três dias por semana meditando no topo da montanha, procurando desesperadamente algo substancial para preencher o vazio doloroso que permanecia dentro dele.

Agora, enquanto os filhos adotivos dormiam, Maomé mantinha a vigília. Estrelas brilhavam no firmamento. À direita, a lua descia no horizonte. À esquerda, uma fina linha branca aparecera do leste, cortando a escuridão. Os árabes chamavam de *sahar* (místico) esse período antes do nascer do sol, momento em que o céu noturno está mais escuro, e, em seguida, uma primeira faixa inicial de luz solar refratada, chamada *al-falaq* (a fenda), surge no horizonte.

Angustiado, Maomé, por fim, abriu a boca. "*Ma aqra`!*", exclamou, confuso ("Não sei como florescer!"). Repetiu isso mais duas vezes, a cada uma mudando ligeiramente o significado. "O que está florescendo? – Como posso florescer?"

Como em resposta, Maomé, de repente, ouviu cinco frases curtas ecoando por todo seu ser, fluindo de suas profundezas, como uma fonte escondida que explode do chão:

Iqra`!
Floresça!

Bismi-rabbikal-lathi khalaq,
Inspirado por seu Mentor Cósmico rejuvenescedor,

Khalaqal-insana min ʿalaq,
Que revive o adormecido para forjar conexões fortalecedoras,

Iqra`!
Tenha ânimo para florescer!

Wa rabbukal-akram,
Como seu Mentor Cósmico, forneça conforto espiritual.

Al-lathi 'allama bil-qalam,
O Visionário, que orienta o desbloqueio de camadas de aprendizado,

'Allamal-insana ma lam ya'lam.
Eleva o estagnado a alturas outrora inconcebíveis.

Nada semelhante jamais acontecera a Maomé. Embora respeitado em Meca pelo caráter, ele não era conhecido pelo estilo literário. Suas poucas tentativas de poesia resultaram em poemas desajeitados. No entanto, do nada, ele pronunciara alguns versículos de percepção aguda, cada palavra envolta em camadas de significado profundo, as frases pintando um vívido chamado à ação para os seres humanos, incitando-os a emergir dos casulos para liberar seu potencial adormecido.

A tradição muçulmana atribui esse evento portentoso à primeira revelação divina feita pelo Arcanjo Gabriel. Para Maomé, essa súbita experiência fora do corpo foi aterrorizante. Ele planejara, originalmente, passar mais duas noites no topo do Hira, mas seu instinto o aconselhou a fugir. Foi despertar os filhos adotivos. 'Ali, de 10 anos, deitado no colchão improvisado, ergueu os olhos para o rosto assustado de Maomé. "Devemos partir agora!", sussurrou Maomé ansiosamente, enquanto Zaid acordava.

Bocejando e confusos, os dois pegaram as mochilas e, com pressa, seguiram Maomé montanha a baixo. No caminho, Maomé parou de repente para olhar o céu e respirar fundo.

Enquanto o trio se aproximava de uma Meca ainda adormecida, Maomé continuava murmurando o mantra do topo da montanha: "*Iqra`! Iqra`! Iqra`!*" Ele nunca mais voltaria ao Hira.

◆ ◆ ◆

Ao amanhecer, Khadijah experimentou o próprio despertar assustador. Uma súbita pontada de intuição feminina de que o marido estava em perigo a fez saltar da cama. Correu para acordar Maysarah com instruções urgentes para ir até o Hira e ver se Maomé estava bem. Enquanto Maysarah montava em um garanhão preto, Khadijah saiu para examinar o horizonte. E viu três figuras se aproximando.

Maomé correu na direção dela, e ela, na dele. Levara os filhos para casa serpenteando por caminhos selvagens e becos, a fim de evitar encontros. Enquanto a esposa o abraçava, Maomé esforçava-se para falar, ainda tremendo de medo. Calma como sempre, Khadijah, silenciosamente, levou o marido para dentro, para a sala onde haviam se conhecido dezessete anos antes.

Maomé desmoronou, pousando a cabeça no colo de Khadijah e envolvendo-a com os braços. "Cubra-me! Cubra-me! Cubra-me!", implorou, por fim. A manhã estava quente, mas Maomé tremia de frio intenso. Fora para o Hira para escapar das regras sociais restritivas de Meca e encontrara no topo da montanha remota uma verdade inspirada pela natureza. Contudo, embora a metáfora do desabrochar devesse ter sido uma inspiração edificante – exatamente o tipo de chamado à ação que ele buscava sem sucesso havia anos –, a ideia lhe viera de maneira muito incomum.

Os gritos de angústia de Maomé despertaram a casa. Barakah dormira ali naquela noite, como costumava fazer, para ajudar no cuidado das meninas enquanto Maomé estivesse meditando. Despertada pela voz dolorida do filho adotivo, apareceu correndo, com um cobertor de lã nas mãos. As filhas sonolentas do casal – Zainab, de 12 anos, Ruqayyah, de 10, Um Kulthum, de 8, e Fatimah, de 5 – também correram para o salão. As três mais velhas enroscaram-se aos pés do pai, abraçando-lhe as pernas, enquanto a pequena Fatimah se encarapitava nas costas dele, para ajudá-lo a se sentir seguro.

Quando a ansiedade começou a diminuir um pouco na presença da família, Maomé, por fim, reuniu forças para se explicar. "Tive uma experiência muito estranha", disse com voz tensa. "Sentado à entrada da caverna, ouvi palavras ecoarem, vibrando por todo meu ser. Senti o peito comprimir-se e dilatar-se ao ouvi-las. Não consigo entender. Temo estar enlouquecendo."

Khadijah o acalmou afavelmente. "O Divino jamais o abandonará", garantiu. "Você é um homem honrado: gentil com os fracos, generoso com os estranhos. Ajuda os oprimidos, as viúvas e os órfãos. É honesto nas palavras e confiável nas ações. É um pai nobre e um marido magnificente. Essas não são as características de um louco. Quais foram as instruções que recebeu?"

Maomé sentou-se e repetiu devagar a revelação que ouvira no topo do Hira apenas algumas horas antes. Todos escutavam com atenção enquanto ele reproduzia as frases breves, mas repletas de significado. Nunca tinham ouvido nada parecido com a cadência e o conteúdo daquelas palavras. 'Ali imediatamente as decorou e correu para o quarto. No pergaminho que usava nas aulas de escrita com Khadijah, anotou as frases. Sem saber, estava reunindo uma coleção de manuscritos corânicos, aos quais acrescentaria muitos outros, nos próximos vinte e dois anos, catalogando cada revelação em ordem cronológica e armazenando os rolos em um baú de madeira.

Enquanto Maomé recitava sua revelação, Khadijah lembrou-se da profecia do leitor de *firasah* no mercado, três décadas antes, de que o jovem Maomé se tornaria um grande homem. Havia muito tempo ela pressentia o potencial latente do marido, que agora, por fim, emergia. Todavia, o que era esclarecimento para Khadijah permanecia aterrorizante para o marido. Repetir as palavras do monte Hira apenas lhe lembrou o trauma da revelação inicial. Maomé ficou deitado no sofá o dia todo, incapaz de comer, enquanto o estômago se revirava ante o medo de que estivesse mergulhando na insanidade. Por insistência de Barakah, bebeu um pouco de leite morno, mas, mesmo assim, continuou tremendo sob os cobertores.

Naquela noite, toda família trouxe os colchões para o salão, a fim de dormir ao lado de um Maomé ainda trêmulo. Os homens de Meca nunca se permitiam parecer vulneráveis, mas Maomé admitiu seus temores diante da esposa e dos filhos. A família respondeu tentando aliviar sua ansiedade e ajudá-lo a se sentir protegido. No entanto, Maomé teve um sono agitado; acordou várias vezes suando frio, enquanto Khadijah e Fatimah se aconchegavam ao lado dele para mantê-lo aquecido.

Quando o sol nasceu, a luz invadiu o salão através das janelas de treliça do teto. Maomé abriu os olhos e sentou-se, acordando Khadijah. Ela ficou aliviada ao ver que o rosto pálido do marido recuperara a cor, e que a transpiração ansiosa se dissipara. Mais de vinte e quatro horas tinham decorrido desde a revelação no topo da montanha, mas Maomé continuava repisando as palavras na mente. Quando o sol nasceu naquele dia, ele começou a ver a mensagem sob uma nova luz. Atirando os cobertores para um lado, em um alijamento simbólico de cargas psicológicas, Maomé levantou-se e sentiu outra revelação surgir. Acordando a família, começou a cantar:

Ya ayyuhal-muddaththir
Você que está coberto, tremendo de medo!

Qum fa anthir!
Levante-se e saia para proclamar a mensagem de autolibertação!

Wa rabbaka fa kabbir
Capacite as pessoas a se reconstruir, inspirado pelo Mentor Cósmico.

Wa-thiyabaka fa tahhir!
Mas traga clareza para si mesmo antes de tentar mudar os outros!

Wa-rujza fahjur!
Derrube a constelação de obstáculos que pesa sobre você.

Wa la tamnun tastakthir!
Ajude os outros com sinceridade, sem esperar nenhum benefício pessoal!

Wa li-rabbika fasbir!
Confie no Mentor Cósmico e persevere no difícil processo que tem pela frente!

A família observava, perplexa. Ao longo dos anos, acostumara-se às maneiras peculiares de Maomé – desempenhar tarefas domésticas, trocar fraldas, libertar escravizados – e ao apoio sereno de Khadijah ao marido incomum. Durante os últimos três anos, todos os viram se refugiar na depressão. Agora, num piscar de olhos, a confiança voltara e, com ela, um novo tipo de declamação filosófica – e em frases árabes rimadas.

Mais uma vez, 'Ali memorizou a revelação e correu para o quarto, a fim de registrá-la. Aqueles poucos versículos se tornariam a parte do Alcorão conhecida como Surah Al-Muddaththir (Capítulo Daquele que Treme sob os Cobertores). Como a revelação inicial *iqra*, Maomé, de novo, invocou *rabb*, um mentor orientador. Ele não explica claramente quem era esse mentor invisível. Não parecia sabê-lo com exatidão, embora ansiasse por identificar aquela presença.

Khadijah reconheceu novamente o chamado divino nas revelações do marido. "Meu primo Waraqah é um homem instruído e lê escrituras desconhecidas para nós", informou ao marido. "Ele tem investigado os mistérios do universo. Vamos consultá-lo." Maomé invocara um mentor cósmico, mas talvez fosse útil consultar, também, um mentor humano.

Waraqah, que adotara o judaísmo e depois o cristianismo, era um eremita do deserto que vivia em uma colina remota além dos arredores de Meca. Sua cabana isolada – feita de tijolos crus e telhado de galhos – nem de longe lembrava a luxuosa mansão em que vivera como membro de uma das famílias mais ricas de Meca. Waraqah deixara de lado as roupas de seda requintadas e agora se cobria de andrajos, tendo feito voto de pobreza e castidade. Passava os dias em oração e jejum. Asceta que era, esse recluso renomeou-se Waraqah (folha), símbolo da existência solitária em meio aos elementos.

Naquela tarde de domingo, Waraqah, apoiado no cajado, saiu devagar para cumprimentar Khadijah e o marido. Como a visão fosse fraca, o monge tocou o rosto de Maomé, enquanto os três estavam sentados à sombra. Maomé, então, relatou sua experiência no topo do Hira, e Waraqah o ouvia com atenção. Após alguns minutos de silêncio, o eremita pôs a mão no ombro de Maomé e declarou: "Você foi escolhido como profeta de Deus. O espírito que o inspirou é o mesmo que tocou Moisés".

Maomé ficou surpreso. Waraqah usara a palavra árabe *nabi*, que os árabes utilizavam para descrever uma fonte borbulhante em pleno deserto árido, e os judeus, para se referir a profeta. Na tradição monoteísta, o conceito central de profecia, explicou Waraqah, girava em torno de revelações divinas emergindo de uma fonte inesperada. Os profetas não eram eruditos brilhantes ou clérigos devotos, mas, sim, portadores improváveis e repentinos de uma mensagem transcendente. Moisés, com o problema de fala e a propensão a fugir para o deserto, não era religioso nem intelectual – e resistiu ao chamado divino à profecia antes de aceitar, com relutância, a missão que lhe fora imposta. No entanto, por fim, desceu do monte Sinai com uma escritura revolucionária que mudou o mundo, inspirando as pessoas, com um chamado convincente, a levar uma vida de propósito e significado.

Enquanto Maomé se esforçava para captar o conceito, Waraqah explicou-lhe que, embora sua identidade como *nabi* pudesse parecer inesperada, os profetas sempre foram destinados àquele papel. "Quando o Criador escolhe uma pessoa para determinado propósito, ela é selecionada no útero, antes de nascer", disse Waraqah. "Quando a pessoa ainda é um feto, o plano de vida dela já está traçado, incluindo todas as experiências, até o momento em que ela é revelada ao mundo. Tudo que ela faz foi moldado pelo Criador, com um propósito específico."

Waraqah pediu a Maomé que encarasse sua vida anterior como uma preparação deliberada, não como um destino aleatório. A essa luz, todos os percalços do passado, na realidade, o prepararam para liberar seu potencial como transformador do mundo. A mensagem para "florescer" que Maomé ouviu no Hira fora um chamado para aceitar as rupturas em sua vida. Se os filhos não tivessem morrido, ele poderia ter se contentado com a limitação da sociedade e, assim, ficado cego quanto à verdadeira missão. A ruptura provocada pela natureza o forçara a florescer a despeito de si mesmo.

A revelação, lembrou-lhe Waraqah, não fazia parte da tradição árabe. A profecia era uma experiência judaica, expressa em hebraico ou aramaico. Todavia, a revelação de Maomé no Hira fora feita em árabe. O fato de Maomé não vir de uma família de profetas, mas ser capaz de revelar escrituras tão impressionantes, condizia bem com os requisitos proféticos de revelação improvável.

No entanto, Waraqah avisou Maomé de que os profetas também eram com frequência perseguidos, pois sua revelação inesperada, por definição, desafiava o *status quo*. Declarou: "Quero viver o suficiente para defendê-lo quando seu povo o expulsar e tentar matá-lo a fim de silenciá-lo".

Maomé não conseguia acreditar nesse prognóstico. Gozava de excelente reputação em Meca. "Por que o povo me expulsaria e me mataria?", perguntava-se, confuso.

Waraqah explicou: "Todos quantos divulgaram uma mensagem como a sua sempre foram perseguidos".

Missão profética nada tinha que ver com prestígio ou autoridade, tentou explicar Waraqah; era, antes, uma responsabilidade incômoda. O chamado para "florescer" implicava uma mentalidade que exigia dos indivíduos sair da zona de conforto. Os habitantes de Meca que se apegavam aos velhos hábitos talvez não recebessem bem a mensagem. E, por certo, não acreditariam que o distante Divino se permitisse falar com eles, muito menos em árabe.

Enquanto Maomé voltava para Meca com Khadijah, as palavras de Waraqah ecoavam em sua mente. Ele se sentiu intimidado com o novo papel que Waraqah descrevera, mas também inspirado a compartilhar a poderosa mensagem que emergira de seu íntimo. Certamente as advertências do velho eremita eram exageradas, pensou, e o povo de Meca responderia à mensagem com entusiasmo. Waraqah não viveria tempo suficiente para ver sua profecia cumprida: morreu dez dias depois.

◆ ◆ ◆

O casal voltou para casa com as palavras de Waraqah sobre a missão profética de Maomé martelando os pensamentos. Embora alguns detalhes desse dia permaneçam perdidos para a história, vários aspectos estão registrados: Khadijah, rapidamente seguida por 'Ali e Zaid, prometeu fidelidade à liderança espiritual de Maomé. Depois de jantar com as filhas, Maomé retirou-se para meditar no terraço, e 'Ali, que aparecia vez ou outra para encher a garrafa de água de Maomé, observou que a expressão do pai evoluíra, aos poucos, de profunda preocupação à calma resoluta.

Os dias de passividade haviam terminado, decidira Maomé. Chegara a hora de atender ao chamado da revelação e agir. Não estava se preparando para fundar uma nova religião, mas para reviver o antigo apelo dos profetas bíblicos e capacitar a comunidade. Assim como Moisés trouxera uma mensagem de libertação aos israelitas em cativeiro, Maomé fora encarregado de ajudar os habitantes de Meca a se libertar da autoimposta *Jahiliyyah*. O que precisava fazer era criar um novo movimento cívico de mecanos comprometidos com o progresso.

O primeiro passo seria reunir um núcleo de seguidores, e, para isso, ele necessitava da ajuda da esposa e do melhor amigo. Mais tarde naquela noite, sob a luz da lua cheia, Maomé foi à casa de 'Atiq. 'Aishah, a filha de 16 anos do amigo, abriu a porta. Maomé lhe dera nome quando do nascimento, o primeiro que jamais havia dado. A jovem fizera jus a ele (vivaz). Seu primeiro noivado fora rompido recentemente, porque a família do noivo a achava muito independente e de pensamento liberal.

'Aishah notou que o pai recebia aquele amigo com muito afeto. Enquanto os dois homens estavam na sala, sentados um de frente para o outro em almofadas cobertas por um requintado tapete iemenita, ela procurava ouvir o que falavam em voz baixa. 'Atiq escutou atentamente, depois abraçou o amigo e declarou: "Sacrificarei tudo para apoiá-lo". Depois que Maomé partiu, 'Atiq foi até um baú de madeira e tirou uma capa com capuz, dizendo à filha que precisava sair.

Na manhã seguinte, 'Aishah preparou o banho do pai. Ele saíra tarde para o que parecia ser uma misteriosa série de reuniões, mas mesmo assim correra para o mercado bem cedo, cheio de entusiasmo. Intrigada, 'Aishah vestiu um manto branco com capuz e seguiu o pai a distância. No mercado, observou como ele ia de barraca em barraca, travando conversas profundas com três mercadores renomados: 'Uthman ibn 'Affan, 'Abdu-'Amru ibn 'Awf e Mus'ab ibn 'Umair.

'Uthman era um jovem empresário sensível que relatara a 'Atiq suas frustrações com a *Jahiliyyah*. Enquanto os parentes, os Banu Umayyah, dominavam a assembleia de Dar-un-Nadwah, 'Uthman contrariava o estereótipo da elite masculina de Meca sendo galante e preocupando-se com os pobres. Mais pensador que executor, era um rapaz culto. 'Abdu-'Amru era um gênio da economia oriundo de família rica. A mãe, Ash-Shifa, era a parteira experiente que trouxera Maomé ao mundo quatro décadas antes, e o pai contratara tutores para garantir que 'Abdu-'Amru fosse instruído em poesia e matemática. Seu descontentamento com a *Jahiliyyah* era compartilhado por Mus'ab, outro jovem bem-educado que se sentia prisioneiro em uma jaula dourada: sufocado por uma mãe dominadora que o cobria de bens materiais, mas o privava de afeto emocional. O falecido pai de Mus'ab, 'Umair, era amigo de infância do de Maomé.

Naquela noite, os jovens foram um a um à casa de Maomé, parte de um fluxo de visitantes noturnos sub-reptícios. Usavam capuzes e andavam nas sombras em ruas iluminadas pela lua para não ser reconhecidos. Zaid esperou na porta da frente para conduzi-los ao salão principal da casa, onde Maomé e Khadijah estavam sentados juntos no centro da sala, com Barakah ao lado de Maomé. O grupo de cerca de uma dúzia de visitantes formou um círculo ao redor deles. Assim como 'Atiq, Khadijah também recrutara vários participantes para a reunião.

Maomé declamou sua primeira revelação ao grupo atônito e aconselhou-o a mantê-la em segredo, compartilhando-a apenas com os moradores de Meca, escolhidos cuidadosamente, que pudessem estar abertos à mensagem. Sentia-se na sala uma atmosfera carregada de eletricidade, enquanto o pequeno grupo formava uma nova comunidade de objetivos ao redor do profeta postado no meio de todos os presentes.

Maomé aumentou a carga de energia dando a 'Atiq o novo nome de Abu Bakr (o primeiro), em reconhecimento por ele ter sido o primeiro fora da família de Maomé a aceitar o chamado para florescer. Em seguida, revelou que pretendia fazer uma declaração pública da revelação na manhã de sexta-feira, diante da cidade inteira. Abu Bakr e vários outros empresários influentes queriam se juntar a ele, mas Maomé recusou-se a colocar seus seguidores em perigo caso o aviso de Waraqah se tornasse realidade.

Na manhã de sexta-feira, Maomé acordou pronto para ganhar o dia. Tomou banho e vestiu uma túnica branca, colocou um cinto vermelho, e um manto listrado, também de vermelho. Enrolou um turbante branco na cabeça, ungiu os olhos com cajal para protegê-los do brilho do sol e perfumou as roupas com mirra. Ele insistiu para que Khadijah, Barakah e as filhas ficassem em casa, temendo a eventualidade de seu discurso não sair como o planejado. Pediu a 'Ali que esperasse perto do Dar-un-Nadwah e o alertasse quando a reunião do conselho terminasse, para que os anciãos da cidade pudessem ouvir sua mensagem.

Abu Bakr (nascido 'Atiq), 'Uthman, 'Abdu-'Amru e Mus'ab, todos cuidavam de suas tendas enquanto esperavam ansiosamente pelo aparecimento de Maomé. Viram-no entrar no mercado, o passo firme e as vestes elegantes atraindo a atenção de todos enquanto passava pela multidão. Notaram que se encaminhava para Abu Qubais. De cabeça erguida, subiu ao pódio cívico, cumprindo o significado básico do nome que o avô lhe dera quarenta anos antes: postar-se em uma plataforma e modelar um comportamento para inspirar ação nos outros.

Os mecanos afluíram para junto dele, e, quando a multidão se reuniu, Maomé perguntou: "Se eu lhes dissesse que um grande exército, vindo de longe, avança para aniquilá-los, vocês acreditariam em mim?".

A multidão respondeu: "Sim, pois você é sério e confiável".

Os habitantes de Meca sabiam que Maomé era honesto; afinal, era a única pessoa em quem confiavam para manter o único depósito de segurança da cidade. Mas sabiam também que Maomé se afastara dos negócios locais. Por que desaparecera e reaparecera de repente?

Com as roupas refletindo o sol da manhã e ondulando na brisa suave, Maomé repetiu as palavras reveladas a ele uma semana antes.

Embutidas em cada palavra da revelação estavam imagens evocativas e conotações intricadas. A passagem começava com uma mensagem de esperança: durante o inverno, as plantas parecem mortas, porém o retorno da primavera revela que estavam esperando o momento certo para se desdobrar e começar a florescer de novo. Ele invocou a palavra *rabb* – termo para "mentor" –, alguém que delicadamente derrama gotas de água na base de uma nova planta e depois lhe fornece suportes de madeira para guiar seu crescimento.

Lembrou àquelas pessoas que elas não existiam sozinhas. O verdadeiro florescimento exigia compromisso com outras coisas vivas. A palavra *'alaq* evocava uma videira agarrada a uma árvore como exemplo natural de crescimento simbiótico. A videira eleva-se sem prejudicar a árvore. Para aproveitar seu potencial, as pessoas precisavam se conectar e cooperar, aprendendo umas com as outras e combinando ideias existentes para criar novas.

A fim de aliviar os temores do público, Maomé divulgou a revelação como fonte de conforto. A passagem repetia a expressão *iqra* para enfatizar a centralidade do florescimento e, em seguida, usava a palavra *akram* para evocar um vinhedo. Para os árabes, vinhedos simbolizavam locais tranquilos, onde encontravam paz e segurança. Partindo da referência do versículo anterior às videiras, este descrevia o lugar onde as uvas são transformadas em algo agradável e nutritivo.

As atividades em um vinhedo constituíram uma boa transição para a ênfase do próximo versículo no processo. O termo *'allama* evocava uma grande montanha *('alam)*, simbolizando tanto a resistência necessária para alcançar o cume quanto a memória duradoura que os mecanos procuravam assegurar a si mesmos. O esforço cuidadoso e concentrado também foi inserido em *qalam*, termo árabe que descreve a arte de talhar um caule para fabricar um estilete. Eliminar delicadamente as camadas pode, por fim, levar a um núcleo de compreensão profunda e fornecer uma ferramenta para compartilhar ideias com o mundo.

A passagem terminou com a evocação do objetivo final: transformar a estagnação em uma possibilidade antes inimaginável. A palavra *insan* (utilizada de forma figurativa para "ser humano") tinha múltiplas conotações para o público. Por um lado, significa aquele que esquece e procrastina – e, portanto, estagna. Mas também pode significar aquele que se destaca. Ao tomar a decisão consciente de liberar o potencial adormecido, uma pessoa outrora estagnada pode se tornar notável. Se os habitantes de Meca pudessem imitar o exemplo do rejuvenescimento da primavera visível ao redor, conseguiriam realizar grandes conquistas.

Maomé fez o chamado para florescer com a paixão de um homem que alcançou a lucidez libertadora após mais de três anos de luta dolorosa. Os versículos despertaram sua própria alma, e agora ele se esforçava para convencer os vizinhos a liberar seu potencial e ousar se abrir para novas ideias.

No entanto, na paixão da recém-descoberta lucidez, Maomé negligenciou o compreensível medo de mudança da comunidade. Ao redor dos mecanos desenrolava-se uma intensa guerra, entre bizantinos e sassânidas, que ameaçava a segurança das caravanas anuais e poderia até acabar com o *status* de isenção de impostos dos habitantes de Meca em Damasco. Em um mundo perigoso, a maioria dos mecanos não via razão nenhuma para abandonar as políticas bem-sucedidas dos antecessores. Nada na declaração de Maomé reconhecia essas preocupações. Sua mensagem apontava diretamente para uma nova solução ousada, tão repentina e chocante que poucos habitantes de Meca estavam preparados para sequer considerá-la.

Depois de deixar que o versículo final cantado pairasse no ar, Maomé olhou para baixo. A multidão estava em silêncio. Muitos pareciam perplexos. Então, o tio de Maomé, 'Abdul-'Uzza – o homem que correra para buscar tâmaras frescas quando a mãe de Maomé estava em trabalho de parto –, rompeu o silêncio. Gritou *"Tabban laka ya Maomé!* (Maldito seja, Maomé!). Foi para isso que nos reuniu aqui? Tirando-nos do nosso trabalho durante a hora mais movimentada do dia só para nos dizer tais coisas?". A multidão caiu na gargalhada e começou a se dispersar.

Abu Bakr sentiu o coração se partir ao observar em silêncio a humilhação do novo profeta. Queria abraçar o amigo, mas Maomé advertira seus seguidores a não se associar publicamente a ele. Abu Bakr olhou para 'Amr ibn Hisham, o abusivo ancião que Maomé desafiara com o pacto Hilf-ul-Fudhul. O homem exibia um sorriso sardônico enquanto observava Maomé descer a colina, cabisbaixo.

Maomé precisou de quatro décadas para alcançar sua epifania, a qual os mecanos rejeitaram em menos de quatro minutos.

◆ ◆ ◆

Para os anciãos de Meca, a mensagem de Maomé representava uma ameaça, mas não por invocar o Divino; de fato, vários mecanos (como Waraqah) haviam se convertido ao cristianismo, e um dos clãs da cidade (Banul Harith) era judeu. No entanto, falar em florescimento desafiava a ordem social árabe, a qual os veneráveis ancestrais tinham estabelecido havia muito tempo. Aludindo ao "potencial daquilo que parece irremediavelmente quebrado", Maomé sugeria, de maneira implícita, que qualquer um na sociedade tinha valor, e mesmo as pessoas irremediavelmente "quebradas", como as mulheres e os escravizados, poderiam atingir "alturas aparentemente inalcançáveis".

A sociedade de Meca respondeu ao discurso como Waraqah previra. Embora os mecanos continuassem a confiar em Maomé como homem de negócios – ninguém retirou mercadorias de seus cuidados –, menosprezaram abertamente suas ideias. As pessoas riam dele nas ruas, com algumas mães até enfiando algodão nas orelhas dos filhos, para evitar que aquele homem estranho os enfeitiçasse. Outras lançavam este insulto a Maomé: *muthamman* (homem digno de desgraça, não de emulação).

Na sociedade tribal de Meca, a família de Maomé sentiu enorme pressão para agravar ainda mais seu ostracismo social. Abu Talib ficou ao lado do sobrinho, embora, a princípio, não tivesse compreendido sua mensagem. Khadijah recrutou Lubabah, sua melhor amiga e esposa do tio de Maomé, Al-'Abbas, para se juntar, em segredo, aos principais seguidores de Maomé. Mas o querido tio de Maomé, 'Abdul-'Uzza, voltou-se duramente contra o sobrinho. Para manter a honra entre a elite de Meca, 'Abdul-'Uzza e a esposa, Arwa, renegaram Maomé publicamente. Todas as noites, Arwa instruía seus servos a colocar lixo misturado com espinhos na porta da frente da casa de Maomé.

O famoso encontro de Maomé com a mulher idosa sobrecarregada de pesados jarros de água ocorreu alguns dias após o incidente de Abu Qubais, enquanto Maomé caminhava sozinho, absorto em pensamentos. Ele pegou os jarros e acompanhou a mulher até a casa dela. Ela agradeceu ao misterioso ajudante, dizendo-lhe: "Como vê, meu filho, sou uma mulher pobre e não posso lhe dar nada em troca de sua gentileza. Mas um conselho lhe darei: evite aquele homem, Maomé, que tanto dano causou desencaminhando os jovens".

Maomé respondeu gentilmente: "Lamento, mas não seguirei seu conselho bem-intencionado". E, afastando-se, acrescentou: "Porque sou Maomé". Na manhã seguinte, ela encontrou em sua porta uma grande cesta de comida e uma bolsa recheada de moedas de prata.

Naquela noite, enquanto procurava se ajustar ao novo *status* de pária social, Maomé teve a terceira revelação:

Al-hamdu-lillahi rabb-il-'alamin,
Emule a fonte final de amor incondicional *(Alá)* que
  suavemente nutre o crescimento de tudo,

Ar-rahman-ir-rahim,
Que insufla o otimismo até nos mais frágeis e os conforta nos
  momentos de vulnerabilidade,

Maliki yawm-id-din.
Que fornece novas energias para cada fase de desdobramento
  na jornada da vida.

Iyyaka na'budu wa iyyaka nasta'in.
Nós nos esforçamos para refletir a maneira como você
  rejuvenesce e confiamos em seu apoio para proteger nossas
  fraquezas.

Ihdinas-sirat-al-mustaqim.
Guia-nos para que percorramos um caminho seguro com
  flexibilidade.

Sirat-al-lathina an'amta 'alaihim.
Um caminho antes traçado por Aquele que tudo antevê, que
  constantemente restaura as fraturas para alcançar um estado
  de serenidade.

> *Ghayr-il-maghdubi 'alaihim wa la-dh-dhallin.*
> (Um caminho) sem as restrições de uma realidade estagnada,
> feita de manipulação intencional e aceitação cega.

A revelação do profeta rejeitado expressava a resolução sincera de persistir no aliciamento dos outros, apesar da animosidade. O versículo de abertura trazia também a primeira invocação de *Alá*, com a imagem de uma mãe abraçando o filho que chora. Se as revelações iniciais configuraram o Divino como *Rabb*, agora, naquele momento de dor e rejeição, Maomé era confortado por uma presença acolhedora: a imagem, reforçada pela invocação do segundo versículo, de um novo nome para Deus, derivado da palavra semítica para útero (*rahim*). Embora Maomé ainda não soubesse, esses setes versículos se tornariam o capítulo mais icônico do Alcorão, "Al-Fatihah" (O Desbloqueio ou O Portal).

Determinado a colocar essas palavras em prática, Maomé convocou o pequeno grupo de seguidores para uma reunião secreta em sua casa. Naquela noite, eles decidiram manter o movimento na clandestinidade e debater nas reuniões apenas o tema da educação. Abu Bakr argumentou que o movimento necessitava de outro lugar para o estudo, mais discreto que a casa de Maomé. Sugeriu recrutar outro empresário, Al-Arqam, cuja casa se situava quase ao final de um pequeno beco e tinha espaço interno privado, protegido por quartos ao redor. Maomé gostou da sugestão porque Al-Arqam era primo em primeiro grau de seu inimigo 'Amr ibn Hisham. De acordo com o código tribal, ninguém do clã de Al-Arqam poderia invadir sua casa ou atentar contra seus convidados.

Abu Bakr convenceu esse comerciante a pôr sua casa à disposição. Na primeira sessão de estudos, algumas noites depois, Maomé dispôs em círculo o grupo de cerca de uma dúzia de participantes, exatamente como o conselho dos anciãos – só que ali escravizados e mulheres sentavam-se ao lado de mercadores de elite do sexo masculino. Meca jamais vira isso antes. Alguns escravos haviam fugido para comparecer à reunião, e alguns membros da elite não haviam contado nada à esposa. O que unia aquela improvável seção transversal da sociedade de Meca era a curiosidade intelectual. Todos ficaram intrigados com o ousado apelo à ação de Maomé, apesar do risco de serem socialmente marginalizados (ou, no caso dos escravizados, submetidos a castigos físicos).

Dar-ul-Arqam (a casa de Al-Arqam, literalmente "a morada que provoca impacto duradouro") tornou-se a academia secreta do movimento dissidente, uma alternativa democrática à assembleia de Dar-un-Nadwah. Maomé, que nunca ensinara antes, usou uma abordagem pedagógica que fundia as dos vários mentores. Após recitar suas revelações com precisão, para que o grupo pudesse memorizar os versos, Maomé liderou uma discussão analítica durante a próxima hora, fazendo perguntas e incentivando todos os participantes a compartilhar suas ideias. O objetivo era induzir o grupo a exercitar a mente para pensar, livre das amarras da tradição, das restrições e do conformismo.

As breves mas intensas sessões de aprendizado secreto rapidamente se tornaram uma ocorrência regular. Enquanto Maomé prestava serviços como educador primário, os demais compartilhavam suas experiências. Abu Bakr ensinava poesia e genealogia; 'Abdu-'Amru (agora renomeado 'Abdur-Rahman por Maomé) discutia estratégia de negócios; e Mus'ab ensinava etiqueta e cultura. Zinnirah Ar-Rumiyyah, uma grega cristã que Abu Bakr libertara da prostituição forçada, ensinava a ler e a escrever. Ela se tornou uma das primeiras escribas de Maomé e registrou formalmente suas revelações.

Segundo Maomé, um bom aluno tinha de ser disciplinado, e a disciplina começava pela limpeza. Maomé lhes ensinou a higiene adequada, incluindo os protocolos de segurança para defecar e urinar, bem como os princípios para respeitar o corpo como dádiva sagrada de Deus. Promoveu a prática de lavar as mãos ao despertar, antes e depois de comer e após as necessidades – e até ensinou os seguidores a escovar os dentes e a língua. Em Dar-ul-Arqam, Maomé começou a moldar uma nova geração de estudantes de consciência saudável e refinada.

Os anciãos de Meca ficaram sabendo da rede clandestina de Maomé, mas desprezaram aquele idealista como *sabi`un* (jovem rebelde tolo – literalmente, "tampas instáveis dançando sobre panelas em ebulição"). Maomé, no entanto, dava nome mais inspirador aos membros do movimento incipiente. Após alguns meses dessas sessões de aprendizagem, compartilhou uma nova revelação, que contava a história de Abraão como um menino de 12 anos insatisfeito com a idolatria e a estagnação do povo. O jovem Abraão estabeleceu uma nova identidade para si mesmo e seu movimento. Maomé declarou: "Este é o caminho do patriarca Abraão; foi ele quem originalmente os chamou de muçulmanos, um legado que devem levar adiante".

Alguém interessado em se libertar da estagnação era muçulmano – em sentido literal, aquele que repara rachaduras nas muralhas da cidade – e, espiritualmente, aquele que se esforça, dia após dia, para alcançar um estado de totalidade (sem nunca o conseguir por completo). A missão de vida dos muçulmanos era a busca interminável da completude, descrita pela palavra árabe *Islam*. O movimento secreto embrionário em Meca tinha um novo nome – embora Maomé ensinasse que *Islam* era tão somente a antiga mensagem central de todo profeta monoteísta. A novidade foi sua aplicação ao ato de responder a mudanças nos contextos sociais.

Para os seguidores de Maomé, a conexão com Abraão, o patriarca fundador de Meca, era emocionante. Em vez de se rebelarem contra a tradição, eles a mantiveram e infundiram seus valores centrais com relevância contemporânea. Como muçulmanos, reconheceram defeitos em todos os seres humanos, inspirando-os, ao mesmo tempo, a se esforçar para imitar o único ser perfeito no universo, Deus. O Islã, nesse ponto, funcionava não como religião doutrinal, mas como um movimento cívico ideológico.

Embora Maomé tenha instruído claramente os seguidores a manter essas ideias ousadas confidenciais, para a própria segurança, uma mulher estava tão extasiada que não conseguiu ficar quieta. Sumayyah (elevada e elegante) era uma himiarita trazida do Iêmen para Meca como escrava, com o marido também escravizado, Yasir (fluxo fácil), e o filho, 'Ammar (construtor), após a queda do reino himiarita judaico. Todos haviam sido emancipados pelo dono, mas não contavam com proteção tribal no sistema de Meca. Samayyah respondeu com entusiasmo ao chamado de Maomé para acabar com as restrições ao potencial humano.

Por vários meses, manteve participação secreta no movimento de Maomé, até mesmo do marido. No entanto, após reunir coragem para contar tudo a Yasir e, em seguida, a 'Ammar, que rapidamente decidiram comparecer às reuniões, ela começou a falar abertamente aos mecanos sobre o chamado para florescer, tornando-se a primeira pessoa, depois de Maomé, a defender a causa em público. Estimulava as mulheres a não aceitar o feminicídio infantil e incentivava os escravizados a pensar por si mesmos. Sua mensagem desafiava o *status quo* e começou a despertar o inconformismo entre os escravizados.

Os anciãos decidiram que precisavam deter Sumayyah. Como seu ex-dono havia morrido, membros proeminentes de seu clã eram responsáveis por entregar o ultimato. O brutal 'Amr ibn Hisham, primo do falecido proprietário de Sumayyah, assumiu a tarefa de bom grado, com o sobrinho 'Umar, um jovem gigante cujo temperamento assustador intimidava toda a Meca. Quando ela se recusou a atender à advertência de 'Amr para interromper a doutrinação pelas ruas, o ancião amarrou Sumayyah, Yasir e 'Ammar em estacas de madeira, sob o intenso calor do sol de verão. As crianças atiravam pedras neles, e 'Umar espancava os pais – embora com instruções claras de mantê-los vivos. Para dissuadir os outros, os habitantes de Meca queriam que a família confessasse que as palavras de Maomé os haviam enfeitiçado.

Para Maomé, a tortura da família de Sumayyah foi desanimadora. As regras da *Jahiliyyah* o impediam de interferir em uma disputa interclã, e seu movimento nascente era fraco demais para enfrentar qualquer desafio. Tudo que Maomé podia fazer era compadecer-se de Sumayyah. Ele poderia facilmente tê-la condenado por desafiar sua ordem de manter a mensagem confidencial. Em vez disso, visitou-a no cativeiro e elogiou seu pensamento independente, ainda quando isso contrariasse seu próprio julgamento. "Persevere e permaneça forte em espírito", encorajou Sumayyah, "pois o seu é um legado duradouro." Ela precisava pensar por si mesma, sugeriam suas palavras; ele não era seu dono.

Em contrapartida, 'Amr ibn Hisham insistia em dominar Sumayyah. Quando se postou diante da mulher amarrada, repreendendo-a verbalmente, ela respondeu a ele com a mensagem de Maomé de que todos os seres humanos tinham de pensar por si mesmos: "Você não pode controlar minha mente e meu coração, que pertencem a mim e ao meu Criador, assim como meu corpo". Em um acesso de raiva ao ouvir uma mulher outrora escrava se dirigir a ele dessa maneira, 'Amr pegou uma lança e cravou-a no útero de Sumayyah, empurrando-a com tanta força que perfurou seu coração. Depois, com um golpe, decapitou o marido dela. O Islã tinha os primeiros mártires.

O filho traumatizado, 'Ammar, gritou que se retratava, insultando Maomé freneticamente. 'Amr ibn Hisham desamarrou 'Ammar, deu-lhe água e comida e o mandou para casa. De luto, o jovem logo sentiu vergonha de sua fraqueza. Maomé encontrou-se com ele em particular e o tranquilizou: "*In 'adu fa'ud!*" (Se eles voltarem a persegui-lo, insulte-me de novo!).

Com a perseguição de Meca tornando-se mortal, o movimento de Maomé tornou-se ainda mais clandestino. Em três anos, os seguidores aumentaram para apenas quarenta pessoas. Somente os verdadeiramente dedicados se juntavam, sobretudo jovens das elites irritados com as restrições da *Jahillyyah* e os escravizados em busca de libertação. Qualquer pessoa interessada na mensagem de Maomé tinha de contar com a possibilidade de ser assassinada como Sumayyah.

Mas então Maomé experimentou uma nova revelação, que questionou o entendimento comum de que a morte era o fim da experiência humana: "Não pense que aqueles que morreram no caminho para o

Divino estão mortos. Não, eles estão bem vivos, incessantemente nutridos e ainda evoluindo sob os cuidados gentis de seu Mentor, o Criador".

Com essas palavras, Maomé introduziu o conceito de *akhirah* (vida após a morte), referindo-se a um termo agrícola árabe que significava o período após o plantio das sementes, mas antes dos brotos iniciais. Invocar o *akhirah* sugeria que, embora pessoas como Sumayyah pudessem morrer, seu investimento inicial renderia um retorno valioso: o verdadeiro benefício de suas ações poderia surgir muitos anos depois ou mesmo após a morte. A mensagem de Maomé aos seguidores clandestinos era revolucionária: embora você possa enfrentar grave hostilidade, pense, planeje e aja em longo prazo.

◆ ◆ ◆

Escondido entre os fardos de tecido que 'Uthman e Mus'ab levavam para suas tendas de mercado todas as manhãs, havia um perigoso contrabando: rolos com transcrições das revelações de Maomé. Membros alfabetizados do movimento clandestino registravam as revelações em pergaminhos, e as folhas circulavam, em segredo, entre os seguidores, para que cada um pudesse memorizar as palavras. Na época do martírio de Sumayyah, mais de vinte revelações haviam surgido, um *corpus* crescente de material passado de mão em mão, clandestinamente, entre as barracas dos mercadores que seguiam Maomé.

No primeiro aniversário do *iqra* no topo do Hira, Maomé teve uma revelação épica, em que deu a essas passagens díspares identidade unificadora. Todas as revelações faziam parte de uma obra maior chamada *Qur`an* (Alcorão), "o Florescer", título que transmitia tanto um processo perpétuo quanto um objetivo temático. A palavra *Qur`an* apareceu pela primeira vez nas linhas iniciais das revelações épicas:

Ma anzalna 'alaikal-Qur`ana li tashqa
Não revelamos o Alcorão para sobrecarregá-lo

> *Il-la tathkiratal-limay-yakhsha.*
> Mas, sim, para libertar, elevar e associar a um legado duradouro qualquer um que esteja disposto a ouvir.

Cada palavra árabe nos dois breves versículos estava repleta de imagens e significados múltiplos. O termo para *revelar* (*anzal*) evoca constelações (*manazil*, cognato do hebraico *mazal*) que os guias observavam para se orientar no deserto. Como a luz das estrelas na escuridão, as revelações visavam fornecer esperança em meio ao desespero e orientação prática a quem buscasse um norte na vida. O termo para *estar sobrecarregado* (*shaqa*) descrevia o rosto suado e enlameado de um trabalhador escravizado forcejando por carregar um fardo pesado. O Divino não era um senhor empenhado em explorar seu escravo para benefício pessoal, mas, sim, um mentor procurando ajudar os seres humanos a perseverar perante os desafios da vida.

O termo para *libertar* e *elevar* (*tathkirah*) significava ser livre para se erguer e se destacar de maneira a causar impressão duradoura nos outros e para ser lembrado pelas consequências dos próprios atos. Por fim, a palavra *yakhsha* queria dizer, literalmente, cortar o envoltório de um casulo, isto é, romper um obstáculo autoimposto que bloqueia a compreensão. Conclamava os ouvintes a baixar as defesas mentais e se dispor a uma escuta sincera e ativa: enfim, a abrir a mente para ideias poderosas o suficiente para liberar e garantir seu legado.

Superpondo significados em apenas algumas palavras, esses versículos eram precedidos de duas letras árabes – *ta* e *ha* – que deram ao capítulo seu nome: "*Taha*" (mantenha-se firme). Essa ordem exortava os ouvintes a não vacilar. As próprias letras também tinham significado. O *ta* simbolizava a busca de um objetivo, e o *ha* aludia a um exemplo louvável. Em conjunto, as letras pediam aos ouvintes que perseguissem com firmeza o objetivo de liberar seu potencial adormecido, aprendendo com o exemplo dos outros.

A Sura Taha, ao contrário das revelações anteriores, repletas de intricadas meditações intelectuais, apresentava exemplos práticos para aprender – conteúdo muito mais acessível aos mecanos comuns que as reflexões abstratas do ano anterior. A nova revelação era uma narrativa completa, estendendo-se por mais de cem versículos e cheia de histórias humanas de pessoas imperfeitas e submissas. Contando as histórias de Moisés, Arão e Adão, a *surah* introduziu figuras bíblicas que, à parte do fundador de Meca, Abraão, eram desconhecidas do público árabe.

A narrativa das revelações começa com Moisés viajando pelo deserto com a família e avistando uma fogueira distante. Ele presume que seja um acampamento de companheiros de viagem, mas logo se depara com um arbusto brilhante, de dentro do qual Deus lhe impõe uma missão: "Eu sou o Divino Amoroso (Alá)... que conhece o visível e o invisível... o que está além do universo e debaixo da terra... Vá ao faraó... [e] diga-lhe para libertar os filhos de Israel".

Oprimido pela súbita exigência de uma presença divina que nunca se comunicara com ele antes, Moisés recua. No entanto, Deus, alternando entre os pronomes de primeira pessoa do singular e do plural para transmitir afeição, insiste: "Eu o escolhi para meu serviço antes mesmo de você nascer, então ouça e abra seu coração para o que foi revelado". O Divino (agora usando a primeira pessoa do plural, *nós*) lembra a Moisés que ele matou um capataz egípcio abusivo em um momento de raiva: "Você matou uma alma, mas nós o salvamos das profundezas da culpa e da depressão, induzindo-o a refletir e a reconsiderar seu próprio propósito na vida".

Moisés, relutantemente, retorna ao Egito para confrontar seu governante. O faraó retruca: "Então o criamos desde criança entre nós e por muitos anos, tratando-o como se fosse da família, apenas para que retribuísse essa gentileza matando um dos nossos em profunda demonstração de ingratidão?".

Moisés responde a ele, aceitando a responsabilidade – tanto por seu erro quanto pela nova missão: "Sim, confesso que o fiz em estado de descontrole e confusão. Depois fugi, temendo sua ira. Mas meu Mentor Cósmico me escolheu e me enviou como mensageiro para libertar meu povo".

Quando Maomé compartilhou essa revelação com os seguidores, eles a ouviram atentamente. Aquele drama emocionante trazia Moisés à vida como homem culpado, mas que fora escolhido para transformar o mundo. Isso tranquilizou o pequeno grupo de Dar-ul-Arqam, que ainda se recuperava do assassinato de Sumayyah. O chamado da revelação para que se permanecesse firme ressoou, e, com o tempo, mais e mais habitantes de Meca começaram a mudar sutilmente seu comportamento. Embora apenas alguns tenham se tornado seguidores formais de Maomé, muitos foram inspirados a realizar os próprios pequenos atos de rebelião. Várias mulheres de Meca não mais se submetiam cegamente às vontades do marido, e algumas crianças começaram a questionar as ordens dos pais.

Depois de dois anos observando passivamente o agravamento da situação, os anciãos de Meca decidiram intervir. Enviaram o maior poeta da cidade, Al-Walid ibn al-Mughirah, para influenciar Maomé com sua eloquência. Enquanto os dois homens se sentavam juntos, Al-Walid examinava os pergaminhos de Maomé. O poeta ficou atordoado com a linguagem cativante da revelação e o apelo irresistível ao florescimento – em que percebeu intensidade perigosa. "Esta mensagem tem uma doçura evocativa que penetra nas profundezas do coração e abala a mente", declarou Al-Walid, elogiando o material, embora o condenasse. "Seu chamado profundamente enraizado para florescer pode dar frutos e derrubar a ordem social. Com sua eloquência superando todas as outras, ela, por certo, estremecerá os alicerces de nossa ordem estabelecida, inferior a essa poderosa mensagem."

Quando Maomé recusou educadamente o pedido de Al-Walid para parar de promover sua mensagem, outros anciãos tentaram intervir, sem sucesso. A notícia da resistência de Maomé espalhou-se entre as tribos da Arábia, que começaram a questionar a custódia da Ka'bah pelos anciãos de Meca, por causa de sua incapacidade de conter um pequeno movimento de protesto. Os anciãos mecanos convocaram uma sessão de emergência em Dar-un-Nadwah para enfrentar a crise crescente. Enquanto estavam sentados discutindo os próximos passos, entrou o maior homem de Meca.

'Umar, que tinha quase dois metros de altura, ouvira falar da reunião de emergência, na noite anterior, pelo tio materno 'Amr ibn Hisham. "Vocês estão deixando as coisas saírem de controle!", trovejou. "Este Maomé é uma ameaça. Se não o detiverem, eu mesmo o deterei – e não me importo com as consequências!" 'Umar desembainhou sua espada, empurrou vários anciãos que tentaram contê-lo e correu para a rua com chama assassina nos olhos.

De temperamento ardente, mas sensível, 'Umar ultrapassava em estatura todos os mecanos. Ainda criança, já era enorme. Aos 4 anos, seu corpo era o de uma criança de 10. Seu pai, que não percebia a imaturidade da criança grandalhona, fazia 'Umar segui-lo em um cavalo. Um dia, o menino caiu da sela. Recebeu forte golpe na cabeça, que provavelmente provocava suas mudanças de humor histriônicas ao longo da vida. O temperamento violento do pai e as expectativas exageradas o traumatizaram ainda mais, assim como a falta de afeto da família.

Calvo e corpulento, 'Umar era conhecido pelas habilidades na luta livre. Além das proezas físicas, era muito inteligente e bem-educado, embora lutasse para entender seus talentos descomunais e sua personalidade temperamental. Aos 16 anos, teve uma filha, mas o machismo o fez sentir vergonha de não ter filhos. Quando a menina completou 5 anos, ele a levou para o deserto e a enterrou viva. Mais tarde, contou como a filha tentara acariciá-lo enquanto ele limpava suavemente a poeira da barba com as mãozinhas dela. Poucos minutos depois de sufocar a criança, 'Umar começou a chorar incontrolavelmente.

Enquanto o gigante corria pelas ruas de Meca para assassinar Maomé, a raiva tomava conta de seu corpo. Um dos seguidores secretos de Maomé, um cristão caldeu chamado Khabbab, soube da emergência e tentou interceptar o grandalhão furioso, esbarrando nele na rua. "O que está fazendo?", perguntou Khabbab.

'Umar respondeu: "Vou livrar a sociedade dessa pestilência, eliminar essa doença cancerosa de uma vez por todas".

Procurando ganhar tempo para pôr Maomé em segurança, Khabbab improvisou: "Você não acha que deveria resolver o problema em sua própria casa antes de sair para resolver os problemas de outras pessoas?".

"O que quer dizer?", rugiu 'Umar.

Khabbab explicou: "Você quer matar Maomé, mas não sabe que sua irmã e o marido dela são seguidores dele?". 'Umar ficou chocado: a própria irmã e o cunhado haviam caído sob o domínio de Maomé! Partiu em direção à casa deles. Khabbab não mentira: Fatimah bint al-Khattab e o marido eram seguidores secretos; a alfabetizada Fatimah servia como uma das escribas de Maomé. Quando o casal ouviu 'Umar berrando do lado de fora da porta da frente, apressou-se a esconder um dos pergaminhos – uma transcrição da Sura Taha – debaixo de uma almofada.

Ao receber o irmão mais novo, Fatimah notou a raiva em seus olhos, quando ele perguntou: "O que significa o que acabo de ouvir: vocês dois são seguidores de Maomé?". Então, notou uma almofada fora do lugar e caminhou para ver o que poderia estar escondido embaixo dela. O casal lançou-se para pegar o pergaminho primeiro, mas 'Umar arremessou o cunhado contra a parede. Enquanto Fatimah corria, gritando, em direção ao irmão, 'Umar pegou o pergaminho com a mão esquerda e com a direita esbofeteou Fatimah, jogando-a no chão com o lábio dilacerado.

Vendo a irmã chorando no chão, com sangue escorrendo do rosto, 'Umar comoveu-se – a raiva converteu-se instantaneamente em arrependimento. Implorou a ela, com humildade, que o perdoasse, enquanto ela se arrastava até o marido inconsciente, para tentar reanimá-lo. Atordoado, 'Umar abriu o pergaminho e começou a lê-lo, a escritura se desenrolando aos poucos em direção ao chão, enquanto ele refletia sobre cada palavra.

O gigante estava cativado. Como o ancião Al-Walid previra, a linguagem eloquente da revelação e a mensagem ousada penetravam direto no coração e agitavam a mente. 'Umar estivera no mercado três anos antes, quando Maomé discursara, sem sucesso, em Abu Qubais, e o chamado para florescer chegara aos seus ouvidos sem nenhum efeito. Com a irmã soluçando e sangrando ao lado dele, no entanto, suas defesas desabaram. A *surah* declarava que o Alcorão poderia ajudar "qualquer um disposto a ouvir" – e 'Umar, de repente, era todo ouvidos.

A *surah* retratava Moisés como um homem forte e temperamental que matara outro ser humano em um acesso de raiva e depois fugira para o deserto. Um homem que agarrara violentamente o próprio irmão pela barba, furioso perante sua suposta traição. Um homem tão sujeito à cólera que despedaçara as tábuas de Deus, atirando-as ao chão – mas, ainda assim, fora perdoado. Pela primeira vez na vida, 'Umar entendeu que pessoas imperfeitas como ele tinham uma chance de renovação.

Em um momento de iluminação, 'Umar virou-se para a irmã e pediu: "Leve-me a Maomé".

Fatimah respondeu inflexivelmente: "Não! Se quer matar alguém, mate a mim!". Vendo a angústia da irmã, 'Umar começou a soluçar e abraçou-a. Fatimah percebeu que a raiva dele desaparecera e correspondeu ao abraço. 'Umar ajudou-a a reerguer o marido, e os três foram para a casa de Al-Arqam.

Quando chegaram, Khabbab saiu discretamente pela porta da escola subterrânea. Presumindo o pior, postou-se à entrada. "Você terá de me matar primeiro!", desafiou.

Fatimah o tranquilizou: "Não, ele não veio com essa intenção. Deseja ser um de nós, agora". Khabbab abaixou os braços devagar, perplexo. O homem que vira espancar Sumayyah e Yasir até quase matá-los, que apenas trinta minutos antes parecia tomado por fúria assassina, de espada em punho, vinha jurar lealdade.

Al-Arqam levou 'Umar para o pátio, e Maomé levantou-se para recebê-lo. "Venha, sente-se ao meu lado e diga o que pretende", instou Maomé, gentilmente. "Quem mudou assim seu coração?"

"Gostei das palavras na Surah Taha", explicou 'Umar, com paixão. "As imagens penetraram em minha consciência. Elas me comoveram.

É a coisa mais bela que já li. Quero ser parte do que você possui. Quero ser igual a você."

Maomé respondeu: "Você é um de nós". Cada uma das 25 pessoas presentes deu as boas-vindas a 'Umar com um abraço.

Foi uma cena notável. Maomé conquistara um representante típico da mentalidade *Jahiliyyah* – um homem que assassinara a própria filha e torturara Sumayyah. O apelo para florescer e se libertar poderia convencer até o mais empedernido morador de Meca.

Aquecido pelo abraço dos compatriotas, 'Umar perguntou com inocência: "O que vejo é impressionante. Se o que temos é tão bom, por que estamos nos escondendo? Não deveríamos proclamar esta mensagem abertamente ao mundo? São lições que precisam ser ensinadas em público, ao lado da Ka'bah! Por que as pessoas frequentam a escola em segredo?".

Maomé, gentilmente, colocou a mão no ombro de 'Umar e sorriu, como se dissesse: "Por causa de pessoas como você".

Ostentando a nova identidade com orgulho, 'Umar saiu de Dar-un-Arqam e foi direto para a Ka'bah. Parado diante da porta da frente do santuário, gritou: "Hoje sou um dos seguidores de Maomé. Quem ousar tolhê-lo terá de se haver comigo!".

◆ ◆ ◆

Da sacada de Dar-un-Nadwah, os anciãos de Meca viram, incrédulos, 'Umar proclamar fidelidade a Maomé.

Apenas algumas semanas antes, haviam tentado, mais uma vez, dissuadir Maomé de sua missão, convidando-o a se juntar a eles na reunião semanal de sexta-feira do conselho. Enquanto Maomé se sentava educadamente diante do conselho, um líder ancião chamado Umayyah ibn Khalaf tentou ofender o convidado. "Você disse que todos os homens são criados iguais?", perguntou.

Maomé respondeu: "Sim, como os dentes de um pente".

Umayyah apontou para um de seus escravos, que servia bebidas aos anciãos. "Bilal, que comprei com meu próprio dinheiro e cuja vida está em minhas mãos, é igual a mim?"

Maomé respondeu com franqueza: "Sim, e tem capacidade de superá-lo, se quiser".

Umayyah fechou-se em um silêncio atordoado. No entanto, para Bilal (orvalho que umedece), as palavras de Maomé ressoaram profundamente. Embora nascido de pais escravizados em Meca, Bilal sabia que os ancestrais maternais tinham sido cortesãos abissínios. A mãe nascera em família nobre e vivia na corte real do Iêmen antes de ser capturada por conquistadores sassânidas e vendida como escrava. Cristã devota, instilara sua fé no filho. Bilal, conhecido pela voz profunda e ressonante, era alto e musculoso, com cabelos encaracolados e pequeno cavanhaque.

Quando ouviu Maomé confrontar Umayyah, o escravizado decidiu aproveitar a oportunidade e se juntar ao movimento. Mais tarde naquele dia, Bilal, desafiadoramente, disse a seu senhor que eles eram iguais, como Maomé asseverara naquela manhã. Umayyah não podia acreditar no que estava ouvindo e resolveu convencer Bilal a se retratar da declaração. Para ajudar o jovem a "cair em si", mandou chicoteá-lo e amarrá-lo sob o sol ardente. Vendo que o escravizado persistia, Umayyah o despiu e colocou uma grande pedra em seu peito. Então, membros do clã de Umayyah arrastaram Bilal pela areia escaldante, esfolando sua pele.

Com voz profunda, Bilal gritou *"Ahadun ahad!"* (O Criador é único, e eu também o sou!). À beira da morte, Bilal insistia no direito inalienável de ser ele mesmo. Nesse momento, Abu Bakr apareceu e bloqueou o caminho dos membros do clã que arrastavam Bilal pela areia. Com calma, ofereceu-se para comprar Bilal por várias vezes seu valor de mercado.

"Este aí não vale nada para mim", vociferou Umayyah, aceitando a oferta. "Pode ficar com ele."

Abu Bakr ajudou Bilal a se levantar e o levou para casa, a fim de curá-lo. Bilal logo se juntou ao pequeno grupo de ex-escravizados liderados por Suhaib e também começou a estudar em Dar-un-Arqam. Até poder se estabelecer por conta própria, dormia na casa de Abu Bakr ou no antigo armazém de Khadijah.

A rebelião de Bilal confundiu ainda mais os anciãos. Incapazes de convencer Maomé a calar sua mensagem, armaram um esquema para subornar seu tio Abu Talib e fazê-lo renunciar formalmente à tutela (*ijarah*) do sobrinho. Como a sociedade árabe era tribal, todos os que viviam na Arábia precisavam de um guardião (*mujir*) para protegê-los e dar-lhes legitimidade. Uma delegação de anciãos visitou Abu Talib (que nunca fez grande fortuna) e acenou-lhe com a promessa de riquezas significativas se abandonasse Maomé. O normalmente descontraído Abu Talib ficou furioso e declarou, cerrando o punho: "Enquanto respirar, ficarei entre vocês e ele, protegendo-o com a última gota do meu sangue".

Após o confronto, no entanto, Abu Talib foi ver o sobrinho em particular. "É tudo que posso fazer para protegê-lo", disse, implorando a Maomé que acalmasse a situação. Maomé prometeu fazê-lo e começou a tomar medidas extras para conter os seguidores. Depois que 'Umar declarou lealdade publicamente, Maomé insistiu para que o novo seguidor se dedicasse ao aprendizado. O jovem precisava adestrar-se, a fim de controlar os modos, e estudar a mentalidade do florescimento, antes de entrar em ação. 'Umar concordou e não tentou, de maneira nenhuma, comprometer aquela situação frágil. Em troca, Maomé deu a ele a atenção e os cuidados pelos quais ansiava desesperadamente, mas nunca recebera quando criança.

Contudo, ocasionalmente, tensões chegavam à superfície. Um dia, o tio de Maomé, Hamzah, voltou da caça nas imediações de Meca e passou pela Ka'bah a caminho de casa. Ouviu 'Amr ibn Hisham insultando Maomé enquanto conversava com outros idosos. Hamzah, um homem que lutava regularmente com leões, ficou irritado ao ouvir a honra do sobrinho ser enxovalhada. Com a luva de caça de couro, desferiu uma bofetada no rosto de 'Amr, cortando seu lábio. "Como se atreve a insultar meu sobrinho quando sou um de seus seguidores?", gritou. Na realidade, ele não tinha nenhuma afinidade especial com a mensagem de Maomé. Mas o orgulho familiar venceu, e Hamzah teve de permanecer fiel à declaração improvisada.

Por quatro anos, Maomé e os anciãos mantiveram uma trégua tácita. Todavia, esse arranjo foi destruído por um dos filhos do ancião-chefe de Meca, 'Utbah (aquele que enrubesce o rosto dos outros de humilhação). O jovem, chamado Abu Huthaifah (aquele que corta as raízes dos inimigos), fora preparado para suceder o pai como líder do clã, o Banu Umayyah. No entanto, por vários anos, fora seguidor secreto de Maomé, adotando a mensagem do florescimento em foro íntimo.

Por fim, Abu Huthaifah não conseguiu mais manter a vida dupla. Para aliviar a consciência e se abrir com a família, entrou em Dar-un-Nadwah numa sexta-feira, durante a reunião semanal da assembleia. Diante do conselho, declarou: "Ó respeitados anciãos de Meca, por quanto tempo resistirão ao que é melhor para vocês e seu povo? Todas as pessoas são criadas iguais: mulheres e escravizados têm os mesmos direitos que nós, homens privilegiados. A mensagem de Maomé exalta o espírito humano e tira o melhor de todas as pessoas".

Seu pai, 'Utbah, ficou vermelho de raiva. Como eminente proprietário de escravos e comerciante, o ancião viu o herdeiro escolhido atacar diretamente a fonte de riqueza da família. Abu Huthaifah envergonhara o pai, o clã e os ancestrais. Embora humilhado, o ancião foi estoico perante os pares. Os outros, por sua vez, ficaram angustiados ao testemunhar como a mensagem de Maomé penetrara sorrateiramente nos escalões superiores do círculo íntimo da elite. Nem mesmo o filho de um líder superior ficara imune.

Medidas drásticas eram necessárias. Os anciãos exigiram que Maomé aparecesse na próxima reunião do conselho, na sexta-feira. Ali, um deles, Al-Mut'im ibn 'Adi, fez um discurso notável: "Resolvemos lhe fazer uma oferta para acabar com a dissensão e devolver a estabilidade à nossa terra. Cada um de nós contribuirá com uma porção considerável de nossa riqueza para você. O valor combinado o tornará o homem mais rico da Arábia. Escolha qualquer mulher que desejar e lhe asseguraremos a mão dela. As chaves da Ka'bah lhe serão entregues, e, neste conselho, faremos de você nosso chefe, assim como seu avô já foi".

Os anciãos estavam claramente desesperados. Renunciariam à riqueza, ao poder e ao prestígio para preservar a ordem social tradicional – mesmo que isso significasse permitir que um homem sem filhos servisse como chefe. O conselho presumia que o principal objetivo de Maomé era restaurar a honra perdida da família, tornando-se o líder de Meca. Mas a busca de Maomé não era o autoengrandecimento nem a dominação. Demonstrara repetidamente que queria ver os habitantes de Meca pensando por si mesmos. Aceitar a oferta dos anciãos violaria a essência da mentalidade que promovera nos últimos sete anos.

Sorrindo com gentileza, Maomé respondeu: "Mesmo se colocassem o sol na minha mão direita e a lua na minha mão esquerda, eu não me desviaria de minha missão. Vencerei ou sucumbirei tentando". Invocou o sol e a lua como referências simbólicas ao pai e à mãe, sugerindo que, mesmo se o conselho revivesse seus pais, havia muito desaparecidos, ele não desistiria. Com essa declaração extraordinária, Maomé saiu da assembleia, deixando os anciãos estupefatos.

O conselho convocou para o dia seguinte uma reunião de emergência, embora as sessões de sábado fossem evitadas, em geral, por respeito à observância do sabá por parte do Banul Harith, o único clã judeu da assembleia. Os anciãos passaram a noite insones e chegaram a Dar-un--Nadwah logo de manhã, enquanto os escravizados ofereciam leite de camela fresco e tâmaras em bandejas de prata.

O primeiro a falar foi Al-Walid, poeta cuja tentativa de intervenção junto a Maomé, quatro anos antes, falhara. Ele lamentou: "A ameaça representada por Maomé não pode mais ser ignorada. Se o matarmos, sua família terá de vingá-lo, o que levará à guerra civil. Nem sei mais o que fazer.

Ontem, nós lhe oferecemos o que nenhum homem, em juízo perfeito, poderia recusar, mas Maomé recusou. Nobres anciãos, o que sugerem?".

Um silêncio constrangedor dominou a sala. Em seguida, 'Amr ibn Hisham declarou que tinha uma solução infalível. Aguardava, havia mais de vinte e seis anos, a hora de acertar as contas com Maomé por causa do incidente de Hilf-ul-Fudhul, quando Maomé exigira que ele pagasse o que devia ao comerciante iemenita. Chegara o momento de exibir seus talentos diplomáticos para convencer a assembleia a agir formalmente contra Maomé.

"Tenho uma ideia que talvez nos livre desse aborrecimento", anunciou. "Podemos boicotar os hachemitas [clã de Maomé], sem necessidade de matar Maomé. Espalharemos a notícia entre as tribos e a tornaremos oficial, afixando-a na porta da Ka'bah. Nós os expulsaremos de Meca, isolando-os em suas pastagens estéreis longe da cidade. Com o tempo, os hachemitas perderão a paciência e obrigarão Maomé a criar juízo."

Os anciãos concordaram em oficializar o boicote econômico-social. Até o tio de Maomé, 'Abdul-'Uzza, aprovou a medida, desabonando de vez o sobrinho. Os anciãos encarregaram um dos membros de redigir o anúncio oficial, planejado para ser divulgado na sexta-feira seguinte. No entanto, sem que percebessem, uma das escravizadas ouvira a conversa acalorada enquanto preparava bebidas do lado de fora da sala de reuniões. Lubainah era seguidora secreta de Maomé e rapidamente vazou a notícia para Bilal, que a transmitiu a Maomé.

Então foi a vez de Maomé convocar uma reunião de emergência. Os seguidores mais próximos se juntaram naquela noite em Dar-un-Arqam: Khadijah, Barakah, Abu Bakr, 'Uthman, 'Abdur-Rahman e Fatimah bint Al-Khattab (irmã de 'Umar). No grupo estava o primo de 27 anos de Maomé, Ja'far, um dos filhos de Abu Talib. Excelente arqueiro e espadachim, Ja'far frequentemente caçava com o tio Hamzah. Quando Maomé adotou 'Ali, irmão de Ja'far, o tio Al-'Abbas e a tia Lubabah adotaram Ja'far.

Quase sem tempo para se preparar, Maomé propôs que a maioria dos seguidores deixasse Meca em busca de um lugar seguro; ele ficaria para encarar as consequências do boicote. Maomé concluiu que o boicote poderia forçar seu movimento a se adaptar e se expandir. Após sete anos estudando e analisando em segredo, os seguidores precisavam, então, perseverar e aplicar a mentalidade do florescimento sem a orientação direta do líder.

Eles teriam sucesso ou pereceriam tentando.

6

BOICOTE

Opressão Transformada em Oportunidade

Costa do Mar Vermelho, em frente a Jeddah: tarde de quinta-feira, 6 de janeiro, 617 EV

Barakah postou-se numa colina de frente para o mar. Tinha diante de si uma dura realidade: Maomé ficara para trás, em Meca, onde enfrentaria seu destino, e lhe confiara a tarefa de guiar os seguidores em segurança até a outra margem. O vento oeste levantava o ar úmido e salgado do mar, enquanto o vento leste carregava o calor seco das areias do deserto. As brisas combinadas revoluteavam os véus e as roupas de Barakah.

A sudoeste, além das ondas, ficava a terra de seu nascimento. Durante a reunião de emergência duas noites antes, Barakah propusera sua Abissínia nativa como a melhor esperança de refúgio. O rei era monoteísta abraâmico com reputação de ser justo. Ele se mostraria mais propenso a acolher, com simpatia, os seguidores de Maomé que os sassânidas, que atualmente estavam assolando a Arábia com rápida série de conquistas. E, embora tivesse sido sequestrada da terra natal aos 8 anos, Barakah ainda era fluente em etíope e poderia servir de intérprete-emissária. Maomé concordara com o plano.

Enquanto pensava na volta à terra natal pela primeira vez em mais de cinquenta anos, Barakah olhava, nervosa, para o leste. Os habitantes de Meca, por certo, enviariam um grupo armado no encalço dos seguidores desaparecidos de Maomé. Na véspera, mais de cem deles haviam fugido à meia-noite, caminhando pelo deserto em direção ao porto de Jeddah, no Mar Vermelho. À luz fraca da lua crescente que subia, caminharam em fila indiana ao longo da rota dos pastores, para que os animais cobrissem suas pegadas pela manhã e tornassem difícil a perseguição.

A caminhada de oitenta quilômetros até a costa não foi fácil para Barakah, então com 63 anos e várias décadas mais velha que qualquer outra pessoa do grupo. Mas a matriarca tinha uma missão crucial a inspirá-la: guiar os seguidores do filho adotivo com segurança, incluindo a neta de 18 anos, Ruqayyah. Apenas algumas semanas antes, Ruqayyah se casara com 'Uthman em cerimônia privada, realizada na casa de Maomé, e o casal escolhera se juntar ao grupo para escapar da perseguição em Meca. (O casamento marcou uma associação pública formal de 'Uthman com Maomé e levou a família do noivo a renegar parcialmente o filho rebelde.)

Pouco depois do meio-dia, Barakah levara o bando desorganizado de seguidores a uma pacata vila de pescadores ao norte de Jeddah. Evitar Jeddah reduzia as chances de alguém na cidade alertar os habitantes de Meca para onde o grupo estava indo. Algumas pequenas cabanas de barro com telhados de palha pontilhavam a costa; peixes salgados secando em traves de madeira ao sol rodeavam cada uma delas. O peixe seco era uma iguaria de luxo vendida em cidades do interior, como Meca.

Do cume com vista para a aldeia, Barakah olhou para os refugiados sentados em pequenos grupos na praia. Viu o filho de Sumayyah, 'Ammar, contemplando as ondas; o assassinato dos pais era um lembrete persistente dos riscos que os seguidores de Maomé enfrentavam.

O boicote iminente em Meca poderia ser um golpe devastador para o movimento clandestino, e Maomé insistira para que os seguidores fugissem, a fim de garantir que eles e sua mensagem sobrevivessem. Como alvo principal do boicote, Maomé entendeu que deveria ficar em

Meca como distração, para permitir que os seguidores fugissem despercebidos da Arábia.

Ao mesmo tempo que se preocupava com o destino do filho adotivo, Barakah tinha de concentrar a atenção na centena de seguidores sob seus cuidados. Eles incluíam pessoas recém-libertadas da escravidão, como Lubainah, a quem 'Amr ibn Hisham torturara brutalmente depois de saber que ela denunciara o boicote dos anciãos a Maomé por meio de Bilal. Abu Bakr correra para comprar sua liberdade, pagando cinco vezes seu valor de mercado. Alguns dias mais tarde, Lubainah, que era abissínia como Barakah, juntou-se ao grupo de refugiados.

Sentados na praia do Mar Vermelho ao lado de ex-escravizados, estavam os filhos da elite de Meca, incluindo Abu Huthaifah, cujo pai era o líder mais velho da cidade. Embora repudiados pelas famílias, esses jovens permaneciam resolutos. Forçados a trocar mantos finos por roupas simples, pareciam indistinguíveis dos compatriotas menos afortunados.

Para pastorear seu rebanho incomum, Barakah tinha a ajuda do primo de Maomé, Ja'far. O filho de 27 anos de Abu Talib fora criado na casa do tio Al-'Abbas, um dos principais agiotas de Meca. Ja'far era alfabetizado, sabia administrar contas financeiras e era hábil negociador – qualidades vitais para ajudar os refugiados no novo lar. Usara seus talentos tratando com um capitão na vila de pescadores o transporte do grupo em seu grande navio baleeiro para o porto africano de Adulis. Ja'far pagou generosamente o capitão com moedas de ouro que recebera de Maomé.

À medida que o sol descia em direção ao mar, o grupo embarcava no grande navio. As estrelas facilitariam a navegação, enquanto a luz limitada da lua crescente ajudaria o barco a evitar a detecção pelas marinhas bizantina e sassânida. A ausência de lua cheia também significava que os mares seriam mais tranquilos, aumentando as chances do grupo de sobreviver à longa viagem.

Após se certificar de que todos haviam embarcado em segurança, Barakah subiu a prancha, seguida de Ja'far. Os membros da tripulação içaram a vela principal para pegar o vento leste, enquanto os outros manejavam os remos para guiar o navio no rumo sul. O navio afastou-se da costa árabe e dirigiu-se para a África. Mais de noventa por cento dos seguidores de Maomé estavam amontoados no convés, observando a costa do deserto desaparecer no horizonte. Se o navio baleeiro afundasse, a maioria dos seguidores morreria – e com eles a melhor chance da mensagem de Maomé continuar viva.

Durante sete anos, Maomé treinou os seguidores para florescer e pensar por si mesmos. Em poucos dias, quase todos já haviam abandonado suas casas para buscar refúgio em uma terra distante. A jornada para a Abissínia seria um teste crucial: poderiam aplicar sua mentalidade revolucionária em um novo ambiente, longe do líder profético?

◆ ◆ ◆

Na manhã seguinte, alheio à fuga noturna dos seguidores de Maomé, ʻAmr ibn Hisham caminhou confiante em direção à Kaʻbah, em trajes completos, o fino manto de seda arrastando-se pelas areias escaldantes. A parte superior do longo turbante vermelho estava adornada com um amuleto de prata que brilhava à luz da manhã e proclamava seu respeito às divindades ancestrais. Na mão esquerda, segurava um pergaminho que representava o ponto culminante de seus planos de marginalizar Maomé na sociedade de Meca: uma declaração oficial, assinada naquela manhã pela assembleia dos anciãos, declarando um boicote formal a todo o clã hachemita de Maomé.

Os anciãos mecanos nunca haviam declarado um boicote. Proibir formalmente os negócios com determinado grupo ia contra a identidade visceral de Meca como centro do comércio aberto. O conceito de boicote nem fazia parte da cultura árabe, que considerava covarde esse comportamento passivo-agressivo. Para reprimir o florescente movimento de Maomé, contudo, ʻAmr ibn Hisham foi ironicamente forçado a aplicar um novo significado a uma palavra antiga, *muqataʻah*. Usada pelos agricultores para "separação" de colheitas infectadas, a palavra marcava, simbolicamente, o clã hachemita como patrimônio danificado a ser posto em quarentena. O termo era um golpe contra a tendência de Maomé de empregar metáforas agrícolas, contrapondo ao suposto florescimento de todas as coisas vivas a necessidade de sustar um crescimento indesejado.

Ao compor aquela declaração de boicote, 'Amr ibn Hisham também procurava fazer sua a invocação do Divino por Maomé. Mais uma vez rompendo o costume de Meca, a proclamação do boicote não começava com a invocação costumeira da principal divindade da cidade, Hubal, mas citava *Allahumma*, o Deus criador cultuado pelo fundador ancestral do povo árabe, Abraão. 'Amr ibn Hisham procurou apresentar-se como defensor da tradição e classificar Maomé como um arrivista desrespeitoso que reivindicava um relacionamento pessoal com a grande divindade. Ao apelar para Alá, os anciãos pretendiam demonstrar que estavam perseguindo Maomé não porque ele os chamasse para o Deus de Abraão, mas porque teimosamente insistisse em dividir a sociedade. Como Maomé era uma praga social, precisavam isolá-lo e expulsá-lo.

Uma comitiva de anciãos e os adversários mais encarniçados de Maomé seguiam 'Amr ibn Hisham pelas ruas de Meca. Uma grande multidão se reuniu quando ele subiu ao degrau mais alto da Ka'bah. Desenrolou a declaração de boicote e leu-a em voz alta, para espanto da multidão reunida. "Em seu nome, Deus Criador, nós boicotamos os hachemitas! Todos estão proibidos de comprar deles, vender a eles, casar-se ou interagir com eles, enquanto este pergaminho permanecer pendurado na porta sagrada." Pregou, então, o pergaminho na porta de cedro da Ka'bah, dando ao boicote *status* oficial que, por tradição, todas as tribos da Arábia deveriam defender.

Os hachemitas, já informados por Lubainah de que o boicote dos anciãos implicaria a expulsão do clã dos limites da cidade, haviam empacotado seus pertences mais essenciais naquela manhã. Guerreiros armados de outros clãs de Meca logo invadiram cada casa hachemita, arrebanhando as famílias para deportação. Colocaram uma pulseira amarela no pulso direito de cada hachemita. Agricultores e pastores, tradicionalmente, usavam essas faixas tingidas de açafrão para marcar plantas e animais doentes ou contagiosos. Pela primeira vez, os anciãos estavam aplicando o *muqataʻah* a seres humanos.

Maomé, Khadijah e a família não estavam isentos. Os guerreiros amarraram faixas amarelas em seus pulsos e desfiguraram a porta de sua casa com um X vermelho-sangue. Dos telhados de suas casas, os vizinhos observavam essa humilhação; muitos ficaram perturbados com o boicote sem precedentes, mas se recolheram ao silêncio, para não se tornar párias também. Contudo, mesmo depois que a família de Maomé foi expulsa de casa, o cofre permaneceu lá dentro.

Oficiais brandindo espadas forçaram todo clã hachemita a sair de Meca e a entrar no vale árido de Shiʻb Abu Talib. Outrora pasto, a terra estava quase seca, pontilhada de espinheiros e bananeiras silvestres. Os guerreiros conduziram os hachemitas para dentro de uma cerca de espinhos de acácia amarrados com cordas de fibra de palmeira. Sentinelas armadas impediam que qualquer pessoa saísse ou recebesse visitantes não autorizados. Esse foi, de fato, o primeiro campo de concentração da Arábia. Os membros mais ricos do clã montaram grandes tendas, tradicionalmente usadas para abrigo durante as viagens de caravana. Famílias mais pobres ergueram barracas improvisadas. Os hachemitas teriam de sobreviver com os poucos bens que haviam levado.

Enquanto Maomé, em silêncio, aceitava seu destino com o restante do clã, um proeminente hachemita permanecia livre em Meca: o tio ʻAbdul-ʻUzza, que oficialmente repudiou os hachemitas e se juntou ao boicote dos anciãos. Numa decisão extraordinária, ele se aliou ao clã Banu Umayyah da esposa, que dominava Meca. De pé nos degraus da Kaʻbah entre o tio da esposa, ʻUtbah (o ancião-chefe), e o cunhado, Sakhr (jovem líder em ascensão no clã, conhecido como Abu Sufyan), ʻAbdul-ʻUzza declarou sua nova lealdade, abandonando irmãos e primos que haviam sido levados para a prisão no deserto.

A defecção de ʻAbdul-ʻUzza propiciou aos anciãos mecanos vitória simbólica na batalha de relações públicas contra Maomé. Entendiam a necessidade de polir a própria imagem e, ao mesmo tempo, degradar a de

Maomé. Esperavam outra vitória, quando o sobrinho de Khadijah, Hakim ibn Hizam, apareceu no acampamento a fim de tentar demover a tia. Membro em ascensão na assembleia de Dar-un-Nadwah e amigo íntimo de 'Amr ibn Hisham, Hakim chegou ao recinto esplendidamente vestido e com um séquito de criados – em nítido contraste com os hachemitas presos ali. Os guardas permitiram que entrasse no acampamento para falar com Khadijah. Hakim pediu a ela que se salvasse divorciando-se de Maomé e desposando 'Amr. Khadijah virou-lhe as costas imediatamente e declarou com firmeza: "Enquanto uma respiração passar por meus lábios, ficarei com Maomé".

Hakim respondeu: "Então nada posso fazer para ajudá-la" e deixou o acampamento. Não veria a tia viva de novo.

A lealdade inabalável de Khadijah ocultava sua luta para se ajustar às condições primitivas do campo de concentração. Passara a vida inteira no conforto e no luxo. Agora, naquele deserto desconhecido, tinha de dormir em uma tenda improvisada. Sua situação era pior que a dos nômades. No entanto, Khadijah sacrificou o próprio conforto, sem reclamar, para auxiliar os outros. A imperatriz de Meca tornou-se a serva dos pobres, compartilhando com as famílias empobrecidas qualquer alimento que tivesse e ajudando-as como parteira. Observando a transformação da esposa, Maomé observou a 'Ali: "*Amir-ul-qawmi khadimuhum*" (A verdadeira realeza são aqueles que servem ativamente aos outros.)

Khadijah e Maomé ficavam horas passeando de mãos dadas pelo acampamento. Embora a situação fosse terrível, 'Ali sempre os via sorrir quando trocavam olhares. De certo modo, o boicote permitiu que Maomé se concentrasse de novo na família imediata. Não mais cercado por dezenas de seguidores, podia dar atenção à filha mais nova, Fatimah, de 12 anos. Pai e filha faziam muitas caminhadas juntos no acampamento, e ela logo se tornou sua protegida.

Porém, sem seguidores, as revelações de Maomé logo cessaram. Durante todo período do boicote, ele teve apenas uma revelação significativa, um conselho para ser paciente:

La tuharrik bihi lisanaka lita'jala bih.
Não apresse a revelação por movimentos da língua, esperando que suas palavras se espalhem.

Inna 'alaina jam'ahu wa Qur'anah.
Vamos revelá-la quando chegar a hora de a sabedoria se acumular e florescer.

Se Maomé buscava desesperadamente novas revelações para ajudá--lo a encontrar o caminho a seguir, a passagem lembrou a ele que a revelação não pode ser forçada. Como o objetivo principal das revelações de Maomé era inspirar os outros, o confinamento as interrompeu. O profeta teria de esperar anos para que voltassem.

Por certo, ninguém achava que o boicote duraria muito tempo. Os anciãos previram que os hachemitas abandonariam Maomé ou o forçariam a se retratar em uma ou duas semanas. Afinal, eles ainda eram pagãos, incluindo o próprio tio de Maomé, Abu Talib, o ancião do clã. No entanto, Abu Talib nunca esqueceu o juramento que fizera ao pai, enquanto o velho estava morrendo. Não querendo renunciar à promessa sagrada, ele protegeu o sobrinho mesmo quando as condições no acampamento pioravam a cada semana.

Maomé desfrutou de apoio adicional dos poucos seguidores de outros clãs que permaneceram em Meca, sobretudo Abu Bakr, Suhaib, 'Umar e Al-Arqam. Embora incapazes de ajudar Maomé publicamente e sabedores de que os anciãos os vigiavam, os quatro homens conseguiram se encontrar em segredo e elaboraram um plano para contrabandear comida e água para o acampamento. O primo de Abu Bakr serviu como guarda fora do acampamento e concordou em ser um canal clandestino.

A rede de contrabando também se mostrou útil quando um pescador de Jeddah chegou a Meca com uma carta de Ja'far. Abu Bakr garantiu que a epístola entrasse secretamente no acampamento, onde 'Ali a leu em voz alta para Maomé. Ja'far relatava que os seguidores haviam chegado em segurança à capital abissínia, Axum. A carta aliviou os temores de Maomé de que pudessem ter se afogado ou sido capturados. O sorriso retornou à sua face. O movimento desembarcara na África e poderia prosperar mesmo que ele morresse em cativeiro.

Os habitantes de Meca, enquanto isso, começaram a notar a ausência dos seguidores de Maomé, em especial os das famílias ricas. Pescadores da costa que vendiam peixe salgado no mercado contaram histórias de um grande grupo de mecanos que fretara um navio baleeiro para a África. Rapidamente, os anciãos de Meca enviaram cavaleiros a Jeddah para interrogar os pescadores que haviam transportado o grupo. A investigação revelou que a tentativa de colocar a mensagem de Maomé em quarentena falhara. Seus seguidores podiam ter fugido da Arábia, mas encontraram abrigo entre os abissínios, o único império a ter sitiado Meca. Se o rei abissínio aceitasse a mensagem deles, talvez se sentisse tentado a empreender nova invasão.

A batalha de relações públicas tomara um rumo inesperado, e os mecanos resolveram eliminar a ameaça de imediato. Os anciãos despacharam, com urgência, o emissário mais eloquente da cidade, um jovem elegante chamado 'Amr ibn al-'As, à capital abissínia de Axum. Sua comitiva levava presentes preciosos, destinados a facilitar a missão. O jovem emissário deveria subornar a classe dominante abissínia para que ela lhe entregasse os seguidores de Maomé, que seriam devolvidos como cativos a Meca, onde se juntariam ao líder no campo de concentração.

◆ ◆ ◆

Afora a carta inicial de Ja'far, Maomé permanecia isolado dos seguidores na Abissínia e sem saber que os anciãos mecanos tinham enviado um diplomata para trazê-los de volta acorrentados. Maomé ditou a 'Ali uma breve resposta a Ja'far, instruindo o grupo a permanecer na Abissínia, até que ele mandasse mais notícias. O grupo ficaria lá por sua conta e risco.

Oitocentos quilômetros a sudoeste, os seguidores de Maomé rapidamente se adaptaram à nova vida. Pela primeira vez, poderiam se reunir em público, com segurança. Depois que Ja'far e Barakah negociaram o aluguel de um conjunto habitacional em um bairro de classe média perto do mercado, os imigrantes começaram a explorar a vasta cidade. Soldados abissínios vestidos com armaduras decoradas com peles de animais exóticos e carregando lanças esguias patrulhavam as ruas, cobertas com tecidos brilhantes nas cores vermelha, amarela, laranja e verde-água. Os abissínios usavam roupas de fino algodão branco, lindamente bordadas. O clero do império percorria a cidade em procissão sob guarda-sóis coloridos, sinal de respeitabilidade.

A capital era famosa pelas igrejas esculpidas em rocha sólida e pelos obeliscos maciços, quase todos com praticamente trinta metros de altura e cobertos de baixos-relevos intricados. Quando o império abissínio converteu-se ao cristianismo vários séculos antes, aqueles obeliscos foram erguidos como umbrais simbólicos para o céu, conectando a humanidade ao Deus de Abraão. Sobre uma base elevada, cada um deles tinha uma porta entalhada e janelas se sucedendo até o pináculo, que representava a Presença Divina. Na igreja de Nossa Senhora Maria de Sião, um grupo especial de sacerdotes, com voto de silêncio, guardava um cofre que supostamente continha a Arca da Aliança.

As estradas de Axum eram pavimentadas com grandes lajes elegantemente encaixadas. Arcos de granito cobriam as avenidas. As inscrições dos arcos, na antiga escrita dos sabeus, proclamavam a posição do império como potência dominante da África Oriental. De fato, a Abissínia era o único império africano a cunhar as próprias moedas, igualando-se às outras potências imperiais, os bizantinos e os sassânidas. Cada moeda apresentava uma imagem do negus (rei). O mercado da cidade rivalizava com o de Damasco, oferecendo mercadorias da África, do sul da Ásia e até da Europa.

Para sobreviver na movimentada metrópole, os imigrantes de Meca seguiram o exemplo anterior de Maomé e formaram uma cooperativa, juntando seus fundos e dividindo as responsabilidades. Bilal, a quem Maomé designara para servir como *muhasib* (guardião dos números), cuidava de toda contabilidade. 'Abdur-Rahman, 'Uthman e Mus'ab estabeleceram-se no mercado central, a fim de ganhar dinheiro e sustentar o grupo. Saíam da cidade de manhã cedo para comprar mercadorias, no atacado, de comerciantes a caminho de Axum e depois as vendiam a preços de varejo no mercado da capital. Ja'far e Barakah mantinham o grupo organizado, enquanto Lubainah e Bilal, abissínios de nascimento, faziam contato com a comunidade para garantir uma opinião pública favorável ao grupo.

Após um mês, Barakah transformou um dos salões do complexo em instalação educacional, onde o grupo se reunia todos os dias para compartilhar conhecimento e tomar decisões. Aprender a língua etíope tornou-se parte do ritual diário. Na sala de estudos, os imigrantes aplicaram a metodologia de aprendizado de Maomé para abrir caminho no novo ambiente. O grupo inteiro votava todas as decisões.

Depois de dois meses, o incipiente experimento da Abissínia deu sinais de sucesso. Integrados à comunidade local, os refugiados organizaram-se bem e até começaram a ganhar dinheiro. Axum parecia ser um refúgio onde os seguidores de Maomé poderiam prosperar.

Mas então 'Amr ibn al-'As, o emissário de Meca, chegou à capital. Encantador e espirituoso, ganhou o apelido de Dahiyah (raposa astuta). Mestre na diplomacia, bem versado na arte da conversa de duplo sentido, desempacotou seus couros de alta qualidade, suas peles e seus perfumes – presentes que logo fez chover sobre os assessores mais próximos do negus. 'Amr levou várias semanas para estreitar relacionamento com cada um dos principais conselheiros do rei, ganhando claramente seu apoio. Organizava banquetes requintados na bela mansão que alugara.

Pediu, assim, uma audiência com o negus e logo foi apresentado ao monarca. Respeitosamente abordando o rei em linguagem florida, 'Amr alertou-o do perigo representado pelos refugiados de Meca. "Eles insultam Cristo e Maria", insinuou, na esperança de despertar a ira do devoto negus. Os ministros do rei ecoaram as preocupações do novo amigo e pediram ao governante que enviasse os imigrantes de volta com 'Amr.

O negus, no entanto, desconfiou que algo estava errado. Recusou os finos presentes que 'Amr lhe trouxera e ordenou que os ministros devolvessem os que tinham recebido. Também não quis julgar os habitantes de Meca antes de permitir que se defendessem.

Um arauto real convocou os imigrantes ao palácio para que fossem julgados e defendessem seu direito de permanecer na Abissínia. Os seguidores de Maomé, até então alheios à presença de 'Amr em Axum, ficaram chocados. As relações com os novos vizinhos eram excelentes. A repentina notícia de que o próprio rei os convocava para defender seu direito de continuar no país fez uma onda de medo correr pela comunidade. Os membros escolheram Ja'far como seu representante, com Barakah acompanhando-o como intérprete na corte do negus.

Um pequeno grupo de cerca de uma dúzia de seguidores de Maomé dirigiu-se ao palácio para o julgamento. Contemplaram com admiração as enormes paredes de pedra da cidadela, cobertas com bandeiras coloridas. Soldados imponentes afastaram-se para lhes dar entrada, e cortesãos os conduziam por uma série de longos corredores até a sala do trono. Ao entrar, ficaram surpresos ao ver 'Amr de pé no centro da sala, ao lado do trono, tendo um retrato vívido de Maria e Cristo pintado na parede, às suas costas. O sorriso irônico em seu rosto revelou, em um instante, por que o grupo fora convocado.

Depois que todos os cortesãos e ministros se reuniram, o negus entrou na sala do trono acompanhado da comitiva de bispos e guarda-costas. Todos se curvaram, mas não os seguidores de Maomé, que haviam aprendido que os seres humanos só se prostram diante do Divino Criador.

O negus sentou-se e perguntou: "Vocês não se curvam diante de seu profeta?". Ja'far respondeu: "Não. Fomos ensinados a nos curvar apenas diante do criador do universo". O negus ficou impressionado com a postura firme e a coragem daquele homem.

Intrigado, virou-se para 'Amr e ordenou que expusesse seu caso. Como um promotor tranquilo, 'Amr enumerou uma longa lista de acusações contra os seguidores de Maomé. "Dizem que as mulheres têm alma e são nossos semelhantes", zombou. "O que são as mulheres? Nós as compramos e vendemos no mercado. Como seriam iguais a nós?!" Virando-se com um gesto dramático para a corte real, acrescentou: "Chegam a dizer que os animais têm almas e direitos!". A multidão riu.

O negus, entretanto, olhava-o com ar de tédio, não convencido de que qualquer daquelas acusações justificasse a extradição dos mecanos. Percebendo que seus argumentos não haviam conseguido demover o único membro do público que importava, 'Amr fez um último esforço para chocar o rei, cuja piedade estava claramente expressa na grande cruz que empunhava como cetro. Apontando para o ícone de Maria e Cristo pintado na parede acima dele, 'Amr afirmou freneticamente: "Mas, pior de tudo, eles amaldiçoam Cristo e Maria!".

O negus endireitou-se no trono, com expressão de espanto no rosto. Virou-se rapidamente para Ja'far e, com autoridade, perguntou: "O que você diz de Cristo?".

Ja'far, por instinto, apelou para seu treinamento, enfatizando o conteúdo e o estilo excepcionalmente convincentes da revelação corânica para conquistar o líder do grande império da África Oriental. Sem titubear, respondeu: "Digo o que nosso profeta nos ensinou no Alcorão". Ja'far começou a recitar a partir do capítulo 19 do Alcorão, nomeado em homenagem à própria Maria. Embora o negus não compreendesse as palavras arábicas, o ritmo e a cadência da *surah* o cativaram. Ecoavam os cânticos cristãos icônicos dedicados a Maria, com as linhas de abertura de cada versículo terminando por uma palavra que rimava com Maria: *zakariyya, khafiyya, shaqiyya, waliyya*, e assim por diante.

Enquanto as falas eram traduzidas, o negus ouvia atentamente a narrativa da *surah*. Contava a história surpreendente de uma jovem chamada Maria que escolhera romper com a sociedade, fazendo jus a seu nome, que significa "rebelde", e insistindo em pensar por si mesma. "Lembre-se do exemplo inspirador de Maria, que preferiu renunciar ao conforto da família e isolar-se no deserto, para ali encontrar a luz." Os versículos relatavam, então, como Maria fugiu com o filho recém-nascido para salvar a vida dele. Na recitação melódica de Ja'far, a história evocava a fuga dos imigrantes da perseguição em Meca – cujos anciãos chegaram a enviar um emissário, a centenas de quilômetros, para persegui-los.

Ja'far continuou a expor indiretamente o caso de seu povo, citando o exemplo de Abraão, que também teve de fugir da perseguição da própria família. Em resposta às ameaças de violência do pai, Abraão respondeu: "A paz esteja com você! Eu o perdoo e peço ao meu Mentor Divino que o proteja com carinho e bondade". Os refugiados de Meca, como os justos antes deles, ousaram pensar de maneira diferente, pagaram o preço e fugiram para a própria segurança, mas não guardavam rancor. Tudo o que buscavam era um refúgio para viver em paz.

Depois que Ja'far terminou a recitação e a tradução foi completada, o negus permaneceu sentado por um momento, em silêncio, pensativo. Ficara surpreso ao ouvir sobre a atitude magnânima de Abraão em resposta a ataques violentos, para não mencionar os versículos que claramente reservavam a Maria a mais alta consideração, refutando em tudo a afirmação de 'Amr. Após algum tempo, o rei levantou-se do trono, desceu os degraus até o piso e caminhou lentamente em direção a Ja'far. Erguendo o cetro, desenhou uma linha simbólica no chão e declarou: "A diferença entre nós e vocês não é maior que esta linha". Para reforçar sua mensagem, tocou o ombro direito de Ja'Far e anunciou: "Podem permanecer em minha terra, sob minha proteção pessoal, pelo tempo que desejarem". Virando-se para 'Amr com olhar de profundo aborrecimento, ordenou: "Volte para Meca com seus presentes – eu não lhe entregaria essas pessoas por todo couro fino do mundo!".

Os imigrantes haviam passado no teste mais difícil até então.

Naquela mesma semana, os seguidores de Maomé celebraram a concessão do refúgio pela realeza, ocupando a terra que o negus lhes dera. Contrataram construtores locais para erguer um centro comunitário de várias finalidades, ideia de Barakah. Projetado ao estilo tradicional abissínio para uma casa de culto, embora sem símbolos religiosos, o salão simples foi pintado de branco e verde. O edifício, chamado *masjid* (lugar de conhecimento), fazia referência a um termo do Alcorão para um local onde pessoas de todas as origens podiam se reunir para encontrar consolo e trocar ideias. Como a primeira mesquita já construída, o centro comunitário de Axum promovia aulas e meditação individual. Seu ponto focal estava voltado para Jerusalém.

Os seguidores de Maomé eram gratos ao negus pela hospitalidade e sabedoria e se tornaram seus leais apoiadores. Quando uma rebelião eclodiu na Abissínia, Ja'far liderou uma delegação ao palácio, a fim de oferecer serviços militares ao rei, embora Maomé tivesse insistido para que os seguidores evitassem a violência. Os imigrantes demonstraram que não seguiam às cegas os ensinamentos de Maomé, além da advertência central de que pensassem por si mesmos e se adaptassem com flexibilidade para fazer a coisa certa em circunstâncias difíceis. Em outras palavras, eles aprenderam a aplicar sua metodologia de maneira prática, não literal.

O negus agradeceu a Ja'far a oferta generosa, mas temia que, se perdesse a batalha, os refugiados fossem perseguidos por apoiar um rei deposto. O grupo inteiro, no entanto, subiu a uma colina com vista para o campo de batalha e rezou pela vitória do negus. A Abissínia tornara-se sua terra adotiva, e os habitantes de Meca insistiram em fazer parte da sociedade que lhes dera refúgio na hora da tribulação. Muitos meses depois, quando finalmente recebeu notícias das impressionantes realizações dos seguidores e da generosidade do negus, Maomé declarou a Abissínia uma terra sagrada, que os seguidores jamais deveriam invadir.

◆ ◆ ◆

'Amr ibn al-'As retornou a Meca de mãos vazias. Os anciãos de Dar-un-Nadwah ouviam, incrédulos, enquanto ele relatava a missão fracassada e ficaram furiosos ao saber que, mesmo de longe, as revelações de Maomé haviam conseguido influenciar um grande rei. Além disso, na própria Meca, os hachemitas se recusaram a ceder, mesmo quando o boicote entrou no oitavo mês.

Determinados a reprimi-los ainda mais, os anciãos envidaram esforços furtivos para impedir o contrabando de comida para os prisioneiros. Abu Bakr pagava nômades para pastorear seus rebanhos perto do acampamento e discretamente jogar pacotes de comida por cima da cerca. Em resposta, os anciãos deram um novo ultimato: se um único membro do clã nômade fosse pego ajudando os hachemitas, todo clã seria impedido de negociar em Meca e teria negado o acesso aos locais sagrados. Alguns bandidos corajosos continuaram a contrabandear comida, mas a situação no acampamento se deteriorou.

A guerra fria anunciada pelo boicote arrastou-se por mais dois anos. Maomé esforçou-se para manter a mente alerta, ensinando a filha Fatimah e fazendo caminhadas com a esposa. À medida que os recursos do clã hachemita se esgotavam, Maomé e Khadijah financiavam grande parte da rede alimentar subterrânea, embora sua riqueza começasse a diminuir. Pior ainda, Khadijah e o tio Abu Talib já davam sinais de desnutrição.

À medida que as notícias da piora da condição de Abu Talib, de 70 anos, se espalhavam, o público de Meca ia ficando cada vez mais inquieto com o boicote, que não conseguira nada além de separar famílias e causar sofrimento a inocentes. Afinal, a maioria do clã de Maomé não era de seus seguidores. Enquanto as famílias da elite – em clara ruptura com os costumes árabes – renegavam filhos apenas por se juntarem a Maomé, o pagão Abu Talib, honrosamente, apoiava o sobrinho, de acordo com a tradição de Meca. O público começou a reclamar daquela medida mal-intencionada.

Cinco jovens mecanos entraram sorrateiramente no acampamento para consultar Maomé. Os pais vinham de vários clãs, mas as mães eram todas hachemitas, e eles odiavam ver os primos sofrer. Sob o manto da escuridão, em uma noite sem lua, os cinco cavaram um túnel sob a barreira, para obter uma audiência com Maomé. Farto daquele interminável conflito social, Maomé aconselhou: "Para acabar com o boicote, vocês precisam voltar a opinião pública contra ele. Convoquem uma assembleia ao redor da Ka'bah e insinuem-se no meio da multidão".

Na sexta-feira seguinte, após a reunião semanal dos anciãos, os cinco jovens se dirigiram à Ka'bah, enquanto uma multidão, incluindo 'Amr ibn Hisham e outros anciãos, se reunia na praça principal. Um dos jovens caminhou corajosamente até a porta da Ka'bah e apontou para o documento exposto, que começava a se desintegrar após três anos. "Não aprovamos esta inovação!", declarou. "Ela foi proposta em nosso nome, mas sem o nosso consentimento."

A princípio, a multidão, perplexa, permaneceu em silêncio; em seguida, os outros quatro homens começaram a gritar de diferentes partes da multidão, ecoando o apelo para se acabar com o boicote. Em poucos minutos, toda a multidão começou a bradar, em uníssono, contra a medida "injusta" e "covarde". O orador principal, então, fez em pedaços a declaração de boicote, enquanto a multidão aplaudia – e o rosto de 'Amr ibn Hisham ficava vermelho de vergonha. A tentativa de esmagar Maomé apenas alimentara a simpatia por ele.

A multidão logo se tornou uma horda, partindo para o campo de concentração a fim de queimar a cerca e libertar os presos. No entanto, quando chegou encontrou o acampamento em silêncio. A maioria dos hachemitas havia se reunido, com o rosto coberto de cinzas, do lado de fora da tenda de Abu Talib, enquanto o ancião morria lá dentro. A turba libertadora carregou Abu Talib em uma maca, de volta para casa, em ruínas. Para acalmar a fúria do povo, os anciãos visitaram Abu Talib e tentaram fazer as pazes, ajudando os hachemitas a restaurar suas moradias e a remontar suas tendas de mercado. Mas alguns dias depois Abu Talib morreu, cercado pela esposa e pelos filhos.

Maomé visitou o tio, mas teve que passar a maior parte do tempo cuidando da esposa doente. De volta para casa, Khadijah não melhorara. Uma semana após a morte de Abu Talib, ela mal se agarrava à vida. Os parentes vieram prestar as últimas homenagens. O boicote a destruíra.

Maomé sentou-se perto de Khadijah, abraçando-a na cama que construíra para o casal anos antes. Apoiou a cabeça dela no peito, enquanto a família permanecia ao redor. Fatimah notou lágrimas escorrendo pelas faces do pai enquanto ele tentava acalmar Khadijah. Mas nada ajudou. À medida que a luz do sol declinava, a força de Khadijah também diminuía. Maomé pediu aos presentes que saíssem do quarto. Permaneceu na cama, abraçando o corpo sem vida da esposa por várias horas, antes de finalmente sair para pedir água, roupas de linho limpas, cânfora e incenso. Banhou o corpo dela e o envolveu em linho branco.

A família de Khadijah chegou pela manhã, a fim de reivindicar o corpo para o enterro em seu lote de terra no cemitério. Seguiu-se um debate entre o sobrinho dela, Hakim ibn Hizam, e Maomé. A família repudiara Khadijah quando viva, argumentou Maomé, então não tinha direito a ela depois de morta. Ele a enterraria ao lado do avô. Os primos de Maomé cavaram a sepultura, e um pequeno cortejo fúnebre de apenas familiares diretos e Abu Bakr se pôs em marcha no fim da tarde. A família de Khadijah não participou. Ao lado do túmulo, Maomé abraçou as filhas e depois pediu a todos que saíssem, para que pudesse se despedir sozinho da falecida.

Naquela noite, uma delegação de anciãos, incluindo 'Amr ibn Hisham, visitou a casa de Maomé para, brevemente, lhe oferecer condolências. Maomé tentou se controlar, mas 'Ali notou que, em alguns momentos, sua dor quase se transformou em raiva. Durante essas horas sombrias, 'Ali, Abu Bakr e Zaid permaneceram perto de Maomé para lhe proporcionar conforto.

A morte de Khadijah foi um golpe devastador. "Ela era meu lugar de serenidade em um oceano de confusão", lembrou Maomé, melancólico. "Ela acreditava em mim enquanto os outros me evitavam. Trouxe para a luz o melhor de mim enquanto os outros tentavam me obscurecer. Apoiou-me enquanto os outros buscavam maneiras de me impedir. Fortaleceu-me com suas palavras, compartilhou sua fortuna comigo e me deu filhos."

Com o principal sustentáculo subitamente desaparecido, Maomé passou a valorizar ainda mais o papel decisivo que Khadijah desempenhara em sua vida; encorajara-o a aproveitar oportunidades, robustecera sua confiança e confortara-o em face a insultos pungentes. Khadijah sempre soubera ver potencial mesmo onde não era óbvio. Com paciência, esperara por décadas que o talento profético do marido viesse à tona. Mais importante, tinha o dom de vislumbrar oportunidades positivas em situações aparentemente negativas. Elementos vitais da revelação de Maomé, com efeito, eram naturalmente aceitos por ela, que foi a grande mentora e a seguidora mais dedicada do marido.

Então, após vinte e cinco anos de casamento, Maomé precisava desenvolver um novo sistema de apoio para substituir aquilo que Khadijah lhe proporcionara com naturalidade. Uma semana após a morte dela, Maomé convocou, pela primeira vez em anos, os poucos seguidores restantes a Dar-ul-Arqam. Eles abririam caminho em meio a destroços. Um passo importante foi enviar à Abissínia notícias do fim do boicote. Quando a mensagem chegou, cerca de setenta seguidores de Maomé, incluindo Barakah, prepararam-se para voltar a Meca, embora Maomé pedisse que Ja'far e alguns outros permanecessem lá.

Duas semanas após a morte de Khadijah, Maomé, por fim, teve uma nova revelação, a primeira em quase três anos. Ela marcou o aniversário de dez anos da primeira revelação no topo do monte Hira. Dessa vez, da boca de Maomé saiu a única narrativa completa e ininterrupta do Alcorão: "Surah Yusuf", uma releitura da história bíblica de José. Mais tarde, Maomé exortaria os seguidores a recitar essa *surah* sempre que se sentissem desamparados ou ansiosos. Os 111 versículos têm poder especial para ajudar a restaurar a confiança, mesmo em momentos de desânimo.

No relato corânico da vida de José, Jacó, o pai do jovem sonhador, adverte que os talentos proféticos exclusivos do filho são perigosos – embora Deus lhe tenha dado sabedoria especial para ver significados mais profundos por trás do óbvio, os outros ficarão com inveja do seu dom. O jovem, é claro, logo se vê às voltas com uma avalanche de grandes fracassos e impressionantes sucessos. Os irmãos de José o vendem a uma caravana de mercadores, que o levam para o Egito, onde é vendido mais uma vez a um alto funcionário, antes de ser subitamente lançado na prisão – e, também subitamente, chamado a interpretar os sonhos do rei. Depois que suas análises perspicazes o elevam, de maneira inesperada, à segunda posição mais poderosa do reino, José testemunha o drama de sua vida se completar quando os irmãos descem para o Egito durante um período de fome, em busca de subsistência. Sem reconhecê-lo, eles se prostram diante dele, tornando realidade sua visão de infância.

Alguns versos revelaram critérios importantes da saga de José:

> *Wa kathalika makkanna li-Yusufa fil-ardhi wa linu'allimahu min ta `wilil-ahadithi wallahu ghalibun 'ala amrihi walakinna akthaaran-nasi la ya'lamun...*
> São maneiras tão misteriosas que arranjamos para José alcançar posição elevada na terra, ensinando-lhe a interpretação do enigmático. O Divino Amoroso está perpetuamente arranjando destinos, embora a maioria das pessoas não saiba...

> *Wa ka `ayyiam-min fis-samawati wal-ardhi yamurruna'alaiha wa hum 'anha mu 'ridhum...*
> Muitas são as maravilhas e os sinais no cosmos na terra, mas a maioria passa por eles alheia às grandes lições...

> *Hatta ithas-tay`asar-rusulu wa thannu annahum qad kuth-thibu ja`ahum nasruna.*
> Quando os mensageiros chegam ao ponto mais baixo do desespero e se sentem completamente rejeitados, sem nenhuma esperança, é então que nossa ajuda vem para aliviá-los.

Assim como José entendeu a mensagem divina oculta no sonho do rei, a sura encorajou seu público a buscar mensagens de esperança escondidas à vista de todos – em particular, em momentos de desespero. Se José não tivesse sido escravizado, jamais teria entrado na casa de um alto funcionário. Se não tivesse sido aprisionado, nunca teria conhecido o rei do Egito. A agressão brutal do irmão de José acabou por levá-lo a se tornar o homem mais poderoso do Egito e, assim, salvar a família da fome. Além disso, apesar do abuso que sofreu nas mãos dos próprios irmãos, José evitou a vingança.

A mensagem do capítulo da esperança, do perdão e da firme confiança, na visão a longo prazo do Divino, ofereceu a Maomé poderosa fonte de inspiração em um momento de profunda tristeza. Em relação à própria situação, pelo prisma da Sura Yusuf, Maomé pôde perceber que o boicote – como a morte dos dois filhos décadas antes – o desafiara de maneiras imprevisíveis e o forçara a crescer. A agressão dos habitantes de Meca o compeliu a plantar novas sementes na África e, no processo, testar a universalidade de sua mensagem. Até a morte da esposa e do tio poderia ser entendida como tendo um propósito mais profundo: Maomé precisava, agora, avançar como líder, sem mentor ou benfeitor.

Embora ainda de luto, Maomé tentou canalizar o espírito afirmativo da sura renovando seus esforços em e ao redor de Meca. Finalmente capaz de ir e vir sem impedimentos, levou Zaid consigo para a cidade vizinha de Ta`if, onde as elites de Meca mantinham casas de veraneio. Os anciãos locais receberam Maomé como hóspede importante e, com educação, ouviram seu discurso. No entanto, após terminada a reunião, eles instruíram as crianças a apedrejar o profeta, quando ele saísse dos portões da cidade – embora apenas abaixo da cintura, para não o machucar mortalmente. As crianças emboscaram Maomé e atiraram pedrinhas em suas pernas conforme ele passava, humilhando-o com o sinal de rejeição mais humilhante das culturas semíticas.

Pela primeira vez, Maomé sofreu ataques físicos e ficou ensanguentado enquanto tentava compartilhar suas ideias. Zaid começou a rasgar as próprias roupas para enfaixar as feridas de Maomé, enquanto este olhava para o céu e gemia: "Senhor Deus, volto-me para Ti em minha condição debilitada, em estado de desorientação e desprezo aos olhos dos outros.

Ó Consolador Supremo, que consolas em tempo de desespero, Tu és o mentor daqueles que estão sozinhos e sobrecarregados. Tu és meu mentor, a quem mais posso recorrer ao seu lado? Se me voltar para aqueles que não me conhecem, eles me considerarão estranho. Se recorrer a antagonistas que me conhecem, eles só me reprimirão ainda mais. Peço-te que guies meu caminho com Tua luz iluminadora, por meio da qual Tu lanças fora as camadas de escuridão e reequilibras a agitação do mundo. Permanecerei firme até que Tu me dês alívio, pois toda resiliência e compreensão vêm de Ti".

Vendo o sangue escorrer pelas pernas de Maomé, o coração de Zaid partiu-se pelo pai adotivo. Num acesso de raiva, jurou: "Gostaria que as duas montanhas ao redor da cidade se juntassem e esmagassem seus habitantes pelo que fizeram com você".

Maomé respondeu gentilmente: "Eu não desejaria isso, pois mantenho a esperança de que o mesmo jovem que me apedrejou possa, um dia, levar minha mensagem a terras distantes". Ainda assim, a dor de ser agredido durante o luto recaiu sobre Maomé, que se referia a esse período da vida como *'am al-huzn* (o ano da dor no coração).

Maomé e Zaid voltaram para Meca depois que a maioria dos moradores já havia ido para a cama, uma vez que Maomé queria evitar ser visto ensanguentado. Ele mandou Zaid para casa sozinho e, enquanto a cidade dormia, caminhou para a Ka'bah. Entrou no Hijr Isma'il, recinto semicircular do lado de fora do santuário – espaço sagrado reservado aos anciãos da cidade – e deitou-se no local onde o avô se sentara cinco décadas antes. Com a cabeça simbolicamente no colo do avô, Maomé fechou os olhos e contemplou os acontecimentos do pior dia de sua vida.

De repente, em estado liminar que ele descreveria, mais tarde, como "entre estar acordado e dormindo", Maomé experimentou uma resposta divina à oração sincera daquela tarde. Em uma revelação epifânica, o profeta Moisés apareceu, abraçou Maomé e disse: "Fique à vontade e componha-se, meu amado irmão". Moisés, então, guiou Maomé em uma jornada espiritual noturna (*isra'*) para Jerusalém (cidade da totalidade). O cenário oferecia um pano de fundo temático para a mensagem de Moisés a Maomé. Jerusalém vira uma destruição repetida, apenas para ser reconstruída das cinzas em esplendor ainda maior. De fato, apenas algumas semanas antes da jornada noturna de Maomé, os exércitos sassânidas devastaram a cidade. Relatos de ataque chegaram a Meca, descrevendo uma outrora grande capital em ruínas.

A Jerusalém que Moisés apresentou a Maomé, no entanto, era uma joia adornada em plena majestade. Aguardando Maomé em um Monte do Templo restaurado estava uma extraordinária assembleia de profetas bíblicos. Moisés apresentou Maomé a todos os profetas, cada um dos quais perseverara, apesar das imensas provocações. Cada profeta ensinou uma lição vital a Maomé e compartilhou com ele um pedaço de sabedoria de seus trabalhos. Tanto os profetas quanto o cenário dramático forneceram inspiração para curar seu estado enfraquecido e vislumbrar um futuro melhor.

Na fase final da epifania, Maomé ouviu um chamado celestial instruindo a ele e aos seguidores a se conectar com o Divino cinquenta vezes por dia. Moisés, como mentor de Maomé, aconselhou: "Peça para diminuir isso – sou experiente e sei que esse número é demais para qualquer pessoa manter". Após longa negociação, Maomé, por fim, conseguiu diminuir a diretiva para cinco vezes ao dia. Mais uma vez, Moisés aconselhou: "Peça para diminuir ainda mais – meu povo luta para manter três". Muito tímido para fazer uma petição por mais tempo, Maomé sentiu que cinco vezes por dia era factível, apenas para ser despertado da epifania pela água pingando da tromba-d'água da Ka'bah em sua testa.

Ao acordar, viu suas feridas, o sangue seco espalhado pelas pernas e roupas rasgadas. No entanto, sentiu-se completamente rejuvenescido pela jornada noturna. Voltou para casa e encontrou 'Ali mantendo nervosa vigília noturna no saguão da frente. 'Ali ficou chocado com o contraste da aparência abatida do primo e seu rosto sorridente e alegre. Maomé narrou em detalhes, com entusiasmo, a visão e o novo *insight*: a oração formal precisava de estrutura formal para as pessoas se reorientarem ao longo do dia.

Maomé vinha orando desde a primeira revelação no topo do monte Hira, prostando-se em vários momentos por alguns minutos, ou mesmo algumas horas, mas isso nunca se tornou um ritual formal. A nova estrutura da oração – chamada *salah* (conexão) por causa das frágeis pontes de corda que conectavam as pessoas pelos abismos – serviria como recursos diário para ajudar a população a se reorganizar e se conectar.

Naquela manhã de sexta-feira, Maomé ensinou 'Ali a lavar as mãos, o rosto, os braços, a cabeça e os pés em um gesto simbólico de purificação, que o profeta chamou de *wudhu`* (iluminação). Então, quando o tom roxo do amanhecer se espalhou pela paisagem, os dois subiram para o terraço da cobertura. Maomé mostrou a 'Ali o conjunto de orações que aprendera durante a visão noturna e o instruiu a recitar a Sura Al-Fatihah e a contemplar seus significados. Quando o primeiro sinal de luz penetrou no céu sobre Meca, os dois voltaram-se para o norte, em direção a Jerusalém, e ofereceram a primeira oração mulçumana estruturada, enquanto o som de grilos ecoava ao redor deles no ar parado da manhã.

◆ ◆ ◆

Como parte da contínua batalha de relações públicas com Maomé, os anciãos de Meca cessaram os ataques durante o tradicional período de luto de quarenta dias por Khadijah. Uma vez concluído, no entanto, 'Amr ibn Hisham orquestrou nova ofensiva: uma campanha agressiva de difamação em toda a Arábia. Os anciãos contribuíram com grandes somas de dinheiro para contratar poetas talentosos para compor versos – chamados *hija* (esfaqueamento) – ridicularizando Maomé. Os poetas sarcásticos foram enviados por toda a Arábia para recitar suas obras caluniando Maomé como mulherengo cruel, bandido e lunático. Os anciãos entenderam que esses ataques não seriam tolerados na própria Meca, mas, com astúcia, procuraram desacreditar Maomé em toda região.

Um poeta ousado atravessou o deserto até o temido clã Ghifar, os saqueadores mais notórios da Arábia, para se apresentar no mercado. As histórias chocantes do poeta sobre um homem misterioso em Meca chamado Maomé chamaram a atenção do jovem Jundub (gafanhoto), membro da família mais nobre do clã. Insatisfeito com a pilhagem perpétua da tribo, o jovem notou a inconsistência em pilhar uma caravana e depois generosamente doar parte do saque a nômades pobres. Ele era avesso à idolatria, a qual, desde tenra idade, lhe parecia hipócrita. Jundub ficou tão cativado pelo relato do poeta que partiu para uma viagem de três semanas a Meca, para conhecer Maomé pessoalmente.

Na superfície, o selvagem clã Ghifar teria parecido o último povo na Arábia a receber a mensagem de Maomé. No entanto, Maomé e Junbud conectaram-se de imediato, e o jovem decidiu ficar em Meca, por seis meses, para estudar na academia Dar-ul-Arqam. Maomé ficou impressionado com a determinação de Jundub de pensar por si mesmo e traçar uma vida de significado. O jovem foi a primeira pessoa que se esforçou para aprender a filosofia de Maomé. Todos os recrutas anteriores eram amigos, parentes ou pessoas que conheciam Maomé e o achavam inspirador. Pela primeira vez, a mentalidade foi convincente por mérito próprio, até mesmo, ironicamente, por meio de uma campanha de difamação.

Após seis meses de intenso aprendizado, Jundub embalou um baú cheio de pergaminhos do Alcorão e preparou-se para retornar ao clã. Determinado a mudar seu povo, o jovem não se intimidou com a perspectiva aparentemente impossível de transformar os nômades mais cruéis da Arábia em pensadores progressistas. Maomé foi lhe dar adeus e ofereceu-lhe um último presente de despedida: um novo nome. Jundub era agora Abu Tharr (disseminador de sementes de longo alcance). Além disso, aproveitando a mesma composição gramatical que a mãe, Aminah, usara em suas últimas palavras, Maomé encarregou Jundub de uma missão – "*Kun aba tharr!*" (Seja um catalisador para mudanças positivas!).

Parado com 'Ali e Zaid na passagem norte de Meca, Maomé observou Abu Tharr cavalgar sozinho ao longe. (Os Ghifar eram tão temidos que, únicos entre os clãs árabes, viajavam pelo deserto sem risco de ser atacados.) O trio assumiu que eles não veriam o jovem inocente outra vez. Todavia, quando se viraram para voltar para casa, Maomé colocou a mão no ombro de 'Ali e observou: "O caminho do florescimento para o coração de uma pessoa é como o caminho da água para as raízes de uma palmeira, que pode levar anos para florescer e dar fruto e até setenta anos em terras desoladas e inférteis". Mais tarde naquele dia, Maomé experimentou uma nova declaração:

In 'alaika illal-balagh.
Sua tarefa é meramente entregar a mensagem com eloquência.

Poucos dias após a partida de Abu Tharr, veio uma nova revelação, chamada Al-Inshirah ou Ash-Sharh (O Consolo/Consolo – em sentido literal, desamarrar cordas amarrando firmemente um arnês a um camelo), com refrão rimado:

Alam nashrah laka sadhrak
Não aliviamos o aperto que comprime seu peito.

Wa wadha'na 'anka wizrak
E não lançamos fora a montanha de fardos que pesa sobre você.

Al-lathi anqadha thahrak?
Um sentimento de desesperança o levou quase ao ponto de ruptura?

Wa rafa'na laka thikrak?
E não o levantamos da obscuridade, estabelecendo sua fama por toda parte?

Fa inna ma'al 'usri yusra.
Depois, lembre-se bem, enquanto o obstáculo é definido, soluções potenciais fluem com facilidade.

Inna ma'al 'usri yusra.
Quando o obstáculo é definido, soluções potenciais fluem sem limite.

Fa itha faraghta fansab.
Portanto, uma vez que você reorientar sua experiência, fique em pé com confiança.

Wa ila rabbika farghab.
E permaneça inabalável em confiar na sábia orientação de seu Mentor Cósmico.

O principal termo da passagem era uma nova palavra na revelação do Alcorão: *yusra* (fluxo). A imagem transmitida por *yusra* é de água fluindo em torno de uma rocha, no meio de um riacho. Por onze anos, Maomé esgotara-se enquanto batia de frente contra a rocha de Meca. Naquela época, atraiu apenas cento e cinquenta seguidores, cerca de uma dúzia por ano. Era a hora de parar de bater de frente. Em vez disso, ele contornou a rocha.

Várias revelações reforçaram a mensagem. Uma delas observou que impor a mentalidade não é possível:

La ikraha fid-din.
Não incomode ninguém, de forma nenhuma, para tentar forçá-lo a seguir o caminho do sucesso.

Outra lembrou Maomé dos limites da responsabilidade profética:

Laysa 'alaika hudahum.
Não é sua responsabilidade guiá-los se eles não escolheram a rota mais sonora.

A *huda* – direção fornecida por um *hadi* (guia especializado) – mostrava aos viajantes selvagens a rota mais segura pelos terrenos difíceis. Como um *hadi*, Maomé só poderia guiar se convidado e não poderia forçar as pessoas a seguir sua rota preferida ou mesmo impedi-las de seguir um caminho destrutivo. As pessoas tinham o direito inerente de escolher sua direção. Forçar uma planta a florescer apenas prejudicava seu crescimento natural. As pessoas tinham de adotar a mentalidade livremente.

Assim que Maomé obteve esses critérios, um grupo de forasteiros chegou a Meca em busca de sua orientação. Na cidade natal da mãe, Yathrib, conflitos entre clãs rivais criaram uma tensão persistente. A cidade carecia de uma assembleia unificada de Dar-un-Nadwah, ou de um ancião-chefe, e a competição entre as elites invejosas havia destruído a coesão social. Embora Maomé não visitasse Yathrib havia várias décadas, alguns moradores ainda se lembravam dele. Quando a campanha de difamação dos mecanos chegou a Yathrib, vários dos anciãos da cidade procuraram descobrir por si mesmos o que o filho de Aminah fizera para merecer tanto escárnio. Comerciantes da costa que vendiam peixe seco nos mercados de Yathrib forneceram uma contranarrativa intrigante: a maioria dos seguidores de Maomé fugira para a África e prosperava lá como comunidade.

Apesar do conflito, a elite de Yathrib ansiava por soluções. Ao contrário dos habitantes de Meca, ela realmente queria melhorar o estado de coisas – apenas não tinha um caminho efetivo a seguir. Um grupo de cerca de setenta notáveis de todos os clãs da cidade decidiu viajar para Meca, durante a temporada de peregrinação, para pedir conselho a Maomé. Para evitar levantar suspeitas dos mecanos, os notáveis viajavam como comerciantes. Eles prontamente perguntaram sobre o notório Maomé e foram apresentados a Al'-Abbas, tio de Maomé e um dos principais agiotas da cidade. Quando os yatribitas perguntaram pelo sobrinho, Al'-Abbas, que, no início, era seu protetor, concordou em ajudar a marcar uma reunião quando os visitantes revelaram seu verdadeiro interesse em obter a ajuda de Maomé.

Por volta da meia-noite, vinte membros da delegação de Yathrib chegaram ao Al-'Aqabah (a emancipação), vale isolado nos arredores de Meca. Maomé esperava por eles lá, acompanhado de Al-'Abbas, 'Ali e Zaid. Maomé ouviu em silêncio enquanto os yatribitas descreviam o colapso da ordem cívica em sua cidade e a necessidade de um sistema estável que pudesse promover o crescimento. Terminaram apelando a Maomé que fosse mediar em Yathrib. Maomé respondeu a eles alertando-os dos perigos de adotar suas ideias: fazer isso, por certo, atrairia a ira dos habitantes de Meca, que haviam acabado de passar três anos em uma campanha devastadora contra ele. "Retornem ao seu pessoal e certifiquem-se de dar esse passo com plena consciência das consequências e dos benefícios", aconselhou. "É uma decisão que só vocês podem tomar e, uma vez que o façam, não há como retroceder."

No dia seguinte, os yatribitas debateram a oportunidade e, finalmente, decidiram, como um grupo, assumir os riscos. Duas noites depois, toda a delegação foi a Al-'Aqabah encontrar Maomé. Mais cedo naquela noite, Maomé procurou um de seus melhores alunos, Mus'ab, com uma missão especial em mente. Um jovem da família da elite de Meca fazia parte do grupo que deixara Meca na calada da noite antes de o boicote começar. A mãe tentou freneticamente convencê-lo a parar de seguir Maomé – até fez uma tentativa fracassada de greve de fome. Determinada a não perder o filho de novo, trancou-o no quarto e o amarrou à cama. Os seguidores de Maomé montaram uma ousada missão de resgate e tiraram Mus'ab de casa, sob o manto da escuridão.

Quando Maomé se encontrou com os yatribitas naquela noite, ele os apresentou a Mus'ab. Em vez de ficar estagnado em seu quarto, o jovem eloquente retornaria a Yathrib com os emissários, para testar se os locais estavam prontos para receber a mensagem de Maomé. Os yatribitas concordaram com o plano e contrabandearam Mus'ab para fora da cidade, em um grande contêiner de terracota. Além disso, embalaram vários pergaminhos do Alcorão fornecidos por 'Ali, escondendo-os entre as mercadorias.

Entre os muitos alunos, Maomé escolhera Mus'ab porque pertencia à elite culta e poderia engajar diplomaticamente outras elites em uma cidade dividida. Maomé aprendera com a experiência negativa em Meca que, se a elite da cidade se sentisse ameaçada, sua mensagem de florescimento não poderia se manter. Na realidade, o experimento na Abissínia fora bem-sucedido porque o rei não percebeu nenhuma ameaça e, de fato, acolheu as revelações.

Mus'ab passou os primeiros dias em Yathrib coletando informações sobre a complexa dinâmica social da cidade. Equipado com essa inteligência, começou a navegar diplomaticamente pela cena local. Conheceu líderes influentes, que ficaram impressionados com sua eloquência e maneiras refinadas. Um a um, Maomé raciocinou com eles, muitas vezes sentado por horas à sombra de palmeiras exuberantes. Então, reuniu pequenos grupos de elites que se respeitavam; se conseguisse convencer apenas um deles, o restante do grupo o seguiria. As facções conflitantes da cidade, aos poucos, perceberam que compartilhavam um entusiasmo comum pela aproximação de Mus'ab.

Em menos de um ano, Mus'ab conquistou quase todos os anciãos da cidade. Durante a temporada de peregrinação, o grupo original de setenta visitou Maomé, mais uma vez, em Meca. Reunidos no mesmo local secreto no vale isolado, os yatribitas convidaram Maomé, com entusiasmo, a se juntar a eles. Aos olhos deles, o profeta era um homem com raízes profundas em Yathrib que, ao mesmo tempo, transcendia os confrontos políticos locais, um *insider-outsider* ideal que poderia arbitrar as disputas tribais.

O pedido de ajuda que Maomé recebeu de fora de Meca reforçou a advertência da revelação corânica de ser paciente e esperar por públicos receptivos. No entanto, Maomé ganhou tempo, concordando apenas em enviar alguns seguidores. Ainda não poderia desistir de Meca.

◆ ◆ ◆

Um dia após a reunião com os yatribitas, Maomé chamou simultaneamente os principais seguidores na academia de Dar-ul-Arqam para informar-lhes do acordo. Ao contrário do profeta, nenhum deles tinha raízes em Yathrib. Ele, agora, estava lhes pedindo que dessem as costas ao lar ancestral e abandonassem as famílias para morar em uma cidade distante e estranha, com dialeto árabe desconhecido. Ainda assim, muitos desses seguidores tiveram de fugir do país durante a noite, muitos anos antes. Uma fuga mais planejada para outra cidade na Arábia parecia menos assustadora.

Para preparar os seguidores para a transição, Maomé descreveu seu movimento como *hijrah* (hégira – migração) – em sentido literal, dar as costas ao passado para caminhar em direção a um futuro desconhecido. A palavra era comumente usada para descrever a decisão do marido e da mulher de se separar, mas não de se divorciar, deixando aberta a possibilidade de reconciliação. Em vez de continuar gastando energia em Meca com pessoas que não estavam prontas para mudar, os seguidores mudariam o foco para uma cidade ansiosa por um envolvimento significativo. Dariam as costas a Meca, mas não de modo permanente.

Uma nova revelação do Alcorão explorou o propósito da hégira por meio da analogia das abelhas. Durante anos, os seguidores de Maomé ouviram-no evocar os insetos nas sessões da academia de Dar-ul-Arqam. "*Kun kan-nahlah!*" (Seja como a abelha!), ele encorajou. Busque o néctar mais puro de várias fontes e, depois, processe-as para produzir um mel curativo, com múltiplos benefícios para o mundo. E, mesmo que o mundo evite seus benefícios, o mel ainda adoça e não causa danos.

Agora viera uma revelação – chamada Sura An-Nahl (As Abelhas) – que se inspirara na capacidade das abelhas de buscar constantemente flores frescas para seu mel e estabelecer novos lares diante da adversidade. "Seu Mentor Divino inspirou as abelhas a construir suas colmeias nas montanhas, nas árvores e nos vinhedos", declarava um versículo, saudando a capacidade desses insetos de atender ao chamado divino de se adaptar e reconstruir. Invocando o conceito de hégira, a sura enfatizava seguir em frente com espírito positivo:

> *Wal-lathina hajaru fil-lahi mim-ba'di ma thulimu lanubaw-*
> *-wi`an-nahum fid-dunya hasanataw-wa la `jrul-akhirati*
> *akbaru law kanu ya'lamun.*
>
> Aqueles que foram injustiçados e abusados ainda reúnem a coragem – apoiada pelo Divino Amoroso. Ao deixarem o passado para trás, encontrarão uma terra fértil e acolhedora que os capacitará a alcançar sucessos e impactos muito maiores do que jamais poderiam ter imaginado.

Após anos de perseguição, seguidores como 'Ammar, cujos pais foram assassinados diante de seus olhos, e Bilal, que foi arrastado pela areia escaldante com uma pedra no peito, precisavam encontrar uma maneira de se livrar de qualquer raiva idônea ou desejo de vingança. Enquanto Maomé e os seguidores perderam dinheiro, amizades e até entes queridos, fazer a hégira exigia uma volta mental antes de embarcar em uma transição física. Deixar o passado para trás significava mais que apenas perdoar. Os seguidores de Maomé tiveram de amadurecer a partir de um movimento clandestino, havia muito tempo reprimido, para se transformar em líderes cívicos responsáveis por uma cidade em turbulência.

Uma transição tão dramática também exigiu deles uma evolução no relacionamento com o Divino, de uma dependência estruturada para uma independência que apoia. Durante anos, as revelações do Alcorão invocaram o Divino como *Rabb*, nutrindo, com cuidado, o crescimento de uma jovem planta. Mas o espessamento do tronco de uma planta madura eventualmente supera os suportes básicos, e as raízes mais profundas não se beneficiam de pequenas gotas de água na base. Agora que o movimento de Maomé finalmente superara o de Meca, o Alcorão invocou cada vez mais o Divino como Alá, consolador que fornece apoio emocional em vez de estrutural. O movimento, por fim, atingira a adolescência, pronto para experimentar a independência conquanto ainda balizado por um guardião amoroso.

Outra revelação foi apresentada pelo profeta Ló, sobrinho de Abraão, que passou mais de uma década procurando melhorar seu povo e foi forçado a deixar sua casa, sob o manto da escuridão, para evitar um plano de assassinato.

Wa la yaltafit minkum ahad!
Que nenhum de vocês olhe para trás!

A mulher dele olhou para trás e, em consequência, foi transformada em estátua de sal, significando preservação e estagnação. O sal era o melhor preservador; a esposa de Ló procurou preservar um estado autodestrutivo doentio. Deixar fisicamente Meca não seria o bastante. Os seguidores tiveram de deixar para trás qualquer pensamento de vitimização para se concentrar em um futuro que pudesse ser moldado à sua maneira.

O primeiro a sair em hégira foi 'Umar, que manteve-se discreto enquanto estava imerso nos estudos. Antes de partir, ele parou diante da Ka'bah e gritou: "Ó povo de Meca, estou partindo para Yathrib. Qualquer um que deseje deixar para trás uma mãe enlutada e uma viúva chorando com órfãos que tente me impedir". A multidão, atônita, separou-se quando o gigante caminhou até seu cavalo e saiu da cidade para o norte.

Nos seis meses seguintes, a família de Maomé (com exceção da filha mais velha, Zainab, que permaneceu em Meca com o marido pagão) e seus seguidores partiram, aos poucos, em pequenos grupos. Ao contrário de 'Umar, deixaram a cidade no meio da noite, temendo que os familiares os impedissem de sair. De fato, quando os líderes de Meca recebiam notícias de participantes da hégira que haviam partido recentemente, muitas vezes enviavam cavaleiros para fazê-los voltar à força. Um grupo de busca, por exemplo, encontrou Suhaib, ex-aprendiz de Ibn Jud'an e seguidor próximo de Maomé, descansando em uma caverna deserta ao meio-dia. Os guerreiros de Meca olharam para sua bolsa de moedas de ouro e fizeram-lhe uma oferta que ele não pôde recusar: "Você veio pobre a nós e agora vai embora enriquecido com nosso dinheiro, que ficará em Meca com ou sem você".

Forçado a se desfazer das economias, Suhaib, no entanto, permaneceu otimista em relação ao futuro. "Esse foi o melhor investimento que fiz", recordou mais tarde.

Hamzah conseguiu deixar Meca ileso, acompanhado das filhas de Maomé, Fatimah e Um Kulthum. Todavia, outra filha de Maomé, Ruqayyah, grávida de oito meses, foi a menos afortunada. Ao sair de Meca com o marido, 'Uthman, dois de seus primos a atacaram, arremessando-a de seu camelo. Ela caiu inconsciente em uma poça de sangue e abortou.

À medida que mais seguidores de Maomé desapareciam de Meca, os anciãos convocaram uma reunião de emergência em junho de 622, buscando medidas para conter a maré. Eles ficaram ainda mais preocupados em saber da crescente popularidade de Maomé em Yathrib. Se o próprio Maomé fugisse para Yathrib, poderia mobilizar uma força para impedir as caravanas de Meca. Os anciãos não poderiam permitir que ele saísse da cidade, mas não tinham justificativa para detê-lo sob o código tribal da Arábia.

Na sessão de emergência de Dar-un-Nadwah, 'Amr ibn Hisham, mais uma vez, deu um passo à frente com uma solução: poderiam providenciar que Maomé fosse esfaqueado até a morte por um grupo de 21 jovens de vários clãs, todos ao mesmo tempo. A participação de muitas pessoas dividiria a culpa, impossibilitando que os hachemitas buscassem vingança. Em vez disso, teriam de aceitar a restituição oferecida pelos clãs. Quando o tio de Maomé, 'Abdul-'Uzza, concordou em aceitar dinheiro de sangue em nome da família (apesar de ter renunciado ao clã hachemita no início do boicote), os anciãos consentiram. Pelo menos teriam uma solução permanente para o problema de Maomé.

Um dos trabalhadores escravizados no salão da assembleia vazou notícias do plano de assassinato de Maomé. A profecia de Waraqah – "eles vão tentar matá-lo... e forçar sua saída" – estava prestes a se concretizar. Maomé, que havia muito tempo se recusava a abandonar Meca, finalmente cedeu. Ele e Abu Bakr planejaram a fuga. Naquela noite, depois da oração, Maomé olhou pela janela do quarto e notou que havia homens nas sombras abaixo. Com as espadas desembainhadas, os 21 jovens no beco esperaram que ele partisse ao amanhecer. 'Amr ibn Hisham, embora ansioso para acabar com o inimigo, recusou-se a permitir que os assassinos entrassem na casa de Maomé e o matassem enquanto dormia. O público teria visto como covarde e desonroso um ato tão extremo.

No meio da noite, Maomé saiu por uma janela que os assassinos não podiam ver e foi até a casa de Abu Bakr. Os homens, então, rastejaram para um local isolado, onde um *hadi*, 'Abdullah ibn Uraiqit, os esperava em silêncio, com camelos reunidos para a viagem. Enquanto os assassinos se agachavam na porta de Maomé, o trio seguiu para o sul, para uma caverna na encosta do monte Thawr (Touro), onde pretendiam se esconder até que os habitantes de Meca desistissem da perseguição. Os mecanos, no entanto, contrataram profissionais especializados que conseguiram rastreá-los até a boca da caverna. Contudo, quando os habitantes de Meca viram uma teia de aranha intacta na entrada da caverna, presumiram que ela estava vazia. De dentro da concavidade, Abu Bakr viu, aterrorizado, quando a forma de 'Amr ibn Hisham apareceu contra o claro deserto. Abu Bakr relembrou mais tarde: "Se ele não tivesse se distraído pela teia de aranha, por certo teria nos descoberto".

Na véspera do terceiro dia, o trio dirigiu-se para o sul, em direção à costa do Mar Vermelho, antes de voltar para o norte por um caminho inexplorado. Os mecanos estabeleceram uma grande recompensa pela cabeça de Maomé, e assassinos ávidos pelo prêmio em dinheiro começaram uma perseguição implacável. Um caçador de recompensas, Suraqah ibn Malik, ele próprio guia nômade, supôs corretamente que Maomé escolhera um caminho incomum e rastreara os fugitivos perto da costa. Quando Suraqah se aproximou, Abu Bakr saltou entre ele e Maomé. Maomé, no entanto, pediu para falar a sós com o caçador de recompensas. Os dois conversaram e, então, notavelmente, o rastreador foi embora.

Maomé convenceu Suraqah de que havia uma recompensa melhor que a dos habitantes de Meca.

Após vários dias estressantes atravessando o espaço aberto até Yathrib, Maomé e Abu Bakr finalmente chegaram a Qiba, um subúrbio nos arredores da cidade. Agora na jurisdição de Yathrib e, portanto, a salvo de caçadores de recompensa, os homens aguardavam a chegada iminente de 'Ali, que Maomé deixara para garantir que todas as mercadorias armazenadas no depósito de segurança fossem devidamente devolvidas às elites de Meca. Simplesmente por terem dado proteção a Maomé, os yatribitas pagaram um preço: perderam acesso aos mercados mecanos, e a caravana de Meca para Damasco não pararia mais em Yathrib.

O novo desafio que Maomé enfrentava era se poderia oferecer aos yatribitas algo valioso o bastante para compensar a perda econômico-social imediata. O principal bem que trouxera de Meca não fora a riqueza, mas uma mentalidade que transformou em filosofia ao longo de anos de reflexão cuidadosa. A mentalidade combinava senso de propósito transcendente, atitude positiva distinta e técnicas práticas para uma implementação eficaz. Sua essência:

Propósito transcendente
- ◆ O sucesso material não traz realização; pode ser um recurso útil, mas nunca é o objetivo.
- ◆ O mérito supera a posição e a riqueza; portanto, concentre-se no que um indivíduo pode e é capaz de alcançar.
- ◆ O desafio ao longo da vida, para todos os seres humanos, é permitir-se florescer: liberar seu potencial adormecido, mas nunca totalmente maximizado.
- ◆ Há muitos caminhos para o florescimento, e essa diversidade é essencial para uma sociedade saudável.

- Reúna conhecimento de uma variedade de fontes e, em seguida, analise as informações para produzir algo novo que possa beneficiar outras pessoas.

Atitude positiva
- Aceite que o florescimento não é fácil, pois o força a sair da zona de conforto.
- A mentalidade florescente não pode ser forçada. As pessoas devem desejar adotá-la.
- A sabedoria divina existe em todo universo, capaz de inspirar aqueles que estão prontos para reconhecê-la.
- Aceite a imperfeição: a ruptura pode ser bonita e uma oportunidade de crescimento.
- Não se prenda à dor do passado: os rancores levam à estagnação; o perdão, à liberdade.
- Veja a si mesmo e ao mundo ao redor como repletos de potencial criativo, pois manter uma perspectiva positiva aumenta suas chances de sucesso.

Técnicas práticas
- Persevere permanecendo flexível e fluindo em torno dos obstáculos.
- Trabalhe para transformar contratempos em oportunidades.
- Pessoas não podem florescer sozinhas; então, adote mentores para afirmação positiva regular e encorajamento.
- Florescimento requer reorientação constante, alcançada, de modo ideal, reconectando-se todos os dias com o Divino, consigo mesmo e com os outros.
- Concentre-se no permanente (*akhirah*), embora possa não perceber os resultados benéficos em sua vida.

- Reequilíbrio constante entre foco no futuro, com esperança baseada na ação (*taqwa*), e no passado, aprendendo com a sabedoria das gerações anteriores, sem estagnar.

Enquanto se preparava para entrar em Yathrib, Maomé tinha uma metodologia totalmente articulada. A cidade natal da mãe oferecia uma oportunidade sem precedentes de aplicá-la de maneira prática, para transformar um posto avançado desértico socialmente fraturado em florescimento cívico. Yathrib seria um teste crucial.

PARTE III

---◆o▶---

APLICANDO A MENTALIDADE

7

MEDINA

*Yathrib: manhã de sexta-feira,
16 de julho, 622 EV*

Quase todos de Yathrib olhavam atentamente para o horizonte, examinando as areias cintilantes do deserto. As pessoas subiam nos telhados das casas e escalavam palmeiras para obter um ponto de vista melhor. Milhares de outras amontoavam-se nas duas colinas conhecidas como Thaniyat Al-Wada', que ficavam na entrada norte, mesmo local onde a cidade comemorou a destruição do Templo em Jerusalém com o dia anual de luto Tish'ah B'Av. Faltando apenas nove dias para aquele jejum sombrio, os moradores já haviam começado a habitual preparação pré-luto, evitando carne, exceto no sábado.

Por mais de mil anos, os yatribitas haviam permanecido nas colinas ao norte da cidade e olhavam ansiosamente para Jerusalém. Porém, em vez do clima habitual de lamentação, nessa manhã o ar crepitava com um júbilo mal contido. Um mensageiro a cavalo chegara na noite anterior com notícias de que Maomé estava perto de Qiba e entraria em Yathrib pela manhã.

Maomé fora o assunto de Yathrib nos dois meses anteriores, enquanto seus seguidores afluíam para a cidade oásis. Três semanas antes, a notícia de que ele, finalmente, fugira de Meca havia chegado a Yathrib, deixando a cidade em frenesi. Musʻab começou a dirigir os preparativos para a entrada de Maomé, trabalhando com as elites para organizar uma grande recepção. No entanto, logo depois veio a notícia de que os mecanos ofereceram uma recompensa por Maomé e desencadearam uma caçada no deserto. Os yatribitas temiam que Maomé nunca chegasse.

Agora aliviados da ansiedade, os yatribitas correram para colher centenas de folhas verdes para os moradores acenarem acima da cabeça para saudar Maomé. Símbolo semítico clássico da esperança de boa colheita, as folhas das palmeiras sinalizavam a expectativa dos yatribitas de que as sementes plantadas durante o ano de preparação, antes da chegada de Maomé, finalmente dariam frutos.

A manhã marcava o primeiro dia do mês lunar; o quarto crescente que se punha a oeste no céu do amanhecer simbolizava novos começos. Catorze anos depois, esse dia seria designado como o início oficial do calendário islâmico, a transição formal dos seguidores de Maomé de um movimento clandestino fraturado para uma entidade cívica formal. No momento, no entanto, os yatribitas estavam mais focados no retorno antecipado de Maomé.

Nesse espírito de expectativa, os yatribitas, que, em geral, estavam em desacordo, colocaram as diferenças de lado para preparar uma recepção musical especial para Maomé. Um poeta do clã Banu Najjar, cujo nome se perdeu na história, compôs uma breve canção de celebração com melodia animada, uma acentuada ruptura com os motivos melancólicos típicos da música semítica. Um coro improvisado de centenas de homens, mulheres e crianças passou dias ensaiando.

Os moradores de Yathrib trataram a chegada de Maomé como uma recepção de casamento, o arauto da esperança e do rejuvenescimento. Pessoas vestiam as mais finas roupas, e muitas mulheres carregavam tambores nas mãos. Um silêncio caiu sobre a multidão enquanto o sol da manhã subia, sinalizando que o grande momento estava próximo.

O primeiro a vislumbrar Maomé foi o rabino Mukhairiq (conhecimento profundo). Com turbante preto e túnica preta com franjas brancas e azuis, proclamando sua posição como respeitado ancião judeu da tribo Banu Quraithat, o rabino apontou dramaticamente para uma mancha no horizonte. As pessoas desciam das colinas, todas procurando ser as primeiras a dar as boas-vindas a Maomé.

Logo o contorno de três cavaleiros entrou em foco, com o sol brilhante da manhã resplandecendo atrás deles. Para os yatribitas, a cena se desenrolou como o cumprimento de uma antiga profecia. Como os três reis do Oriente proclamando o nascimento de Jesus, esses cavaleiros pareciam anunciar o nascimento de uma nova ordem cívica.

Maomé, Abu Bakr e ʿAli atravessaram a passagem norte de Yathrib cercados por multidões e seguiram em direção ao bairro judeu de Banu Nadhir. Quando Maomé entrou na cidade, os moradores colocaram folhas de palmeira no caminho, diante de seu camelo, sinal semítico de profundo respeito que ecoou as boas-vindas dos habitantes de Jerusalém a Jesus em sua visita à Galileia. Com grande fervor, o coro cívico yatribita irrompeu na canção que preparara cuidadosamente:

Talaʿal badru ʿalaina min thaniyyatil-wadaʿi.
A lua cheia subiu para iluminar e redimir-nos enquanto
 estamos de luto nas colinas.

Wajabash-shukru ʿalaina ma daʿa lillahi daʿi.
Nosso coração transborda de grata esperança, na expectativa
 do guia redentor inspirado pelo Divino Amoroso.

Ayyuhal-mabʿuthu fina jiʾta bil-amril-mutaʿi.
Ó aquele que foi levantado entre nós, tu nos eleva com uma
 mensagem esclarecedora.

> *Ji`ta sharraftal-Madinah marhabay-ya khaira da'i!*
> Você tem de vir elevar o prestígio de Medina (nosso estado renovado), bem-vindo, ó mais inspirador dos guias redentores!

A música fez referência duas vezes a Maomé com *da'i*, pessoa que resgata viajantes para encontrar uma saída de um vale labiríntico. Esse redentor poderia transformar colinas, havia muito tempo associadas ao luto, em símbolos de esperança edificante – e transformar uma cidade chamada Yathrib em Medina. O termo que o compositor usou não era um termo árabe comum, mas sim um conceito semítico do norte, expresso em hebraico e aramaico, para uma província ou comunidade construída sobre fundações estabelecidas, reconsagradas com novo propósito.

Maomé olhou para a multidão de yatribitas – agora medinenses – amontoados em torno de seu camelo. Milhares de pessoas aguardavam sua liderança em intensa expectativa. Enquanto se preparava para descer da montaria e pisar na cidade pela primeira vez em mais de vinte anos, os yatribitas colocaram folhas de palmeira diante dele, de modo que não pisasse em terra nua. Maomé iniciou seu movimento com apenas algumas dezenas de seguidores em uma sala de aula secreta, viu-se confinado em um campo de concentração com guardas armados, escapou de uma enorme caçada por uma teia de aranha e foi perseguido como fugitivo pelo deserto. Agora, era recebido como rei.

No entanto, em vez de aproveitar a glória, Maomé estava preocupado. Fizera pouco para merecer aquela adulação, e a celebração, em toda cidade, parecia prematura.

O desafio diante dele era inspirar a nova comunidade a canalizar as fervorosas esperanças em ação prática, sem deificá-lo, e redirecionar para dentro o entusiasmo externo. Ele também teve de determinar o verdadeiro estado das coisas em Medina.

Maomé tornou-se o líder que o avô imaginara ao escolher o nome do neto. Mas não ficou claro se o povo de Medina teve coragem de viver de acordo com o novo nome da cidade para realizar o trabalho árduo necessário de rededicar a si mesmo e a comunidade.

◆ ◆ ◆

Quando o coro terminou a apresentação, Maomé dirigiu-se à multidão de cima do camelo. "*Hathihi Tabah!*" (Isto é Tabah!), respondeu com um sorriso caloroso. Na canção, os yatribitas renomearam a cidade para Medina, e Maomé respondeu a eles, da mesma maneira, com o novo nome. *Tabah* era um termo amplamente conhecido entre os yatribitas (o equivalente hebraico, *tovah*, significa agradável ou bom) para se referir a uma pomada penetrante e bandagens colocadas em uma ferida profunda para anestesiar a dor e iniciar a cura. Enquanto a canção do local enfatizava o objetivo de uma cidade refeita, Maomé sugerira um nome que enfatizava que eles estavam apenas no primeiro estágio de uma longa jornada.

Então, Maomé ergueu os braços, estendendo-os para cada lado, em um gesto amplo, envolvendo toda a multidão. "*Antum-ul-Ansar*" (Vocês são apoiadores leais – em sentido literal, vocês são pessoas que fornecem terra fértil pronta para plantar), disse. Se as folhas das palmeiras significavam a expectativa dos medinenses de uma solução rápida para seus problemas, Maomé os lembrou, com educação, de que ainda não tinham semeado as sementes para aquela colheita, mas tinham enorme potencial de grandeza.

Os anciãos da cidade cercaram a camela de Maomé, cada um tentando agarrar as rédeas para levá-la à sua casa, para obter a grande honra de receber Maomé. Para ganhar seu favor, cada ancião trouxe consigo um ou dois servos escravizados e os emancipou publicamente ao lado da camela. Maomé olhou para a cena estranha da sela da camela, animal bem-educado conhecido pela velocidade e elegância, que ele comprara por muito dinheiro. Maomé a tratava como animal de estimação amado e deu-lhe o nome de Al-Qaswa (a libertada).

Após alguns minutos de deliberação, Maomé desceu inesperadamente da sela. A multidão murmurou, surpresa por ele ter desmontado no meio da estrada, não na casa do anfitrião preferido. Votando-se para a multidão, anunciou: "Permitirei que Al-Qaswa decida onde ficaremos". Ele removeu a rédea da camela, fez sinal para as pessoas recuarem e a soltou. Maomé, os anciãos e a multidão confusa a seguiram pelas estradas sinuosas de Medina.

A camela vagou por quase uma hora, serpenteando pela cidade para o sul, até chegar às terras do clã Banu Najjar, parentes maternos de Maomé. Por fim, parou nos arredores do extremo sul da cidade e sentou-se em frente a uma instalação de secagem de tâmaras em ruínas, abandonada havia anos. Maomé perguntou a quem pertencia aquele edifício e soube que dois órfãos do clã Banu Najjar – Sahl (descontraído) e Suhail (de temperamento brando) – haviam herdado a fábrica do falecido pai.

Maomé olhou ao redor e sorriu. A propriedade, cercada de grandes extensões de terreno aberto, era o local perfeito para iniciar o novo projeto de construção urbana. Após agradecer aos medinenses a recepção calorosa, ele educadamente pediu licença para descansar da longa viagem.

Adjacente à fábrica ficava a casa de Abu Ayyub (Jó) e sua esposa, que, por predefinição, se tornaram os anfitriões de Maomé. Abu Ayyub era escriba e carpinteiro judeu e um dos anciãos dos Banu Najjar – provavelmente um primo distante de Maomé. Sua bela casa tinha dois andares, com terraço na cobertura. Ao admirar a intricada carpintaria de Abu Ayyub, Maomé observou: "Os Banu Najjar são o clã mais empreendedor entre o povo de Yathrib".

No dia seguinte, os anciãos dos vários clãs de Medina desceram à casa de Abu Ayyub para prestar homenagem a Maomé. Antes de chegar, cada um deles enviou os parentes para perguntar a Abu Ayyub quando os demais anciãos planejavam vir – para que pudessem evitar a visita ao mesmo tempo que os rivais. Maomé aprendeu isso com o anfitrião, que oferecia um primeiro vislumbre da disfunção cívica sob a frente unida da cerimônia de chegada. Nas conversas com os anciãos visitantes, Maomé percebeu que, ainda que tivessem sonhos grandiosos, permaneceriam alheios ao trabalho árduo que tinham pela frente. Eles presumiram que Maomé transformaria a cidade milagrosamente.

Maomé nunca vira nada parecido com esse problema. Em Meca, lutou para encontrar até mesmo algumas dezenas de seguidores; assim que o fez, estes, intuitivamente, entenderam que precisavam trabalhar duro para progredir. Muitas vezes, a tímida Sumayyah saía da concha para proclamar, com coragem, a mensagem em público. Quase sempre explosivo, 'Umar contivera-se por anos em um estudo silencioso e autorreflexão. Evidentemente, Mus'ab não enfatizara aquela mensagem de desenvolvimento pessoal durante o ano passado. Concentrara-se mais em promover Maomé, o profeta, que discutir o complexo processo de mudança, sem dúvida nenhuma tarefa mais segura e menos intimidadora.

Poucos dias depois da chegada, Maomé teve a primeira revelação em Medina, enquanto estava sentado no quarto de hóspedes na casa de Abu Ayyub. A passagem marcou o início de uma enxurrada de revelações, compreendendo mais da metade do Alcorão. Ele ofereceu uma mensagem sincera ao povo de Medina:

Inna-llaha la yughayyiru ma bi qawmin hatta yughayyiru ma bi anfusihim.
O Divino Amoroso certamente não mudará o estado de um
povo até e a menos que eles mudem sua atitude e
perspectiva interior.

Maomé, então, recitou ao público em Medina uma sura revelada pouco antes de sua fuga de Meca. O capítulo do Alcorão – Sura Bani Isra`il (Os Filhos de Israel) – relata a história do exílio dos israelenses de Jerusalém após a destruição do Primeiro Templo e o subsequente retorno e novo exílio após a destruição do Segundo Templo. O capítulo começou com um rápido relato da jornada noturna de Maomé ao Templo em Jerusalém – chamado al-Masjid al-Aqsa (o local definitivo de ancoragem)

– e evoluiu para uma narrativa da luta de Moisés para preparar os israelenses escravizados para a libertação.

A sura destacou a relutância dos israelenses em mudar seu *status* de exilados, em vez de, constantemente, buscar soluções rápidas e fáceis para a situação. Mesmo ansiando pela "terra prometida por Deus", eles repreenderam Moisés: "Você e seu Deus irão combater [os amalequitas] – tão logo vencerem, entraremos na terra". O Alcorão prometeu aos filhos de Israel que, assim como foram uma vez exilados e redimidos, o estado atual de exílio terminaria com a redenção – mas somente se mudassem a mentalidade e fizessem esforço significativo necessário:

> *Fa `itha ja`a wa'dul-akhirati ji`na bikum lafifa.*
> Apenas quando vocês tiverem investido todo seu esforço, nós os reuniremos de todos os lugares.

O verso invoca *akhirah*, termo agrícola utilizado para descrever a fase em que os agricultores esperam colher o fruto de seu trabalho, depois de trabalhar duro para nutrir uma planta. O Alcorão usou o mesmo termo para descrever o conceito de vida após a morte: semelhante ao retorno de investimentos feito nesta vida, que pode não se realizar até anos mais tarde. Para alcançar a fase *akhirah* da colheita e libertação, primeiro era preciso investir enorme esforço. Ao descrever o prometido ajuntamento de exilados, a revelação invocou a *lafifa*, pano que se enrola em torno de si, camada sobre camada, para fazer um turbante – unindo uma multidão desordenada em entidade coerente.

Maomé também compartilhou uma nova revelação que destacou as características positivas de Medina: "As pessoas que abriram suas casas e, com amor, forneceram um santuário àqueles que buscavam refúgio não guardam ressentimentos no coração e, em vez disso, sacrificam-se com graça pelos outros, mesmo que isso cause desconforto. Verdadeiramente, aqueles que saem da zona de conforto por certo terão sucesso". Em referência às dezenas de casas em Medina que hospedavam refugiados de

Meca, a passagem citava essa generosidade com primor, como evidência de que o povo de Medina era capaz de fazer o trabalho árduo necessário para florescer.

As passagens forneciam um caminho a seguir. Um derramamento sem precedentes de uma dúzia de nomes para o Divino em dois versos articulou ainda mais essa fórmula para o sucesso:

- Al-Malik – o Reenergizador (usado figurativamente para *rei*).
- Al-Quddus – o Elevador dos assíduos (usado figurativamente para *santo*).
- As-Salam – o Restaurador da totalidade/Fonte de consolo (literalmente, reparador de rachaduras).
- Al-Mu`min – o Provedor de segurança (literalmente, construtor de fortes muralhas defensivas).
- Al-Muhaimin – o Esclarecedor do obscuro.
- Al-'Aziz – O Construtor da força (literalmente, treinador/técnico).
- Al-Jabbar – o Curador de fraturas (literalmente, fabricante de gesso).
- Al-Mutakabbir – o Combinador (literalmente, construtor de altos níveis).
- Al-Khaliq – o Criador/Iniciador (literalmente, criador de formas únicas).
- Al-Bari – o Reformador/Arquiteto (literalmente, transformador dos elementos descartados).
- Al-Musawwir – o Desenhista engenhoso (literalmente, escultor/artista).
- Al-Hakim – O Sábio/Prudente (literalmente, aquele que funde fragmentos fracos para fazer cordas fortes).

A torrente de nomes demonstrou as inúmeras maneiras pelas quais o povo de Medina poderia progredir. Eles precisavam reconhecer que o sucesso vem da ação e da aceitação das deficiências como desafio para melhorar. Precisavam reconhecer que padrões quebrados devem ser redefinidos para abrir espaço para ideias originais e a criatividade. Pensar grande significava ver oportunidades em todos os lugares: transformar matérias-primas em belos produtos refinados, elementos antes rejeitados em novas criações, ousar projetar novas visões e reconstruir elementos fragmentados da sociedade.

É claro que nomes, por si só, não poderiam desfazer décadas de tendências autodestrutivas. Depois que terminou de se encontrar com a elite da cidade, Maomé fez questão de pedir para conhecer os cidadãos comuns, que logo revelaram uma dinâmica social de dois pesos e duas medidas prejudiciais e hipocrisia.

Os primeiros plebeus a visitá-lo foram mulheres idosas de vários clãs. Elas ficaram na porta do salão principal de Abu Ayyub e estremeceram de admiração com a oportunidade de uma audiência com o célebre profeta. Maomé viu o nervosismo delas e foi cumprimentá-las com um sorriso. "Sou um mero mortal", tranquilizou-as, humildemente. Invocou a própria mãe yatribita: "Sou filho de uma mulher simples que se sentava ao chão e comia o mingau dos pobres". Então, gentilmente ofereceu a elas assentos ao seu lado.

Nesse momento, Nu'aiman, carpinteiro local de Banu Najjar, entrou. Brincalhão com senso natural de comicidade, rapidamente se tornou querido por Maomé. "Trouxe mel de qualidade de presente", Nu'aiman anunciou com jovialidade e apresentou o pote com o próprio vendedor de mel. Maomé aproveitou a oportunidade de compartilhar a recompensa com os hóspedes.

"O que achou?", Nu'aiman perguntou.

"Delicioso!", Maomé respondeu.

"Ótimo! Por favor, pague o homem!", Nu'aiman deixou escapar, com uma risada.

Maomé desatou a rir. "Pensei que trouxe o mel como presente."

"Foi um presente seu para mim", disse Nu'aiman. "O mel parecia bom, mas eu não tinha dinheiro para comprá-lo." Maomé riu e fez sinal para 'Ali dar ao mercador uma bolsa de moedas de prata.

O interlúdio cômico divertiu as mulheres, que finalmente relaxaram e revelaram o propósito da visita. Vieram para informar a ele que por trás dos rostos sorridentes de nobres e clérigos havia uma rede de corrupção. Muitos clérigos aceitavam suborno para resolver disputas em favor daqueles com dinheiro, e a maioria das pessoas na cidade era tímida demais para desafiar indivíduos em posição de autoridade.

As mulheres ficaram aliviadas quando Maomé as ouviu com simpatia. Ele acenou com a cabeça em sinal de compreensão e compartilhou uma nova e dramática revelação do Alcorão: "Não confiem cegamente no julgamento de eruditos e de clérigos judeus e cristãos em todos os assuntos, pois eles podem se permitir ser injustos até com o próprio povo. Se o fizerem, saibam que seu estado será semelhante ao deles. O Divino Amoroso não confere serenidade àqueles que escolhem permanecer na escuridão".

Os versos asseguravam às mulheres que falar contra a corrupção era louvável. Para que Medina fizesse jus ao novo nome, essa transformação teria de começar com uma avaliação honesta dos males da sociedade e apresentação de soluções práticas para eles.

◆ ◆ ◆

A corrupção que as mulheres idosas haviam revelado logo fraturou a fachada de civilidade. Membros de dois clãs diferentes começaram a brigar por um poço compartilhado em um pomar, e o pequeno desacordo rapidamente levou a uma declaração formal de guerra e à invocação de antigas vinganças. "Vamos vingar a Batalha de Buate!", gritou um clã, citando uma batalha travada mais de meio século antes. Em pouco tempo, os clãs da cidade tomaram partido, e seus guerreiros se reuniram em preparação para a batalha na entrada norte de Medina – o mesmo lugar onde haviam estado menos de duas semanas antes para receber Maomé em uma espetacular demonstração de fraternidade.

Maomé correu em sua camela para intervir. Ouviu cada lado separadamente e depois falou com todos juntos, lembrando-lhes de como recentemente haviam ignorado as diferenças para comemorar sua chegada. Por certo, tinham a capacidade de retomar esse mesmo espírito para evitar derramamento de sangue. Envergonhados do comportamento precipitado, os líderes do clã apertaram as mãos e até se abraçaram, aliviados. Maomé os convidou para um jantar comunitário nas dependências abandonadas de secagem de tâmaras.

Após o jantar, Maomé discutiu com Abu Bakr suas preocupações. Poderia ter acalmado as tensões momentaneamente, mas Medina precisava de uma solução mais duradoura para seu conflito social. Na manhã seguinte, convidou os rabinos Mukhairiq e 'Abdullah ibn Salam (jovem estudioso proeminente que se tornaria um dos discípulos e conselheiros mais próximos de Maomé) para o café da manhã. Enquanto os homens estavam sentados no chão da casa de Abu Ayyub tomando sopa de lentilha, Maomé relembrou sua experiência como pastor adolescente compartilhando um poço comunitário com outros pastores. Um acordo de *ummah* (comuna) administrara o modo como vários pastores compartilhavam o recurso comum, supervisionado por um *warid* (gerente de água), que se sentava ao lado do poço e mantinha a paz.

Maomé propôs um arranjo semelhante para unir os moradores de Medina. Inspirado, o rabino Mukhairiq ofereceu sua casa para uma conferência dos anciãos. Abu Ayyub, escriba treinado, ofereceu-se para registrar o acordo esperado. Após essa reunião, logo chegou uma nova revelação, que se referia a esses israelenses justos:

> *Wa min qawmi Musa ummatuy-yahduna bil-haqqi wa bihi ya'dilun.*
> Entre o povo de Moisés, estão os guias comunitários de verdadeira sinceridade e honestidade que fazem o máximo para reequilibrar a sociedade com justiça.

No dia seguinte, Maomé encarregou Mus'ab de convidar todos os anciãos do clã para a conferência. Enquanto alguns líderes estavam céticos quanto à possibilidade de qualquer progresso, Mus'ab os persuadiu diplomaticamente de que era de seu interesse cooperar. Cada clã começou a se preparar para a conferência, marcada para o mês seguinte, no dia posterior ao feriado de Rosh Hashaná, o Ano-Novo Judaico – novo começo simbólico para Medina.

Alguns dias antes da conferência, Maomé estava sentado nos arredores dos bosques de Banu Najjar observando sua camela, Al-Qaswa, pastar a distância. Os homens de Banu Najjar em sua companhia correram em direção a ela, chamando-a para vir. No entanto, quanto mais a chamavam, mais para longe ela se movia. 'Ali estava sentado ao lado de Maomé e observou o sorriso em seu rosto. Maomé levantou-se devagar e fez sinal aos homens que deixassem a camela em paz. Aos poucos, foi chegando perto dela, falando gentilmente. Levantando a mão, ofereceu-lhe tâmaras frescas. Ela ficou parada e, em seguida, avançou em direção a Maomé. Abaixou a cabeça para comer as tâmaras, enquanto ele gentilmente segurava suas rédeas. À medida que a cena se desenrolava, Maomé compartilhava uma nova revelação:

> *Ud'u ila sabili rabbika bil-hikmati wal-maw'ithat-il-hasanati wa jadilhum billati hiya ahsan.*
> Guie os outros com ternura para o caminho verdejante do Mentor Cósmico, usando sabedoria criteriosa e postura calma, sempre se envolvendo de maneira atraente.

Correr atrás de Al-Qaswa apenas a afastou. Da mesma maneira, o progresso não pode ser forçado e deve ser defendido de modo a envolver o público-alvo, sem causar alarme. A percepção de Maomé revelou que ele refinara sua abordagem desde o primeiro discurso público, mais de uma década antes, em Abu Qubais, onde surpreendeu e afugentou o público ao insistir que os habitantes de Meca estavam tão complacentes que se tornaram maçantes.

Pouco depois do nascer do sol na quinta-feira, 16 de setembro de 622, setenta dos anciãos de Medina chegaram à casa do rabino Mukhairiq vestidos com os melhores trajes. Mukhairiq e o rabino Ibn Salam estavam sentados ao lado de Maomé no pátio principal. Maomé pediu aos congregados que descrevessem o que consideravam fontes de desunião na cidade. Um a um, os delegados representando cada subclã apresentou as preocupações de seu povo, sem assumir qualquer responsabilidade. À medida que iam falando, Abu Ayyub e 'Ali escreviam um resumo do que cada um havia dito. Depois que tudo terminou, Maomé repetiu suas preocupações, ao mesmo tempo que incorporava as queixas que os cidadãos plebeus lhe haviam confiado.

Maomé acabou por cristalizar o objetivo comum desejado por todos os medinenses: "Igualdade de oportunidades, equidade nas negociações e nos julgamentos e acesso justo aos recursos humanitários". A assembleia murmurou concordando, inspirada por ouvir suas queixas reiteradas como visão positiva. Dados esses princípios, Maomé propôs um acordo formal para unificar Medina. Invocou um termo agrícola para descrever o acordo: *mithaq* (aliança – literalmente, unindo lâminas macias de várias gramíneas em uma trança forte). Reunindo elementos isolados – e, portanto, fracos – em uma mistura muito mais forte que as partes constituintes, o acordo uniria clãs isolados, unificando homens, mulheres, jovens, velhos e escravizados em uma forte entidade cívica.

Enquanto Maomé delineava os artigos da nova constituição de Medina, Abu Ayyub os transcrevia em um longo pergaminho que preparara especialmente para a ocasião. Na primeira frase, Maomé definiu o coletivo de habitantes de Medina como *ummah*, baseando-se em um acordo cívico tradicional para um propósito contemporâneo e com visão no futuro. Os três primeiros artigos da Constituição deixavam claro que o modelo aplicado aos pastores para compartilhar um poço poderia ser aplicado a uma sociedade coletiva composta de povos de vários clãs, com diferentes religiões e *status*.

> *Innahum ummatuw-wahidatum-min dunin-nas,*
> Eles são uma comunidade cooperativa extraída de muitas pessoas exclusivas,

> *'Ala rub'atihim,*
> Aproveitando a sabedoria consagrada pelo tempo para um novo propósito,

> *Yata'aqaluna ma'aqilahum.*
> Respeitando a tradição e mantendo os compromissos passados.

A afirmação inicial da Constituição assegurava aos anciãos judeus que a nova ordem não ameaçaria sua antiga herança. Além disso, equilibrava o respeito pela identidade individual e a coesão social, declarando que, embora cada pessoa em Medina fosse exclusiva, todas formavam um coletivo. A Constituição continuou nomeando cada um dos clãs e subclãs principais de Medina, repetindo meticulosamente a mesma linguagem para cada um, e observou, em específico, que o acordo protegia os escravizados de cada clã.

A Constituição enumerou estes elementos essenciais em ordem:

1. Uma união de muitos grupos e indivíduos diversos.
2. Todos os grupos mantêm sua identidade exclusiva, preservando as melhores práticas e excluindo tradições injustas.
3. Todas as pessoas têm direitos iguais, sem nenhum grupo superior aos outros.
4. Todos os escravizados têm direitos iguais à dignidade e à oportunidade. [Maomé procurou modificar a escravidão em etapas

graduais para uma forma de emprego que permitiria aos escravizados ganhar dinheiro para eventualmente comprar sua liberdade.]
5. Diante da agressão externa, todos os grupos devem se unir como "uma mão", para proteger uns aos outros.
6. O acordo não anula quaisquer compromissos preexistentes, incluindo empréstimos e dívidas.
7. Todos os atos de traição serão de responsabilidade do indivíduo, não do clã.
8. Todas as pessoas em Medina têm o direito de não aderir ao sindicato e não serão penalizadas enquanto permanecerem neutras.
9. A justiça é garantida a todos, incluindo mulheres, crianças e escravizados.
10. Todos os grupos devem contribuir financeiramente para o bem geral da união.

Duas décadas antes, Maomé havia ajudado os anciãos de Meca a evitar uma guerra civil enquanto substituíam a pedra angular da Ka'bah. Com a Constituição de Medina, canalizou esse mesmo espírito em princípios concretos que forneceram estrutura para ajudar vários clãs a superar as diferenças de maneira construtiva. A Constituição garantiu, pelo menos em teoria, que cada clã e subclã medinense tivesse igual voz no novo sistema.

A palavra *muçulmano* não apareceu em nenhum lugar na Constituição. Em vez disso, Maomé escolheu, de propósito, o termo *mu`minun* (aqueles que são protegidos) para descrever os signatários do documento como sob proteção divina (*thimmah*). A Constituição mencionava Maomé apenas uma vez, no fim do documento, como árbitro final, caso surgisse uma disputa entre as tribos membros. Em vez de servir como governante, Maomé atuou como mediador e chefe de justiça. Os medinenses pediram, a princípio, que se tornasse rei de Medina – ele recusou e, em vez disso, reservou o termo arábe para rei (*Al-Malik*) para o Divino. Deus era rei, e os seres humanos precisavam resolver os próprios desafios sociais.

Reunidas no pátio do rabino Mukhairiq estavam dezenas de pessoas que eram rivais até a conferência. No entanto, uma a uma assinou a Constituição, cada uma como representante de seu clã ou subclã. Após a assinatura, os participantes concordaram em se reunir a cada três meses na assembleia, para garantir a implementação tranquila da nova ordem. Vários dias após a cerimônia de assinatura, uma nova revelação veio a Maomé:

> *Inna hathihi ummatukum ummataw-wahidataw-wa-ana rabbukum fat-taqun.*
> Esta é sua união, um coletivo único, e sou o Mentor Divino que cuida de você – então, permaneça repleto de esperança baseada na ação.

Ao invocar o Divino como *Raab*, a passagem lembrou aos medinenses que a incipiente *ummah* precisava de administração cuidadosa para ter sucesso, em particular na fase nascente.

Maomé enviou um arauto para anunciar a Constituição na praça principal do bairro de cada clã. Insistiu que o portador lesse cada palavra em voz alta, para que as pessoas comuns pudessem saber com que seu representante concordara e entender os novos direitos e responsabilidades. Plebeus como as mulheres idosas que ousaram compartilhar suas preocupações com Maomé sorriram, sentindo uma sensação de orgulho por ter contribuído para a nova Constituição da cidade.

Enquanto isso, vários comerciantes viajantes que passavam por Medina ouviram a Constituição ser lida em voz alta em praças públicas. Levaram notícias para Dar-un-Nadwah, onde os anciãos de Meca, mais uma vez, sentiram-se ameaçados pela popularidade crescente de Maomé. Três meses haviam se passado desde a tentativa fracassada de assassinato, e Maomé não só foi acolhido como realeza como também começou o processo de unir clãs de Yathrib outrora beligerantes.

❖ ❖ ❖

Para garantir aos habitantes da cidade que a Constituição atendia às suas preocupações, Maomé queria promulgá-la "antes que a tinta secasse", nas palavras de uma expressão árabe. Ele percebeu que a cidade necessitava de um novo centro comunitário em que todos os moradores pudessem se sentir confortáveis, um local de encontro sem histórico de algumas pessoas entrando apenas como convidadas de outras. Barakah retornara recentemente da Abissínia com relatos de quão bem o centro comunitário da mesquita em Axum conseguira unir a comunidade de refugiados de Meca.

Na manhã seguinte à assinatura da Constituição, Maomé reuniu duas dúzias dos principais seguidores – veteranos de Meca e novos recrutas como Abu Ayyub – nas dependências abandonadas. Alguns meses antes usara o local como cenário neutro para sediar o jantar de reconciliação. Abandonada por cerca de uma década, as dependências haviam começado a se deteriorar. As paredes de barro estavam desmoronando por falta de manutenção, assim como os braseiros utilizados para transformar o suco de tâmaras em melaço. Velhos poços de tâmaras estavam espalhados, e algumas palmeiras haviam brotado no pátio desolado.

Maomé pediu aos seguidores que compartilhassem sua visão. Naquele lugar, as pessoas construiriam juntas um novo edifício multiuso, nexo civil e local de aterramento: a primeira *masjid* da Arábia (mesquita – literalmente, local de aterramento). Com o cajado, Maomé começou a desenhar no chão de terra a planta do edifício. Haveria três entradas principais, todas sem portas, para que qualquer um pudesse entrar, bem como uma pequena torre para convocar as pessoas a se reunir. O edifício também alojaria um abrigo e um refeitório para atender aos necessitados e visitantes de fora da cidade. O pátio principal teria áreas dedicadas ao aprendizado, uma versão pública aberta da academia Dar-ul-Arqam.

Maomé, a princípio, queria comprar a fábrica com dinheiro próprio, mas acabou concordando em dividir o custo com Abu Ayyub. No entanto, o centro comunitário seria de todos; o edifício e seu terreno, de responsabilidade pública. Na Arábia, todos os edifícios – até sinagogas e igrejas – pertenciam a um indivíduo ou grupo comunitário. Essa mesquita não teria proprietário. Maomé explicou o conceito aos seguidores usando o termo *waqf* (ficar imóvel). O edifício estaria aberto a todos e permanentemente dedicado a Deus: *waqf-ul-lillah*.

Em certo sentido, Maomé imitava seu ancestral, Qusai, que construíra a assembleia de Dar-un-Nadwah – embora o edifício continuasse sendo de propriedade privada. Como local pertencente a todos, a mesquita lembrava o estado original da Ka'bah. Ao longo dos mil anos anteriores, a tribo Quraish de Meca havia efetivamente tornado o santuário sua propriedade privada, determinando quem podia ou não entrar. Na nova mesquita de Medina, ninguém seria hóspede ou visitante.

À medida que os seguidores de Maomé compartilhavam ideias para o novo centro, perceberam que o edifício precisava de um sistema especial para chamar as pessoas para se reunirem. Abu Ayyub sugeriu o uso de um xofar, mas outros argumentaram que o instrumento confundiria os judeus de Medina, que o tocavam apenas em ocasiões especiais. 'Abdur-Rahman sugeriu o uso de sinos, mas outros os rejeitaram porque isso tornaria a mesquita semelhante a uma igreja. Hamzah sugeriu tambores, mas estes tradicionalmente chamavam o povo para a batalha. Após várias discussões, Maomé sugeriu que revisitassem o assunto no dia seguinte.

De manhã, quando o grupo se reuniu novamente na fábrica de tâmaras, 'Umar, de repente, revelou um sonho peculiar que tivera na noite anterior, que mostrava um homem chamando com voz melodiosa. 'Abdullah Ibn Zaid – um ancião medinense que estivera entre a delegação em 'Aqabah – revelou que também tivera um sonho semelhante. 'Umar sugeriu que ter alguém reunindo as pessoas humanizaria a união da comunidade. Medina desencadeara a criatividade de 'Umar, uma vez que ele desfrutava de um novo começo, em uma nova cidade, onde as pessoas não o descartaram de imediato como bandido grosseiro. Ele revelou ao grupo uma composição para o proclamador utilizar:

Allahu akbar.
O Divino Amoroso é a fonte mais poderosa de toda criação.

Ash-hadu al-la ilaha illallah.
Presto testemunho de que o Divino Amoroso (Alá) é um e único.

Ash-hadu anna Maoméar-rasulullah.
Presto testemunho de que Maomé é um guia canalizador (*rasul*) no caminho para o Amor Divino.

Hayya 'alas-Salah!
Acelere com a mente focada para restabelecer conexões quebradas!

Hayya 'alal-falah!
Acelere com a mente focada nos instrumentos para o sucesso!

Allahu akbar.
O Divino Amoroso é a mais poderosa fonte de toda criação.

La Ilaha Illallah.
O Divino Amoroso é um e único.

O chamado para a ação de 'Umar cativou o grupo e se tornaria conhecido como *athan* (proclamação – literalmente, aquilo que anima os ouvidos). Convocou as pessoas a melhorar a si mesmas e a estar presentes para maximizar o momento.

O *athan* se referia à função de Maomé como *rasul* (mensageiro – em sentido literal, canal de irrigação). Ele poderia mais que apenas arbitrar em emergências; poderia canalizar energia na ação, empurrando os medinenses a lutar pela grandeza. 'Umar sabia, em primeira mão, o valor desse treinamento: Maomé fora a única pessoa a ver potencial nele. Apropriadamente, o *athan* tornar-se-ia um elemento básico da sociedade muçulmana.

Embora vários homens, incluindo 'Ali, se oferecessem para o cargo de *mu'athin* (proclamador), Maomé chamou Bilal, conhecido pela voz melodiosa e ressonante. A escolha encontrou resistência; Bilal tinha forte sotaque abissínio e não conseguia pronunciar o árabe corretamente. Enquanto vários discípulos de Maomé protestavam que Bilal "massacrava a língua", Maomé insistiu: "Ninguém além de Bilal terá esta honra!". Elevar um homem estrangeiro, outrora escravizado, com má pronúncia árabe, à posição estimada de locutor da comunidade reforçava o *ethos* igualitário da nova ordem de Medina pelo exemplo.

No mês seguinte, pessoas de todos os clãs da cidade ajudaram a erguer um edifício, com muitos trabalhando juntos pela primeira vez. Todos doaram seu tempo, e todos os materiais foram doados.

A mesquita (*masjid*) rapidamente começou a tomar forma. Eles construíram o telhado com vigas de madeira feitas de troncos de palmeira; na parte de trás, havia uma plataforma elevada (*suffah*), coberta com um pórtico de folhas de palmeira, que alojava o abrigo e o refeitório. Todos os dias, os voluntários preparavam mingau para servir aos famintos. A construção não tinha entrada ou seção separada para as mulheres, e estas circulavam livremente por todo edifício. A falta de portas da estrutura significava que até cães e cabras, muitas vezes, vagavam por ela. Os Banu Najjar construíram um púlpito para Maomé, do qual ele se dirigia ao povo, com três degraus subindo até uma pequena plataforma quadrada e temas esculpidos evocando imagens corânicas de videiras em flor, estrelas, lua e sol.

Depois que a mesquita ficou completa, Maomé revelou uma nova passagem do Alcorão para honrar a ocasião:

> *Lamasjidun ussisa 'alat-taqwa min awwali yawmin ahaqqu an taquma fih.*
> Certamente, um lugar de aterramento (*masjid*) enraizado desde o primeiro dia na esperança cheia de ação é a base mais digna sobre a qual você pode estabelecer uma sociedade eficaz.

A cooperação de Medina levou à criação de um novo lar especial. A passagem evocava *asas*, raízes fundacionais profundas de uma planta, assim como *taqwa*, corda puxada para tirar a água de um poço. Para alcançar os objetivos de comunidade unificada e redimida, o povo medinense precisava consolidar sua esperança em ação.

A mesquita mudou o núcleo de Yathrib para os antigos limites sulistas da cidade. Maomé, que continuava a se referir à cidade como Yathrib – até mesmo usando esse termo na Constituição – começou a se referir à área ao redor do centro comunitário como al-Medina (a nova cidade). E tinha grandes planos para ela. Na antiga Yathrib, cada clã operava o próprio mercado de bairro com as próprias tarifas. Na nova Medina, Maomé convidou comerciantes locais de todos os clãs e classes sociais a montar suas barracas e construir lojas permanentes ao redor da mesquita, inclusive ao longo da parede externa do edifício. Ninguém precisava de conexões com a elite para abrir uma barraca. Em breve, ele esperava que as pessoas construíssem casas em torno do movimentado mercado central e vivessem juntas, não em enclaves, pela primeira vez.

Para incentivar a cooperação, Maomé levou os seguidores aos campos do entorno, para se encontrar com os agricultores perto do poço que quase iniciara uma guerra civil cinco meses antes. Medina, observou Maomé, carece de um sistema para garantir que os agricultores recebessem acesso igual à água para seus campos. Sob sua orientação, canais de madeira – *rusl* (como sua função de *rasul*) – foram construídos para guiar a água a cada bosque, com um canal principal do poço central alimentando canais que corriam para cada campo. Os agricultores levantariam pequenos diques fechados para bloquear cada canal lateral, por períodos de tempo específicos e consistentes, fornecendo quantidade igual de água a cada pomar e campo. (Alguns canais de Maomé no subúrbio de Medina permanecem em operação ainda hoje e podem ser vistos em Wadi Al-Khanaq).

Em seguida, Maomé concentrou-se no saneamento: *At-tahuru shatrul--iman* (limpeza/pureza é metade de segurança/fé). Assim como o profeta enfatizou aos seguidores a importância da higiene adequada, insistiu que uma cidade precisava ser limpa para prosperar. Os primeiros esforços públicos começaram quando vários açougueiros tentaram abrir barracas no novo mercado central, ao lado da mesquita. Maomé insistiu que o fluxo de sangue não fosse levado às ruas e, em vez disso, designou uma zona especial para açougueiros fora do mercado e longe de plantas e árvores próximas – não queria árvores frutíferas contaminadas por sangue. Depois que a carne secava, os açougueiros eram bem-vindos para vendê-la no mercado. O recinto dos açougueiros marcou o primeiro zoneamento designado na Arábia.

Manter Medina limpa, argumentou Maomé, era responsabilidade de todos os cidadãos. Ele declarou: "Remover o lixo do caminho é um ato de caridade". Cada vez que passava pelo mercado, ele parava para recolher o lixo, dando um exemplo que os moradores começaram a imitar. Na antiga ordem Yathrib, as pessoas jogavam seus dejetos na rua, sinalizando a falta de investimento nos espaços públicos. A mentalidade de Maomé, em contraposição, enfatizava o respeito à comunidade e aos direitos de terceiros. Quaisquer que fossem os valores aplicados em casa, deveriam ser aplicados em todo ambiente urbano de Medina.

Pessoas de toda sociedade medinense iam estudar na mesquita, onde Maomé gostava de lembrar aos alunos: "Não seja *imma'ah*", cunhando uma nova palavra.

"O que é *imma'ah*?", as pessoas perguntaram

Ele explicou a palavra como uma contração de *anna ma'ak* (farei o que você fizer.) Representava a atitude de imitar cegamente o comportamento dos outros, em vez de pensar por si mesmo e aderir aos próprios princípios. "Aterre-se!", aconselhou, jogando com o conceito da mesquita como lugar de ancoragem. "Mesmo que outras pessoas escolham ser irresponsáveis, seja responsável você mesmo."

A mensagem de Maomé não só melhorou a infraestrutura de saneamento e de saúde pública de Medina como também preparou os cidadãos medinenses para o futuro, quando precisavam manter seus princípios perante enormes desafios.

◆ ◆ ◆

Como árbitro de Medina, orador inspirador e único profeta, Maomé acumulou muito poder. Enquanto apelava ao povo que defendesse os princípios, ele também se preservou da corrupção, da vaidade e do pré-julgamento. Para se estabelecer, criou o hábito de varrer a mesquita todas as manhãs. Além disso, doou seu guarda-roupa de mantos requintados, mantendo uma túnica branca – presente de Khadijah – que começou a se desgastar com o uso constante. Abu Bakr e vários outros ofereceram a ele roupas novas para vestir, mas Maomé insistiu em remendar a túnica esfarrapada.

Certa vez, enquanto caminhava pelo novo mercado, encontrou o amigo Nu'aiman, que flertava com um grupo de mulheres. "Estas mulheres estão me ajudando a encontrar meu camelo desaparecido", Nu'aiman explicou. Maomé riu e continuou o passeio.

No dia seguinte, ele perguntou a Nu'aiman: "Você encontrou seu camelo desaparecido?".

Timidamente, Nu'aiman admitiu: "Nunca tive camelo. Só me senti envergonhado porque tento ser uma pessoa boa quando estou perto de você, mas me sinto hipócrita quando não consigo permanecer consistente na sua ausência". Maomé deu um tapinha carinhoso no ombro do amigo e sorriu com simpatia.

Pouco depois, quando Maomé estava sentado ensinando na mesquita, um nômade pagão entrou no pátio principal e começou a urinar. Estudantes zangados correram na direção dele, mas Maomé interveio dizendo: "Deixe-o terminar". Assim que o nômade se aliviou, Maomé instruiu os alunos a lavar a urina. Ele puxou o homem de lado e disse: "Meu caro amigo, este é um lugar público utilizado para rezar e reunir pessoas. Não é o local apropriado para o que fez".

Numa outra ocasião, tão logo Maomé terminou uma de suas palestras públicas, uma jovem solteira levantou-se e implorou: "Case-se comigo!". Maomé rapidamente desviou o olhar e perguntou à multidão reunida: "Há alguém aqui disposto a se casar com esta jovem?". Um homem se levantou, voluntariando-se. Em seguida, Maomé perguntou à mulher: "Você se casaria com este jovem?". Ela concordou, e Maomé oficiou o casamento no local. O profeta queria enviar um sinal claro de que não tinha interesse em abusar do poder ou de se beneficiar pessoalmente da adoração.

Para equilibrar sua posição estimada na sociedade, Maomé fazia questão de se misturar com as pessoas comuns, passando algum tempo no novo mercado fora dos muros da mesquita. Pela primeira vez, produtos que antes eram vendidos em diferentes partes da cidade poderiam ser comprados em um só lugar. Os compradores apreciavam a conveniência e as economias advindas de preços mais competitivos. Comerciantes e artesãos de todos os clãs trocavam mercadorias, gerando impulso para uma economia próspera.

No entanto, Maomé começou a perceber que as elites monopolizaram até mesmo esse mercado mais unificado e diversificado. Enquanto as bancas de mercado eram partes igualmente divididas e distribuídas por ordem de chegada, os beneficiários eram, sobretudo, comerciantes estabelecidos. Os mais pobres careciam de oportunidades básicas porque não tinham capital para comprar materiais ou estoques. Recém-chegados como Suhaib, cujas riquezas haviam sido confiscadas enquanto fugia de Meca, tinham habilidades, mas nenhum capital. Muitos moradores compartilharam as preocupações de que os comerciantes ricos dominavam o mercado, o qual necessitava de uma solução estrutural. Maomé olhou os andaimes usados para reparar rachaduras na parede da mesquita e teve uma visão.

No fim da tarde, os agricultores que trabalhavam nos campos ouviram Bilal cantando da torre da mesquita, chamando as pessoas para se reunirem em uma assembleia que não correspondia aos horários habituais de oração. Quando a multidão entrou na mesquita, viu Maomé de pé, pacientemente, sobre o púlpito. Quando a sala encheu, ele cantou uma nova revelação:

> *Was-sama`a rafa'aha wa wadha'al-mizan,*
> O universo foi estabelecido sob um sistema de equilíbrio,

> *Al-la tatghaw fil-mizan*
> Portanto, permaneçam vigilantes e não corrompam esse sistema.

> *Wa aqimul-wazna bil-qist wa la tukhsirul-mizan.*
> Façam esforço consciente para estabelecer sistemas que mantenham esse equilíbrio e tomem cuidado para não perturbar o equilíbrio natural.

Depois que terminou de cantar, Maomé explicou o significado da revelação em suas próprias palavras: "Assim como o universo é estabelecido sob um sistema de equilíbrio, os ricos têm fundos extras que podem ajudar os menos privilegiados". As próprias pessoas tinham de cumprir a vontade de Deus de reequilibrar a sociedade com todos os recursos, dando parte de seus fundos extras para ajudar os menos afortunados a melhorar a situação econômica. Maomé redefiniu a pobreza como inacessibilidade de oportunidade.

Depois do sermão, um homem levantou-se no pátio da mesquita e declarou: "Sou pobre. Sou elegível para receber assistência?".

Maomé avaliou o homem antes de responder: "Você parece em forma e saudável. Tem um machado para cortar madeira morta na floresta para vender no mercado?". Quando o homem respondeu afirmativamente, Maomé disse: "Então você não é pobre".

Outro homem levantou-se e disse: "Não sou forte nem posso cortar lenha para vender".

Maomé perguntou: "Você tem família e amigos que podem lhe emprestar dinheiro para comprar queijo para vender no mercado?". Quando o homem respondeu afirmativamente, Maomé disse: "Então você não é pobre".

Pessoas capazes de usar seus talentos e rede de contatos para se elevar não receberiam financiamento. Para colocar sua política abstrata em prática, Maomé nomeou Bilal como tesoureiro de um novo fundo. Bilal atravessou a multidão com a túnica levantada formando um bolso para receber contribuições. Os homens no pátio ficaram para trás, nada ansiosos para abrir mão de suas moedas. Uma multidão de mulheres viu a hesitação deles e se adiantou para doar as próprias joias. Assim, um grupo de mulheres espirituosas tornou possível o primeiro fundo público de Medina. Um armário de tijolos construído no centro do pátio da mesquita armazenava os fundos, aguardando a distribuição.

O povo medinense precisava de um novo termo para essa abordagem de investimento sem precedentes. Ao construir a parede e os telhados da mesquita, foram usados andaimes para alcançar níveis mais altos. Essas plataformas elevadas onipresentes, conhecidas como *zakah*, tornaram-se uma metáfora poderosa para descrever o plano de Maomé para aumentar as oportunidades de mercado. Uma nova sura, Al-Baqarah (O Impacto Magnificente), o capítulo mais longo do Alcorão, introduziu o conceito:

> *Wa atuz-Zakata wa ma tuqaddimu li`anfusikum min khairin tajiduhu 'indallah.*
> Estabeleça sistemas de oportunidades iguais e lembre-se de que tudo o que você instituir para capacitar os outros será enriquecido e abençoado pelo Divino Amoroso.

Zakah descrevia um processo complexo para ajudar pessoas de menos recursos a alcançar a igualdade. O verso do Alcorão usou incisivamente o verbo *trocar* (*ita*) em vez de *dar* (*i'ta*). A troca de fundos não era caridade, mas investimento para o provedor, o beneficiado e a sociedade como um todo.

Em uma revelação subsequente – acrescentada, mais tarde, à Sura At-Tawbah (A Restauração) –, o Alcorão descreve oito categorias de pessoas entre as quais os fundos do *zakah* deveriam ser igualmente divididos:

- *Al-fuqara*: o pobre que tinha menos de que precisava para sobreviver dia após dia.
- *Al-masakin*: os desfavorecidos que tinham o suficiente dia a dia, mas não semana a semana.
- *Al-'amilina 'alaiha*: os administradores que coletam e distribuem os fundos *zakah*.

- *Al-mu'allafati qulubuhum*: aqueles que sofrem de trauma.
- *Fir-riqab*: o escravizado e prisioneiro de guerra (para sua libertação e apoio).
- *Al-gharimina*: os sobrecarregados por dívidas avassaladoras.
- *Fi sabilillah*: qualquer projeto civil que melhore a sociedade.
- *Ibnis-sabil*: viajantes e refugiados.

Em suma, os beneficiários do *zakah* eram as pessoas com mais risco de se tornar escravizadas: aqueles que não tinham fundos poderiam ter que vender a si mesmos ou a parentes como escravos. Com frequência, os sequestradores atacavam indivíduos vulneráveis, sem famílias poderosas para protegê-los.

Sob a direção de Bilal o processo de arrecadação de fundos do *zakah* foi institucionalizado, com um grupo de voluntários de vários clãs que rotineiramente vasculhavam a cidade aos pares. Maomé estabeleceu diretrizes claras para o *zakah*, para garantir que nenhuma contribuição ao fundo prejudicasse os investidores. Delineou um nível de contribuição sugerido de apenas 2,5 por cento (descrito com a fração "1 em 40") das economias extras de uma família, dinheiro que havia sido reservado por pelo menos um ano lunar (período conhecido como *hawalan-ul-hawl*). Além disso, as poupanças de longo prazo que não atingiam nível mínimo (*nisab*) eram isentas do *zakah*, que era voluntário. De acordo com a mentalidade de Maomé, uma pessoa tinha de escolher investir.

Pouco depois de Medina instituir o *zakah*, um rico comerciante, no leito de morte, chamou Maomé. "Quero que você seja o depositário da minha riqueza, que vou doar na totalidade", revelou.

Maomé sorriu com o gesto, mas recusou a oportunidade, sugerindo que ele deixasse a maior parte das propriedades para os filhos. "É muito melhor deixar os filhos confortáveis que deixá-los pobres e um fardo para a sociedade", explicou. Quando o homem insistiu em doar metade de sua riqueza, Maomé cedeu apenas parcialmente, concordando em aceitar uma contribuição de caridade de um terço – estabelecendo um princípio na lei islâmica que limita as doações de caridade ao máximo de um terço de uma propriedade.

O objetivo subjacente do *zakah* era incentivar a circulação da riqueza e abastecer a economia, em vez de estagnar nos cofres dos ricos. De acordo com a ênfase do Alcorão no *yusr* (fluxo social), novos fundos de investimento ajudaram a impulsionar a atividade do mercado. Os ricos ajudaram os pobres a se tornar autossuficientes, e estes, por sua vez, apoiaram os ricos como novos consumidores empoderados. O *zakah* criou efetivamente a primeira classe média da Arábia.

Para ajudar a enfatizar a importância do trabalho, Maomé incentivou os empresários a criar novos empregos, mesmo que não fossem vitais. "Comissione a escavação de uma vala, depois a selagem do mesmo buraco, mesmo que seja apenas para fornecer emprego", aconselhou. O desemprego, no entendimento de Maomé, era um indicador econômico fundamental, com obras públicas como modo de dar início ao processo de tirar as pessoas da ociosidade para um estado de atividade.

Ironicamente, as mulheres, que na sociedade árabe eram obrigadas a permanecer em casa, foram algumas das primeiras a compreender, por completo, esse conceito revolucionário (como demonstrado pelo entusiasmo inicial em doar suas joias aos fundos do *zakah*). Como os escravizados e outras minorias, as mulheres sofriam muito com preconceitos e acesso desigual. Mulheres sem um provedor masculino, como viúvas e órfãos, eram excluídas de oportunidades econômicas, e muitas caíam na prostituição, uma das poucas opções disponíveis. Mas Maomé ouvira histórias de sua bisavó inusitada, Salma, que, apesar de viúva, fazia negócios fabulosos nos mercados de Yathrib. Por certo, pensou, as mulheres de Medina poderiam seguir seus passos.

Portanto, os fundos do *zakah* foram usados para ensinar habilidades profissionais, como tecelagem de tapetes, costura, carpintaria e até itens essenciais de comércio, a mulheres em risco. Uma vez que recebessem formação básica, elas tinham acesso ao capital para iniciar seus negócios e vagas reservadas no novo comércio de Medina. Maomé conseguiu eliminar a prostituição na cidade, reintegrando essas mulheres na sociedade. Além disso, ajudou-as a encontrar maridos para começar as próprias famílias.

Com as rodas do mercado aberto lubrificadas pelo *zakah*, Medina começou a fazer jus ao nome, lugar de mudanças fluidas – com benefícios que ultrapassavam, em muito, o mero progresso financeiro.

◆ ◆ ◆

Meca reagiu com horror ao sucesso de Medina. Após receber a notícia da nova Constituição de Medina, os anciãos procuraram impedir o projeto cívico de Maomé. 'Amr ibn Hisham sugeriu que os habitantes de Meca adotassem uma política de assédio em vez de uma declaração aberta de guerra. Queriam fazer com que os yatribitas reconsiderassem o apoio a Maomé, sem provocar a ira de uma cidade muito maior.

Os mecanos decidiram contratar pequenos bandos de invasores nômades para perseguir pastores e fazendeiros nos arredores de Medina. Percebendo, mais uma vez, que não poderia ter garantida a segurança dos seguidores, Maomé montou uma rede de batedores para soar o alarme de qualquer saqueador que se aproximasse.

Seguros e prósperos, os moradores de Medina comemoraram o primeiro ano de Maomé como líder com uma colheita abundante. Chuvas mais pesadas que a média deixaram a cidade repleta de produtos extras, água e riqueza. No entanto, a experiência de Maomé em Damasco ensinou que as colheitas podem declinar da noite para o dia, com enxames de gafanhotos destruindo campos inteiros em horas. Ele também recitava, muitas vezes, a Sura Yusuf, com seu lembrete de como José planejara com antecedência, durante anos de fartura, a preparação para uma seca prolongada. Sob a direção de Maomé, Medina construiu cinco novas cisternas para captar e armazenar o excesso de água pluvial. Os moradores construíram novos celeiros comunais como reserva para toda a cidade, posicionando-os estrategicamente entre os pomares, para que as árvores pudessem bloquear o sol e manter o conteúdo fresco. A cidade também armazenou tâmaras secas e frutas para uso emergencial.

Agora que Medina tinha sistemas político, econômico e de segurança em funcionamento, as pessoas concentravam-se cada vez mais em questões sociais. O Alcorão reflete o fluxo de perguntas dirigidas a Maomé sobre vários tópicos pessoais e comunitários durante esse período. A frase *yas'alunak* (Eles perguntam a você) dava início a muitos versos, antes de declarar o icônico *Qul* (Responda a eles). As perguntas incluíam:

- Direitos das mulheres – *Yas'alunaka 'anin-nisa* (Eles perguntam a você sobre os direitos das mulheres).
- O corpo das mulheres – *Yas'alunaka 'anil-mahidh* (Eles perguntam a você sobre menstruação).
- Herança – *Yas'alunaka 'anil-kalalah* (Eles perguntam a você sobre herança).
- Questões sociais – *Yas'alunaka 'anil-yatama* (Eles perguntam a você sobre os direitos dos órfãos).
- Interpretação da religião – *Yas'alunaka 'anir-Ruh* (Eles perguntam a você sobre o Espírito).
- Tempo de rastreamento – *Yas'alunaka 'anil-ahillah* (Eles perguntam a você sobre as novas luas).

O jogo desenfreado e o alcoolismo eram uma preocupação crescente para a comunidade. As pessoas bebiam vinho, parte integrante da cultura árabe, ao longo do dia, e apenas alguns inconformistas como Maomé e Abu Bakr se abstinham. O consumo excessivo de álcool levava a muitos males sociais, incluindo violência doméstica, desperdício de riqueza e indecência pública. O Alcorão respondeu às preocupações populares, expressa, sobretudo, pelas mulheres de Medina:

Yas'alunaka 'anil khamri wal-maysiri.
Eles perguntam a você sobre vinho e jogos de azar.

> *Qul fīhima ithmun kabiruw-wa manafi'u lin-nas wa ithmuhuma akbaru min naf'ihima.*
> Informe a eles que estes são muito prejudiciais e benéficos, mas que os danos superam, em muito, os benefícios.

Em resposta às pessoas cambaleando para a mesquita em estado de embriaguez, o Alcorão reenfatizou o ponto: "Não venha bêbado às orações e às reuniões da comunidade. Espere ficar sóbrio e saber o que está dizendo". À medida que mais moradores começaram a limitar o consumo de bebidas tarde da noite para acordar sóbrios para as orações da manhã, beber tornou-se socialmente menos aceitável como atividade recreativa.

Após um processo de desintoxicação gradual que durou mais de um ano, o Alcorão revisou ainda mais sua orientação para uma comunidade receptiva: "Verdadeiramente, bebidas alcoólicas e jogos de azar degradam e restringem suas habilidades, então evite-os para ter sucesso!". Muitos medinenses, principalmente as mulheres, despejaram nas ruas o excesso de vinho de suas casas, em um gesto de reabilitação comunal. Os judeus de Medina, que mantinham as próprias tradições religiosas, continuaram a beber vinho durante as cerimônias religiosas, mas até eles viram a bebida retroceder como passatempo social permitido. Sempre alegre, Nu'aiman, no entanto, não conseguiu largar o hábito. Quando 'Umar o repreendeu por beber com frequência, Maomé defendeu o companheiro: "Não o amaldiçoe, pois ele ama a Deus e é amado por Ele".

Uma grande seca devastou a Arábia. Nenhuma chuva caiu durante um ano inteiro, e uma prolongada onda de calor secou o resíduo das chuvas abundantes do ano anterior. A fome eclodiu em toda a região, quando as colheitas declinaram e os animais começaram a enfraquecer por falta de alimento. Meca, situada em uma das partes mais quentes da Arábia, sem recursos próprios, foi duramente atingida. Com o passar dos meses, sem chuvas, os agricultores começaram a acumular seus produtos de reserva em vez de vendê-los. A riqueza era inútil quando o mercado secou.

A terra ficou ressecada, e tempestades de poeira caíram sobre Meca, cobrindo a cidade com uma película vermelha e nebulosa. Moradores famintos vagavam atordoados, com alguns catando o que parecia comestível. Em uma reviravolta do destino, os mecanos ficaram como os hachemitas durante o boicote, mal conseguindo sobreviver. Até os ricos de Meca sofreram.

Medina, ao contrário, tinha reservas de grãos, tâmaras e água. A cidade prosperou apesar da seca, o que só aumentou a reputação de Maomé como líder notável. Empregando uma forma de *zakah*, Maomé organizou o povo medinense para doar uma ajuda de emergência a Meca. Enviou 'Uthman com uma caravana de duzentos camelos carregados de grãos e tâmaras secas para ajudar a aliviar o sofrimento dos mecanos. Quando a caravana de 'Uthman aproximou-se da Ka'bah, os habitantes de Meca a olharam como uma miragem. Os Banu Umayyah saudaram seu parente, que recebeu instruções específicas de Maomé para conceder aos anciãos a honra de distribuir a ajuda alimentar. Maomé esperava que os anciãos aceitassem os suprimentos como oferta de paz. A assembleia de Dar-un-Nadwah, no entanto, ficou furiosa por ter de aceitar os suprimentos vitais, percebendo isso como um golpe de relações públicas para minar o conselho.

Um mês depois que as provisões haviam chegado a Meca, as chuvas voltaram com força total. Os mecanos, libertos de meses de sofrimento, responderam com banquetes excessivos. Em Medina, Maomé urgiu os moradores a permanecerem modestos e não tomar nada como garantido. Nesse momento, uma nova revelação do Alcorão lembrou os medinenses: "Comam e bebam, mas não desperdicem". Os moradores foram incentivados a direcionar as energias comemorativas para melhorar a sociedade, não apenas festejar.

O impulso para o serviço comunitário veio, em parte, da situação de um dos melhores alunos de Maomé em Medina, um persa escravizado chamado Rozbeh (afortunado). Nascido de família nobre, ele se tornou sacerdote zoroastrista, apenas para ser capturado durante a batalha por soldados bizantinos e vendido no mercado de escravos de Damasco. Lá, o arcebispo o comprou e, impressionado com o potencial do jovem, libertou-o, para que se tornasse monge cristão. Durante uma viagem missionária no norte da Arábia, o pobre Rozbeh foi capturado mais uma vez, agora pelos notórios saqueadores Ghifar (clã de Abu Thar). Vendido como escravo em Yathrib, Rozbeh ficou fascinado pela fé judaica do novo dono e começou a estudar no tempo livre com o rabino Mukhairiq.

Maomé conheceu o jovem na casa de Mukhairiq e ficou maravilhado com o dinamismo dele. Designou 'Ali para orientá-lo e o nomeou Salman (aquele que procura se completar). Por fim, Maomé levantou a questão da servidão contínua de Salman. "Por que não discutir a libertação com seu dono?", sugeriu. Salman o fez, e seu dono concordou em libertá-lo em troca de plantar um pomar inteiro de tamareiras como pagamento – com a condição de que Salman o faria em seu tempo livre. Inspirado, Maomé reuniu os seguidores para ajudar a plantar o pomar em apenas um dia, garantindo, assim, a libertação de Salman em uma fração de tempo que de outra maneira levaria.

O projeto ilustrou o valor de as pessoas doarem um pouco de seu tempo livre para trabalhar pelo bem público. Pouco tempo depois, uma nova revelação veio a codificar o conceito de reservar tempo para o serviço, relacionando-o à reserva de tempo para comer e beber:

> *Kutiba 'alaikumus-siyam kama kutiba 'alallathina min qablikum la'allakum tattaqun.*
> Jejuar enquanto compartilha seu tempo a serviço dos outros é recomendado, assim como foi prescrito àqueles antes de você, a fim de alcançar um estado de esperança repleta de ação.

O verso introduziu um novo conceito chamado *siyam*, derivado da palavra *serrado* (dividir um pedaço de pão), usado por Jesus e pelos cristãos para se referir ao jejum. O Alcorão aproveitou a antiga tradição e introduziu uma nova prática: agir enquanto jejua para beneficiar a sociedade. Maomé instruiu os medinenses, que haviam acabado de sobreviver a uma grande fome e compartilhado recursos com inimigos jurados, a se engajar em um jejum comunitário, do amanhecer ao anoitecer, e realocar o tempo usado para preparar refeições para compartilhar seus talentos com os outros. O *serrado* ensinou aos habitantes de Medina a conservar a comida e o tempo.

Enquanto um indivíduo pode praticar o *serrado* a qualquer momento, o Alcorão reservou um mês específico para sua aplicação em nível comunitário. Para marcar o décimo quinto aniversário da primeira revelação do Alcorão, Maomé designou o mês lunar do Ramadã (calor abrasador) como período para o serviço e o jejum: "O mês do Ramadã é quando o Alcorão foi revelado primeiro como fonte orientadora que fornece a todas as pessoas direção e propósito".

Uma semana antes do início do Ramadã, Maomé desfrutou de uma celebração familiar especial: o casamento da filha mais nova, Fatimah, com 'Ali. Quando Fatimah completou 18 anos, Abu Bakr, como amigo mais velho de Maomé, ofereceu-se para se casar com a jovem mulher – sinal tradicional de afeição entre amigos íntimos na cultura árabe. Depois que Maomé negou alegando que a filha ainda era muito jovem, 'Umar fez a mesma oferta e obteve a mesma resposta. Quando Fatimah completou 19 anos, Maomé anunciou o noivado dela com 'Ali. Os dois haviam crescido juntos na mesma casa, e Maomé sabia que estavam apaixonados havia muito tempo. Ele estipulou, no entanto, que o contrato de casamento incluísse uma cláusula de que 'Ali permanecesse monogâmico – embora a poligamia fosse comum em toda a Arábia.

Em Meca, os anciãos estavam tramando. Sentiam-se humilhados em ter de aceitar ajuda alimentar do profeta e buscavam resolver "o problema com Maomé" de uma vez por todas. Os anciãos precisavam de uma desculpa para reunir as pessoas contra Maomé e instigar um confronto militar direto. Na maneira clássica, 'Amr ibn Hisham sugeriu uma solução: relançar a campanha de difamação, dessa vez dirigida ao que os mecanos mais valorizavam.

"Maomé planeja atacar a grande caravana a caminho de Damasco", anunciaram os anciãos do lado de fora da Ka'bah, ironicamente acusando Maomé do que eles mesmos haviam perpetrado contra Medina ao longo de anos. Temendo que suas fortunas estivessem em risco, os habitantes da cidade esqueceram a bondade de Maomé de apenas alguns meses antes e rapidamente se prepararam para a batalha com gritos de "*U'lu Hubal!*" (Levante-se e mostre sua grandeza, ó Hubal!). O canto invocava a principal divindade de Meca e anunciava uma declaração pública de que os mecanos estavam, agora, travando uma guerra religiosa contra Maomé como apóstata que ousava desafiar a autoridade dos deuses.

Centenas de guerreiros de clãs aliados começaram a convergir para Meca. Como Medina não tinha exército, os anciãos de Meca anteciparam uma rápida e fácil vitória. O plano era cercar Medina e dar um ultimato aos anciãos da cidade: entregar Maomé com seus seguidores mecanos ou enfrentar uma invasão. Os habitantes de Meca presumiram que os medinenses não arriscariam pilhagem para proteger um estrangeiro. Para muitas das famílias da elite de Meca, o cerco também era uma chance de recuperar os filhos rebeldes.

O tio de Maomé, Al-'Abbas, um pagão que nunca deixara Meca, foi recrutado para o exército. Assim que os soldados partiram em direção a Medina, Al-'Abbas despachou, em segredo, um guia para o deserto, para entregar uma mensagem urgente ao sobrinho, com um aviso da invasão iminente. Após a morte de Abu Talib, Al-'Abbas assumira a responsabilidade pelo pedido do pai moribundo de proteger Maomé. O aviso foi tudo que Al-'Abbas pôde fazer para ajudar, à medida que a situação se agravava com rapidez.

Sem saber dos guerreiros avançando em direção à cidade, o povo de Medina iniciou o primeiro Ramadã. Abstendo-se de comida e água, comprometeu-se com projetos de serviço comunitário durante o dia. Tanto homens quanto mulheres com mais de 13 anos participaram: reparando estradas, melhorando o sistema de irrigação e consertando as casas dos moradores pobres. Crianças, enfermos e mulheres menstruadas estavam isentas de participar do jejum. Ao pôr do sol, os moradores se reuniram para a quebra comunitária do jejum, comemorando um dia de trabalho duro para benefício mútuo.

O povo de Medina estava comemorando havia sete dias quando um cavaleiro solitário entrou correndo na cidade. Tão logo Bilal chamou as pessoas para a oração da noite, o mensageiro chegou à mesquita, desmontou em pânico e correu para o pátio, empurrando a multidão para o lado para alcançar Maomé. Maomé acabara de comer uma tâmara após doze horas de jejum e serviço comunitário. O sorriso de contentamento em seu rosto desapareceu rapidamente, quando o cavaleiro sussurrou a advertência de Al-'Abbas em seu ouvido. Maomé não queria perturbar a multidão ao redor, então recuperou a compostura e convidou o cavaleiro para se juntar à refeição comunitária.

Enquanto os habitantes de Medina desfrutavam do jantar, Maomé revirava a notícia na mente. Um grande exército de Meca estava a menos de dez dias de distância. Tanto sua vida quanto a de todas as pessoas ao seu redor estava em risco. Mas o que poderia fazer? Maomé passara os últimos quinze anos pregando o princípio da não violência e não tinha experiência militar. No entanto, se permanecesse passivo, Medina seria destruída – com sua família, seus amigos e anos de revelação do Alcorão.

8

O TESTE FINAL

Poços de Badr: 4h da tarde,
segunda-feira, 12 de março, 624 EV

O ancião nômade e seus filhos apressaram-se a dar de beber aos rebanhos nos poços. Um exército de Meca estava indo para o norte, em direção a Medina, e poderia passar pela pacata vila de Badr a qualquer momento. Os nômades temiam que os combatentes pudessem confiscar suas ovelhas. Examinando o horizonte em busca de qualquer sinal de problema, o velho ficou tenso de repente, quando duas figuras negras, com rostos cobertos, se aproximaram em seus camelos.

À medida que os estranhos se achegavam, o ancião observou as finas túnicas pretas bordadas com fios de prata e os incomuns turbantes negros. Os nômades, que nunca tinham visto roupas tão exóticas, ficaram ao mesmo tempo confusos e aliviados com os estranhos, porque não eram patrulheiros militares de Meca. Os homens misteriosos apearam para permitir que os camelos bebessem.

Desvelando o rosto, os homens de meia-idade aproximaram-se dos nômades. Quando o ancião perguntou de onde vinham, eles responderam em um estranho dialeto árabe: "Somos de Ma`!". Os ma` eram um antigo clã árabe da Mesopotâmia. As roupas finas e joias de prata indicavam que eram mercadores a caminho de Meca, o que não representava ameaça.

Os poços na Arábia funcionavam como bebedouros em sentido próprio e figurado: lugar para matar a sede e trocar informações. O mais alto dos dois estranhos começou a conversar, perguntando pelo caminho do Iêmen e depois sobre as raças de ovelhas e cabras dos nômades. "Fui pastor na juventude", revelou.

Orgulhoso de que o estranho apreciasse a qualidade de seu rebanho, o ancião baixou ainda mais a guarda. Então, quando o estranho mencionou rumores de um confronto iminente na área, o ancião confirmou: "Sim, você se refere aos mecanos e Maomé".

"Quem é esse Maomé?", quis saber o estranho. Perguntou também ao ancião sobre a localização e o tamanho das forças, para ficar fora do caminho.

O pastor respondeu: "Não posso dizer com certeza, mas, se quem me informou estava correto, então os habitantes de Meca devem estar ao sul, na aldeia de Al-Abwa, e Maomé, em Qiba".

Em resposta à notícia, os dois estranhos deram mostras de que deviam se apressar. Agradecendo ao ancião, montaram em seus camelos e logo desapareceram atrás da elevação que cercava os poços. Do outro lado da montanha, os dois estranhos encontraram um pequeno exército de trezentos e doze homens. Uma figura musculosa, revestida de armadura, avançou em sua direção. Com olhar ansioso, perguntou: "Quais são as notícias, Maomé?".

Os dois homens de Ma` eram, na realidade, Maomé e Abu Bakr – e o cavaleiro de armadura, o tio de Maomé, Hamzah. A dupla buscava informações vitais sobre a chegada das forças de Meca e não tinha como obtê-las sem trair a própria localização. Maomé não queria mentir, preferindo recorrer ao subterfúgio. Um clã chamado Ma` (água) vivia, de fato, na Mesopotâmia. Dizer ao nômade mais velho *"Nahnu mim-Ma"* (Somos da água) era tecnicamente verdadeiro, pois os seres humanos, de acordo com o Alcorão, foram criados da água.

"Os mecanos chegarão antes do anoitecer", disse Maomé, usando seus anos de experiência nas caravanas para calcular a rapidez com que os agressores se aproximavam. "Devemos agir rápido e bloquear o acesso deles aos poços."

A missão secreta de reconhecimento de Maomé também fornecera a valiosa informação de que os movimentos da própria força permaneciam indetectáveis. Os habitantes locais presumiram que ele ainda estava mais ao norte, na aldeia de Qiba, nos arredores de Medina. Maomé, porém, valera-se da calada da noite para levar seu bando desorganizado para os arredores de Badr, pequeno oásis ao longo da rota das caravanas.

Enquanto Maomé traçava estratégias, a tática dos mecanos era direta. Eles sabiam que muitos medinenses estavam viajando nas caravanas a negócios, deixando a cidade, em boa parte, desprotegida. Sitiariam Medina e dariam um ultimato: entreguem Maomé de qualquer maneira. Sempre conscientes das aparências na grande sociedade árabe, os habitantes de Meca não queriam parecer agressores, mas, sim, pacificadores que exigiam justiça. Maomé, de acordo com a propaganda elaborada pelos anciãos mecanos, ameaçava suas caravanas. Não brigavam com os medinenses.

O ataque iminente dos mecanos forçou Maomé ao teste final. Durante grande parte da vida, levara meses ou anos reunindo informações e analisando-as com cuidado, para só agir depois de reflexão ponderada. O ataque iminente, no entanto, significava que Maomé tinha apenas alguns dias para determinar como responder a um novo desafio.

Para defender seu povo, ele precisou fazer concessões em alguns de seus mais caros princípios. O subterfúgio não era uma maneira nobre de conduta humana – nem a violência. Porém, naquela crise, ambos poderiam ajudar a salvar vidas e evitar uma devastação maior.

Para compensar a significativa desvantagem numérica, Maomé resolveu fazer o oposto do que os mecanos previam. Seu pequeno bando de fazendeiros e mercadores não tinha o armamento e a experiência dos guerreiros de Meca, mas podia contar com o elemento surpresa. Os atacantes não esperariam uma emboscada nos poços de Badr. Mesmo quando o exército de Meca, imensamente superior, apareceu no horizonte – com o sol poente fazendo faíscas as longas lanças no meio de uma enorme nuvem de poeira –, Maomé acalmou os seguidores preocupados. Voltando-se para Hamzah, observou: "*Al-harbu khidaj*" (A guerra é vencida com estratégia).

◆ ◆ ◆

Vários dias antes, Maomé começou a preparar os seguidores para lutar pela vida. Quando o mensageiro de Al-'Abbas interrompeu o desjejum do Ramadã para alertar sobre o ataque dos mecanos, Maomé, a princípio, manteve segredo, de modo que todos pudessem dormir em paz. Contudo, na manhã seguinte, enquanto ele e os seguidores estavam sentados em círculo desfrutando de um café da manhã com tâmaras e leite fresco, Maomé compartilhou uma nova revelação:

> *Uthina lillathina yuqataluna bi`annahum qad thulimu.*
> A permissão é concedida àqueles que são atacados, porque foram imensamente oprimidos.

Os seguidores ficaram chocados. Desde que a missão profética de Maomé começara, quinze anos antes, ele sempre pregara uma filosofia de não violência, proibindo até a autodefesa. Essa nova revelação refletia um pensamento mais matizado: o Divino não tolerava a violência, mas em casos extremos a autodefesa era permitida. Mesmo assim, o verso não incluía as palavras implícitas *para se defender*.

Maomé, então, compartilhou com os seguidores o que o mensageiro relatara na noite anterior: os habitantes de Meca estavam avançando em direção a Medina para aniquilá-los. Maomé pediu conselhos sobre como lidar com a ameaça. Várias pessoas sugeriram que se abrigassem nos pequenos fortes de armazenamento de Medina para defenderem a cidade ao estilo guerrilheiro. No entanto, Maomé recusou-se a pôr os civis em perigo e insistiu em enfrentar valorosamente a morte a céu aberto, de acordo com os costumes árabes.

Entretanto, explicou que não queria pressionar os seguidores a lutar, pois era sua cabeça que os mecanos pediam. Um a um, os presentes pousaram a mão em seu ombro direito e fizeram um juramento: "Nós nos sacrificaríamos em seu lugar!". Abu Bakr acrescentou: "Vá e lute sob a proteção de Deus. Estaremos lá antes de você!".

Animado por tamanha determinação, Maomé nomeou o tio, Hamzah, para chefiar a força de combate. Caçador valente, conhecido por lutar com leões, Hamzah era quem mais tinha experiência na guerra. Embora muitos homens estivessem fora, na viagem de caravana a Damasco, Hamzah conseguiu recrutar uma força de trezentos e catorze homens para a expedição defensiva, apoiada por vinte enfermeiras chefiadas por Barakah. O grupo juntou seu dinheiro para comprar o equipamento e rapidamente forjar novas armas.

A única habilidade notória de Maomé era o tiro com arco, que aprendera quando pastor adolescente para afastar as águias que atacavam os cordeiros indefesos. Nunca atirara uma flecha contra seres humanos nem lutara em batalha, mas iniciou um programa de treinamento de emergência para recrutas. Com um grupo de carpinteiros Banu Najjar, Maomé e Abu Ayyub rapidamente fabricaram arcos e flechas. Um ferreiro judeu local forjou uma armadura para Maomé. Após três dias de preparação e treinamento, o exército saiu a pé, com sacos de comida que muitas famílias de Medina haviam doado. Uma "cavalaria" de dois cavaleiros acompanhou o batalhão heterogêneo.

O exército partiu depois do amanhecer, indo primeiro para Qiba. Maomé manteve seu destino em segredo, exceto para um pequeno grupo de seguidores principais.

Dois dias mais tarde, o exército de Medina chegou aos poços de Badr ao amanhecer, antes que os pastores aparecessem para dar de beber aos rebanhos. O exército escondeu-se atrás de uma saliência no lado oposto da montanha. Maomé sabia, desde seus dias de caravana, que os mecanos parariam em Badr para se reabastecer de água antes da arrancada final para Medina. Ele os surpreenderia ali, em uma topografia vantajosa e a uma distância segura de Medina.

Durante as sessões de discussão de estratégia, Salman sugerira a técnica militar persa de arrastar objetos atrás de cavalos e camelos para levantar muita poeira e dar a ilusão de uma grande força.

Assim, o exército de trezentos e catorze voluntários de Maomé acelerou em direção aos poços de Badr levantando uma grande nuvem de poeira. Nômades locais presumiram que o exército do profeta estava na casa dos milhares e espalharam a notícia de que a força maciça de Maomé saíra de Qiba [cerca de cento e quarenta quilômetros de distância] havia poucas horas! Maomé compreendia que o único caminho para a vitória era usar um estratagema psicológico.

O exército de Maomé rapidamente atingiu o terreno mais alto e montou uma linha defensiva em frente aos poços. De sua tenda erguida perto do topo da montanha, Maomé pesquisou o terreno. O rufar dos tambores e os cânticos dos inimigos trovejaram a distância. Logo o exército de Meca apareceu no horizonte, recortado contra o sol poente. Suas lanças ostentavam os símbolos das divindades tribais e eram adornadas com penas de águias, falcões e avestruzes.

Os mecanos montaram um acampamento para pernoitar e enviaram seus jovens cozinheiros à frente para procurar água na escuridão. 'Umar capturou um deles, adolescente, durante uma patrulha e o levou ao acampamento medinense para interrogatório. 'Umar foi ficando impaciente enquanto o menino, aterrorizado, lutava para fornecer uma contagem precisa do exército de Meca. Quando começou a esbofeteá-lo, Maomé interveio e perguntou com gentileza: "Quantos camelos você abate e assa por dia?".

"Dez", respondeu o menino. Maomé voltou-se para 'Umar: "Eles são cerca de mil homens". Sabia que cada camelo alimentava, em geral, cerca de cem homens. (De fato, havia mil e setenta soldados no exército de Meca.) Apesar dos protestos de 'Umar, Maomé ordenou que o menino fosse solto e autorizado a retornar ao acampamento mecano, explicando que o cozinheiro era um não combatente e não poderia ser tratado como inimigo.

Naquela noite, depois de orar juntos, os seguidores de Maomé olharam para as inúmeras fogueiras dos mecanos e ouviram os acordes de música e risadas. Como se estivessem em um grupo de caça, os habitantes de Meca haviam trazido músicos, dançarinas e prostitutas. Na realidade, pretendiam voltar para casa carregando a cabeça de Maomé e de seus seguidores mais próximos como troféus a serem pendurados no portão principal de Meca.

Durante a noite, fortes chuvas causaram inundações repentinas que provocaram deslizamentos de terra em direção ao acampamento de Meca. Quando amanheceu, os mecanos, de ressaca, acordaram com um som estranho. O chamado à oração e os cânticos dos seguidores de Maomé ecoaram pelas montanhas como vozes do além. Embora fosse o décimo sétimo dia de Ramadã, Maomé insistiu para que os seguidores se abstivessem de jejuar e comessem uma refeição leve de tâmaras e legumes. Os guerreiros reuniram-se ao ritmo dos tambores.

Aquela manhã caiu no décimo quinto aniversário da primeira revelação de Maomé no topo do monte Hira. Não era assim que ele pretendia celebrar a ocasião. Usava um turbante preto, sinal de luto pelo confronto iminente, e postou-se entre dois porta-bandeiras que içavam estandartes em preto e branco, símbolos de equilíbrio. Agressão e guerra provocavam desiquilíbrio na ordem natural, e Maomé deixava claro que lutava apenas porque os medinenses não tinham outra opção.

Enquanto seus homens permaneciam em posição de sentido, esperando que os adversários se alinhassem para a batalha, Maomé lembrou-lhes de que estavam lutando para se defender, não para buscar vingança. Matar sob o império da raiva, explicou, era assassinato. Dividiu, então, a pequena força em cinco grupos de sessenta homens e instruiu os flancos a revezar-se quando ouvissem o som de tambores. Esse método permitia que recuassem da linha de frente para descansar e dessem a impressão de que reforços iam chegando constantemente. Assim, o grupo de trezentos combatentes pareceria cinco vezes mais numeroso que o exército de Meca.

Maomé também instruiu os homens a não falar durante a batalha, rompendo a tradição árabe de gritar para aterrorizar os oponentes. Depois de assegurar às tropas que estavam do lado certo e sairiam vitoriosas, regressou ao posto de observação, cercado por catorze homens, escolhidos pela velocidade, que transmitiriam suas ordens ao exército embaixo. Quando os mecanos finalmente se reuniram, ficaram assombrados ao ver as linhas imóveis e organizadas do exército de Maomé em completo silêncio.

O principal ancião de Meca e comandante do exército, 'Utbah, saiu acompanhado do filho, Al-Walid, e do irmão, Shaibah. Na tradição marcial árabe, os três desafiaram os oponentes para um duelo inicial. Três medinenses deram um passo à frente para enfrentá-los. 'Utbah recusou-os dizendo: "Eles não são socialmente iguais a nós! Mandem quem esteja no mesmo nível de nosso povo!". Maomé ordenou que o tio Hamzah e os primos 'Ali e 'Ubaidah se adiantassem.

No duelo, 'Utbah e o filho morreram, e Shaibah ficou ferido. A morte do chefe foi um mau presságio para os supersticiosos mecanos.

No súbito vazio de liderança, 'Amr ibn Hisham declarou-se comandante e instruiu o exército a atacar em massa. Sem estratégia clara, os mecanos faziam o maior esforço para seguir em frente, porque a lama os impedia. Maomé ordenou que os arqueiros disparassem, deixando os inimigos em pânico e rompendo suas fileiras. Como os mecanos avançavam em desordem, Maomé determinou que seu exército mantivesse posição defensiva.

Os anciãos de Dar-un-Nadwah lideravam a cavalaria de Meca. A maioria seria morta, incluindo o grande poeta Al-Walid ibn Al-Mughirah; Al-'As ibn Wa`il, primeira pessoa a chamar Maomé de *abtar* (homem metaforicamente castrado); e Umayyah ibn Khalaf, proprietário de escravos que arrastara Bilal pelas areias escaldantes. Dois meninos de 12 anos dos Banu Najjar derrubaram o arqui-inimigo de Maomé, 'Amr ibn Hisham. Maomé proibira crianças de lutar, então os meninos seguiram furtivamente o exército a distância e depois se esconderam atrás das rochas à medida que a batalha se desenrolava. Usando um estilingue, atordoaram 'Amr antes de correr sobre ele e matá-lo com a própria espada. Os mecanos, vendo os anciãos cair ao redor deles e o exército de Maomé aparentemente reforçado, à medida que os flancos giravam, romperam as fileiras e fugiram em pânico.

Quando a batalha de duas horas terminou, o rosto de Maomé não mostrou nenhuma alegria. Setenta mecanos e catorze medinenses jaziam mortos. Setenta mecanos tornaram-se prisioneiros. Recusando-se a saborear uma vitória notável, Maomé ordenou a seus homens que cavassem duas grandes sepulturas. Enterrou seus mortos em uma, e os mecanos, em outra. 'Umar alegou que, se tivessem vencido, os habitantes de Meca teriam mutilado os corpos dos medinenses, deixando-os apodrecer. Desejava matar todos os prisioneiros de guerra. Maomé recusou e pediu que os prisioneiros não fossem amarrados e recebessem água. Uma nova revelação do Alcorão lembrou os vencedores de que deveriam humanizar os inimigos:

> *In kuntum ta`lamuna fa innahum ya`lamuna kama ta`lamun.*
> Lembrem-se de que, do mesmo modo que vocês sentem dor, eles também sentem; então, sejam compassivos.

O Alcorão ainda pedia serenidade, embora o antagonismo com Meca tivesse se tornado mortal:

> *Idfa` bil-lati hiya ahsan*
> Afastem a agressão com bondade e compreensão.

> *Fa ithal-lathi baynaka wa baynahu 'adawatun ka`annahu waliyyun hamim.*
> Assim, um aparente antagonista pode ser transformado no mais querido e leal dos amigos.

Wa ma yulaqqaha illal-lathina sabaru
Mas saibam que apenas os maduros e previdentes podem transformar animosidade em amizade.

Wa ma yulaqqaha illa thu hath-thin 'athim.
E saibam que quem consegue realizar uma tarefa tão difícil é verdadeiramente afortunado e bem-sucedido.

Maomé informou aos prisioneiros de Meca que eles poderiam ganhar a liberdade ensinando dez de seus seguidores a ler e a escrever. Os prisioneiros ficariam em casas de famílias medinenses, as quais ele instruiria a "vesti-los como vestem os seus e a alimentá-los como os seus são alimentados". Os prisioneiros poderiam comer na mesma mesa e juntar-se aos medinenses quando estes participassem de aulas e orações, de modo que testemunhassem a mentalidade em ação.

Maomé concebeu um novo código de ética de guerra:

- Lembre-se de que aqueles que lutam contra você têm famílias como a sua; eles amam e são amados.
- Esteja ciente de que o que dói em você dói neles. Portanto, não mutile nem torture um oponente.
- Não mate mulheres, crianças ou anciãos.
- Não mate quem esteja fugindo do campo de batalha.
- Se seu oponente pedir paz, aceite o pedido, pois a vida é sagrada, e a salvação de uma vida é como a salvação de toda a humanidade.

O código militar que Maomé promulgou em Badr mais tarde incluiria restrições específicas adicionais:

- Não corte árvores frutíferas.
- Não envenene os cursos de água.
- Não queime plantações e pastagens.

- Não perturbe civis não combatentes e quem esteja praticando culto religioso.
- Não derrube as portas das casas dos civis.
- Trate os vencidos com um padrão tão inesperado de bom caráter que acabe conquistando o respeito e a lealdade deles.

Um dos seguidores de Maomé pediu para se casar com uma prostituta chamada 'Inaq (abraço), que os medinenses haviam capturado no acampamento abandonado de Meca, mas Maomé recusou-se a forçar a mulher a se casar. Em vez disso, libertou-a como civil, com instruções para retornar a Meca e informar aos anciãos que eles teriam entrada segura em Medina para resgatar seus parentes. Maomé esperava que a mulher também descrevesse o enterro respeitoso dos mortos mecanos e o tratamento humano dos prisioneiros, o que poderia evitar o desejo de vingança dos habitantes de Meca. Embora os medinenses pudessem facilmente ter perseguido o inimigo derrotado, Maomé lembrou às tropas que a verdadeira vitória estava em evitar o conflito por completo.

◆ ◆ ◆

O povo de Medina esperava ansiosamente por notícias da batalha, contando com o pior. Os moradores reuniram-se na passagem norte da cidade, como haviam feito vinte meses antes para testemunhar a chegada segura de Maomé.

Após horas de ansiedade nervosa, viram 'Ali chegar a cavalo, anunciando a vitória. O restante dos voluntários apareceu logo depois. Os medinenses os receberam com o mesmo cântico de saudação entoado vinte meses antes, acenando outra vez com folhas de palmeira.

Em meio às comemorações, uma menina órfã de 5 anos aproximou-se de Maomé na multidão e o pegou pela mão. Vários adultos tentaram afastá-la, mas Maomé fez sinal para que não a machucassem. Enquanto os dois percorriam os becos de Medina, com a garota na frente, a multidão curiosa os seguia. A criança levou Maomé a um pátio, onde o presenteou, com orgulho, com sua boneca. Quando viu a surpresa no rosto dos anciãos, Maomé declarou: "Uma comunidade verdadeiramente vitoriosa respeita a velhice e encoraja a juventude". A verdadeira vitória, em outras palavras, não vinha do campo de batalha, mas de encontros significativos como aquele. (Embora Maomé não tivesse ciência, seu estímulo empoderou a garota; ela se tornou uma estudiosa, e seu filho, Sa'id ibn al-Musayyib, seria saudado como um dos maiores sábios do Islã – membro do eminente grupo *al-fuqaha as-sab'*, os sete maiores juristas de Medina.)

Maomé explicou à garota que uma de suas filhas estava doente e pediu permissão para se despedir, a fim de poder visitá-la. Rapidamente, foi ver Ruqayyah, que estava de cama sendo cuidada pelo marido, 'Uthman. Ruqayyah fora arrancada de seu camelo enquanto fugia de Meca e abortara. Perdera muito sangue, e sua saúde piorava desde então. Naquela noite, Maomé levou-lhe uma cesta de frutas frescas e preparou-lhe uma sopa de tutano. Antes de partir, pousou a mão em sua cabeça e rezou por ela, depois beijou-lhe a fronte. Ruqayyah forçou-se a sorrir para o pai.

Bem cedo na manhã seguinte, uma das idosas de Medina foi à mesquita varrer o chão, como era seu ritual diário. Ficou surpresa ao ouvir sons de varredura lá dentro, pois era muito cedo, e o edifício estava vazio. Entrou e viu Maomé segurando uma vassoura. Ele não a notou, mas ela observou, com espanto, o vencedor de Badr – vestido com trajes esfarrapados, descalço e de cabeça baixa em contemplação – limpando o piso, com a poeira rodopiando ao redor na brisa fresca. Então, um cavaleiro chegou a galope. Virando-se, ela viu 'Ali desmontando rapidamente e correndo em direção a Maomé. A idosa não conseguiu entender a conversa, mas notou lágrimas rolando pelo rosto de Maomé, que, devagar, largou a vassoura e saiu.

Ruqayyah estava morta. O golpe que os mecanos desferiram contra ela provara ser fatal. Era a primeira filha que Maomé perdia e o terceiro filho que teria de enterrar com as próprias mãos, outro triste lembrete da fragilidade de sua linhagem.

A filha mais velha de Maomé, Zainab, decidira permanecer em Meca com o marido pagão em vez de se unir à *hijrah* para Yathrib. O marido da jovem juntara-se ao exército de Meca em Badr e fora capturado na batalha. Quando os mecanos começaram a resgatar seus prisioneiros, Zainab enviou como pagamento a Medina um colar precioso que pertencera a Khadijah. Quando viu as joias, Maomé começou a chorar incontrolavelmente, lembrando-se do falecido amor de sua vida.

Os medinenses logo libertaram o marido de Zainab, com o colar. O genro de Maomé ficou muito impressionado com o tratamento que recebera e decidiu se mudar com a família para Medina. Os mecanos estavam muito ocupados lamentando seus mortos para perceber quando a família fugiu. Dos setenta combatentes de Meca capturados em batalha e resgatados, vinte resolveram voltar e se juntar a Maomé – o que ele considerou um sucesso muito maior que vencer no campo de batalha.

Com todas as filhas casadas e agora em Medina, o amigo íntimo de Maomé, Abu Bakr, pressionou-o a se casar novamente. Um homem na posição de Maomé, argumentou Abu Bakr, precisava de uma mulher forte ao lado. Com efeito, de acordo com o costume árabe, os líderes tinham várias esposas, a fim de consolidar alianças tribais. Os habitantes de Meca voltariam, Abu Bakr lembrou Maomé, e seriam implacáveis. Com tanta coisa em jogo, Maomé devia tranquilizar o povo de Medina agindo como líder tribal em tempos de guerra e forjando alianças por meio do casamento.

O colar que Zainab enviara provocou dolorosa saudade em Maomé, que não se esquecia de seu único e verdadeiro amor, Khadijah. Ela lhe propusera iniciar um romance somente depois que os dois provaram a consistência de sua parceria nos negócios. Maomé permanecera monogâmico por vinte e cinco anos. Nos cinco anos desde a morte da esposa, fez questão de continuar solteiro enquanto a filha Fatimah ainda morava com ele.

Além disso, havia recentemente divulgado uma revelação do Alcorão que ressaltava o valor da monogamia, prática não difundida na Arábia. "Se você sabe que não pode tratar a todas com igualdade, case-se com apenas uma", declara o Alcorão. Em última análise, a poligamia ficaria limitada a quatro casamentos, pois Abraão tivera quatro mulheres. O Alcorão, além do mais, insiste na igualdade entre as esposas. "Você nunca será capaz de tratar suas esposas da mesma maneira, mesmo que tente", revelou. "O Amor Divino não fez dois corações no peito de um homem", reconhece outro verso.

Maomé sentiu que o povo de Medina estava preocupado com o futuro. Ele precisava garantir-lhes estar construindo alianças sólidas. Chegara novamente a hora, percebeu Maomé, de comprometer-se com um valor mais alto. Para selar alianças importantes, casar-se-ia outra vez.

Abu Bakr ficou encantado. Sua filha 'Aishah estava com 29 anos. Dotada de personalidade independente, ela se tornara inviável para o casamento na sociedade árabe, e pretendentes potenciais já haviam rompido dois compromissos. 'Aishah sentia amor profundo por Maomé, e Abu Bakr avidamente ofereceu sua mão em casamento. Maomé aceitou.

Embora 'Aishah amasse o marido – ela o descreveu como um "amante muito carinhoso", "que dormia abraçado a mim", e um romântico que "pegava o copo e o aproximava de meus lábios para eu beber, depois o virava e pousava os seus onde os meus haviam pousado" –, os dois se desentendiam com frequência. 'Aishah era obstinada, propensa a levantar a voz e a fazer exigências. Em várias ocasiões, Maomé teve de ficar entre 'Aishah e Abu Bakr, quando este queria discipliná-la por causa do tratamento dispensado ao marido. Quando Abu Bakr saía, Maomé beijava a testa da esposa e comentava: "Viu como a defendi de seu pai?".

Apesar da natureza contrastante, Maomé tinha 'Aishah em grande consideração, dando-lhe o apelido de Razaan (sabiamente alicerçada na razão).

A turbulência só aumentou quando 'Umar propôs que Maomé se casasse com sua filha viúva, Hafsah, cujo marido morrera em Badr. Talvez por julgar que os seguidores quisessem que ele agisse como chefe tribal tradicional ou por simpatia por Hafsah, Maomé concordou com o casamento. A essa altura, o profeta garantira alianças permanentes com dois dos seguidores mais próximos, Abu Bakr e 'Umar, e também com dois de outros seguidores, 'Ali e 'Uthman, casados com suas filhas. Ao fazer isso, mostrava ao povo medinense que estava planejando a futura segurança e estabilidade da cidade.

Como o segundo e o terceiro casamentos de Maomé visava, pelo menos em parte, consolidar o poder tribal e fortalecer a confiança dos seguidores, ele percebeu que precisava, além disso, exaltar o valor dos casamentos que não culminavam em alianças estratégicas ou ganhos pessoais. Em um ano, Maomé também se casou com Um Salamah, viúva de voz mansa com cinco filhos pequenos, o tipo de mulher que lutava para encontrar um novo marido. A outra esposa, Zainab, era divorciada de um ex-escravizado. Ao se casar com mulheres tipicamente excluídas e vistas como indesejáveis, Maomé demonstrava que pessoas desdenhadas pela sociedade árabe ainda tinham valor a seus olhos. Se ninguém mais quisesse se casar com elas, ele o faria – inspirando, ao mesmo tempo, outros homens a fazer o mesmo.

Antes dos casamentos, Maomé vivia como hóspede de Abu Ayyub, longe do luxo do qual desfrutara em Meca. Contudo, como o número de esposas aumentara, reconheceu que sua família precisava de mais espaço. Por sugestão de alguns seguidores, construiu vários aposentos pequenos, um para cada esposa (e os filhos de casamentos anteriores), ao longo da parede leste da mesquita. Cada aposento tinha duas portas, uma para o pátio e outra para o mercado externo. Embora cada esposa tivesse a própria casa, Maomé tecnicamente permanecia sem nenhuma, alternando entre as esposas. Varria o chão, recolhia lenha e preparava refeições enquanto as ajudava a cuidar de suas crianças. (Nenhuma das mulheres desposadas por Maomé durante esse período lhe deu filhos.)

Seguidores que conheciam bem Maomé notaram sua crescente infelicidade com sua condição poligâmica, pois ele usara recentemente a palavra *dharr* (dano) para cunhar um novo termo, *dharrah*, para mulheres em casamento poligâmico (em sentido literal, uma mulher que prejudica outra e é por ela prejudicada).

Apesar da clara preferência pela monogamia, ele considerava a poligamia uma necessidade na luta contínua para preservar Medina durante aqueles tempos precários. Em um sermão que proferiu durante as orações de sexta-feira, Maomé se referiu ao *aqalludh-dhararayn* – "o menor dos males".

A alegria que restava a Maomé parecia ser a filha Fatimah, que engravidara logo após a batalha de Badr. Maomé visitava o jovem casal com regularidade, para ajudá-lo a se preparar para uma nova vida como pais. Na terça-feira, 11 de dezembro de 624, entrou na casa da filha e do genro com uma cesta de romãs frescas do mercado e ouviu o choro de um recém-nascido. Barakah, que ajudara no parto, correu para cumprimentar Maomé com notícias emocionantes: "Você foi presenteado com um lindo neto!".

Muito feliz, Maomé apressou-se a ir ver a filha e 'Ali, que estava ao lado dela segurando-lhe a mão. Maomé beijou a testa de Fatimah, como sempre fazia. Então, pegando o bebê da parteira, realizou a cerimônia *tahnik*. Segurando o menino, deu-lhe o nome de Al-Hasan (possuidor de beleza exterior e interior). Barakah olhou para Maomé com lágrimas de alegria nos olhos. Testemunhara seu nascimento, o de seus filhos e, agora, o do neto.

Maomé vivia raro momento de harmonia familiar. Haveria pouco tempo para celebrar o início de uma nova geração. No início de março de 625, um cavaleiro entrou em Medina em uma missão secreta. O tio de Maomé, Al-'Abbas, avisava a ele que os mecanos haviam reunido um grande exército para vingar seus mortos em Badr. Três mil homens, acompanhados de duzentos cavaleiros bem treinados, estavam a caminho de Medina.

Os habitantes de Meca haviam se apressado a resgatar seus prisioneiros de guerra, ganhando tempo, enquanto secretamente elaboravam um plano para aniquilar Maomé e Medina de uma vez por todas. Dessa vez, estavam organizados, informava o tio, tendo aprendido a lição com o descuidado encontro inicial em Badr. Haviam mergulhado as mãos no sangue e juraram se vingar.

Enquanto abraçava o neto, Maomé, então com 55 anos, tinha menos de dez dias para se preparar para a luta de sua vida.

◆ ◆ ◆

Depois que a velha guarda dos anciãos de Meca fora exterminada em Badr, a liderança passara para um refinado mercador de meia-idade chamado Abu Sufyan, genro do comandante anterior e primo de 'Uthman. Abu Sufyan não quisera lutar nem se juntara à expedição original. Sua esposa, Hind, por outro lado, era uma mulher feroz, que tomou a iniciativa de vingar a morte do pai, do irmão e do filho. Hamzah, 'Ali e 'Ubaidah haviam matado seus parentes em Badr. Vendo que o marido relutava em vingar a família, ela própria elaborou o plano de vingança de Meca. Para que ninguém duvidasse de seu zelo, prometeu emancipar um guerreiro abissínio musculoso chamado Wahshi (selvagem) se ele abatesse Hamzah em batalha e jurou comer o fígado de Hamzah como vingança.

Hind recrutou pessoalmente o grande guerreiro Khalid para liderar a força especial de duzentos cavaleiros bem treinados que se integrariam aos três mil combatentes regulares. Em uma ruptura com a tradição *Jahiliyyah*, Hind decidiu coliderar o exército de Meca, acompanhada de várias centenas de esposas de guerreiros. As mulheres garantiriam que nenhuma orgia ocorresse antes da batalha – e que os maridos não ousassem fugir das linhas de frente como covardes. As mecanas que colocavam algodão nas orelhas dos filhos para evitar que ouvissem Maomé estavam, ironicamente, começando a se fortalecer pela primeira vez, embora à custa do profeta. Com astúcia, Hind insistiu que os habitantes de Meca forçassem Maomé a lutar no sábado, a fim de garantir que os judeus de Medina não pudessem se juntar a ele, por causa de seu dia de descanso, o sabá.

Enquanto os habitantes de Meca passaram um ano planejando sua vingança, Maomé tinha pouco mais de uma semana para se preparar para o ataque. Convocou uma reunião de emergência, durante a qual a maioria sugeriu que permanecessem em Medina e envolvessem os inimigos em um combate urbano. Mas Maomé não queria pôr em risco os habitantes e a infraestrutura da cidade. Após vários dias de discussão, ele finalmente conseguiu persuadir os seguidores a tomar um curso de ação alternativo.

Um regimento de quinhentos homens recrutados às pressas saiu de Medina na tarde de sexta-feira, seguido por Barakah e um grupo de enfermeiras. A força conseguiu cortar o avanço dos mecanos em Uhud, montanha a nordeste da entrada principal de Medina – e a apenas oito quilômetros da mesquita.

Ao saber do perigo iminente, o rabino Mukhairiq interrompeu as orações da noite de sexta-feira em sua sinagoga, as quais marcavam o início do sabá. "O sabá não é barreira para o cumprimento do dever!", explicou ele, anunciando que se juntaria a Maomé na linha de frente e exortando os demais a seguirem sua liderança. Antes de deixar a sinagoga, o rabino fez uma declaração pública de seu último desejo e testamento. Se morresse em batalha, seus sete pomares se tornariam um fundo de caridade administrado por Maomé para sustentar viúvas e órfãos. Cerca de duzentos fiéis marcharam com o rabino Mukhairiq. O contingente chegou a Uhud antes do amanhecer, dando grande apoio moral a Maomé e seus homens.

No topo do monte Uhud, Maomé inspecionou o campo de batalha embaixo, ao lado de Abu Bakr, Hamzah, 'Ali e do rabino Mukhairiq. Ao contrário do que fizera o barulhento grupo de caça em Badr, uma sobriedade arrepiante pairava sobre o acampamento de Meca. Buscando uma maneira de limitar as baixas, Maomé pediu ao rabino Mukhairiq (familiarizado com a região) que identificasse o ponto mais fraco dos medinenses. O rabino disse que a cavalaria de Meca poderia, com facilidade, contornar a montanha e cercar os defensores. Maomé rapidamente instruiu o tio a postar cinquenta dos melhores arqueiros em uma colina rochosa ao lado do monte Uhud como forma de dissuadir os cavaleiros mecanos de desfechar um ataque pela retaguarda.

Antes do início do combate, Hind dirigiu-se ao exército de Meca e lembrou às tropas seu dever solene de vingar os anciãos mortos e restaurar a honra da cidade. Em um poema que compôs para a ocasião, advertiu os homens de que, "se fugirem, nós nos divorciaremos de vocês!". Então, os três mil e duzentos combatentes deram um estrondoso grito de guerra em uníssono: "*U'lu Hubal!*" (Levante-se e mostre sua grandeza, Hubal!), invocando, mais uma vez, a principal divindade de Meca. Após a derrota humilhante em Badr, os mecanos precisavam se reconstruir como mártires da identidade árabe contra um infiel que ousava profanar a santidade de seus deuses.

Maomé esperou pacientemente enquanto um mar de milhares de fanáticos inflamados caía sobre seu pequeno grupo de homens. Nas linhas de frente, ao lado de Hamzah, estava o rabino Mukhairiq, cercado de duzentos guerreiros com as espadas levantadas em posição defensiva. Maomé queria que o rabino idoso recuasse para a relativa segurança da retaguarda, mas Mukhairiq insistira em fazer uma declaração aos mecanos de que os judeus apoiavam Maomé mesmo no sabá.

À medida que a horda de Meca se aproximava, Maomé finalmente deu ordem para que os arqueiros disparassem. Centenas de flechas caíram sobre os mecanos, que entraram em pânico e fugiram – apenas para serem contidos por suas mulheres, que formaram uma barreira e instigaram os maridos a seguirem adiante. Aproveitando-se da confusão dos mecanos, Maomé usou a mesma estratégia implementada em Badr. Enquanto os guerreiros trocavam de posição, camelos na retaguarda arrastavam troncos pela areia, para, com a poeira levantada, criar a ilusão de reforços.

Em menos de trinta minutos o exército de Meca fugiu em pânico, deixando as esposas para trás. Valendo-se dessa vantagem, centenas de guerreiros medinenses correram em direção ao acampamento de Meca para coletar despojos, ignorando o aviso de Maomé de que a batalha não terminara. A maioria dos arqueiros colocados na colina lateral para defender o flanco traseiro da força abandonou a posição, apesar das instruções estritas de Maomé: "Não saiam daí, a menos que eu lhes ordene o contrário, mesmo se virem nossos corpos espalhados pelo campo e abutres fazendo nossa carne em pedaços!".

Em meio às comemorações prematuras da vitória dos medinenses, Khalid reagrupou, com estratégia, sua cavalaria. Os cavaleiros atacaram ao redor do monte Uhud – exatamente o que o rabino Mukhairiq temia – e cercaram o exército de Maomé. Setenta e cinco medinenses foram mortos e centenas ficaram feridos. No tumulto, Wahshi cumpriu sua missão, arremessando uma lança no coração de Hamzah. Logo se espalharam rumores de que o próprio Maomé fora morto, levando as tropas de Medina, incluindo 'Uthman, a fugir para a montanha em busca de abrigo.

Embora ainda vivo, Maomé viu-se abandonado atrás de suas linhas. Os combatentes de Meca começaram a atirar pedras nele, quebrando dois de seus dentes. Ele poderia ter sucumbido se Barakah não tivesse acorrido ao campo de batalha com o grupo de enfermeiras. As mulheres agarravam as armas dos combatentes medinenses em fuga, enquanto Barakah gritava: "Peguem a roca e o tear e deem a nós, mulheres, as espadas e as lanças – vamos ensinar-lhes o que é a verdadeira bravura!". As enfermeiras cercaram Maomé e o levaram para um local seguro.

Abu Sufyan ordenou que as tropas avançassem em direção a Medina e destruíssem a cidade. Todavia, Maomé conseguiu reunir seus homens ensanguentados para bloquear o caminho. Quando viu os combatentes de Maomé se reagrupar tão rapidamente após uma derrota maciça, Abu Sufyan decidiu não arriscar mais e ordenou que suas forças recuassem. A batalha terminou em uma semivitória para ambos os lados: os mecanos vingaram seus mortos em Badr, e Maomé salvou Medina.

Depois que o inimigo partiu, Maomé examinou o campo de batalha. O rabino Mukhairiq jazia morto, uma das vítimas do morticínio. O corpo de Hamzah estava mutilado, o fígado mastigado e cuspido em pedaços pelo chão. Hind tivera sua vingança.

Embora os habitantes de Meca houvessem deixado seus 32 mortos apodrecer no campo, Maomé mandou enterrar os corpos respeitosamente. Depois, começou a enterrar seus homens. O rabino Mukhairiq, a quem Maomé apelidou de *khayrul-Yahud* (o mais notável entre os judeus), foi sepultado ao lado de Hamzah. Após o enterro, vários judeus informaram

Maomé do último desejo e testamento de Mukhairiq. Os pomares do falecido rabino tornaram-se um fundo de caridade (*waqf*), o qual permaneceria em operação até o século XXI.

Em memória do rabino Mukhairiq e de seu grande sacrifício em Uhud, o Alcorão declarou:

> *Wa ka`ayyim-nabiyyin qatala ma'ahu ribbiyyuna kathirun fa ma wahanu lima asabahum fi sabil-illahi wa ma dha'ufu wa mas-takanu.*
> Lembre-se dos muitos rabinos que lutaram e morreram ao lado dos profetas; eles não vacilaram diante das adversidades avassaladoras no caminho para o Divino, não mostraram sinais de fraqueza nem se permitiram se sentir vitimizados.

A passagem traz o termo *ribbiyyun* (plural de *ribbiyy*, palavra árabe para rabino), um vez que o rabino Mukhairiq era apenas um dos vários rabinos a apoiar Maomé. A passagem cita três características cardeais desses homens eruditos que compreendiam o espírito de revelação.

Pouco depois da batalha de Uhud, Maomé enfrentou outra perda devastadora: a morte da filha Zainab. O profeta teve de enterrar mais um dos filhos.

◆ ◆ ◆

Enquanto Maomé sofria em Medina, em Meca Abu Sufyan ruminava a decisão que tomara de recuar na batalha de Uhud. A esposa, Hind, vingara a morte do pai, mas o marido não conseguira provar que era um chefe digno. Precisava restaurar o prestígio de Meca, assim como o seu. Tinha de demonstrar que poderia reunir muito mais homens que a esposa e acabar com a concorrência do próspero mercado de Medina.

Nos dois anos seguintes, Abu Sufyan dedicou as energias a reunir tribos em toda a Arábia para se aliar a Meca em uma cruzada comum contra os infiéis. Espalhou o boato de que Maomé assassinara um judeu idoso em Medina para surrupiar sua riqueza. A história serviu como aviso aos anciãos tribais de que Maomé também poderia enviar assassinos atrás deles como parte do plano hostil de se apropriar de seu comércio. As habilidades persuasivas de Abu Sufyan mostraram-se formidáveis: uma força de 12 mil homens começou a se reunir para um grande ataque a Medina.

Mais uma vez, o tio de Maomé, Al-'Abbas, vazou a notícia ao sobrinho por meio de um mensageiro. Maomé tinha menos de dois meses para preparar seus irmãos ainda em recuperação para repelir o enorme exército. Reuniu os seguidores para outra discussão de emergência. A ameaça era maior que nunca. Flancos giratórios e ilusões de nuvens de areia não conseguiriam deter aquela multidão. Enquanto Maomé lutava para encontrar uma resposta mais adequada, Salman, de repente, se lembrou de outra técnica militar clássica dos persas: cavar uma trincheira. Como Medina era cercada de derramamentos de lava por três lados, o exército de Meca poderia atacar apenas pelo norte. Uma vala ao longo de toda essa passagem bloquearia seu acesso.

Maomé declarou que a ideia era engenhosa e, com sorriso largo, pousou a mão no ombro de Salman. Naquela noite, ele e Salman mapearam a localização, a profundidade e a largura da vala para obter a máxima eficiência. Nas semanas seguintes, milhares de habitantes da cidade espalharam-se ao longo de um trecho de cinco quilômetros para cavar uma vala de mais de dez metros de largura por quatro de profundidade. Usando pás agrícolas primitivas, os homens cavavam, enquanto mulheres e crianças carregavam os detritos e preparavam refeições comunitárias. Na última semana, as turmas trabalharam vinte e quatro horas por dia e completaram a trincheira apenas três dias antes da chegada do exército de Meca.

Enquanto os homens de Medina passavam da escavação à preparação para a batalha, as mulheres, as crianças e os idosos abrigavam-se na fortificação mais sólida da cidade. Maomé nomeou uma mulher chamada Safiyyah como prefeita de Medina. Ela e várias mulheres, incluindo as esposas de Maomé, 'Aishah e Hafsah, vestiram armaduras masculinas e ficaram de sentinela no topo das ameias do forte. As armaduras foram projetadas para iludir os observadores militares de Meca e fazê-los relatar que guerreiros do sexo masculino defendiam o forte.

Os mecanos escolheram a sexta-feira, 13 de março de 627 – o terceiro aniversário da batalha de Badr – como a data para o ataque final a Maomé. Quando o sol nasceu naquela manhã, tambores trovejaram, e 12 mil homens apareceram no horizonte, cantando de novo "*U'lu Hubal!*", com seus estandartes erguidos acima de uma nuvem de poeira. Abu Sufyan ordenou que as tropas não poupassem ninguém, insistindo que um massacre completo era necessário para aniquilar Maomé. Além disso, prometeu dividir as terras férteis da cidade entre as tropas, com grandes somas de dinheiro. Eles cortariam e dividiriam o corpo de Maomé como troféus aos clãs aliados, com Meca recebendo o prêmio maior: sua cabeça.

No entanto, quando os milhares de guerreiros convergiram para a entrada de Medina, tiveram de interromper repentinamente a invasão por causa da enorme trincheira. De pé na borda do precipício, os guerreiros calcularam que não poderiam atravessar com facilidade a vala de dez metros de largura. Os arqueiros de Maomé, do outro lado, os saudaram com uma saraivada de flechas. As forças confederadas recuaram para fora de alcance. O que poderia ter sido um massacre épico logo se transformou em um impasse tedioso.

Por causa da estrutura cívica que Maomé estabelecera em Medina antes da grande fome, a cidade tinha estoques suficientes para resistir a longo cerco. Por várias semanas, os exércitos permaneceram inativos. Só um formidável cavaleiro de Meca – 'Amr ibn 'Abdi Wud – conseguiu atravessar a trincheira, mas 'Ali o matou em duelo. Foi o único episódio de luta corpo a corpo da batalha.

Enquanto os exércitos trocavam flechas e dardos, vários homens de Maomé tombaram, feridos. Para tratá-los, Maomé montou uma grande tenda, que chamou de Dar-ush-Shifa (a morada da cura). O hospital improvisado ficava atrás das linhas de frente, perto da mesquita, e era administrado por enfermeiras supervisionadas por Barakah; elas avaliavam os feridos e os designavam a um setor do hospital com base na gravidade dos ferimentos. Os cuidados eficientes na tenda reduziram sobremaneira a mortalidade.

À medida que o cerco se arrastava, Maomé percebeu que precisava acabar com ele para que o mercado de Medina pudesse reabrir e reanimar a economia local. Para desmoralizar rapidamente as forças sitiantes, recorreu à guerra psicológica. Formou um corpo de elite de espiões disfarçados, aos quais vestiu com roupas dos clãs de determinados inimigos e treinou para falar os dialetos característicos desses clãs. À noite, usando uma ponte provisória, os homens moveram-se silenciosamente para o lado dos mecanos e começaram a semear a discórdia no acampamento, espalhando rumores de que os clãs estavam desistindo e voltando para casa. Os espiões tinham instruções estritas para não matar ninguém – embora vários tivessem a oportunidade de assassinar o próprio Abu Sufyan.

Um a um, clãs desmoralizados começaram a deixar o acampamento de Meca no meio da noite, envergonhados demais para fugir à luz do dia. Os mecanos acordavam todas as manhãs para descobrir que outro grupo havia desaparecido. Inúmeras tempestades de areia reduziram ainda mais o moral. Quarenta dias depois de chegar jubilosamente aos arredores de Medina, Abu Sufyan viu-se, de súbito, superado em número pelos inimigos. Após dois anos de preparação e altos investimentos financeiros, a cruzada de Meca era um fracasso. Humilhado, o ancião-chefe de Meca pegou seus homens e voltou para casa.

Quando a última das forças aliadas desapareceu no horizonte, Maomé e os seguidores inspecionaram o acampamento abandonado. Restos de tendas esvoaçavam ao vento, e brasas de centenas de fogueiras apagadas ainda fumegavam. A Batalha da Trincheira terminara em lamúria. Quinze mil homens ficaram face a face no campo de batalha, mas apenas oito morreram (três medinenses e cinco aliados de Meca). Foi uma vitória dramática para a filosofia militar inovadora de Maomé: evitar a violência sempre que possível e preservar a vida humana a todo custo.

Quando Maomé chegara a Medina cinco anos antes, advertira os habitantes de que sua celebração era prematura. Teve reação igualmente contida após a vitória em Badr e do impasse em Uhud. Mas a Batalha da Trincheira demonstrou que os medinenses podiam cooperar respeitosamente sob enorme pressão, manter autodefesa disciplinada e evitar causar perdas desnecessárias de vidas. Três vezes os mecanos marcharam para aniquilar Medina, cada vez com mais força. No entanto, o povo medinense se mantivera firme, física e espiritualmente. Enfim, tinham o direito de se alegrar.

Maomé chamou a vitória de 'Id al-Adh-ha (literalmente, a comemoração do brilho). O árabe *'id* significa festa que se repete todos os anos. *Adh-ha* deriva do termo *dhuha* (primeiros raios do sol da manhã). Para os semitas, o dia começava ao pôr do sol, de modo que o nascer do sol significava um ponto intermediário. Os medinenses, disse Maomé, haviam passado por um período inicial de escuridão. Com os obstáculos mais difíceis superados, dali para a frente o caminho seria mais iluminado.

Todos em Medina foram convidados para participar do festival. Todos vestiram as melhores roupas, e o aroma de carne assada e pão fresco espalhava-se pela cidade. Como a mesquita não poderia receber os milhares de celebrantes, Maomé reservou um espaço provisório na área selvagem fora de Medina, que chamou de Masjid-ul-'Id (lugar festivo de apego). Maomé introduziu uma nova oração de ação de graças divina: "*Wa hazamal-ahzaba wahdah!*". (E o Divino sozinho derrotou as forças confederadas prontas para nos aniquilar!)

Com o fim da ameaça militar de Meca, Maomé providenciou a construção de pontes provisórias de corda para que as pessoas pudessem atravessar a trincheira. Trabalhou com os Banu Najjar na construção de uma ponte de madeira separada para camelos e gado, para que os comerciantes da cidade não perdessem a caravana anual para Damasco. Também organizou um grupo de voluntários para preservar a trincheira em caso de emergência.

A tenda médica tornou-se uma clínica permanente, com atendimento gratuito, os serviços amparados por fundos de *zakah* e doações de *waqf*. Maomé encarregou Abu Bakr de contratar médicos nômades tradicionais de toda a Arábia para trabalhar em Dar-ush-Shifa. Um corpo de voluntários liderados pela esposa de Maomé, 'Aishah, atendia mulheres em trabalho de parto. Maomé mandou aplicar treliças nas laterais da tenda para permitir que o ar circulasse, sem prejuízo da privacidade. Recomendou dar banhos regulares nos pacientes para manter a higiene e queimar incenso para ajudar no relaxamento, o que poderia acelerar a cura.

Porém, todos esses progressos na saúde pública não lograram salvar sua filha Um Kulthum. Após meses de enfermidade, ela morreu algumas semanas depois das celebrações da vitória. Mais uma vez, Maomé dirigiu-se ao cemitério para sepultar um dos filhos.

De volta a Meca, Abu Sufyan e os anciãos tentaram, por todos os meios, restaurar sua reputação ferida e recuperar os extensos fundos que haviam desperdiçado em campanhas de difamação, mercenários e três batalhas fracassadas. Maomé reconheceu que os mecanos precisavam de uma desculpa para aceitar um tratado de paz com um homem que tinham denunciado como infiel.

Certa manhã, vários meses após a morte de Um Kulthum, Maomé falou aos seguidores, depois das orações do amanhecer, sobre uma visão que tivera na noite anterior: "Veio-me um sonho em que estávamos desarmados, vestidos de branco e marchando para Meca". Uma marcha pacífica talvez forçasse os mecanos a pedir paz. De acordo com o costume árabe, nenhuma luta poderia ocorrer durante os meses sagrados da temporada de peregrinação. Para respeitar esse costume, os medinenses caminhariam desarmados. Inúmeros seguidores se opuseram fortemente, temendo que os mecanos os massacrassem no deserto.

Quando Maomé explicou seu plano à população de Medina, muitos temeram que esse fosse um erro fatal; apenas um mil e quatrocentos homens, mulheres e crianças apresentaram-se para a marcha.

As esposas de Maomé tiraram a sorte para determinar quem o acompanharia na jornada. Um Salamah, viúva com cinco filhos, foi a sorteada. Com Barakah, a tranquila e contemplativa Um Salamah seria conselheira confidencial de Maomé durante a missão.

Maomé não revelou o objetivo mais amplo da marcha: explicar ao povo da Arábia que ele jamais fizera mal a ninguém, e que os mecanos haviam – eles, sim – provocado, preparado e iniciado a guerra. Os caminhantes, todos vestidos de branco, viajaram em plena luz do dia. Os nômades ao longo da rota ficaram chocados ao ver o grupo passando pelo deserto e começaram a apostar se os medinenses seriam massacrados ou escravizados.

A marcha pacífica de Maomé colocou os habitantes de Meca em posição muito difícil. Se massacrassem a ele e aos seguidores indefesos, passariam por covardes, enquanto Maomé seria saudado como bravo guerreiro que enfrentara a morte sem vacilar. Se, em contrapartida, permitissem sua entrada, seriam considerados fracos e perderiam prestígio entre as tribos. De qualquer maneira, Maomé venceria.

Após duas semanas de marcha, o grupo de Maomé aproximou-se de Meca, forçando os anciãos da cidade a tomar uma decisão. Para ganhar tempo, Abu Sufyan decidiu enviar a cavalaria, sob a liderança de Khalid, para bloquear os caminhantes. Enquanto Maomé e seu grupo descansavam nos poços de Hudaibiyyah a menos de dez quilômetros de Meca, as forças de Khalid os cercaram, embora com ordens estritas de não atacar.

Maomé preparara-se silenciosamente para tal impasse. Após consultar Barakah e Um Salamah, pediu a ʿUthman que servisse como seu emissário em Meca, com instruções claras para usar a diplomacia a fim de convencer os habitantes a pedir a paz como única saída para o dilema. ʿUthman era primo de Abu Sufyan e membro do clã Umayyad governante. Quando ele se aproximou da força sitiante, os soldados abriram alas e permitiram que se dirigisse a Meca, onde Abu Sufyan o recebeu com amável hospitalidade.

Três dias depois, os anciãos convidaram ʿUthman para discursar em Dar-un-Nadwah durante a assembleia de sexta-feira. ʿUthman falou eloquentemente, lembrando-lhes de que era muito respeitado por ambos os lados, como genro de Maomé e primo do ancião principal de Meca. O emissário comunicou uma ideia que Maomé lhe sugerira ainda nos poços de Hudaibiyyah: os mecanos deveriam propor um tratado de paz em seus próprios termos e apresentá-lo a Maomé, que teria de aceitar condições desvantajosas ou correr o risco de aparecer como agressor naquela guerra interminável de acusações. Isso transferiria o dilema para Maomé. Meca poderia, então, reconstruir seu império econômico e recuperar a posição como principal cidade da Arábia.

A solução brilhante de 'Uthman surpreendeu os anciãos, os quais votaram unanimemente pela paz. Escolheram Suhail ibn 'Amr, astuto negociador e ancião venerável, para conversar com Maomé. Dois dias depois, em 13 de março de 628 – quarto aniversário de Badr e dezoito anos desde a revelação inicial de Maomé –, Suhail chegou a Hudaibiyyah acompanhado de 'Uthman. Ambos os lados se reuniram para negociações em uma tenda especial, e 'Ali achou conveniente transcrever o acordo. Após várias horas de formalidades, que começaram com Suhail se sentando no mesmo nível de Maomé e segurando a barba deste enquanto falava (costume árabe típico quando se discutia algum assunto importante), eles selaram o acordo com uma refeição de carne assada.

Captando os termos propostos, 'Ali começou: "Este é um tratado entre Maomé *rasulullah* e...". No mesmo instante, Suhail opôs-se ao *rasulullah* (mensageiro de Deus – em sentido literal, guia de canalização da sabedoria Divina), insistindo em que honrava Maomé injustamente. Concordando com a objeção, Maomé solicitou a 'Ali que removesse a palavra, mas o escriba recusou-se. O iletrado Maomé pediu a 'Ali que lhe mostrasse onde a palavra aparecia na página e, com o polegar direito, a limpou. Determinou então que 'Ali escrevesse: "Maomé ibn 'Abdullah". E acrescentou: "É sempre mais nobre comprometer a honra em troca da paz".

Maomé, porém, não comprometeu apenas sua honra; aceitou a maioria dos termos do tratado, que deveria vigorar por dez anos. Ele e seu grupo retornariam a Medina sem entrar em Meca. Os seguidores de

Maomé poderiam desertar para Meca, mas nenhum mecano poderia se juntar a Maomé, que seria obrigado a devolver para Meca qualquer trânsfuga. Os mecanos poderiam negociar em Medina, mas os medinenses não poderiam negociar em Meca. Os clãs, no entanto, eram livres para aderir a qualquer lado, e dois clãs de Meca – o Banu Khuza'ah e o judeu Banul Harith, ambos antigos aliados do avô de Maomé – aliaram-se a Maomé.

Anos antes, os anciãos de Dar-un-Nadwah haviam oferecido muita coisa a Maomé para que ele interrompesse seus ensinamentos. Em Hudaibiyyah, eles o forçaram a desistir de quase tudo por causa da paz. À medida que Maomé cedia ponto após ponto, aborrecimento e preocupação profunda desenhavam-se no rosto de seus seguidores, para deleite de Suhail. 'Umar, em especial, opunha-se vigorosamente, mas Maomé, tranquilo, apoiava-se nos conselhos de Barakah e Um Salamah, que não perdiam o controle. Maomé comunicara seu plano magistral apenas às duas mulheres.

Ao partir de Hudaibiyyah, os seguidores de Maomé sentiram-se humilhados. Por que deveriam ceder depois de ter repelido, em três campanhas, exércitos muito maiores de Meca? Maomé manteve silêncio enquanto os demais resmungavam. Sabia que nunca o prejudicariam de propósito. No entanto, temia que pudessem, inadvertidamente, trair suas verdadeiras intenções caso se inteirassem da estratégia com antecedência – assim como o cozinheiro adolescente de Meca revelara, sem querer, o tamanho do exército mecano antes de Badr.

Além disso, Maomé precisava que os seguidores ficassem frustrados para que as notícias de seu desânimo permitissem aos habitantes de Meca regozijar-se com a vitória – assim como seu exército comemorara, de forma prematura, em Uhud, apenas para ser cercado pela cavalaria de Khalid. Maomé não ignorava que a retirada dos mecanos em Uhud fora uma estratégia secreta elaborada por Khalid para fazer os seguidores de Maomé se sentir confiantes demais e festejar a vitória, dando-lhe, assim, a oportunidade de cercá-los facilmente. Para Maomé, que insistia em aprender com os adversários, aceitar os termos humilhantes do Tratado de Hudaibiyyah permitiria que fizesse o mesmo: cercar a *Jahiliyyah*, a fim de acabar com ela de uma vez por todas.

◆ ◆ ◆

Ao retornar para Medina, Maomé começou a retomar a estratégia de seu predecessor, Hashim. Mais de um século antes, quando os anciãos de Meca expulsaram Hashim de sua esfera de influência, ele estabelecera as próprias relações diplomáticas com os reinos vizinhos de Bizâncio, da Pérsia, do Iêmen e da Abissínia. Isso lhe garantiu acesso comercial exclusivo e lucrativo, que os mecanos não tinham. Sentindo-se cercados e isolados, os anciãos de Meca finalmente capitularam e convidaram Hashim para voltar para casa e servir como principal ancião da cidade.

Maomé planejou seguir o exemplo de seu antecessor enviando cartas aos governantes dos impérios ao redor da Arábia, convidando-os a aceitar a mensagem do florescimento. Tivera essa ideia em conversa particular com Abu Bakr, 'Ali, Salman e vários anciãos. Salman, que crescera em uma família nobre persa, advertiu: "Nenhum governante receberá uma carta a menos que tenha um selo".

Inspirado, Maomé procurou o melhor ourives de Medina, um judeu do clã Banu Nadhir, e pediu-lhe que fizesse um anel de prata para seu dedo mínimo direito. No engaste, o ferreiro inseriu uma pedra redonda de ágata vermelha da Abissínia, gravada com estas palavras em árabe:

Allah
Rasul
Maomé

Maomé pediu ao ferreiro que colocasse seu nome na parte inferior do entalhe. Acima do nome vinha a palavra para sua função: *rasul*, "aquele que guia o fluxo equilibrado". Acima do título vinha o nome de seu mentor: Alá – o Divino abrangente que serve de modelo final e é o verdadeiro destino da jornada solitária da vida. Maomé usava esse sinete com a pedra vermelha voltada para baixo.

Com 'Ali, 'Uthman e Abu Ayyub servindo de escribas, Maomé compôs cartas para mais de trinta governantes. Embora perdidas na história, eram um apelo único, um pedido de permissão para negociar e ensinar naquelas terras, recordaram, mais tarde, Abu Ayyub e Mus'ab. Maomé escolheu como mensageiros os seguidores mais bem-apessoados e eloquentes, sabendo que uma boa aparência poderia induzir os governantes a aceitar seu apelo com mais facilidade.

Dihya al-Kalbi – designado mensageiro – era conhecido pela aparência deslumbrante, pela personalidade envolvente e pelas maneiras refinadas. Tinha pele clara impecável e olhos castanhos cativantes; vinha de um clã cristão do norte da Arábia e falava grego fluentemente. Maomé o encarregou de entregar a carta a Heráclio, enquanto o imperador estava em Jerusalém para celebrar o retorno da Vera Cruz. Heráclio gostou de Dihya e quis saber mais sobre o misterioso Maomé.

Sucedeu, no entanto, que Abu Sufyan também estivesse em Jerusalém, com um grupo de mercadores de Meca, pois sua comitiva se desviara da rota para Damasco a fim de participar das festividades bizantinas. Heráclio convocou uma audiência com os mecanos para perguntar ao ancião principal sobre o caráter de Maomé. "Você já acusou Maomé de mentir antes de ele fazer suas proclamações proféticas?", inquiriu.

Para espanto dos companheiros de Meca, Abu Sufyan respondeu com honestidade: "Não, ele era conhecido como As-Sadiq [o verdadeiro] entre nós". O ancião-chefe de Meca considerou desonroso mentir diante dos pares, e sua resposta sincera levou Heráclio a concluir que Maomé não representava ameaça (embora não tivesse se dado ao trabalho de enviar uma resposta).

Maomé também despachou mensageiros para o leste da Arábia. O governante do Bahrein, Al-Munthir ibn Sawa, recebeu a carta com entusiasmo e pediu a Maomé que enviasse seguidores para ensinar e comercializar em seu reino. As comunidades cristãs do leste da Arábia acolheram bem a mensagem de um Deus que inspirava os seres humanos a liberar seu potencial adormecido. Consideradas heréticas pela igreja bizantina, elas acolheram a comunidade de Maomé como um convite à solidariedade – sentimento compartilhado por algumas seitas judaicas da região que tinham, em grande parte, sido excluídas do judaísmo ortodoxo.

A sudoeste, os seguidores de Maomé já mantinham relações estreitas com o governante da Abissínia. A carta de Maomé ao negus pedia-lhe que o representasse na celebração de seu casamento com Ramlah, uma das primeiras seguidoras de Maomé a fugir de Meca com Barakah pouco antes do boicote e a permanecer na Abissínia. O marido de Ramlah – também um dos primeiros seguidores de Maomé – convertera-se ao cristianismo na Abissínia, ainda quando os dois estavam casados. Ele morrera recentemente de intoxicação por álcool, deixando Ramlah viúva com dois filhos. A oferta de casamento de Maomé ajudava uma viúva necessitada e solidificava uma conexão familiar com ninguém menos que Abu Sufyan, pai da noiva e principal ancião de Meca.

O negus concordou e enviou Ramlah a Medina acompanhada de uma delegação de abissínios. Maomé hospedou a delegação cristã na mesquita e preparou um grande banquete em sua homenagem. Durante a recepção, os abissínios executaram uma dança tradicional, acompanhada de instrumentos musicais. Uma semana depois, em resposta a mais uma de suas cartas, uma delegação de clérigos cristãos de Najran visitou Medina. No domingo da visita, Maomé ofereceu a mesquita para os cultos dominicais. Crucifixos, ícones de santos, sinos e incenso a encheram por várias horas. Como centro comunitário, a mesquita dava boas-vindas a todos.

A carta de Maomé ao imperador sassânida Cosroes II não foi recebida com tanto afeto. O imperador a rasgou e matou o mensageiro de Maomé: estava furioso porque "esse pastor imundo ousa se dirigir a Cosroes como seu semelhante". Ordenou a Batham, seu governador no Iêmen, que enviasse assassinos para lhe trazer a cabeça de Maomé. Dois matadores experientes entraram em Medina disfarçados de mercadores e logo encontraram Maomé desprotegido, dormindo em um pomar.

Quando os assassinos apontaram as espadas para o pescoço da vítima, os olhos de Maomé se abriram e observaram os rostos mascarados que o fitavam. "Você não teme a morte?", perguntaram. Maomé respondeu com calma: "Não". Lentamente, sentou-se e comentou: "Há aqueles que passam pela vida como sombras vazias, curvando-se aos caprichos dos outros e nunca pensando por si mesmos. Até em vida estão mortos".

Espantados, os assassinos desistiram da missão. Tinham matado muitos homens proeminentes, todos cercados por altas muralhas defensivas e guarda-costas ferozes. Aquele líder, ao contrário, vestido de trapos, dormia na terra nua sem coroa nem proteção. Se representava uma ameaça ao Império Sassânida, então algo nele devia ser especial. Como outrora 'Umar, os dois assassinos tornaram-se seguidores imediatos.

Maomé os hospedou como seus convidados antes de enviá-los de volta ao Iêmen com uma carta. Chocado com a influência de Maomé sobre dois facínoras empedernidos – que então repudiavam a antiga vocação –, o governador Batham decidiu convocar os seguidores de Maomé para ensinar em sua terra e se declarou independente da Pérsia. Maomé enviou Mu'ath ibn Jabal, de 25 anos, habitante medinense fluente em hebraico e aramaico, para falar à grande população judaica do Iêmen.

Dois outros antigos adversários ouviram os apelos de Maomé: Khalid, o herói mecano na batalha de Uhud, e 'Amr ibn al-'As, emissário de Meca enviado à Abissínia para requisitar os seguidores de Maomé durante o boicote. Ambos os homens, muito inteligentes e de mente aberta, ouviram alguns dos ensinamentos dos seguidores de Maomé e ficaram cativados. Sua conversão desafiava o Tratado de Hudaibiyyah e comprometia sua condição de filhos de anciãos mortos em Badr. Na realidade, essa conversão surpreendeu Maomé mais que a qualquer outra pessoa, uma vez que Khalid estivera na vanguarda dos ataques militares de Meca – e 'Amr nos diplomáticos – contra seus seguidores.

No Egito, a noroeste, a carta de Maomé caiu nas graças do patriarca de Alexandria, o papa copta Benjamim I. Os coptas, perseguidos pelos bizantinos por mais de dois séculos, ficaram felizes em se aliar a Maomé como líder regional emergente. Para selar a aliança, o patriarca enviou a Maomé a afilhada Maria, além de presentes preciosos de tecidos requintados e prata (esta ele acrescentou aos fundos de caridade *zakah*).

Maomé apaixonou-se por Maria e a tomou como esposa. Após o casamento, fez uma declaração pública: "*Inna lahum sihraw-wa rahima*" (Quando entrar no Egito, lembre-se de que seu povo é nosso parente por afinidade e nosso ancestral materno [por meio de Agar, mãe de Ismael].) Como Maria vinha de uma família da elite do Egito e estava acostumada a viver no luxo, Maomé lhe deu uma casa com um pomar agradável e uma criada.

Em meio a toda essa atividade diplomática, uma delegação apareceu de surpresa em Medina, precedida de enorme nuvem de poeira. Tão logo olhou para o horizonte, Maomé exclamou: "*Kun aba Tharr!*". Era Abu Tharr, que fizera jus ao novo nome e contava com a confiança de Maomé pela capacidade de transformar os outros. Maomé não tinha notícias do antigo discípulo desde o dia em que o vira na passagem norte de Meca; contudo, após quase uma década de pregação, Abu Tharr conseguira converter todo clã Ghifar, assim como o clã vizinho de Aslam. Os clãs mais selvagens da Arábia eram agora seguidores de Maomé.

Como Maomé previra, o Tratado de Hudaibiyyah permitiu-lhe conquistar públicos antes inalcançáveis. Em menos de um ano, os seguidores aumentaram de alguns milhares para mais de 20 mil. Medina dobrou de tamanho, eclipsando a esfera de influência de Meca.

Recordando a decepção dos seguidores após a assinatura do Tratado de Hudaibiyyah, Maomé lembrou-lhes do conceito de *yusr* (fluindo em torno de obstáculos), central em sua filosofia. Em uma famosa declaração, aconselhou:

> *Innad-dina yusr wa lay-yushaddadina ahadun illa ghalabah, fayassiru wa la tu'assiru.*

> Quem tenta ser inflexível e se atira constantemente contra os obstáculos, com espírito de confronto e conflito, fica exausto pelos esforços persistentes, mas infrutíferos. Por isso, busque sempre o fluxo e evite atritos desnecessários.

Como Maomé redirecionava cada vez mais o comércio para Medina, os mecanos começaram a se sentir isolados. Toda vez que tentavam bloquear a influência de Maomé, este encontrava uma maneira de usar suas investidas para se tornar mais forte. O estrume jogado contra ele se tornava fertilizante nutritivo. Os coptas do Egito, os abissínios, os árabes do leste e os iemenitas aliaram-se ao profeta e receberam seus seguidores como mestres. Embora aderindo aos termos desvantajosos do Tratado de Hudaibiyyah, Maomé praticamente montara um cerco contra Meca. A humilhação final gerada pelo tratado era deles, não de Maomé.

O equilíbrio de poder se alterava, mas os mecanos não ousavam romper o tratado. Precisavam provocar Maomé para reacender as chamas da guerra. Sob a liderança de Abu Sufyan, os habitantes de Meca incitaram secretamente seus aliados, o clã Banu Bakr, a atacar e massacrar os aliados pagãos de Maomé, os Banu Khuza'ah. Os mecanos e o clã Banu Bakr orquestraram o ataque em segredo, para evitar assumir qualquer responsabilidade pública; esperavam que Maomé retaliasse com raiva e ficasse com a culpa pela violação do tratado. Apenas um homem sobreviveu ao massacre, fingindo-se de morto. Ensanguentado, correu para Medina e relatou a Maomé como os mecanos haviam aniquilado seu clã.

Maomé planejara derrotar a *Jahiliyyah* sem violência, mas muitos inocentes tinham sido assassinados em desafio a um tratado de paz. Contra esse pano de fundo mortal, as passagens mais duras do Alcorão foram reveladas. Chamado de Sura At-Tawbah (A Reconciliação), o capítulo é o único do livro sagrado que não começa invocando o nome de Deus; ele afirma que, embora a guerra possa se mostrar inevitável em certas situações, continua sendo uma falha humana que nunca pode contar com a bênção divina.

O capítulo começa com uma proclamação indireta de guerra contra Meca pela traição. Os versos referem-se positivamente aos aliados pagãos de Maomé como *mu`min* (protegidos) pelo *thimmah* (santuário Divino) e previnem aqueles que "romperam o tratado" de que têm "quatro meses para se preparar". Mas a revelação permanece em aberto, sem especificar o próximo passo. No espírito de sempre procurar evitar derramamento de sangue, a passagem termina com este lembrete:

> *Wa in janahu lis-salmi fajnah laha*
> E, se eles derem o menor sinal de que querem a paz,
>   apressem-se a aceitá-la.

As notícias da perfídia de Meca espalharam-se por toda a Arábia. A "provocação secreta" dos mecanos saíra pela culatra. E as intenções de Maomé permaneciam ignoradas, deixando-os em suspense. Desesperado para saber o que estava por vir, o próprio Abu Sufyan foi a Medina para uma audiência com o genro. Maomé o recebeu, mas ficou sentado em silêncio durante toda visita. Abu Sufyan, então, procurou a filha Ramlah, que não via há anos, para pedir informações. Mas ela declarou: "Eu não trairia a confiança do meu marido nem mesmo pelo senhor, pai!".

Apenas Barakah, Um Salamah e quatro seguidores mais íntimos – 'Ali, Abu Bakr, 'Umar e 'Uthman – conheciam os planos de Maomé. Ele pretendia marchar mais uma vez para Meca, mas agora com uma força esmagadora de milhares de combatentes. A matança dos Banu Khuza'ah o convencera de que a era *Jahiliyyah* chegara ao fim.

Como em todas as estratégias militares, Maomé fez questão de disfarçar suas táticas. Saiu de Medina com o exército e seguiu para o norte. Alegou que pretendia afastar uma ameaça bizantina potencial, para que os mecanos pudessem baixar a guarda. Maomé contratou guias do deserto confiáveis para conduzir as forças medinenses por rotas pouco conhecidas, não vigiadas por batedores de Meca. Essas rotas eram desconhecidas até dos próprios soldados, para evitar que algum deles traísse, por acidente, sua missão. Como Maomé declarou aos seguidores mais íntimos, "*Ista'inu 'ala qadha 'i hawa 'ijikum bil-kitman*" (Persiga seus objetivos mantendo o maior sigilo).

Pela primeira vez na vida, Maomé partia para iniciar uma manobra militar ofensiva.

9

O TRIUNFO

A Nova Ordem Meritocrática
da Arábia

*Wadi Marr Ath-Thahran: 8:30h da noite,
quinta-feira, 18 de janeiro, 630 EV*

Em uma noite de inverno sem lua, dois homens a cavalo saíram de Meca, com a escuridão tornando lenta a passagem pelos arredores da cidade.

À frente ia o tio de Maomé, Al-'Abbas. Sua esposa, Lubabah, fora a melhor amiga de Khadijah e uma das primeiras seguidoras de Maomé. Pelo fato de Al-'Abbas ter continuado pagão, o casal nunca havia deixado Meca, onde atuava como olhos e ouvidos de Maomé. Para manter o disfarce, o tio de Maomé juntara-se a todos os ataques de Meca contra Medina – mas só depois de enviar avisos antecipados ao sobrinho. Essa noite ele tinha uma última missão.

Cavalgando ao lado dele estava Abu Sufyan, o ancião-chefe de Meca. Algumas horas antes, Al-'Abbas entrara na casa de Abu Sufyan com uma revelação chocante. Sem ser detectado pelos espiões mecanos, Maomé aproximara-se da cidade e acampara com milhares de guerreiros perto dos poços de Wadi Marr Ath-Thahran (vale da amargura excruciante). Um Al-'Abbas sem fôlego explicou que implorara ao sobrinho que não agisse precipitadamente, e Maomé concordara, com relutância, em encontrar Abu Sufyan naquela noite, antes de ordenar a invasão de Meca.

As notícias chocaram Abu Sufyan. No entanto, Al-'Abbas convenceu o ancião-chefe de que talvez não fosse tarde demais para dissuadir Maomé de atacar. Enquanto os dois cavalgavam em direção aos poços, algumas horas após o pôr do sol, o planeta Júpiter estava em ascensão. Típico representante da *Jahiliyyah*, Abu Sufyan interpretou a subida do planeta brilhante como presságio auspicioso – seu nome árabe, Al-Mushtari, significa "aquele que persiste ininterruptamente". Nesse instante, otimista com o destino da cidade, o ancião sorriu.

Enquanto os cavaleiros galgavam a colina acima do vale Marr Ath--Thahran, um brilho tépido incidia sobre o cume, iluminando o céu noturno. Abu Sufyan arregalou os olhos quando chegou ao topo e olhou o vale iluminado por 10 mil fogueiras. Quando os exércitos e as caravanas árabes se deslocavam, havia sempre cinco homens por fogueira, o que significava que a força de Maomé era composta de 50 mil soldados. Em um instante, todo pensamento de resistência desapareceu da mente de Abu Sufyan. O ancião sabia que deveria fazer tudo para salvar Meca.

Al-'Abbas conduziu Abu Sufyan pelo vale, em direção à tenda de Maomé, armada na orla do acampamento, bem perto de Meca. Guardas musculosos e bem equipados a cercavam. Enquanto Abu Sufyan olhava para os soldados, Al-'Abbas disse: "Se esses homens parecem aterrorizantes, você deveria ver o restante do exército". O ancião-chefe empalideceu.

Na tenda, Maomé recebeu Abu Sufyan sem dizer uma palavra. Ansioso e inquieto, o ancião finalmente quebrou o silêncio e começou a implorar por paz. Não importava o que oferecesse, Maomé permanecia impassível. Por fim, Maomé declarou serenamente, mas com firmeza: "Limpe Meca de todas as armas e diga a todos que fiquem em casa. Declaro todas as casas um santuário, a Ka'bah um santuário e a casa de Abu Sufyan um santuário. Entraremos de manhã!". Com isso, Maomé levantou-se e saiu da tenda. Um atordoado Abu Sufyan voltou trôpego para casa. Acabara de entregar Meca a Maomé.

Sem que o ancião-chefe soubesse, Maomé não tinha 50 mil homens no acampamento, nem a maioria de seus guerreiros era feroz. O que preparara fora um blefe épico. Homens de Medina, com vários aliados cristãos e pagãos, juntaram-se à marcha furtiva para Meca, onde se encontraram com elementos da tribo Banu Hilal, clã árabe seminômade que vivia ao norte de Meca e adotara práticas judaicas. Meses antes, Maomé se casara com uma Banu Hilal chamada Maimunah, solidificando uma importante aliança estratégica que instantaneamente aumentara o número de guerreiros.

Cada um dos 10 mil homens agora sob o comando de Maomé recebeu instruções para acender a própria fogueira e dar a Abu Sufyan a ilusão de um exército de 50 mil. Maomé erguera sua tenda na orla do acampamento para que Abu Sufyan não tivesse a oportunidade de passar pelo acampamento principal e perceber o ardil. Os guardas da tenda usavam as poucas armaduras e armas em bom estado disponíveis, e o artifício funcionou.

Claro, ninguém sabia o que aconteceria a seguir. Abu Sufyan retornou a Meca rapidamente para preparar as condições da rendição. Arautos proclamaram as palavras de Maomé por toda cidade, com ordens expressas de reverter as condições, a fim de aumentar o prestígio do ancião-chefe: "Qualquer um que entrar na casa de Abu Sufyan terá um santuário; qualquer um que entrar na Ka'bah terá um santuário; e qualquer um que permanecer em casa terá um santuário".

Meca não dormiu naquela noite. Maomé aceitou a rendição da cidade, mas não revelou nada sobre seu destino. Os mecanos haviam boicotado Maomé; tinham causado a morte de seu tio, de sua esposa e de suas filhas; haviam lançado uma viciosa campanha de difamação, maculando seu caráter; tinham posto sua cabeça a prêmio; por três vezes, haviam atacado seu lar adotivo em Medina; e, por fim, tinham infringido um tratado de paz, massacrando seus aliados. Qualquer homem normal, certamente, se vingaria de injustiças tão graves.

◆ ◆ ◆

Quando amanheceu, um silêncio assustador pairava sobre Meca, interrompido apenas pelo canto ocasional do galo. Nenhum pastor ousou partir com os rebanhos para o campo. Ninguém acendeu os fornos da cidade, e nenhum aroma de pão assando flutuou pelas ruas desertas. Persianas e portas de todas as casas permaneciam bem fechadas. Por instruções de Maomé, os sacerdotes da Ka'bah se dispersaram, deixando a porta do santuário aberta. Os mecanos preparavam-se para o pior.

O som distante de tambores trovejantes rompeu o silêncio. Milhares de homens de Maomé – Abu Sufyan relatara dezenas de milhares! – encetaram a marcha. Em meio ao som de centenas de tambores, ouvia-se um coro de vozes que se avolumava, reverberando pelas montanhas ao redor de Meca e ecoando pelas ruas abandonadas da cidade.

Maomé pretendia entrar em Meca sem derramar uma gota de sangue. Para tanto, teve de dissuadir os habitantes até do menor impulso de resistir. Por ironia, a longa campanha dos anciãos contra ele ajudou a intensificar o medo na cidade, enquanto os tambores e o canto retumbantes garantiam que a população local ficasse paralisada e se rendesse pacificamente. O exército de Maomé convergiu para Meca pelos quatro lados, reforçando ainda mais a impressão de que uma avalanche de homens estava inundando o lugar.

À medida que os homens se aproximavam, seus cantos iam se tornando inteligíveis. Em contraste com o cântico de guerra do exército de Meca, que invocava o principal ídolo da cidade – "Ó Hubal, eleve-se!" –, as forças de Maomé louvavam a Deus, que alça toda criação a novas alturas. Sua música anunciava o fim da era *Jahiliyyah* e propunha que abandonar a estagnação intencional poderia, de fato, elevar os mecanos.

Essa canção foi a primeira e única em que Maomé associou o nome de Deus a soldados – nem em Badr, em Uhud ou na trincheira ele invocara o nome de Deus. As circunstâncias atuais eram diferentes. A cidade se rendera pacificamente. Os mecanos tinham transformado sua luta em guerra santa. Mas o que Maomé queria era uma paz santa. Apenas terminada a batalha é que ele invocaria o nome de Deus.

O próprio Maomé compusera o cântico, consagrando deliberadamente todos os louvores ao Divino. Instruíra cada divisão do exército a memorizar as palavras e a ensaiá-las cantando a melodia. A mensagem do hino ao público de Meca desmentiu os boatos sobre exércitos conquistadores.

Embora sem a eloquência da revelação do Alcorão, o cântico de Maomé transmitiu uma mensagem direta ao povo mecano. Ele não retornara à cidade natal para subjugar ou vingar, mas, sim, para fortalecer e restaurar o equilíbrio. De fato, a composição mencionava Alá doze vezes, número que na cultura semítica simbolizava estado de totalidade. Assim como os doze meses do ano juntos criavam um estado de equilíbrio, o novo sistema que surgia em Meca adotava a diversidade, estabelecendo uma base sólida para o crescimento comunitário e pessoal.

O cântico também deixava claro que o novo sistema restabeleceria o monoteísmo do pai fundador de Meca, Abraão. Nesse espírito, Maomé referiu-se à entrada de suas forças em Meca como *fathu-Makkah* (o desbloqueio de Meca), e o Alcorão chamou esse momento épico de *fatham-Mubina* (o grande desbloqueio). O potencial da cidade, contido durante séculos por um sistema de estagnação voluntária, podia, enfim, ser liberado.

O momento coincidia apropriadamente com o fim do Ramadã, que culminava no festival 'Id-ul-Fitr. *Fitr* referia-se ao momento em que uma nova planta brota do solo para o mundo da luz do sol, um novo começo delicado. O termo também tinha um segundo significado: assar o pão com rapidez, sem fermento, para que a massa não tivesse tempo de crescer, o que refletia a estratégia de Maomé de tomar rapidamente Meca antes que a cidade pudesse recuperar qualquer disposição para se erguer e revidar.

Quando a letra incomum da música começou a silenciar, os habitantes de Meca espiaram, com cautela, das janelas de treliça e dos esconderijos no telhado. Com espanto, viram um mosaico com milhares de homens de diversas origens, religiões e etnias fluindo para sua cidade – como se o mundo inteiro, exceto Meca, estivesse com Maomé. O exército permaneceu em formação, cantando em uníssono, mas sem danificar nenhuma propriedade. Durante uma pausa na canção dos conquistadores, os chefes de cada uma das quatro brigadas gritaram: "Nenhuma porta será arrombada; nenhuma casa será saqueada e pilhada; quem permanecer em casa estará seguro!".

As multidões desceram em cascata na direção da Ka'bah. Assim que os quatro chefes de divisão chegaram ao santuário, ordenaram uma parada. Khalid fora designado para liderar um dos principais batalhões que entraram na cidade. Maomé queria que os mecanos vissem como seus inimigos mais ferozes estavam agora do seu lado, sinalizando que eles também poderiam ganhar aceitação e subir a novas alturas, se assim o desejassem.

Maomé não conduziu o cortejo. Em vez disso, entrou em Meca pela passagem norte e parou primeiro no cemitério de Mu'alla, nos arredores da cidade. Banido da terra natal por mais de oito anos, não pudera visitar o túmulo dos entes queridos. 'Ali notou que, quando Maomé se aproximou do cemitério, seu rosto mudou, refletindo rara mistura de excitação e tristeza. Lágrimas se formaram em seus olhos quando ele se postou diante do túmulo do avô, do tio, de Khadijah e dos dois filhos. Maomé ajoelhou-se diante dos sepulcros, soluçando em silêncio. 'Ali e Abu Bakr ladeavam-no, com as mãos em seus ombros.

Maomé permaneceu ajoelhado por quase uma hora. O avô fora o primeiro a ver potencial nele e a dar-lhe um nome a que fizesse jus. O tio o protegera e perdera a mulher como resultado. Sua esposa o incentivara e entendera seu chamado, mesmo quando nem ele próprio o compreendera. Sem eles, Maomé jamais poderia ter alcançado aquele ponto – quando, mais que nunca, precisava ter fé em si mesmo, pois logo se veria diante do povo responsável pela morte de dois dos que estavam enterrados ali e por causar-lhe inenarrável desgosto.

Estando Maomé ajoelhado, um cavaleiro entrou a galope no cemitério, o cavalo resfolegante em decorrência do esforço. O cavaleiro aproximou-se de Abu Bakr para dar-lhe a notícia: Meca era deles. A cidade rendera-se sem derramamento de sangue, e todos os habitantes aguardavam o conquistador. Abu Bakr deteve-se ao lado de Maomé e disse gentilmente: "Chegou a hora".

Maomé levantou-se devagar. Virou-se para seus homens e os instruiu a montar sua tenda perto do túmulo do avô. Embora Meca estivesse aberta diante dele, ele jamais passaria outra noite na cidade. Preferiu ficar com os entes queridos. Maomé deixou a armadura na tenda e montou em Al-Qaswa, a mesma camela leal em que fugira de Meca oito anos atrás. Então, dirigiu-se para a cidade.

Quando Maomé se aproximou, o exército abriu alas para ele. Os mecanos, espiando de suas casas, esperavam a entrada de um conquistador vestido com as melhores roupas, a cabeça erguida e cercado de dignitários. Ficaram surpresos ao ver um homem curvado, vestido com túnica de linho branco e turbante preto – muito diferente do jovem robusto que convocara os habitantes de Meca em Abu Qubais com seu traje mais requintado.

Maomé carregava apenas o cajado simples na mão direita. Mostrava, assim, que se via, sobretudo, como pastor, papel que desempenhara na adolescência, quando várias famílias de Meca o contratavam para cuidar de suas ovelhas, guiando rebanhos para os melhores pastos e protegendo-os de danos. "Os governantes são os pastores de seu povo, responsáveis por servi-lo", observava, muitas vezes, Maomé. Seu gesto modesto revelou muito aos habitantes de Meca: ele serviria, não governaria.

Por mais de oito anos, a antiga casa de Maomé em Meca permaneceu abandonada. E ao entrar na cidade ele não parou para reclamá-la. O grande vestíbulo em que Khadijah o recebera pela primeira vez, o quarto na cobertura que ele construíra com as próprias mãos e o grande depósito em que guardara as mercadorias importadas de Damasco – tudo isso pertencia ao passado. 'Ali ficaria na mansão durante a estada em Meca, mas para Maomé o edifício não era mais seu lar.

Maomé também não parou no edifício da assembleia de Dar-un-Nadwah, construído por seu antecessor, Qusai. As câmaras do conselho haviam gerado todas as maquinações e difamações dirigidas contra Maomé.

A arena principal da política não trouxera à tona o melhor dos anciãos mecanos nas últimas duas décadas. Líderes posteriores contrariaram os propósitos nobres que Qusai sonhara para o recinto. De qualquer modo, falar com a elite de Meca não era o objetivo de Maomé.

Em vez disso, ele se aproximou firmemente da Ka'bah, com a cabeça tão baixa que sua barba tocava o dorso da camela. Ao se achegar ao santuário, sua cabeça foi se erguendo devagar. Lágrimas escorriam por sua face conforme as lembranças o inundavam. Ali, à sombra do santuário, ele se sentara no colo do avô, enquanto 'Abdul-Muttalib conduzia uma sessão privada do Majlis ash-Shuyukh (congresso dos anciãos); ao fazê-lo, ocupara a almofada do honorável ancião-chefe, sob a única bica de drenagem da Ka'bah. Embora fosse apenas um menino, Maomé interiorizara a sabedoria dos anciãos.

Ali, na praça em frente ao santuário, Maomé, muitas vezes, se prostrara em oração voltado para Jerusalém, somente para que os anciãos de Meca mandassem arremessar tripas de animais e esterco sobre ele. Embora preferisse ignorar o abuso, a filha adolescente, Fatimah, chorando, removera a sujeira de suas costas. No entanto, ali estava ele, finalmente, de volta. Dessa vez, poderia reivindicar a posição do avô como ancião supremo de Meca e de toda a Arábia.

Quando a camela de Maomé parou do lado de fora da Ka'bah, seus homens ficaram em silêncio. Por mais de duas horas, suas vozes haviam ecoado pelas montanhas, cantando os temas do alvorecer da nova era. Os tambores silenciaram, e todos os soldados permaneceram imóveis. A troca formal da guarda começara.

◆ ◆ ◆

As ruas estavam silenciosas, enquanto o povo de Meca começava a sair dos esconderijos, curioso para assistir ao drama em primeira mão. Muitos correram para os telhados, olhando, com espanto, a cena que se desenrolava lá embaixo. Um dilúvio de soldados enchia todas as ruas e se acotovelava nas passagens das montanhas até onde a vista alcançava. À medida que os mecanos observavam, Maomé desmontou de sua camela e caminhou em direção às portas da Ka'bah. De repente parou, virou-se para a esquerda e aproximou-se do altar de dois ídolos, no qual muitas crianças haviam sido sacrificadas em cerimônias pagãs para apaziguar os deuses.

Os soldados abriram caminho quando Maomé se aproximou do altar. Sempre que os habitantes de Meca voltavam de uma longa jornada, em geral iam direto ao altar para fazer uma oferenda de ação de graças. Maomé estacou desafiadoramente diante dos dois ídolos, os amantes chamados Isaf e Na`ilah. Quando abaixou a cabeça em reflexão, uma lágrima escorreu por seu rosto. Então, estendeu a mão com o cajado e derrubou a estátua masculina, que desabou para a frente com um baque surdo e espalhou cacos de barro por todos os lados.

Rompendo o tenso silêncio – que durara quase uma hora –, Maomé começou a entoar uma nova revelação, a voz melodiosa ressoando pela praça:

> *Ja`al-haqqu wa zahaqal-batilu innal-batila kana zahuqa!*
> A era da verdade libertadora surge, enquanto a era das ilusões enganosas desaparece. Como sombra, o engano sempre se vai sem deixar vestígios duradouros!

Nessa metáfora vívida, o Alcorão descreveu a era *Jahiliyyah* como uma grande sombra que envolve tudo, mas desaparece de repente, quando o sol se ergue, e não deixa marcas, como se nunca tivesse existido.

O conceito jogava com o profundo medo dos mecanos de não serem lembrados. Haviam se agarrado ao sistema *Jahiliyyah* durante tanto tempo porque não queriam desaparecer como tantos outros. Mas essa ideia de longevidade era ilusão. A *Jahiliyyah* escurecera a Arábia por mais de mil anos e agora desaparecia num piscar de olhos.

A imagem contrastava vivamente com o papel de Maomé como *rasul*, guia semelhante ao fluxo de água. Ao contrário da sombra, a água deixa sua marca, remodelando as paisagens muito depois de evaporar ou penetrar no solo. Ao destruir a falsa sensação de segurança proporcionada pela *Jahiliyyah*, Maomé ajudaria o povo a criar um novo sistema que lhe assegurasse um legado genuíno e substancial.

Embora o versículo do Alcorão tivesse acabado de ser revelado de maneira espontânea, os homens de Maomé adaptaram-lhe o ritmo e a melodia e começaram a cantá-lo em uníssono. Dos telhados e portas, os mecanos ouviam atentamente.

Após a declaração de que a sombra da idolatria e da estagnação deliberada se dissipara com o surgimento do monoteísmo e do florescimento, era hora de remover fisicamente os símbolos da velha ordem. Entre as forças de Maomé estavam representantes da maioria dos grandes clãs da Arábia, cada um dos quais havia, durante séculos, afixado uma imagem tribal de suas principais divindades nas paredes da Ka'bah. Enquanto os soldados continuavam a cantar, um representante de cada clã se aproximava da Ka'bah. Usando espadas e lanças, começaram a arrancar os fechos de chumbo das imagens.

Maomé viu em silêncio os clãs desmantelarem as próprias divindades, sinalizando a decisão de ignorar para sempre os caminhos do passado. Esse ato precisava partir deles próprios. A verdadeira mudança precisava vir do desejo íntimo de melhorar e de se autolibertar.

Para os mecanos que observavam a cena, a destruição dos ídolos refletia a desintegração das ilusões às quais se apegavam havia tanto tempo. Durante séculos, tinham vivido aterrorizados por aqueles ídolos de barro – e, contudo, nenhum raio caíra do céu para punir os representantes dos clãs. Os deuses impotentes não conseguiram se defender. Além disso, ver os clãs depor os próprios ídolos reforçava a noção de que cada pessoa tinha o poder de escolher o próprio caminho.

Em seguida, Maomé subiu silenciosamente os degraus da Ka'bah. Fora sobre eles que, jovem órfão, declarara Barakah uma mulher livre, seu primeiro ato de libertação. Retornando como homem na casa dos 70, tinha agora uma missão muito maior: ajudar a libertar o povo da Arábia da servidão autoimposta da *Jahiliyyah*.

Maomé deteve-se por um instante do lado de fora da porta aberta do santuário, acompanhado de doze dos seguidores mais próximos, incluindo 'Ali, Abu Bakr, Bilal e Salman. A última vez que estivera dentro da Ka'bah fora mais de cinquenta anos antes, quando o avô usara a prestigiosa posição de ancião-chefe para conceder ao jovem neto acesso a um lugar de domínio exclusivo de sacerdotes e anciãos da elite. Maomé jamais se esquecera daquele interior tenebroso, repleto de imagens, incenso, encantamentos sacerdotais e sacrifícios de sangue aos deuses.

Depois que todos se reuniram, Maomé pediu ao grupo de seguidores que entrasse com ele. Os ex-escravizados Bilal e Salman, que nunca tinham sido autorizados a entrar, cruzaram a porta da Ka'bah e esforçaram-se para ajustar os olhos à penumbra do santuário. Naquela atmosfera sombria, Maomé manteve a cabeça curvada e as mãos no cajado. Após o sucesso repentino, tinha de pensar cuidadosamente sobre o que fazer em seguida. Toda palavra proferida na próxima hora moldaria, de modo indelével, o curso da nova era da Arábia.

Fez sinal aos seguidores para começarem a limpar a Ka'bah. Eles carregaram centenas de ídolos para fora, um a um. Na praça ao redor do santuário, Khalid e outros filhos de anciãos de Meca despedaçaram as estátuas de argila. Os mecanos viam os membros da elite da cidade liderar a limpeza. Enquanto isso, Maomé permanecia fora de vista, meditando dentro da Ka'bah.

Após cerca de uma hora, o interior do santuário estava desimpedido – salvo por um item na parede noroeste. Os seguidores de Maomé começaram a remover a pintura bizantina de Maria segurando o menino Jesus. Cinquenta e quatro anos antes, quando o avô o levara para dentro do santuário, o ícone hipnotizara a criança que acabava de ficar órfã. A imagem do jovem Jesus tocando a face da mãe enquanto ela o abraçava evocava o leito de morte da própria mãe de Maomé, falecida algumas semanas antes. Mais uma vez, Maria olhava para ele, um lembrete da missão de vida que Aminah lhe augurara quando morreu: modifique o mundo.

Maomé olhou atentamente para o ícone. Em seguida, ergueu a mão, sinalizando aos seguidores que deveriam deixar aquela pintura no lugar. Ao contrário das estátuas pagãs, o ícone não era um símbolo a ser adorado, mas uma homenagem aos profetas predecessores do monoteísmo, figuras reverenciadas em algumas passagens do Alcorão. (A imagem permaneceria lá até 683 d.C., quando do incêndio da Ka'bah.)

Então, Maomé pediu aos seguidores que saíssem. Enquanto passavam pelos espessos reposteiros que vedavam a porta, olharam para trás e viram o profeta de joelhos, voltado na direção de Jerusalém. Faixas estreitas de luz atravessavam uma névoa poeirenta de incenso. O som das últimas imagens destruídas na praça, do lado de fora, invadia a tranquilidade do interior. Pela primeira vez em mais de mil anos, a Ka'bah estava livre de ídolos, e as orações de Maomé ao único Criador do universo ecoavam pelo santuário.

Trinta minutos depois, 'Ali abriu a porta para informar a Maomé que os seguidores haviam retirado todos os destroços idólatras do recinto da Ka'bah. Chegara a hora de o profeta se dirigir ao povo de Meca. Finda a reflexão solitária, ele saiu do santuário e se deteve no degrau mais alto da escadaria. Sem dizer uma palavra, pediu aos principais seguidores que prosseguissem com o plano preestabelecido de reunir os anciãos de Dar-un-Nadwah à sua frente. Eles buscaram cada ancião em casa e o escoltaram pelas ruas, até a praça da Ka'bah.

Logo os oponentes mais ferozes de Maomé estavam postados diante dele, à sua mercê. Maomé observou-os. Um silêncio incômodo pairava sobre os milhares de pessoas agrupadas, a maior reunião que a cidade testemunhara. Os raios de sol faiscavam nas armaduras e lanças em riste dos homens de Maomé. Olhando do alto dos telhados, os mecanos presumiram que o momento do acerto de contas chegara.

Finalmente, Maomé falou. "Sou filho de 'Abdul-Muttalib!", lembrando ao público o avô, o ancião-chefe, que no mesmo local, sessenta anos antes, proferira o nome incomum do neto. Maomé, então, encarou os anciãos da cidade, um a um, e perguntou: "Em sua opinião, o que devo fazer com todos vocês?".

Os anciãos entenderam que Maomé os estava desafiando a examinar o próprio coração para decidir o que teriam feito com ele se estivessem em seu lugar. Todos conheciam a verdade tácita: teriam massacrado Maomé e seus seguidores, com alegria. Mas Maomé estava lhes dando a oportunidade de decidir o próprio destino, primeiro passo crucial para renunciar à crença na predestinação da *Jahiliyyah*. Os anciãos refletiram um pouco e responderam: "Você é um irmão amável e honrado, o filho de um irmão misericordioso".

Maomé fechou os olhos. Todos ficaram em silêncio. Os anciãos esperavam ansiosamente a resposta de Maomé. Depois de alguns minutos, ele abriu os olhos. Mais uma vez, encarou um a um cada ancião, sem nenhuma expressão no rosto. Por fim, anunciou: "Neste dia, revogo a tradição da vingança! Chega de sangue! Podem ir! Estão absolvidos de suas agressões, perdoados e autorizados a tentar um novo começo".

Uma onda de alívio percorreu Meca. Não haveria massacre. Tradicionalmente, um conquistador da Arábia aproveitaria o momento para declarar: "*Al-yawmu yawmul-malhamah!*" (Hoje é o dia do abate!). Mas, ao descer os degraus da Ka'bah, Maomé trocou uma letra na declaração final, invertendo seu significado: "*Al-yawmu, yawmul-marhamah!*" (Hoje é o dia da anistia!).

◆ ◆ ◆

De acordo com o código tradicional tribal da Arábia, os habitantes de uma cidade conquistada tornavam-se escravos do conquistador. Embora Maomé tivesse aterrorizado os habitantes de Meca, forçando-os a uma rendição abjeta no início da manhã, com a inesperada declaração de anistia eles, de repente, se sentiram livres para sair de casa – e dos velhos eus – sem medo. Renunciando à vingança, Maomé deixou claro que não queria se ver como vítima ofendida, acorrentada ao passado. Ao fazê-lo, mostrou aos mecanos como seguir em frente.

Quando a notícia da declaração de anistia de Maomé se espalhou por Meca, as emoções frenéticas evocadas pelo drama do dia provocaram uma reação surpreendente. Centenas de moradores saíram espontaneamente de casa carregando ídolos pessoais – figuras de barro que os ancestrais reverenciavam havia séculos – e começaram a quebrá-los nas ruas. Por decisão própria, desmantelavam o sistema de idolatria que os paralisara por tanto tempo.

Enquanto os mecanos destruíam seus símbolos, Maomé e os discípulos puseram-se a limpar a Ka'bah: removendo altares, limpando manchas dos sacrifícios de sangue e ungindo o interior com perfumes preciosos, para eliminar o fedor das oferendas queimadas. Depois de várias horas, o santuário e a praça ao redor estavam purificados, prontos para a nova era de florescimento.

Maomé, então, virou-se para Bilal e pediu-lhe que subisse ao alto da Ka'bah. Bilal subiu pela lateral do santuário, agarrando-se às tapeçarias externas, e logo alcançou o topo do edifício mais alto de Meca. Certa vez, o abissínio fora arrastado pela areia com uma pedra enorme no peito como punição por ousar insistir em que era um indivíduo único. Mas agora lá estava ele, acima de todos, no telhado do edifício mais sagrado da cidade, proclamando o *athan* (chamado muçulmano à oração) em seu melodioso árabe, com leve sotaque: "Apressem-se com a mente focada para restabelecer as conexões rompidas! Apressem-se com a mente focada nos instrumentos para o sucesso!".

O grito de Bilal significava que Meca não era mais uma cidade pagã, mas, sim, um centro monoteísta, com a Ka'bah devolvida ao objetivo original de culto ao Deus abraâmico. Era também um chamado à ação. Para vivenciar uma mudança real, os habitantes de Meca precisariam ir além de apenas destruir símbolos. Todos, independentemente do passado ou do clã, poderiam escolher se libertar. Uma nova era de meritocracia e igualdade começara.

Os anciãos de Meca olhavam, incrédulos e perplexos, um africano outrora escravizado chamá-los à ação do alto do santuário dos ancestrais.

Embora Maomé os tivesse perdoado, eles se recusaram a participar da destruição dos ídolos e da limpeza do santuário. E, como o público invadira seu ponto de encontro habitual ao lado da Ka'bah, eles se reuniram no arvoredo próximo ao poço Zamzam e viram a velha ordem, que tão desesperadamente procuraram preservar, ruir diante dos olhos. A visão de Bilal no topo da Ka'bah aborreceu muitos deles.

"Um corvo negro profanando o santuário sagrado", resmungou Abu Sufyan. "Os anciãos que morreram em Badr foram abençoados: não viveram o suficiente para ver este dia." Seu filho, Mu'awiyah, acenou com a cabeça, concordando. Agora impotentes, as elites do clã Umayyad remoíam seu ressentimento e sua humilhação – mas teriam de esperar o momento da vingança.

Os anciãos observaram o povo de Meca afluir à praça para parabenizar o novo ancião-chefe da cidade, Maomé. Ele se sentou à porta da Ka'bah, que exigiu permanecesse aberta a todos, independentemente de riqueza, prestígio tribal, credo ou gênero. Mecanos curiosos aproveitaram a primeira oportunidade da vida para conhecer o interior do santuário. Reuniram-se em grupos, comentando a transformação abrupta da cidade.

Maomé viu um homem pobre sentado ao lado de um rico de Meca, o qual prontamente afastou suas roupas do contato com ele. "Não há base para temer contaminação social ou para bodes expiatórios supersticiosos", declarou Maomé. E fez uma pergunta retórica ao homem rico: "Você temia que a pobreza dele fosse transferida para você ou que sua riqueza fosse transferida para ele?".

Quando as estrelas começaram a brilhar, Maomé voltou para sua tenda nos arredores da cidade. Muitos dos companheiros, incluindo Abu Bakr, 'Umar e 'Uthman, dormiram, pela primeira vez em anos, nas antigas casas, enquanto 'Ali passou a noite na mansão abandonada de Maomé e Khadijah.

No início da manhã seguinte, Maomé chegou à Ka'bah para iniciar as orações matinais, primeira vez que fazia isso publicamente em Meca. Assim que o sol se levantou, os anciãos novamente se reuniram diante de

Maomé do lado de fora da Ka'bah. Em contraste com o comportamento taciturno do dia anterior, Maomé estava bem comunicativo.

A primeira declaração da manhã foi para os anciãos da assembleia de Dar-un-Nadwah. Os anciãos eram bem-vindos para manter as posições no novo sistema, anunciou Maomé, mas a participação no conselho não seria mais limitada por idade ou sexo. Mulheres e homens dignos, de qualquer idade, seriam nomeados para a assembleia, com base no conhecimento e na experiência. Para enfatizar esse ponto, Maomé anunciou sua escolha para o primeiro imame-chefe (líder espiritual sênior) de Meca: um jovem de 16 anos chamado 'Attab ibn Usayd, que também serviria no conselho de Dar-un-Nadwah. De fato, Maomé logo nomeou vários outros jovens promissores de diferentes clãs para se juntar ao conselho, ao lado dos anciãos veteranos.

Conhecido pela precocidade e sabedoria, 'Attab serviria como o principal imame de Meca pelos próximos doze anos, liderando a cidade com mãos firmes em dias turbulentos. Todavia, no momento, os mais velhos hesitavam em aceitar alguém tão jovem em posição tão solene de autoridade. Atenuando um pouco o choque dos anciãos, 'Attab era do clã Umayyad e parente de Abu Sufyan, assim como genro do inimigo de longa data de Maomé, 'Amr ibn Hisham. Embora fosse parente dos dois perseguidores mais severos de Maomé, o jovem demonstrara grande mérito. A escolha inesperada mostrava que Maomé repelia o antigo costume árabe de discriminar membros de clãs inimigos e privilegiar a idade e as linhagens em detrimento da excelência.

Uma revelação do Alcorão reforçou o imperativo de julgar indivíduos pelos próprios méritos:

Al-la taziru waziratuw-wizra ukhra,
Nenhuma alma deve carregar o fardo da conduta de outra,

wa al-laysa lil-insani il-la ma s'a.
pois os seres humanos são responsáveis pelas próprias ações.

Wa an-na sa'yahu sawfa yura.
Então, que cada pessoa prove seu valor, mostrando seu potencial.

Thumma yujzah-ul-jaza`al-awfa!
Assim, ela será amplamente recompensada!

Em uma sociedade tribal em que as relações de clã definiam os assuntos cívicos e a interação social, tais palavras equivaliam a uma revolução.

No entanto, Maomé entendeu que a velha guarda precisava da garantia de que também poderia prosperar na nova ordem. Os grandes comerciantes de Meca beneficiaram-se da idolatria, ganhando muito dinheiro de peregrinos que visitavam a Ka'bah e compravam roupas e lembranças devocionais.

Um a um, Maomé chamou os antigos adversários para apresentar-se diante dele. Em vez de pedir reparações, deu a cada ancião presentes de valor, até mesmo camelos e sedas que trouxera de Medina. Embora vários seguidores de Maomé, incluindo 'Umar, não concordassem com a leniência do profeta em relação aos anciãos, ele não justificou suas ações. Mas o gesto incomum sugeriu que procurava banir suas preocupações e dar uma mostra do tipo de novo começo, que esperava fosse aceito por eles.

No dia seguinte, a família de Maomé entrou em Meca. A filha Fatimah, os netos e Barakah chegaram alguns dias depois do exército, atrasando-se para o caso de a situação se tornar perigosa. E viram uma cidade transformada. No entanto, Maomé queria ter certeza de que não se sentissem, equivocadamente, como nova realeza, com privilégios especiais.

Reuniu os hachemitas, incluindo sua família imediata e os primos. Tudo que possuía compartilharia com eles, explicou Maomé, mas tudo que era de domínio público permaneceria intocado. Se quisessem poder, riqueza e prestígio, teriam de ganhá-los como qualquer outra pessoa. Ele não governaria a Arábia como se fosse um negócio familiar. O nepotismo violaria a nova era de oportunidades iguais. Maomé conversou com cada um dos parentes para garantir que todos entendessem. Começou pela única filha sobrevivente: "Fatimah, peça o que quiser de minha riqueza pessoal, mas não transgrida os direitos dos outros nem espere favores especiais por ser minha filha". Repetiu a mesma mensagem ao único tio ainda vivo, Al-'Abbas. Maomé logo corroborou as palavras com ações. Quando viu o jovem neto pegando uma tâmara em um cesto destinado à doação, tirou-a de sua boca e explicou-lhe que a fruta pertencia aos necessitados.

Enquanto isso, os voluntários do exército improvisado de Maomé começavam a desmontar os acampamentos nas imediações de Meca e a retornar para casa. Relatos da notável conquista do profeta logo se espalharam pela Arábia, e Maomé percebeu que precisava esclarecer suas intenções aos impérios e clãs circundantes, em particular grupos religiosos que poderiam interpretar equivocadamente a notícia da limpeza da Ka'bah.

Maomé ditou mais de oitenta cartas às comunidades de toda a Arábia, despachando mensageiros a cavalo para entregá-las rapidamente. O que acontecera na Ka'bah não fora um ataque à religião ou aos templos, procurou explicar, mas, sim, a restauração de um santuário monoteísta ao estado original. Comunidades religiosas e seus líderes não precisavam temer. Os aspectos problemáticos do paganismo eram as práticas culturais injustas, como o infanticídio feminino, o sacrifício humano e a desigualdade. Como alguém perseguido pelas crenças distintas e denunciado como infiel em uma guerra santa, Maomé deixou claro que a liberdade de consciência permaneceria inatacável.

Aos cristãos de Najran, que enviaram uma delegação a Medina e até realizaram cultos na mesquita, Maomé escreveu: "Não haverá interferência na prática de sua religião ou às suas observâncias sagradas; não haverá mudanças em seus direitos ou privilégios. Suas igrejas serão protegidas, e nenhuma restrição será colocada em seu espaço sagrado. Vocês não oprimirão nem serão oprimidos. Vocês se comprometerão a perdoar todas as vinganças e a não praticar nenhuma. Não pagarão dízimos nem impostos e não serão obrigados a fornecer provisões para as tropas".

Aos magos zoroastristas da Arábia, escreveu: "Por esta carta confiro a proteção de Deus aos zoroastristas e a quaisquer descendentes que possam ter enquanto existirem, respeitando-lhes a vida e as propriedades, seja nas colinas ou nas planícies, além dos poços e das pastagens. Vocês não oprimirão nem serão oprimidos. Não devem ser impedidos de ter seus templos de fogo, assim como as propriedades fundiárias anexadas a eles. Ninguém os restringirá na execução de seus sepultamentos ou nos rituais de sua religião".

De acordo com a Constituição de Medina, os judeus formavam efetivamente "uma *ummah*" (comunidade) com os seguidores de Maomé e, portanto, não exigiam garantias extras. O clã judeu de Banul Harith permaneceria em Meca por séculos.

Todas as pessoas na Arábia, de fato, eram livres para praticar as próprias religiões. À parte de proibir sacrifícios humanos e infanticídio, Maomé deixou os pagãos com as próprias práticas. Alguns viveram em Meca, por gerações, com seus ídolos, sem pressão para se converter. A cidade permaneceu aberta a todas as pessoas, assim como o santuário da Ka'bah.

Uma prática antiga que Maomé erradicou em Meca foi o comércio de escravos. Jamais proibiu formalmente a escravidão, bastante enraizada na cultura árabe, mas deixou claro que era antitética à mensagem do Islã. Depois da conquista de Meca, muitos habitantes locais emanciparam, na presença de Maomé, seus servos escravizados – exatamente como os habitantes de Medina haviam feito quando ele entrara na cidade oito anos antes.

Quando as lojas de Meca reabriram após a conquista de Maomé, o antigo mercado de escravizados permaneceu fechado.

◆ ◆ ◆

Como sede da Ka'bah e centro das rotas comerciais, Meca era, de fato, a capital da Arábia. Ao conquistar a cidade, Maomé tornou-se governante da Arábia. Pessoas em todo país estavam ansiosas para fazer parte da nova ordem cívica meritocrática de esperança e progresso. A notícia de que

Maomé dera presentes generosos aos ex-inimigos garantiu aos anciãos árabes em outros lugares que suas posições estariam seguras em sistema de igualdade.

Desde que se impusera aos árabes, Maomé enfrentava um novo problema: ser idolatrado. No dia seguinte à entrada em Meca, os habitantes locais começaram a aclamá-lo como "rei dos árabes". Preocupado com o impulso de glorificá-lo, Maomé objetou: "Sou um simples guia que ajuda a canalizar a inspiração Divina para a vida dos outros". Insistia repetidamente: "Não me glorifiquem! Não me exaltem!". Enfatizando esse ponto aos seguidores, acrescentava: "Não me idolatrem!".

Maomé não esmagara falsos deuses para ser, ele próprio, divinizado. Queria que a nova ordem fosse exaltada, não um ser humano. Quando vários líderes tribais de toda a região tentaram nomeá-lo rei da Arábia, ele recusou mais uma vez. "Ofereceram-me realeza, riqueza abundante e poder, mas escolhi a vida de servo".

Tecnicamente, Maomé permaneceu um sem-teto pelo resto da vida. Jamais recuperou a antiga mansão em Meca e, em vez disso, acampou no deserto. Não confeccionou uma coroa para si mesmo nem substituiu as roupas simples por vestes extravagantes. Não se adornou com joias preciosas nem exigiu que alguém se curvasse diante dele. Continuou recebendo as pessoas mais simples, sem hora ou audiência marcadas. Conforme observou: "O poder me foi oferecido, mas escolhi ser servo e guia do povo".

Após a conquista de Meca, Maomé nunca mais se casou. Muitos líderes tribais árabes ofereceram-lhe suas parentes, como era costume fazer com um grande chefe e governante, mas ele as recusou com educação.

Em geral, os governantes das sociedades tribais colocavam os parentes em posições-chave de liderança para consolidar e salvaguardar seu poder. No entanto, Maomé intencionalmente se absteve de designar membros da família para cargos elevados, a menos que fossem os candidatos mais qualificados.

De modo notável, após a conquista de Meca, Maomé começou a se afastar cada vez mais da administração do novo sistema que estabelecera.

De certo modo, fazia parte da velha ordem, e os jovens que ajudaram a inaugurar a nova deveriam, eles mesmos, administrá-la. Maomé não se via como líder político ou militar, mas, sim, como catalisador de mudanças: guia espiritual e mentor. Seu título preferido, afinal, era *rasul*. O sucesso do novo sistema, a seu ver, só ocorreria se outros pudessem replicá-lo e sustentá-lo.

Os anciãos tribais da Arábia presumiram que Maomé se estabeleceria em Dar-un-Nadwah. A assembleia servia como sede do poder na Arábia. De fato, quando os companheiros medinenses viram a cidade natal de Maomé acolhê-lo, temeram que ele não voltasse com eles para Medina. "Vocês me receberam bem quando os outros me rejeitaram e arriscaram a vida para apoiar minha mensagem", Maomé lembrou a eles, com gentileza. "Acham que agora eu lhes viraria as costas? Vocês são parte de mim, e eu sou parte de vocês!"

Medina, a única comunidade que confirmara seu compromisso com ele e seu movimento quando nenhuma outra havia feito, serviria como a nova capital da Arábia. A nova ordem que Maomé estabelecera em Medina viria a ser modelo para o restante do país. Meca podia desfrutar do prestígio da tradição como local da Ka'bah, mas esse valor era baseado no passado. Medina, em contrapartida, era um lugar vibrante, de mudança fluida, que se concentrava no futuro.

Quando Maomé e a família saíram de Meca, Abu Sufyan e o filho Mu'awiyah vislumbraram uma oportunidade. Reconheciam que a vitória ousada de Maomé cativara o povo da Arábia, mas também suspeitavam que os árabes relutariam em aceitar suas ideias. Ninguém poderia, em poucas semanas, derrubar um milênio de *Jahiliyyah*. Com Maomé longe, planejariam seu retorno ao poder.

Se Maomé estava ciente dos planos do clã Umayyad, não disse nada. Seu foco era Medina, onde precisava resolver um problema que perdurava havia mais de cinquenta anos e era relacionado à mãe. Nas décadas que se seguiram ao sepultamento, Maomé jamais havia voltado ao túmulo dela.

Passara perto do cemitério muitas vezes, mas nunca ousara entrar. O momento de fechar aquela ferida aberta finalmente chegara.

Quando Maomé entrou em Medina de manhã cedo, as pessoas saíram para recebê-lo com a canção que haviam entoado em sua chegada, oito anos antes: "A lua cheia subiu para nos iluminar e redimir". Mas dessa vez eles mesmos haviam se redimido. Graças ao firme compromisso, uma lua nova realmente surgira sobre a Arábia.

Embora voltasse vitorioso, Maomé não organizou uma celebração ruidosa nem fez um discurso épico. Permaneceu à parte, meditando sobre o que estava por vir. Naquela noite, dirigiu-se ao cemitério, guiado por moradores do clã Banu Najjar, acompanhado de vários dos seguidores mais próximos, incluindo Barakah, 'Ali, Zaid e Abu Bakr. Entrara no campo santo pela última vez aos 6 anos, escoltado por Barakah e com lágrimas escorrendo pela face.

Ao se aproximarem do cemitério simples, pontilhado de montículos de terra de trinta centímetros de altura marcando cada túmulo, rajadas de vento levantaram nuvens de poeira. Os membros do clã Banu Najjar pararam diante de um montículo que encimava uma sepultura modesta e desgastada pelo tempo. Viraram-se para Maomé e apontaram para o sepulcro. Maomé ficou imóvel, olhando para o montículo; lágrimas inundaram seus olhos. Então, ajoelhou-se diante da sepultura de Aminah. Soluçando, repetiu as derradeiras palavras da mãe: "Maomé, seja um transformador do mundo!".

Mais de cinquenta e quatro anos haviam se passado desde que estacara, perplexo, diante do túmulo da mãe. A seu modo, mudara o mundo. A realidade social havia muito tempo estabelecida da *Jahiliyyah*, em que nascera, não existia mais. Órfãos, mulheres, escravizados e oprimidos finalmente tinham voz. Os pais não temiam mais que os filhos pudessem ser sequestrados e vendidos como escravos. A implementação de seus projetos de saúde pública ajudara visivelmente a conter doenças como a peste, que tirara a vida do pai. Além disso, fizera jus a seu nome, tornando-se um modelo para dezenas de milhares de seguidores, superando em muito a influência do avô e dos antecessores Hashim e Qusai.

Se a morte de Aminah marcou o início da jornada de Maomé, seu retorno a Medina como líder da Arábia completou o círculo. Oprimido por mais de cinco décadas de emoções contidas, Maomé não conseguiu refrear os sentimentos. 'Ali observou que "ele soluçou com tanta emoção que nos fez chorar".

Barakah ajoelhou-se do lado de Maomé, tocou seu ombro e observou com gentileza: "De fato, você cumpriu a promessa!". Ela conhecera bem Aminah e podia, com autoridade, assegurar a Maomé que a mãe ficaria orgulhosa do homem que se tornara e do legado positivo que deixaria a seu povo.

O homem mais poderoso da Arábia sentou-se na poeira chorando, mais uma vez um simples órfão, um filho dedicado e vulnerável.

Quando o sol começou a se pôr, Maomé finalmente conteve o pranto e inclinou a cabeça em reflexão. Depois, pôs-se de pé e voltou para Medina, cercado pela família e pelos amigos.

Na manhã seguinte, Maomé levantou-se antes do amanhecer para varrer a mesquita. Naquela tarde, levou lenha para a cozinha da sopa, nos fundos da construção. Acendeu o fogo e preparou o caldo, que depois serviu à clientela do abrigo. Em seguida, moeu grãos de cevada e preparou uma refeição simples para a família. Após o jantar, limpou o local e ajudou em outras tarefas domésticas comumente reservadas, na sociedade árabe, a escravizados e mulheres. O transformador do mundo tinha, de fato, escolhido a vida de servidor.

A visita de Maomé ao túmulo da mãe não só fechou um círculo emocional pessoal como marcou seu quase afastamento dos negócios públicos. Começou a delegar as responsabilidades de comando. Não serviria mais como diretor da mesquita e designou Ash-Shifa bint 'Abdillah para atuar como principal educadora. Ela fora uma de suas primeiras seguidoras, mulher brilhante que Maomé contratara para ser tutora de suas esposas. Ash-Shifa era também excelente estudiosa que crescera em Meca, mas tinha raízes familiares em Medina. Ela supervisionaria toda instrução na mesquita e em escolas por toda Medina.

A nomeação de mulheres para altos cargos educacionais e clericais foi outra grande ruptura com o costume *Jahiliyyah* e refletiu o forte compromisso de Maomé com a liderança baseada no mérito. Para um dos subúrbios de Medina, Maomé nomeou como imame uma mulher chamada Um Waraqah bint 'Abdillah ibn al-Harith. De meia-idade, ela dominava o Alcorão, memorizara suas passagens e cantava-as com eloquência melíflua. Liderava as pessoas do bairro – homens e mulheres – na oração. Maomé a chamou de Ash-Shahidah (a testemunha especialista) em alusão à profunda sabedoria. Ele frequentemente a visitava, aconselhando os seguidores mais íntimos a aprender com ela, que logo se tornou conselheira de confiança dos principais líderes políticos.

Além de renunciar aos deveres formais de ensino, Maomé transferiu a responsabilidade das forças armadas da Arábia a um jovem prodígio chamado Usamah. Muitos seguidores protestaram contra a nomeação de um rapaz de 16 anos para um cargo tão importante, mas Maomé constatou que Usamah tinha excelente capacidade de criar estratégias. Sob a direção de Maomé, a tropa que conquistara Meca se desfez, e, portanto, a Arábia não tinha exército permanente. Usamah teria de reunir forças rapidamente em caso de necessidade.

Embora a Arábia, sob o governo de Maomé, não dispusesse de leis militares e civis formais, pela primeira vez na história as pessoas estavam livres para viajar sem medo de ataques ou sequestros. A força da reputação de Maomé entre as tribos e a nova ordem quase libertária que ele estabelecera asseguravam o fluxo seguro de bens e pessoas. Aproveitando-se da segurança recém-conquistada, pessoas de todo o império em ascensão iam a Medina para conhecer o homem que acabara com a *Jahiliyyah*.

Quando Maomé recebia esses visitantes na mesquita, usava sua túnica esfarrapada e evitava qualquer acessório, exceto o anel de sinete, que usava para selar cartas. Ele doava todos os presentes exóticos dos visitantes para o fundo caritativo da comunidade, a fim de beneficiar os necessitados.

Quando uma delegação de dignitários do leste da Arábia chegou à mesquita, ficou confusa ao encontrar um grupo de discussão de indivíduos vestidos com simplicidade e sentados no chão. O governante supremo da Arábia certamente tinha um trono, pensavam eles, e vestes reais. Perguntaram: "Quem de vocês é Maomé?".

◆ ◆ ◆

No espírito da descrição de seu trabalho gravada no anel de sinete que mandara confeccionar, Maomé escolhera ser guia, não governante. De certo modo, o papel de *rasul* significava retornar aos dias de ensino em Dar-ul-Arqam, e agora ele poderia receber abertamente estudantes de toda a Arábia. Agir como *rasul* lhe permitia viver de acordo com o nome que o avô lhe dera ao nascer: servir como exemplo inspirador de comportamento que os outros poderiam imitar.

Maomé entendeu que tinha uma oportunidade sem precedentes de canalizar a mensagem divina de crescimento e cura pessoal, mas também que, desde a manhã em que entrara em Meca, as pessoas considerariam grandiosos cada movimento e cada declaração vindos dele. O breve tempo privado na Ka'bah naquele dia fora sua última oportunidade de ficar realmente sozinho. Retirar-se para Medina, abrir mão de papéis de liderança para jovens, ex-escravizados e mulheres e vestir roupas de linho simples eram escolhas estratégicas.

Como *rasul*, Maomé pretendia demonstrar como se implementam ideias. Percebia a propensão ao puritanismo dos milhares de novos convertidos fervorosos. Para combater esse impulso entre os inúmeros novos visitantes, Maomé insistiu em que seu exemplo não ficasse congelado como ídolo *Jahiliyyah* (*sanam*, palavra árabe para *ídolo*, significa, literalmente, congelado no tempo).

Nos primeiros dias como profeta, Maomé dera nome às suas palavras inspiradoras: *Hadith* (hádice). Essa antiga palavra árabe sugeria "pegadas", em especial as de quem abrira novo caminho. A arte do hádice evoluiu ao longo dos séculos e, na época de Maomé, significava conversa capaz de considerar ideias antigas sob novos pontos de vista. Maomé chamou seus ditos de hádices para distingui-los das revelações do Alcorão, estas divinamente inspiradas.

Mais de noventa por cento dos hádices historicamente críveis vêm do período após a conquista de Meca. O número de seguidores de Maomé aumentara de apenas cento e cinquenta, quando ele fugira de Meca oito anos antes, para cento e cinquenta mil, depois da vitória sem derramamento de sangue. Dezenas de milhares desses novos seguidores crivavam o profeta de perguntas e observavam suas ações – e Maomé fazia questão de cultivar a curiosidade deles. Embora tivesse proibido os seguidores de escrever sobre sua vida, deu a 'Ali e a outros discípulos seletos permissão para registrar seus ditos mais significativos. O que importava eram os ensinamentos, não a biografia.

O vasto *corpus* de hádices do período pós-conquista mostra como o estilo discursivo e a pedagogia de Maomé evoluíram. Não mais perseguido ou na defensiva, ele fala com a confiança de um profeta consagrado, já com 60 anos. Seu tom é de um místico contemplativo, absorto na busca da realização interior. Para enfatizar essa busca espiritual, Maomé começou a ensinar principalmente ao ar livre: nas margens das estradas, nos campos e ao lado de poços. Preferia conviver com as pessoas em espaços abertos. Ensinava em um pomar, por exemplo, para que os agricultores pudessem ouvir sem interromper o trabalho.

Um mês após o retorno de Meca, Maomé sentou-se com seus discípulos perto de um pomar em Medina, enquanto passava um cortejo fúnebre judaico. Quando viu o caixão se aproximar, interrompeu a discussão do grupo e ficou de pé respeitosamente, pedindo aos discípulos que ajudassem a carregar o esquife. Vários novos seguidores que tinham vindo de toda a Arábia ficaram curiosos. "Mas este é um funeral judaico!"

Maomé respondeu: "Não é uma alma merecedora de dignidade e respeito?". Embora alguns novos seguidores zelosos quisessem se ver como superiores e separados, Maomé pediu que olhassem além das divisões sociais. Depois que o funeral passou, acrescentou: "Uma verdadeira pessoa de fé é alguém que protege os outros dos danos causados pela língua e pela mão".

Maomé insistia em combater os impulsos provocados pelo excesso de zelo. Alguns dias depois do funeral judaico, encontrou um homem sentado na mesquita que orgulhosamente declarou ter decidido dedicar-se à adoração de Deus. Gabava-se de estar tão comprometido com a nova missão que deixara para trás esposa e filhos, entregues aos cuidados de um irmão. Maomé limitou-se a dizer-lhe: "As ações de seu irmão são mais justas que as suas. A mão que dá é melhor que a mão que recebe". Maomé não queria que ninguém interpretasse mal seu exemplo. Retirara-se para meditar no monte Hira só depois de garantir a segurança financeira da família – e jamais negligenciara os deveres familiares, passando a maior parte da semana com Khadijah e os filhos.

Maomé reforçou essa postura algumas semanas mais tarde, quando encontrou três homens na mesquita, cada qual tentando superar o outro com promessas ousadas de piedade. "Permanecerei celibatário", declarou o primeiro. "Jejuarei todos os dias", prometeu o segundo. "Passarei todas as noites em oração", jurou o terceiro.

Maomé subiu ao púlpito e admoestou-os: "Sou casado, não jejuo todos os dias nem passo todas as minhas noites em oração. Prefiro o equilíbrio. Este é meu exemplo (*sunnah*)!". Um agricultor que testemunhou a cena se aproximou de Maomé para cumprimentá-lo. Sentindo a aspereza da palma da mão do homem, o profeta observou: "Respeito a mão que trabalha!". Embora monges como Bahira e Waraqah compartilhassem uma atitude valiosa, Maomé insistia em que o trabalho árduo era mais produtivo que o isolamento monástico e a abstinência.

Maomé elogiava o trabalho manual e o empreendedorismo na indústria, mas abominava os magnatas exploradores. Quando jovem em Meca, estabelecera o pacto Hilf-ul-Fudhul para proteger vendedores vulneráveis de anciãos mecanos abusivos e garantir negociações financeiras honestas. De fato, sua intervenção para proteger o mercador visitante iemenita despertara, a princípio, a ira de 'Amr ibn Hisham. Após a conquista de Meca,

Maomé fez questão de declarar aos comerciantes locais: "Continuo a defender o pacto que jurei durante a era da *Jahiliyyah*, a iniciativa Hilf-ul-Fudhul para preservar os direitos [econômicos] de todos".

Anciãos de Meca como 'Amr ibn Hisham eram famosos por emprestar dinheiro a juros exorbitantes, a fim de manter pessoas empobrecidas em servidão por dívidas. Esquemas financeiros corruptos como esse perturbavam Maomé profundamente. Embora tivesse feito pequenas reformas nessa prática durante os primeiros anos em Medina, a conquista de Meca permitiu-lhe implementar mudanças mais significativas e redefinir os termos comerciais dos mercados da Arábia. As revelações do Alcorão proibiram a usura (*riba*) como grande injustiça social, descrevendo a pessoa "que explora os outros" mediante "usura devoradora" como "doente mental" e declarando que "aquele que devora por meio da usura está em guerra ativa contra o Divino". A fim de esclarecer melhor esse ponto, o Alcorão observa: "O Divino Amoroso abençoou o comércio e condenou a usura".

Como *rasul* encarregado de moldar a nova ordem da Arábia, Maomé podia implementar mudanças sistêmicas em todos os clãs do país. Foram reveladas extensas passagens do Alcorão que garantiam o direito das mulheres de herdar. As novas leis de herança eram bastante complexas, pois visavam dividir uma propriedade de maneira justa entre os vários membros da família. Isso levou os estudiosos a desenvolver novas fórmulas para calcular corretamente a divisão de uma propriedade, o que acabou abrindo novos campos na matemática.

Quando uma peste eclodiu na Arábia cerca de seis semanas após a conquista de Meca, Maomé respondeu à crise de saúde pública enfatizando a importância de tomar medidas responsáveis para limitar a propagação da doença. Declarou: "Toda doença tem cura; portanto, a cura deve ser buscada". O profeta usou seu aguçado senso de observação para identificar o conceito de contaminação e exposição – e deduziu que isolar pessoas acometidas por enfermidades era uma maneira eficaz de combater doenças contagiosas.

Ele ensinou que os indivíduos de uma cidade atingida por um surto epidêmico devem permanecer no local em vez de fugir: "Se uma doença infecciosa aparecer em uma terra, não entre nela; e, se estiver nela, não saia". Embora não fosse médico nem especialista em saúde pública, Maomé foi pioneiro em técnicas de quarentena, observando: "Mantenha a distância de uma lança [dois metros] a duas [quatro metros] entre você e os infectados".

A implementação eficaz de técnicas de quarentena impediu que a peste se espalhasse por Medina, mesmo com delegações de visitantes chegando de toda Península Arábica. A dedicação desses novos estudantes e seu desejo ardente de aprender impressionaram Maomé. Ao receber uma delegação do Bahrein que viajara mais de mil e trezentos quilômetros para estudar, declarou: "Sabedoria e conhecimento são o maior objetivo. Devem ser procurados nos lugares e com as pessoas que os possuem. Buscar o conhecimento é um dever essencial de cada pessoa. Busquem conhecimento do berço ao túmulo" – e viajem até a China, se necessário!

Um dia, Maomé entrou na mesquita e viu uma grande turma reunida em torno da principal educadora de Medina, Ash-Shifa – a instrutora e a maioria dos alunos eram mulheres. "Oh, como são maravilhosas as mulheres de Medina!", admirou-se. "A modéstia não as impede de competir com os homens na busca do conhecimento." E acrescentou: "Educar um homem é capacitar um indivíduo; educar uma mulher é capacitar uma nação inteira!". De seus oito mil melhores alunos, mais de dois mil eram mulheres, muitas das quais superavam os colegas masculinos. Além disso, vários dos principais alunos eram adolescentes, pois Maomé gostava de orientar jovens promissores e rapidamente elevar os mais destacados a posições de autoridade, para que o público pudesse se beneficiar do talento deles.

A paixão do profeta por jovens estudantes estendia-se aos próprios netos. Um ancião que foi visitá-lo ficou chocado ao ver o *rasul* de quatro no chão, com os netos Hasan e Husain montados em suas costas. Maomé perguntou-lhe: "Por que me olha tão surpreso? Nunca brincou com seus netos ou mostrou-lhes afeição?".

O homem respondeu: "Tenho dez filhos adultos e nunca abracei ou beijei nenhum deles!".

Ao que Maomé retrucou: "De quem não consegue ser compassivo com os próprios filhos, não se pode esperar que o seja com os outros".

Os netos de Maomé quase sempre o acompanhavam quando ele discursava em público. Muitas vezes, proferia sermões do púlpito da mesquita com os dois garotinhos nos braços, interrompendo-se aqui e ali para atender às necessidades deles. Quando estava prostrado em oração, eles frequentemente pulavam em suas costas como cavaleiros, gritando de alegria. O carinho público de Maomé pelas crianças produziu efeito na demografia das assembleias, e os pais se sentiram à vontade para ir à mesquita acompanhados dos filhos. Certa vez, um homem compareceu com o filho e a filha – colocando a filha no chão ao lado dele, e o filho, no colo. Maomé o censurou: "Trate seus filhos igualmente!".

A ênfase do *rasul* nas crianças combinava com um desenvolvimento notável em sua própria vida. Pouco depois de retornar da conquista de Meca, a esposa de Maomé, Maria, dera à luz um filho. O menino nasceu em uma noite sem lua e foi entregue às mãos hábeis de Barakah. Em uma cerimônia comovente, Maomé deu ao menino o nome de Abraão, em homenagem ao grande patriarca. Com a chegada de Abraão, o profeta se tornou, mais uma vez, um homem de família, passando muito tempo dando atenção ao garoto. Cheio de nostalgia, começou também a visitar os amigos de Khadijah com frequência e a fazer doações de alimentos aos necessitados, em sua memória.

Pela primeira vez em décadas, Maomé estava a salvo do perigo e desfrutando do santuário da vida familiar. E, ao contrário do feliz período anterior com Khadijah e os filhos pequenos, alcançara a realização espiritual que por tanto tempo permanecera fugidia – para não mencionar o cumprimento das expectativas do avô e da mãe. De certo modo, esse foi o outono agradável da vida de Maomé, um período para ele degustar os frutos de décadas de sofrimento e perseverança – reforçado ainda mais pelo estímulo de estudantes brilhantes de toda a Arábia empenhados em discussões francas sobre seus ensinamentos.

Os dias tranquilos não durariam muito. Na manhã de 3 de agosto de 631, Maomé aproximou-se da cama de Abraão para pegá-lo. O menino estava frio. Duas vezes antes, Maomé se deparara com esse horror. Abraão morrera dormindo.

Em mais uma cerimônia comovente, Maomé sepultou a criança no mesmo cemitério onde jaziam as filhas. Contra o notável pano de fundo de um eclipse solar total, Maomé colocou o corpo de Abraão na sepultura, enquanto as lágrimas escorriam por seu rosto. A sociedade árabe supersticiosa tradicionalmente associava os eclipses a eventos ruins, como um véu negro que cobria a face do sol em sinal de luto. "Os céus estão compungidos por causa de sua tristeza", gritaram os seguidores enquanto assistiam ao enterro. Maomé agradeceu a empatia, mas insistiu em que os eventos celestes não tinham relação com as atividades humanas. Explicou suavemente: "O sol, a lua e todo funcionamento do universo são definidos por uma ordem cósmica e não giram em torno de assuntos humanos".

A morte do menino retomou aquele padrão distinto da vida de Maomé: obter realizações notáveis, recolher-se à vida familiar para saborear os frutos do sucesso e ver uma perda devastadoramente trágica desencadeando uma nova busca incansável por realização. Maomé sofrera de novo uma terrível perda e teria de cavar fundo para transformar a dor em mais um ato de grandeza. Com um número de seguidores em rápido crescimento, o passo final da missão de Maomé seria garantir que seu sistema de crenças fosse robusto o suficiente para perdurar.

10

O ISLÃ

Preservação dos Ideais Básicos
para a Posteridade

*Qiba: 5h da tarde, quarta-feira,
16 de outubro, 631 EV*

De costas para uma palmeira antiga, Maomé sentou-se no chão em um círculo de doze escribas. Em meio a uma sonata de pássaros melodiosos e ao ruído de água corrente vinda dos canais de irrigação próximos, o profeta coordenou o grupo de assistentes por meio de um complexo processo de edição do Alcorão. Embora dependesse dos secretários que o cercavam para transcrever e reorganizar as passagens por escrito, Maomé dirigiu toda a operação de cor. Cada passagem revelada nos últimos vinte anos estava firmemente gravada em sua mente, e ele orientava os escribas a organizar as frases com precisão.

Sentado à direita de Maomé estava Zaid ibn Thabit, de 21 anos, um medinense que o profeta preparara para ser um dos maiores especialistas no Alcorão; Zaid acabaria por consolidar uma versão definitiva da escritura. Mais tarde, lembrou-se de como os escribas se sentaram ao redor de uma pilha de textos dispostos em uma grande esteira de palha, verificando passagens anotadas ao longo dos anos em todos os tipos de materiais. "Compilamos o Alcorão inserindo muitas páginas em uma", explicou. "Reunimos todo aquele volume de folhas de palmeira, lajes de pedra branca, pergaminhos, selas e costelas de camelo e ossos de omoplatas de ovelha."

Quando uma revelação divina emergia de repente dos lábios de Maomé, os escribas corriam para registrá-la por escrito. Às vezes, a falta de material para escrever os obrigava a fazer anotações em selas de camelo, enquanto o grupo palmilhava o deserto, ou em folhas colhidas de árvores próximas. A partir desses vários fragmentos de revelações transcritas – seis mil, duzentas e trinta e seis passagens no total –, Maomé então trabalhava para forjar uma obra coerente.

As revelações do Alcorão não eram uma narrativa linear, mas uma extensa série de revelações em momentos distintos da vida de Maomé nos últimos vinte anos. Portanto, ele queria formar um texto capaz de instruir um público que não estivera presente quando cada versículo fora originalmente revelado.

De vez em quando, Maomé fechava os olhos e ficava em silêncio, permanecendo em contemplação por vários minutos. Depois, seus olhos se abriam lentamente, e, com voz clara, ele determinava que os escribas dispusessem passagens e até capítulos inteiros em nova ordem.

Muitas vezes, os escribas tinham dificuldade de acompanhar o ritmo intenso do mestre. Numa avalanche de instruções, Maomé ordenava que inserissem uma passagem isolada em um capítulo já existente e depois transferissem determinada passagem de um capítulo para outro. Ao acrescentar algo, pedia aos escribas que o lessem em voz alta, para se certificar de que a transcrição estava correta. Apesar de ser iletrado, ocasionalmente Maomé pedia revisões de ortografia para certas palavras (porque o árabe era escrito como soava, e uma pessoa analfabeta conseguia identificar erros) ou dava novos nomes especiais a passagens importantes (por exemplo, no trecho mais longo do Alcorão, *Ayat-ud-Dayn* – Guia para Transações Comerciais). Para que a equipe descansasse durante as árduas sessões e se sentisse mais criativa, Maomé preferia se sentar tomando a brisa fresca, perto da água corrente.

Embora não o dissesse diretamente à equipe de secretários, o profeta estava em uma corrida contra o tempo. Abençoado com os genes do avô e robustecido por um estilo de vida saudável, ele tinha "menos de vinte cabelos grisalhos" (de acordo com seu criado Anas ibn Malik), e sua pele, livre de rugas, não traía os 61 anos repletos de tribulação. No entanto, Maomé sentia que não tinha muito tempo de vida, e a morte súbita do filho Abraão o urgira à ação para solidificar um legado duradouro.

A vaidade não era a motivação do profeta; ele apenas percebia que a missão de sua vida estava incompleta. Maomé só mudara seu mundo, não o mundo inteiro. Eliminar a *Jahiliyyah* e estabelecer um novo sistema meritocrático não bastavam. Para realmente mudar o mundo, ele devia legar algo capaz de continuar motivando as pessoas por muito tempo após sua morte. O exemplo inspirador que arrancara o povo da Arábia da estagnação voluntária para um estado de florescência dinâmica tinha de ser preservado para futuras gerações e povos muito além de Meca e Medina.

O reconhecimento da própria mortalidade forçou Maomé a um último impulso de inspiração criativa. Os seguidores precisavam de uma descrição vívida do Mentor Divino para substituir as centenas de ídolos destruídos; precisavam de um manual coerente para desencadear o florescimento; e precisavam de uma metodologia prática para ajudar a guiar a vida em direção a resultados no mundo real.

Com pouco tempo para concluir o trabalho terreno, Maomé foi forçado a fazer a triagem. Batizara sua mentalidade de *Islã* (luta pela conclusão) e, mais uma vez, aplicou essa atitude a seus dias finais. Entendeu que muitos de seus sonhos permaneceriam não realizados. Sem tempo nem recursos para transformar sua visão em realidade, Maomé escolheu a segunda melhor alternativa. Estabeleceria a base sobre a qual outros pudessem construir, expressando seus ensinamentos nos termos mais claros possíveis, para que as gerações futuras pudessem buscar o próprio florescimento e criar as próprias ideias para mudar o mundo.

◆ ◆ ◆

A conquista de Meca provocou a remoção de trezentos e sessenta ídolos da Ka'bah. Mas Maomé reconhecia o anseio inato do ser humano de compreender a realidade por meio de uma estrutura tangível propiciada pelos ídolos. Ensinava que "o Divino está além da compreensão dos sentidos mortais"; no entanto, o povo da Arábia precisava de meios para se relacionar com o Deus invisível do ancestral Abraão. Como alguém cuja própria vida fora moldada pelo nome dado a ele pelo avô, Maomé empreendeu uma nomeação sem precedentes para capacitar as pessoas a desenvolver o próprio relacionamento com o Divino.

Certa noite, após a oração do pôr do sol, enquanto Vênus brilhava intensamente no céu que escurecia, Maomé sentou-se com os discípulos ao redor de uma fogueira, descansando depois de longo dia de edição do Alcorão nos arredores de Medina. Fortes ventos sopravam em torno do grupo, agitando as chamas da fogueira. Perto dali, uma mulher beduína embalava o filho de 2 anos ao lado da fogueira da família. Cada vez que as chamas se voltavam em sua direção, ela colocava o menino atrás de si, protegendo-o do calor. A cena cativou os discípulos de Maomé.

"Vocês acham que algum dia esta mãe jogaria o filho no fogo?", perguntou Maomé de repente.

Os perplexos seguidores responderam: "Nunca! Ela preferiria morrer".

Ao que Maomé replicou: "Então saibam que o Amoroso Divino (Alá) é mais afetuoso e compassivo com a criação que a mãe com seu filho".

Ao utilizar a imagem vívida de uma mãe protegendo o filho vulnerável, Maomé evocava o significado semítico original do termo *Allah*: uma mãe abraçando incondicionalmente o filho em prantos. Originalmente, os semitas entendiam o Divino como força feminina que provê amor maternal. Apenas quando as estruturas patriarcais substituíram o antigo sistema matriarcal da Arábia foi que o conceito de Deus assumiu a imagem de um guerreiro poderoso defendendo seu povo. A palavra *Allah*, no entanto, manteve a terminação feminina original em árabe, mesmo sendo declinada como substantivo masculino.

No dia seguinte, o chamado para a assembleia ressoou na mesquita ao final da tarde, fora dos horários habituais de oração. O povo de Medina ergueu os olhos, confuso: é uma emergência? Quando as pessoas entraram na mesquita, encontraram um Maomé sorridente, de pé no púlpito. Assim que o pátio se encheu, Maomé contemplou a multidão, como se fosse falar a cada membro pessoalmente, e declarou: "O Divino tem 99 nomes cardeais, cada um essencial ao sucesso. Qualquer pessoa que realmente os compreenda e os incorpore deve alcançar realização duradoura". Em seguida, lembrou o público da proclamação divina: "Sou para minha criação o que ela pensa que eu deva ser". Como o Divino refletia as perspectivas humanas, Maomé aconselhou que todos aspirassem a viver os atributos divinos: "Emulem as características do Divino na própria vida".

A referência a noventa e nove não era literal, mas, sim, uma expressão idiomática árabe para indicar o infinito. O Alcorão em si fornece cento e vinte nomes, enquanto Maomé empregou quatrocentos adicionais nos ensinamentos do hádice.

Quando criança, vendo o avô liderar o conselho de anciãos, Maomé aprendera a usar habilmente a linguagem para pintar imagens com palavras. Esse dilúvio de epítetos Divinos substituiu, portanto, os ídolos destruídos da Ka'bah por um Deus vibrante e multidimensional em constante movimento, que fornecia inspiração às pessoas, independentemente de sua condição. Cada nome descrevia um contexto que, por sua vez, evocava uma função metafórica e benéfica proporcionada pelo Divino.

Embutido em cada nome estava uma vinheta de ação e interação. Na realidade, muitos nomes surgiram em resposta aos desafios específicos que quem procurava Maomé em Medina estava enfrentando nos últimos meses de sua vida. Nas manhãs de sexta-feira, Maomé costumava sentar-se ao lado do púlpito da mesquita para receber visitantes, oferecendo-lhes mediação e aconselhamento. Um dia, uma mulher aproximou-se para reclamar do marido e insistiu no direito de se divorciar – direito que o Alcorão havia recentemente concedido, em desacordo com a tradição árabe. Quando

Maomé perguntou por que ela insistia no divórcio, a mulher explicou: "Meu marido é fisicamente desagradável, sempre desgrenhado e sujo". Maomé pediu aos seguidores que encontrassem e limpassem o marido vagabundo.

Uma hora depois, o marido outrora fedorento chegou à mesquita completamente transformado: bonito, vestido com túnica fina e ungido com perfumes fragrantes. Maomé fez um gesto para que o homem se sentasse ao lado da esposa, que não o reconheceu. Quando ele estendeu a mão para tocar a da esposa, ela objetou: "Senhor, sou uma mulher casada!".

Maomé sorriu e informou a ela: "Este é seu marido! A senhora ainda quer se divorciar dele?".

Ruborizada, a esposa respondeu: "Não, vou ficar com ele".

No momento da reconciliação, Maomé anunciou: "O Divino encarna toda beleza e gosta de vê-la manifestada em todos os lugares e em todas as coisas". Assim, nascia um novo nome Divino: Al-Jamil (o embelezador ou a fonte de toda beleza).

Pessoalmente, Maomé podia servir como *rasul*, canalizando inspiração divina para os seguidores e mediando suas disputas; contudo, para que sua mentalidade sobrevivesse, Deus teria de permanecer um mentor acessível, sem a intercessão pessoal do profeta. O povo da Arábia já acreditava que o Deus de Abraão era o Criador, mas Ele permanecia uma divindade distante. Por gerações, ídolos tinham servido como intermediários. Sem depender de imagens esculpidas, as pessoas precisavam de meios intelectuais e emocionais de se relacionar com Deus. Os muitos nomes dados por Maomé finalmente tornaram o Deus de Abraão acessível e identificável. Ao fornecer centenas de nomes, o profeta dava às pessoas amplas oportunidades de encontrar os atributos de Deus com os quais se identificassem.

Para ajudar as pessoas a estabelecerem o próprio relacionamento direto com o Divino, Maomé baseou-se em três aspectos principais dos relacionamentos que sustentaram a jornada da própria vida: orientação do mentor, inspiração visionária e cura sensível.

O Divino poderia ser experimentado em muitas formas, incluindo:

- Ar-Raquib – o Gentil Pastor que cuida dos feridos.
- Ar-Ra`uf – o Que Suaviza com Empatia.
- Ash-Shafi – o Curador que orienta a recuperação vinda de dentro.
- At-Tayyib – o Que Aplica Unguentos nas feridas.
- Al-Sami' – o Que Ouve Atentamente e não julga.

Maomé legou às gerações futuras qualidades essenciais que poderiam ajudá-las a ter sucesso. Elas não contariam com um *rasul* fisicamente presente, mas teriam sempre acesso direto ao Mentor Divino dinâmico.

Juntas, as centenas de nomes de Deus pintavam um retrato multidimensional de uma força Divina invisível. Mais de doze séculos antes de movimentos artísticos modernistas como o cubismo tentarem apresentar simultaneamente múltiplas perspectivas de um único objeto, Maomé moldou centenas de fragmentos de atributos divinos em uma representação sem precedentes e intricada de Deus.

◆ ◆ ◆

Uma vez inspiradas a emular o Divino, as pessoas precisavam de um guia para a arte do florescimento. Nos últimos meses de vida, Maomé enfrentou o desafio de não só organizar milhares de fragmentos espalhados da revelação do Alcorão em um todo coerente como também capturar a intensidade dos momentos de revelação para que o público pudesse compartilhá-los. Embora o processo de edição com os escribas envolvesse organizar palavras, frases e capítulos inteiros – assim como adicionar novos –, Maomé não estava legando uma escritura, mas uma experiência.

O termo para o manual divinamente inspirado – *Qur`an* – descrevia, na realidade, um processo: florescimento. As raízes semíticas *Q-R-A* significavam literalmente "flor" e figurativamente "sabedoria cantada"; o florescimento é seguido de frutos; a sabedoria, de ações. Na antiga concepção semítica, o fenômeno do florescimento une a consciência e a ação, a consciência traduzida em atos. O Alcorão não são letras em um pergaminho ou palavras recitadas, mas reações de leitores e ouvintes que estão optando por mudar seu comportamento. Em outras palavras, o Alcorão não é um objeto inanimado, mas um encontro interativo que alcança sucesso apenas quando desencadeia a ação.

O Alcorão, portanto, procurava cativar o público oferecendo-lhe uma experiência nova e estimulante. Um aspecto de destaque é seu tom autorreflexivo, com passagens reveladas que falam, muitas vezes, do próprio objetivo. "Estruturamos sistematicamente este Alcorão para inspirar o pensamento visionário em pessoas estagnadas", declara. Além de articular os próprios objetivos, o Alcorão instrui claramente o público sobre como aproveitá-lo ao máximo:

> *Fa itha quri`al-Qur`anu fastami'u lahu wa ansitu la'allakum tuflihun.*
> Quando o Alcorão é entoado, ouça atentamente sua mensagem e estude seus métodos em reflexão silenciosa, para obter inspiração e alcançar o sucesso.

Dado o analfabetismo generalizado da Arábia, Maomé sabia que o Alcorão, como escritura, não disseminaria, por si só, o Islã entre as massas: tinha de ser cantado, com o texto escrito servindo de partitura para um recital que envolveria públicos variados.

Ao ouvir o Alcorão, o público da Arábia não poderia classificá-lo de acordo com as categorias existentes. Ele rimava como a poesia árabe, mas não obedecia a uma métrica rígida; ecoava alguns timbres ondulantes das fórmulas encantatórias tradicionais, mas no próprio estilo característico; contava histórias, mas carecia das estruturas formais da narrativa árabe. Cada vez que o assunto mudava, o mesmo acontecia com a rima e o ritmo das passagens – um modelo lírico completamente novo. Além disso, fazia referência ao conteúdo bíblico, mas se concentrava em analisar as histórias, não em relatá-las. Parte manifesto, parte memória, parte meditação, parte apresentação melódica, o Alcorão resiste à classificação e é *sui generis*, fundindo modelos do passado em um gênero totalmente novo.

De acordo com o tom autoconsciente, o Alcorão oferece instruções sobre como recitá-lo: *Wa rattil-il-Qur`ana tartila* – "Cante o Alcorão com clara elocução e ritmo, para máximo impacto". *Tartil* (eloquência), termo para o estilo específico de recitação, descreve os movimentos cuidadosos da mão usados para puxar um balde sem derramar a água. A recitação do Alcorão requeria precisão equivalente da língua e das pregas vocais. A fim de treinar os seguidores para conseguir o *tartil*, Maomé desenvolveu um campo inteiramente novo de elocução chamado *tajwid* (embelezamento). O termo descrevia, na origem, como os nômades domavam garanhões arábicos selvagens, espécie de adestramento que Maomé observara quando criança, quando vivia com o clã Banu Sa'd no deserto. Anos de trabalho duro e treinamento repetitivo acabavam por produzir garanhões valiosíssimos – ou, no caso do Alcorão, mestres recitadores.

Maomé introduzira o conceito de *tajwid* no início de sua atuação profética, mas formalizou as regras de elocução apenas nos últimos meses de vida. Anteriormente, concentrara-se nas ideias reveladas nas passagens do Alcorão, mas, sentado com os escribas, codificou não só a ordem correta das passagens como também sua vocalização. Instruiu os seguidores sobre como moldar os lábios para emitir o som preciso, identificou os momentos de alongar a duração de certas vogais e até alterou a pronúncia de determinadas palavras.

Com efeito, Maomé, em seus últimos meses, criou uma nova língua, substituindo o velho árabe *Jahiliyyah* pelo árabe corânico. A fim de expressar novas ideias para um despertar depois de séculos de estagnação, o léxico inovador do Alcorão aproveitou antigas raízes vocabulares para transmitir conceitos novos. Maomé até insistiu em alterar a pronúncia de certas palavras-chave. A pronúncia transformada, a grafia revisada e a elocução melódica distinta significaram, juntas, uma nova identidade para o povo da Arábia. O árabe do Alcorão – em conteúdo, estilo e elocução – marcou um novo começo.

A ênfase do *tajwid* no canto preciso também ajudou a preservar aspectos da aura da revelação, com tons flutuantes e sílabas estendidas evocando os momentos em que passagens fluíram pela primeira vez da boca de Maomé e depois foram repetidas para os seguidores. Maomé reconheceu que logo as pessoas não poderiam mais ouvi-lo recitar o Alcorão. Ao sistematizar as regras do *tajwid* e criar um programa de treinamento formal para ensinar a elas, ele estabeleceu a base para reproduzir revelações e inaugurou um campo acadêmico cujos graduados preservariam padrões a serem transmitidos de geração em geração.

As regras rígidas do *tajwid* contrastavam com o fluxo livre do Alcorão, que se proclamava parte de um diálogo ativo com os ouvintes. O Alcorão buscava acompanhar as pessoas em sua jornada de vida, oferecendo-lhes uma experiência evolutiva em vez de uma rotina estrita. Assim como as centenas de nomes divinos forneciam muitos pontos de acesso a Deus, o Alcorão tinha como objetivo tornar-se acessível a vários públicos, em variadas circunstâncias de vida. Procurou atender às necessidades das pessoas sem descartar seus medos e suas preocupações, oferecendo-lhes uma abordagem revolucionária para a busca de uma vida plena.

O Alcorão a princípio posicionou-se como *huda* (direção e orientação), ajudando os viajantes a alcançar o destino desejado. Especificamente, Maomé evocou a caminhada noturna, com cada capítulo chamado de sura (constelação), e cada passagem, de *ayah* (estrela mais brilhante em uma constelação). Ainda assim, nos últimos meses de vida, Maomé concentrou-se em como popularizar o Alcorão para fins de recitação e estudo. Para permitir que o público revisse todo *corpus* em um mês, instruiu os seguidores a dividir o texto completo em trinta *ajza* (hastes), cada uma consumida em um dia. Em se tratando de um estudo mais lento, ele especificou sessenta *ahzab* (ramos) para uma revisão de dois meses, e cento e vinte *maqari* (botões) para uma revisão de quatro meses.

As metáforas duplas de estrelas e plantas capturaram os objetivos duplos do Alcorão: era um guia celestial para concentrar o foco em grandes visões, mas também um manual de crescimento firme para manter as pessoas com os pés no chão. Para ajudar o público a encontrar maneiras engenhosas de sair da estagnação voluntária, Maomé estabeleceu uma tensão produtiva entre a visão e a ação, o sublime e o mundano. Na realidade, o Alcorão expressava a preocupação de que pudesse ser visto como muito rarefeito para a adesão popular, assim como a Ka'bah perdera, por séculos, o propósito original como ponto de encontro aberto a todas as pessoas e se tornara um santuário exclusivo das elites:

> *Wa qalar-rasulu ya rabbi inna qawmit-takhathu hathal-Qur`ana mahjura.*
> E o *rasul* disse: "Ó meu Mentor Cósmico, meu povo abandonou o Alcorão e preservou-o como local sagrado, porém vazio".

Em seus últimos meses, Maomé parecia particularmente focado nas aplicações práticas do Alcorão. Procurou garantir que permanecesse acessível – além de suas ideias elevadas e às vezes abstratas –, com pontos de entrada fáceis para as pessoas comuns se envolverem com seu conteúdo.

Enquanto compilava milhares de revelações diversas em um texto unificado, Maomé estava criando o primeiro livro árabe de todos os tempos, um volume encadernado que reunia páginas físicas para que os leitores as estudassem. A própria existência de um livro árabe marcou a ruptura definitiva com a *Jahiliyyah* e deu início a uma nova era de publicações e estudos. No entanto, como a maior parte da Arábia era analfabeta, o Alcorão não podia ser propagado como tomo em grande escala. Assim, a instrução *tajwid* não só preservou uma réplica da revelação do Alcorão como criou um programa de treinamento que produziu centenas de recitadores talentosos, perfeitamente capazes de disseminar a palavra.

A fim de alcançar públicos em toda a Arábia, Maomé enviou seus seguidores mais competentes em delegações que variavam de três a quarenta pessoas para recitar passagens em cidades distantes. Ao chegar a uma comunidade, um membro do grupo subia na plataforma central da cidade, usada para anúncios cívicos e entretenimento. Enquanto um seguidor recitava passagens do Alcorão, os outros exploravam a multidão em busca de membros cativados para convidá-los a sessões de estudo. Esse processo de propagação e recrutamento começara de maneira relativamente informal durante o período do Tratado de Hudaibiyyah. Nos últimos meses de vida, Maomé trabalhou para equipar suas delegações com um volume padronizado do Alcorão e regras claras de recitação – na esperança de que um currículo consistente ajudasse a estabelecer um terreno comum entre os seguidores dispersos.

Nas últimas semanas de vida, Maomé conseguiu, por fim, montar um volume organizado do Alcorão, embora continuasse até o fim remanejando passagens e adicionando outras. Produzir um livro físico formal, no entanto, dificilmente era o objetivo final. O Alcorão apresenta a parábola de um burro que carrega grandes livros de sabedoria nas costas sem ser, de modo algum, beneficiado por eles. Se o Alcorão não conseguisse em inspirar mudanças no público, não seria mais valioso que livros pesados para um burro.

Portanto, Maomé colocou grande ênfase em fazer que o público entendesse e processasse as palavras do Alcorão, em vez de apenas memorizá-las. As coordenadas cantadas de *ayat* (plural de *ayah*) e *suwar* (plural de *surah*), esperava ele, evocariam tanto a reflexão racional quanto o despertar espiritual. O Alcorão não era tinta em pergaminho, sons emergindo da boca de alguém nem orelhas ouvindo cânticos – mas, sim, aquele momento precioso em que ouvintes inspirados encontram a coragem de florescer a partir da estagnação, abrindo suas pétalas antes fechadas para revelar o potencial há muito escondido em seu interior.

Mais de um milênio antes da invenção do fonógrafo e da transmissão por rádio, Maomé criou um estilo único de gravação oral, desempenho dinâmico e transmissão. Nos últimos meses de vida, inseriu milhares de fragmentos isolados de intensa revelação em uma *magnum opus* magistral – capturando o poder expressivo original dos versos em um pacote atraente para distribuição na Arábia e mais além. O *rasul* era, de fato, um condutor, não só de som e ideias, mas de energia.

◆ ◆ ◆

Se os nomes de Deus e o Alcorão cumprissem seu propósito, as pessoas poderiam tentar florescer – porém, mesmo assim ainda precisariam de meios que direcionassem esse impulso ousado a um compromisso persistente e vitalício. O *ayat* e o *suwar* eram guias distantes no céu noturno que ajudavam as pessoas a se orientar no deserto; já pontos de referência mais à mão auxiliariam os seres humanos a alicerçar sua jornada de vida.

Na primeira viagem a Damasco, aos 10 anos, Maomé vira o *hadi* guiar a caravana à noite, orientando-se pela luz de um farol aceso a distância. As comunidades locais acendiam fogos no topo das torres de vigia como sinal aos viajantes de que um posto avançado de civilização estava próximo, pronto para receber visitantes e restaurá-los para seguirem caminho. Na Arábia, as torres de vigia eram marcos tradicionais do deserto; seus vários níveis eram conhecidos como *arkan*, e os faróis no cume, como *hajj* (lanternas). Avistar um farol distante no topo do *arkan* acendia uma centelha de esperança nos membros da caravana, augurando um porto seguro no desolado mar do deserto.

Enquanto novos seguidores de toda a Arábia acorriam a Medina para se encontrar com Maomé em seus últimos meses, ele procurava transformar a experiência de jornada pelo deserto até a cidade em uma ferramenta de ensino. Duas décadas antes, as circunstâncias o forçaram a ensinar de maneira furtiva. Agora, ele podia expor livremente suas ideias a um grande grupo de seguidores, articulando conceitos maduros, sem precisar fazê-lo às ocultas nem se preocupar com assuntos civis. Sob os aspectos superficiais de cada ritual, havia uma dimensão interior que Maomé queria esclarecer aos novos discípulos.

Certo dia, um grupo de visitantes de Omã e do Bahrein se juntou a Maomé em uma caminhada pelos arredores de Medina e se deparou com uma palmeira solitária. Maomé sentou-se ao lado da árvore e observou que a jornada de uma pessoa na vida era como a de um '*abiri sabil* (andarilho atravessando o deserto). Atravessar o deserto árido da Arábia, Maomé lembrou aos companheiros, era uma aventura muito arriscada para empreender sozinho. Os viajantes precisavam aproveitar os poucos recursos disponíveis e cooperar com outros viajantes, compartilhando suprimentos e conhecimento.

Durante os primeiros vinte anos de sua missão profética, Maomé frequentemente retomava a metáfora do *arkan* para ajudar os seguidores a entender seus rituais básicos, que poderiam elevá-los como os níveis de uma torre. Cada camada de ritual se apoiava na de baixo, e todas iam alçando, aos poucos, os indivíduos a novas alturas e perspectivas. O simbolismo levava o público em duas direções, pois a torre guiava os viajantes pelo deserto e os erguia a um nível espiritual superior.

O alicerce do *arkan* era o *shahadah* – declaração da unicidade do Divino –, desenvolvido no primeiro ano da missão profética de Maomé. A antiga raiz da palavra *shahd* significava favo de mel e representava o término do elaborado processo empreendido por uma abelha que coleta pólen, processa-o e, por fim, produz mel – o que Maomé, aos 2 anos, testemunhou suspenso acima de uma ravina para coletar favos. Para dar testemunho sincero da unicidade do Divino, argumentou Maomé, primeiro era preciso ser como uma abelha: sair para o mundo a fim de haurir sabedoria de fontes variadas, depois fazer uma pausa para processar esse conhecimento e, por fim, produzir resultados benéficos para ajudar os outros. Como base no *arkan*, o *shahadah* personificava a abordagem central de Maomé: levar uma vida significativa, aprender constantemente com os outros e transformar a sabedoria adquirida em resultados práticos.

Maomé levou mais de uma década para revelar o segundo nível do *arkan*: *salah*, sessões de oração terapêutica para ajudar a restaurar conexões rompidas. O termo se referia ao processo de manutenção das pontes de corda que o jovem profeta atravessava com a tia Fatimah nas excursões a pé fora de Meca. Suspensas acima das ravinas, as pontes conectavam lugares divididos e aproximavam pessoas – e os componentes frágeis da ponte exigiam manutenção constante (*iqam*). As orações do amanhecer ensejavam uma oportunidade diária para a pessoa se ligar com o Divino; as do meio-dia serviam como pausa para ela reparar as conexões sociais externas; e as da noite lhe permitiam reconectar-se interiormente consigo mesma.

Com treze anos de missão profética, Maomé revelou a terceira camada como parte da campanha para revigorar Medina: o investimento *zakah* melhorou a vida dos desfavorecidos, ao lhes ser oferecidas oportunidades iguais. Na juventude, Maomé ajudara a construir andaimes de *zakah*, plataformas elevadas para trabalhadores que construíam paredes. A fim de garantir o fluxo de capital a todos, Maomé designou "uma parte em quarenta" (dois e meio por cento – o profeta adorava frações quebradas) das economias anuais como contribuições voluntárias para um fundo caritativo da comunidade. Os recursos do *zakah* pagavam pessoas carentes para trabalhar em projetos de infraestrutura física, proporcionando-lhes treinamento profissionalizante ou ajudando-as a iniciar negócios próprios. A ideia era estimular um ciclo edificante, em que os recebedores de *zakah* acabassem por se tornar doadores.

Pouco antes de o primeiro exército de Meca atacar Medina, Maomé introduziu uma ousada quarta camada: *sawm*, uso do tempo de preparo das refeições para compartilhar talentos com os outros. Baseado em um termo antigo para "dividir o pão", *sawm* incentivava as pessoas a reservar um tempo para se relacionar diretamente com outras e cultivar novos hábitos saudáveis. Maomé designou o antigo mês árabe de Natiq – rebatizando-o de Ramadã – como um período de rejuvenescimento do serviço comunitário. Depois de passar o dia ajudando pessoas carentes e colaborando em projetos de melhoria civil, as pessoas usavam a noite como um momento para refletir sobre o novo ano que se aproximava. Os seguidores passariam os primeiros dez dias do Ramadã identificando maneiras de melhorar no ano seguinte. Dedicariam os dez dias seguintes a implementar novos hábitos, e os dez dias finais para estabelecer um plano para dar continuidade aos novos hábitos ao longo do ano. "Se o Ramadã não transformar uma pessoa, tornando-a melhor que antes, seu propósito não será realizado", explicou Maomé.

Maomé gostava de discutir esses quatro níveis de implementação prática com os muitos visitantes que iam a Medina estudar com ele. Cada nível era preenchido com um movimento dinâmico: para fora (o mundo), depois para dentro (reflexão) e outra vez para fora, a fim de levar algo novo ao mundo. Os rituais incentivavam as pessoas a compartilhar recursos e habilidades de maneira ponderada, dividindo riqueza e tempo – e usando a experiência de doar aos outros para melhorar a si mesmas. Para os indivíduos que palmilhavam a selva da vida, o *arkan* fornecia nova metodologia pragmática inspirada em conceitos antigos e infundida com profundo significado espiritual. No entanto, os visitantes devem ter notado que o *arkan* de quatro camadas de Maomé ainda carecia de um elemento-chave das torres de vigia do deserto do mundo real: não havia farol no topo.

Vários meses antes de sua morte, Maomé finalmente concluiu a laboriosa edição do Alcorão. Embora alguns pequenos ajustes e um punhado de novas revelações curtas permanecessem, a maior parte do trabalho estava feita. Apesar de exausto, Maomé imediatamente começou a tratar do elemento que faltava no *arkan*. Reuniu os seguidores na mesquita e compartilhou uma nova passagem do Alcorão, uma das dez últimas a serem reveladas:

> *Wa ath-thin fin-Nasi bil-hajji,*
> E convidem todas as pessoas para o *hajj*,
>
> *Ya`tuka rijalaw wa `ala kulli dhamiriy;*
> para que venham, a pé ou cavalgando,
>
> *Ya`tina min kulli fajjin `amiq.*
> de todas as terras distantes.

Então, Maomé, esclareceu: "O *arkan* do Islã são cinco". Enumerou os quatro níveis e adicionou o *hajj* no fim. Quando as pessoas ouviram o termo, a princípio presumiram que Maomé se referia à peregrinação usual, quando vários milhares de pessoas de toda a Arábia viajavam para Meca a fim de caminhar em volta da Ka'bah. Os árabes acreditavam que Abraão estabelecera a antiga tradição *hajj* – com a hospitalidade característica, ele convidara pessoas de todos os cantos do mundo para visitar a casa de adoração do monoteísmo que construíra em Meca, onde dividiriam o pão e trocariam ideias.

O termo *hajj* (parente linguístico da palavra hebraica *hag*, "festival") descreve uma celebração que reúne pessoas. A raiz antiga aludia ao farol do deserto que atrai, como mariposas para uma chama, viajantes cansados de diferentes direções, para vir descansar em um só lugar. O poder de atração de um fogo bruxuleante à noite conectava o farol do deserto a uma reunião de pessoas em um festival. (O costume judaico de iniciar os feriados acendendo velas evoca essa antiga associação.)

Inicialmente reflexo do espírito acolhedor de Abraão e da conexão com o Divino, o *hajj* perdera o significado original na era da *Jahiliyyah*, quando as elites de Meca exploravam os peregrinos para obter ganhos financeiros. Sem produtos próprios para exportar, os mecanos começaram a viver à custa da Ka'bah. Vendiam quinquilharias e amuletos aos turistas e instituíam ritos que exigiam dos peregrinos o uso de vestes cerimoniais caras, só encontradas em Meca. Isso obrigava os pobres, que não podiam pagar pelas roupas coloridas da peregrinação, a andar nus ao redor do santuário. Enquanto apenas as elites podiam entrar na Ka'bah, a população em geral realizava rituais bizarros, andando em círculos ao redor do santuário enquanto batia palmas e assobiava. Qualquer observador das cerimônias de peregrinação podia notar, de imediato, as diferenças de classe e estratificação social, bem como a impudente exploração comercial do evento.

Em parte, o que atraía os peregrinos a Meca era a tradição de longa data segundo a qual os viajantes podiam andar pelo deserto, em segurança, durante o mês do *hajj*. Como era considerado altamente desonroso assaltar caravanas nesse mês, mercadores (incluindo judeus e cristãos) de toda Arábia aproveitavam a oportunidade para levar seus produtos ao mercado de Meca. A maioria dos visitantes acampava em tendas nos arredores da cidade, embora os mais velhos recebessem convidados da classe alta em casa, e as elites tivessem o privilégio de ficar nos quartos de hóspedes de Dar-un-Nadwah.

Quando Maomé fez seu apelo a um *hajj* do púlpito da mesquita, explicou ao público que a peregrinação serviria ao propósito original. Primeiro, o *hajj* renovado seria para todas as pessoas (não apenas árabes) e um evento em que todos fossem iguais. Todos os homens teriam de se vestir com a mesma tanga branca e simples, a vestimenta dos pobres. Nenhum símbolo de *status* social seria permitido, incluindo coberturas para a cabeça, joias e perfumes. "Não haverá distinção entre homem e mulher, árabe e não árabe, rico e pobre, preto e branco", explicou Maomé.

A peregrinação voltaria à convenção abraâmica original para a troca de ideias inspiradas pelo Divino. Falando do púlpito, Maomé fez uma prévia do itinerário e da agenda da convenção. Os peregrinos chegariam a Meca e se reuniriam do lado de fora da Kaʻbah. Caminhariam de forma organizada ao redor do santuário sete vezes (representando cada dia da semana), meditando em silêncio para se preparar para absorver novos conceitos e informações.

Na manhã seguinte, o grupo iria para fora da cidade até uma montanha deserta, que Maomé rebatizou de ʻArafah (rede para desenvolver o entendimento mútuo). O novo nome dado a essa montanha derivava de uma palavra em uma revelação recente do Alcorão que explicava por que o Divino não fizera monolíticos os seres humanos:

> *Wa jaʻalnakum shuʻubaw wa qabaʻila li-taʻarafu.*
> E Nós os moldamos em culturas distintas e tribos diversas
>   para que possam aprender uns com os outros e respeitar-se
>   por causa e apesar das diferenças.

O dia inteiro passado no monte 'Arafah proporcionaria tempo para uma rede entre os participantes do *hajj*. No fim da tarde, disse Maomé, ele faria um breve sermão, que forneceria o estímulo inicial para as pessoas começarem o processo de análise e compartilhamento de ideias. Ao pôr do sol, o grupo se deslocaria para o espaço aberto de Muzdalifah (reunião compacta), vale onde não eram permitidas tendas. Todos teriam que dormir como iguais no chão nu, contemplando as estrelas, enquanto refletissem sobre o que fora ensinado durante o dia.

Na manhã seguinte, após as orações e a reflexão do amanhecer, o grupo levantaria acampamento de novo, dessa vez para o vale de Ácaba (emancipação), onde anos antes Maomé se encontrara com a delegação yathribita que viera recrutá-lo para sua cidade. Maomé deu ao vale um novo nome: Mina (local de análise – literalmente, dissecar para avaliar cada parte por si própria). Lá, os participantes passariam três dias inteiros empenhados em discussões comunitárias, compartilhando percepções e debatendo novas ideias.

A cena em Mina seria como a das abelhas formando um favo de mel. Era a *shahadah* ganhando vida em grande escala. Ao contrário do *zakah* e do *sawm*, os resultados da interação pública não estariam em nível de apenas uma comunidade local, mas, sim, de toda a Arábia, se não mais. As conexões estabelecidas durante as discussões se estenderiam por milhares de quilômetros, e o benefício produzido reverberaria muito além de Meca. De fato, no quinto dia, o grupo voltaria à Ka'bah, novamente descrevendo sete círculos ao redor do santuário – porém, dessa vez com os participantes refletindo sobre as novas ideias e a missão renovada de que haviam se incumbido. Maomé chamou a cerimônia culminante do *hajj* de Tawaf-ul-Wada' (o novo começo – literalmente, deixar o passado para trás); as pessoas voltariam para casa cheias de energia, compartilhariam o que haviam aprendido e conceberiam novos projetos.

Maomé elaborara uma conclusão ambiciosa para o *arkan*. Embora cada nível tivesse sido projetado para ajudar as pessoas a traduzir a inspiração Divina em ações práticas, o *hajj* era, de longe, o nível mais complexo do ponto de vista logístico – e, a seu ver, deveria exercer a influência mais ampla. Maomé claramente esperava que ele complementasse a metodologia, para garantir que as ferramentas do florescimento permaneceriam acessíveis por muito tempo depois de sua morte.

Ao enviar centenas de cavaleiros a todos os cantos da Arábia para convidar as pessoas a participarem do *hajj* em Meca seis semanas depois, Maomé contava com uma multidão significativa. Ele e os seguidores tentaram atrair, várias vezes, o número usual do *hajj*, um máximo de 20 mil pessoas. Mas uma torrente de humanidade logo desceria sobre Meca, atraída pelo farol brilhante no topo do *arkan*.

◆ ◆ ◆

Com a convocação para o *hajj*, Maomé finalmente teve a oportunidade de falar bem alto (*'ardh*) a uma multidão receptiva. Pelo seu *status* de celebridade, pessoas de toda a Arábia aceitaram o convite para ver o *rasul* em pessoa e participar daquela convenção ao ar livre sem precedentes.

No início do *hajj*, cento e catorze mil seguidores de Maomé convergiram para Meca de toda a Arábia. Com curiosos espectadores pagãos, cristãos e judeus, a multidão total chegou a mais de 120 mil pessoas. Os árabes não conseguiam se lembrar de outra época em que tanta gente se reunira em um só lugar.

Maomé chamou a reunião de Al-Hajj-ul-Akbar (a grande convenção), porém ninguém ficou mais surpreso que ele com o tamanho da multidão reunida. 'Uthman, seu genro rico, generosamente ofereceu comida às massas. Seu tio Al-'Abbas, que jamais saíra de Meca, assumiu a responsabilidade de organizar a logística, executando as instruções de Maomé com uma equipe de voluntários que se esforçava para controlar a grande reunião. As pessoas precisavam comer, as áreas sagradas deveriam permanecer limpas, e os participantes tinham de receber instruções para o itinerário e o programa de cinco dias.

Tarde da noite de quinta-feira, na véspera do início do *hajj*, Maomé chegou a Meca com a família. Acamparam nos arredores da cidade, em

Shi'b Abu Talib, mesmo lugar onde os familiares haviam sido confinados durante o boicote de dois anos. A escolha do local fora impregnada de simbolismo e prova do poder da perseverança inabalável. O *rasul*, entretanto, conseguiu reunir suas forças com muito esforço, drenado pela estafante compilação do Alcorão. Os espectadores notaram como ele se firmava no cajado, com as costas encurvadas, enquanto circundava a Ka'bah sete vezes no sentido anti-horário, declarando formalmente o início do *hajj*. Cicatrizes e dentes quebrados na Batalha de Uhud marcavam seu rosto. Ao cumprimentar os participantes, sua voz soava visivelmente fraca.

Na manhã seguinte, na planície de 'Arafah, a enorme multidão armou suas tendas e organizou o acampamento. No fim da tarde, pouco antes do pôr do sol, a assembleia foi convidada a se reunir ao redor do monte 'Arafah, encimado por uma bandeira verde-esmeralda que tremulava no topo de um mastro de cinco metros. Al-'Abbas esperava no alto da montanha, enquanto a multidão abria caminho para Maomé, que chegava num camelo puxado por 'Ali. Com a ajuda de 'Ali, o profeta subiu ao 'Arafah, apoiado no cajado para melhor se firmar.

Quando chegou ao cume, Maomé olhou para a multidão que o cercava por todos os lados. Pessoas das mais variadas condições de vida e de diferentes tribos, vestidas de branco, espalhavam-se até onde a vista alcançava – gente que escolhera se abrir para uma nova experiência e viajar pelo deserto até Meca, a fim de aprender a florescer. Maomé era o farol elevado cuja energia comunicativa os atraíra, e agora tinha uma oportunidade final e única de compartilhar sua mentalidade com um grande público receptivo.

No entanto, a voz outrora robusta de Maomé tornara-se frágil. Para que sua mensagem chegasse até os participantes do *hajj* que se encontravam mais longe, Maomé planejou um engenhoso sistema de retransmissão. Centenas de comunicadores humanos postaram-se a intervalos na multidão. Maomé pronunciava uma frase, o tio Al-'Abbas a repetia com voz retumbante, e os comunicadores, por sua vez, a ecoavam em ondas que se propagavam pela multidão. O sistema improvisado de comunicação conseguiu manter uma multidão de cento e vinte mil pessoas totalmente atenta.

Maomé chamou seu discurso de "Sermão da Despedida", que esperava esclarecesse sua mensagem central e fornecesse orientação para o futuro. "É possível que eu não mais esteja aqui com vocês no próximo ano", anunciou. "Mesmo assim, espero que se reúnam novamente neste mesmo lugar. Estou passando a vocês uma tocha brilhante e apontando-lhes um caminho para que possam levar luz ao mundo, libertando as pessoas das trevas da ignorância e da estagnação."

Enquanto falava, Maomé se dirigia a diferentes segmentos da multidão. Seus pontos principais enfatizavam a igualdade, retomando os princípios que estabelecera mais de uma década antes na Constituição de Medina e fazendo-os universais:

"Ó povos, seu sangue, sua riqueza e suas esperanças individuais são todos únicos e sagrados – assim como é único e sagrado o que vocês testemunham hoje enquanto estamos juntos neste espaço santo. Todo sangue derramado antes está perdoado. Que não haja mais vinganças. O dinheiro de sangue que nos iria ser pago por quem matou membros do meu clã está perdoado – assim como perdoadas estão as dívidas. Do mesmo modo [meu tio] Al-'Abbas perdoa todos os que estão em dívida com ele. Não transgridam o direito dos outros nem se permitam sofrer transgressão.

"Ó povos, as mulheres têm inerentemente o direito de ser apoiadas em todos os níveis; portanto, defendam seus direitos. Vocês têm a obrigação de garantir que os direitos delas sejam defendidos, da mesma maneira que elas têm a obrigação de apoiá-los. Elevem-se empoderando as mulheres!

"Ó povos, não voltem depois de minha morte à discórdia, à rivalidade e ao assassinato. Estou lhes deixando um sistema sustentável com o Alcorão, o Divino Amoroso para seu exemplo e a *sunnah* (fórmula) que lhes ensinei – método que, se mantido, os impedirá de rolar para os vales da confusão.

"Ó povos, saibam que o seu Deus é um, único e de todas as pessoas. Do mesmo modo, todos descendem de um ancestral comum e, como tal, são iguais perante Deus.

"Ó povos, todos emergiram de uma fina camada superficial de terra, então permaneçam firmes e lembrem-se do que são. Todos são irmãos e irmãs diante do Divino; todos emergiram da mesma fonte. Nenhum tem vantagem sobre o outro pelo sangue ou pela linhagem; e um árabe não goza de privilégios sobre um não árabe. É apenas por méritos e realizações que um se eleva acima do outro. Em uma sociedade de oportunidades iguais, o mais fraco é igual ao mais forte. Busquem a própria elevação, dando poder às minorias, pois elas são protegidas pelo sagrado convênio com Deus. Os mais elevados diante de Deus são aqueles que têm o núcleo espiritual mais puro."

Então, Maomé se interrompeu para perguntar à multidão: "Falei com eloquência e clareza?".

A multidão gritou: "*Na'am!*" (Sim!). Cento e vinte mil vozes ecoaram pela montanha como um rugido.

Maomé deixou que o som amainasse antes de concluir com um último pedido: "Então, que os presentes espalhem esta mensagem, tal como a ouviram, aos ausentes".

A multidão permaneceu em silêncio por vários minutos, absorvendo as palavras. Era a primeira vez que a maioria dos participantes ouvia esses conceitos resumidos em um só discurso. Maomé acabara de apresentar uma síntese do trabalho de sua vida e um resumo do espírito do Islã.

As pessoas começaram a conversar, e um murmúrio espalhou-se pela multidão. Naquela noite, todos dormiram sob o céu noturno em Muzdalifah com as palavras de Maomé ecoando na mente. Passaram os três dias seguintes em extensas discussões em grupo em Mina. Com o protegido de 13 anos, 'Abdullah ibn 'Abbas, cavalgando atrás dele, Maomé atravessou a multidão cumprimentando as pessoas e ouvindo as conversas. Fazia observações e encorajava-as a continuar.

O *hajj* foi concluído, com Al-'Abbas e seus voluntários de logística direcionando ondas de peregrinos de volta à Ka'bah, para a cerimônia de encerramento do Tawaf-ul-Wada', que prepararia os participantes para retornar às suas comunidades após uma rodada final de sete circunvoluções ao redor do santuário. Para muitos participantes, a experiência fora estimulante; para outros, transformadora. Eles saíram de Meca em plena floração, com a missão de levar o espírito e a mensagem da convenção do *hajj* a comunidades muito além da Arábia – alguns se aventurariam até a China. A reunião de cinco dias gerara uma fonte de energia em milhares de jovens que dedicariam o resto da vida a transmitir o que aprenderam com o profeta apoiado no cajado no topo da montanha.

Em homenagem a essa grande convenção, Maomé deu ao mês árabe de Burak um novo nome: Thul-Hijjah (a grande convenção/peregrinação). Na realidade, após o *hajj*, Maomé renomeou oficialmente os doze meses árabes (organizando-os em meses lunares alternados de vinte e nove e trinta dias) e também os dias da semana. Burak, por exemplo, referia-se a camelos descansando em caravanas que traziam mercadorias para Meca na temporada de peregrinação. O nome resgatou o propósito original do mês, que era a troca de ideias, não só de mercadorias.

Após uma semana em Meca, numa despedida sem alarde ou grande delegação, Maomé montou em seu camelo na manhã de segunda-feira e voltou para Medina com Barakah, Fatimah, 'Ali e os netos. Não olhou para trás ao sair da cidade natal pela última vez.

◆ ◆ ◆

Quando os pais de Maomé morreram, ele não herdou nada – além do pedido da mãe de que se tornasse um transformador do mundo. Como aquela frase provou ser mais valiosa que dinheiro, Maomé decidiu deixar apenas ideias como herança. Qualquer propriedade formal corria o risco de exacerbar a tensão na família. Então, nas últimas semanas de vida, Maomé se desfez de toda riqueza, doando seus bens aos necessitados (principalmente órfãos e viúvas), a fim de legar valores em vez de propriedades.

Depois de retornar do *hajj* a Medina, Maomé descansou do evento épico conversando outra vez ao ar livre com os discípulos mais próximos. Um dia, enquanto o grupo relaxava à beira de um poço, Maomé recebeu de repente a penúltima revelação do Alcorão:

Yawma la yanfa'u maluw-wala banun.
No dia do julgamento, nem a riqueza nem os filhos trarão qualquer benefício.

Illa man ata-llaha bi-qalbin-salim.
Compareça perante o Amor Divino apenas com um coração puro e íntegro.

A mente de Maomé estava claramente focada em seu legado final e no que de fato importara durante sua vida de andanças pelo deserto. Para enfatizar a mensagem central da passagem, o profeta compartilhou com o grupo uma parábola sobre duas mulheres. As pessoas consideravam virtuosa a primeira mulher. Ela se vestia com modéstia, permanecia casta e realizava todos os rituais. Ainda assim, na privacidade de casa, era cruel com um gato, espancando-o e trancando-o sem comida nem água, até que, por fim, ele morreu de modo doloroso. A segunda mulher era o oposto da primeira, uma prostituta desprezada e ridicularizada. No entanto, caminhando pelo deserto, viu um cachorro desidratado ofegando de exaustão perto de um poço; então, amarrou sua echarpe ao sapato esfarrapado e o encheu de água para matar a sede do cão. Deus ficou descontente com a primeira mulher, mas satisfeito com a segunda, e concedeu-lhe a salvação eterna pela sincera compaixão.

Tanto a passagem do Alcorão quanto seu hádice expositivo foram a última tentativa de Maomé de esclarecer aos seguidores – em especial aos novos e zelosos – o objetivo final de sua mentalidade. Pretendia chocar o público ao considerar uma prostituta alguém que poderia ter o coração mais puro. Quando adolescente, outros rapazes enganaram Maomé para que entrasse em Hanut, onde testemunhou jovens mulheres forçadas à prostituição. O encontro chocante o impressionou: o fato de alguém estar preso em posição inferior na sociedade não significava que não tivesse potencial de fazer uma contribuição benéfica para o mundo. Maomé claramente usou a palavra *salim* para descrever o coração "completo" da prostituta exemplar, evocando a mesma raiz S-L-M de *Islam*, a tentativa ao longo da vida de alcançar a plenitude. Uma prostituta injuriada pode servir de modelo de sucesso ao encontrar o próprio caminho para mudar o mundo.

Após a discussão junto ao poço, Maomé foi até a mesquita e parou para visitar as esposas nos quartos que ocupavam ao lado do pátio central do edifício. Viu que não tinham comida. O homem mais poderoso da Arábia levou sua armadura – ergueu a peça de metal pesado com alguma dificuldade – a um comerciante judeu que vivia nas proximidades e penhorou sua última posse, a fim de comprar cevada. (Maomé poderia facilmente ter obtido dinheiro de seus muitos seguidores ricos, mas preferiu fazer negócio com um judeu.)

Os chefes árabes valorizavam sua armadura como importante sinal de honra, mas Maomé deixou claro que um item físico, por si só, não tem valor. Além disso, não havia guerra. Efetivamente sem um tostão, Maomé voltou aos aposentos das esposas e moeu a cevada para fazer pão para elas e os enteados.

Na manhã seguinte, após as orações do amanhecer, Maomé recebeu a revelação final:

> *Wat-taqu yawman turja'una fihi ila-llah.*
> Prepare-se com esperança cheia de ação para o dia em que retornar ao Amor Divino.

> *Thumma tuwaffa kullu nafsim-ma kasabat,*
> Cada alma receberá, então, a recompensa completa por tudo que mereceu,

> *Wa hum la yuthlamun*
> E ninguém será tratado injustamente.

Quando ouviram a passagem, Abu Bakr e 'Ali começaram a chorar. Imediatamente reconheceram o verso como um aviso enigmático de que Maomé estava morrendo. Olhando para trás, para sua vida, enquanto antecipava seu legado, Maomé reiterou que o verdadeiro valor da existência de uma pessoa não era a riqueza ou a linhagem, mas o efeito, a longo prazo, de suas ações.

Maomé confiou o manuscrito final completo do Alcorão à custódia de Hafsah, a mais letrada e mais educada das esposas. O livro era o único objeto físico que legava – e determinou que pertencesse à comunidade como bem público. Como não tinha mais forças para supervisionar uma revisão formal do documento, Maomé pediu a Hafsah que colocasse a revelação final "antes de *Ayat-ud-Dayn*" (passagem famosa sobre dívidas e transações comerciais). Mesmo nos últimos dias, Maomé revisava o Alcorão.

Naquela noite, Maomé saiu de Medina com Abu Bakr, 'Ali e Barakah para visitar o cemitério dos mortos na batalha de Uhud, incluindo o tio Hamzah e o rabino Mukhairiq. Ao voltar, passou pelo campo santo de Al-Baqi', onde as filhas e o filho Abraão estavam sepultados. Sentado perto dos túmulos, Maomé chorou e se inclinou suavemente em reflexão silenciosa. Na manhã seguinte, caiu doente e retirou-se, de pronto, das obrigações restantes, incluindo liderar pessoas em orações. Estava com febre alta e não conseguia comer alimentos sólidos. A seu pedido, dois homens o carregaram até a porta da casa de 'Aishah, para que pudesse cumprimentar as pessoas na mesquita. O quarto dela ficava mais perto do púlpito e era mais facilmente acessível aos visitantes.

Nos dias que se seguiram, centenas de pessoas reuniram-se na mesquita, ansiando por notícias da recuperação de Maomé. Depois de dez dias, na segunda-feira, 20 de abril de 632 – um dia antes de seu sexagésimo segundo aniversário –, Maomé acordou sentindo-se forte. A febre diminuíra, e ele conseguiu dirigir as orações do amanhecer. Quando viram que ele aparentemente havia se recuperado por completo, os medinenses ficaram radiantes. Ele lhes assegurou que podiam encerrar a vigília e voltar ao trabalho. Aliviados, os seguidores lhe desejaram boa sorte e começaram a jornada laboral.

Aproveitando o silêncio, Maomé caminhou lentamente do púlpito até o quarto de 'Aishah. Ao entrar, ficou encantado ao descobrir que Fatimah, a única filha sobrevivente, viera cuidar dele. Maomé beijou sua testa, e o rosto dela se iluminou ao ver o pai de pé. Após um desjejum frugal, com leite de camela fresco, três tâmaras e um pedaço de pão – a primeira refeição em dez dias –, ele se deitou em seu colchão simples, com a cabeça apoiada no peito de Fatimah, assim como Khadijah descansara em seu colo antes de morrer.

Depois do nascer do sol, 'Ali chegou para uma visita com Hasan e Husain. Maomé abraçou e beijou os netos antes de dizer a 'Ali: "Quando eu morrer, lave-me, acompanhado de homens de minha família. Não tire minhas roupas. Enterre-me com elas, no lugar onde eu morrer". Então, Maomé fechou os olhos, e sua respiração se tornou mais difícil.

Fatimah abraçou o pai com mais força, enquanto as lágrimas rolavam por seu rosto e pingavam na cabeça dele. "Que dia triste é este, ó pai!", gemeu.

Maomé respondeu suavemente: "Mais nenhuma tristeza acometerá seu pai depois de hoje". Fora uma evocação comovente de que Maomé levara uma vida repleta de contratempos, opressão e traumas. Ele fitou o teto de folhas de palmeira, enquanto os raios do sol se filtravam pelos interstícios e iluminavam o pequeno cômodo. Sorriu e, com os últimos suspiros, declarou: *"Bal-ir-rafīq-ul-a'la!"* (Anseio pela companhia de um Confidente Poderoso!).

Maomé, o transformador do mundo, estava morto.

Epílogo

O IMPONDERÁVEL LEGADO DA MENTALIDADE DE MAOMÉ

Medina: 2h da tarde, segunda-feira, 20 de abril, 632 EV

Nas horas que se seguiram à morte de Maomé, Medina se tornou um antro de confusão. Maomé deixou instruções detalhadas quanto ao sepultamento, mas nenhum plano de sucessão. O *hajj* "Sermão da Despedida" serviu como seu último desejo e testamento. Sua herança foi uma mentalidade, não um império com um plano claro de transição política.

Enquanto o corpo de Maomé jazia no quarto de 'Aishah, perto da mesquita, Medina parou. O pranto invadia o silêncio mortal. Alguns se agarravam à negação. "Maomé não está morto!", insistia 'Umar. "Como Moisés, ele apenas foi para o deserto, a fim de se reunir com o Criador, e retornará após quarenta dias." Outros aventavam: "Não, ele caiu em sono meditativo, buscando inspiração, e logo despertará".

Vendo a confusão, Abu Bakr procurou acalmar a turba exasperada, lembrando-lhes dos próprios ensinamentos do grande homem: "Maomé foi um mero mortal enviado por Deus para ajudá-los a encontrar o equilíbrio e liberar seu maior potencial. Se Maomé morresse ou fosse assassinado, vocês voltariam aos velhos hábitos e destruiriam o grande trabalho que ele realizou? Quem reverenciava Maomé saiba de uma coisa: ele morreu. Mas que fique claro àqueles cujo objetivo transcende Maomé e almeja o divino: os ensinamentos e a mentalidade inspirados por ele vivem e jamais morrerão!".

A declaração de Abu Bakr, embora tenha temporariamente acalmado a multidão, marcou o início de um debate turbulento a respeito do legado de Maomé, que não terminara. O profeta se recusou a ditar os termos da ordem que se instauraria após sua morte, decisão com consequências importantes. A *Jahiliyyah* cedera apenas dois anos antes da morte de Maomé, tempo insuficiente para que seus piores impulsos desaparecessem – e estes voltariam a emergir com uma vingança. Mais ainda, o *rasul* insistira em que os próprios seguidores determinassem o futuro.

Em alguns anos, a era de florescimento que Maomé estabelecera na Arábia se estenderia por milhares de quilômetros e abrangeria milhões de não árabes. Em alguns anos, seus seguidores também se envolveriam em uma guerra civil prolongada. Assassinos matariam três dos primeiros quatro sucessores de Maomé, uma de suas viúvas guerrearia contra o genro, alguns seguidores destruiriam a Ka'bah, e milhares se massacrariam uns aos outros. Esses cismas jamais cicatrizaram – e ainda moldam os conflitos internacionais.

A energia bruta que Maomé desencadeou durante o *hajj* pulsou caoticamente por décadas, e sua mentalidade logo evoluiu para uma religião formal, com alcance global, em uma espécie de fase de crescimento adolescente. Cento e cinquenta anos após a morte de Maomé, no entanto, uma civilização muçulmana mais madura começou a surgir, uma que utilizou sua mentalidade para desencadear uma onda de inovação. Nesse período, estudiosos islâmicos brilhantes, inspirados pelos ensinamentos de Maomé, desenvolveram a álgebra, os algoritmos, a medicina avançada, uma mecânica complexa e até as primeiras máquinas voadoras. Suas invenções se tornaram a base de nosso mundo moderno.

O legado de Maomé, portanto, permanece aberto a interpretações. Alguns o exploraram e o distorceram visando ao poder. Outros optaram por usá-lo como ferramenta prática para melhorar a vida de todas as pessoas. Em outras palavras, no momento em que Maomé morreu, o destino de seus ensinamentos estava fora de suas mãos.

◆ ◆ ◆

Enquanto 'Ali preparava o corpo de Maomé para o sepultamento, Abu Bakr soube que os anciãos tribais locais tinham se reunido nas proximidades para uma discussão de emergência. Esses signatários da Constituição de Medina preocupavam-se com o futuro da *ummah*. Forças bizantinas estavam se reunindo nas fronteiras da Arábia, e os sassânidas também começavam a fazer movimentos hostis. Ansioso por um líder que organizasse uma reação, cada chefe tribal começou a tentar nomear um candidato do próprio clã.

Abu Bakr apenas observava, respeitando a decisão de Maomé de permanecer em silêncio sobre a sucessão. 'Umar, entretanto, tomou imediatamente uma decisão. Agarrou o braço direito de Abu Bakr com punho de ferro e levantou-o, declarando: "Juro fidelidade a Abu Bakr como *califa* [sucessor – literalmente, guardião ou zelador da mentalidade de Maomé]". Ninguém ousou questionar o gigante, nem mesmo o chocado Abu Bakr.

Enquanto isso, as pessoas acorriam a Medina para prestar as últimas homenagens. Diante do corpo de Maomé envolto em simples lençóis brancos, passava um cortejo de enlutados. "Você foi fonte de inspiração em vida", atestavam. "E continuará sendo depois da morte."

No início da noite, apenas a família e os seguidores mais próximos de Maomé permaneciam, incluindo Barakah, que presenciara seu nascimento sessenta e dois anos antes. Conforme o profeta pedira, sepultaram-no sob a cama. Al-'Abbas colocou o corpo envolto em linho no nicho sepulcral, vedando o espaço com tijolos de barro. 'Ali, então, amontoou três punhados de terra sobre a sepultura, repetindo passagens do Alcorão a cada golpe de pá:

> *Minha khalaqnakum,*
> Da terra Nós o criamos,
>
> *Wa fiha nu'idukum,*
> À terra Nós o devolvemos,
>
> Wa minha nukhrijukum taratan ukhra.
> E da terra Nós o ressuscitaremos.

Enquanto lavava o corpo de Maomé horas antes, 'Ali tirara o anel com o sinete do *rasul*. E então o apresentou a Abu Bakr em um gesto simbólico. Abu Bakr usou-o no dia seguinte, ao se dirigir à multidão, durante a cerimônia de sua consagração na mesquita. "Fui escolhido para liderá-los, embora não seja o mais digno entre vocês. Com a orientação do Divino, farei o possível para me mostrar justo. Se eu governar com integridade e benevolência, apoiem-me; mas se me tornar tirânico e injusto, é obrigação de vocês me responsabilizar e conter minha transgressão. Enquanto a comunidade defender a justiça e puder responsabilizar seus líderes, terá sucesso. Se aceitar a tirania, trocando a razão pela obediência cega e a corrupção, certamente sucumbirá ao fracasso."

Por décadas, Abu Bakr fora o amigo mais íntimo de Maomé e confidente leal, sempre pronto a apoiá-lo nas horas decisivas – mas nunca liderara. Suas palavras iniciais sugeriam que tinha visão clara tanto do poder quanto da precariedade de sua posição, posição esta que jamais almejara. Na realidade, Fatimah objetou que ele fora nomeado sucessor sem uma eleição, enquanto o corpo do pai ainda estava quente. Com todo clã hachemita, ela se recusou a jurar lealdade a Abu Bakr. Morreu seis meses depois, deixando 'Ali viúvo.

O próprio Abu Bakr não viveria muito. Conseguiu repelir os ataques bizantinos e sassânidas aos territórios fronteiriços da Arábia, mas antes que pudesse deixar qualquer marca importante morreu de uma doença repentina, na condição de califa. Pouco antes de falecer, designou um sucessor, 'Umar, retribuindo o favor inesperado que dele recebera. 'Umar não tinha nenhuma experiência de liderança. Ainda assim, em contraposição à atitude calma de Abu Bakr, suas explosões intempestivas deixaram muitas pessoas com receio de que pudesse governar como tirano implacável.

No entanto, ao se tornar califa, liberou seu potencial adormecido. 'Umar reuniu uma equipe de consultores brilhantes (incluindo Barakah, Ash-Shifa e Um Waraqah) e traçou um plano estratégico para aplicar a mentalidade de Maomé em grande escala. Emulando as técnicas militares inovadoras do profeta, devastou o Império Sassânida e obteve vitórias espetaculares contra os bizantinos, conquistando Jerusalém e Damasco. Os cristãos árabes, felizes por se ver livres da opressão tributária bizantina, logo se tornaram a maioria dos soldados de 'Umar, que, determinado a estabelecer uma sociedade igualitária, insistiu em que os administradores locais vivessem em casas comuns, sem guardas. O novo califa também montou um departamento especial para ouvir queixas contra funcionários públicos e até dirigiu um serviço especial de inteligência para detectar atos de corrupção dos administradores.

Depois de conquistar Jerusalém, 'Umar soube que o antigo local do templo de Salomão (edifício que o Alcorão descreve vividamente) servia como depósito de lixo. Como num eco da purificação da Ka'bah, o próprio Umar organizou a limpeza do lugar, lançou a pedra fundamental do que se tornaria a mesquita de Al-Aqsa e construiu um dossel sobre a antiga localização do Santo dos Santos. Por ordem dele, os judeus foram autorizados a retornar à cidade sagrada, após cem anos de exílio, para orar novamente no Monte do Templo. Antes de partir, 'Umar escreveu uma Constituição para Jerusalém (Mithaqu-Ilya), que espelhava a de Medina, garantindo a liberdade religiosa na cidade. Em Damasco, negociou com o patriarca cristão o aluguel de parte da catedral de João Batista para transformá-la em mesquita. Mulçumanos e cristãos continuariam a compartilhar o edifício por mais de oitenta anos. Assim como Maomé acolhia na mesquita bispos cristãos para os serviços dominicais, vários espaços sagrados seriam compartilhados com judeus e cristãos, incluindo o santuário do profeta Daniel.

O sistema de irrigação concebido por Maomé em Medina também inspirou 'Umar, que elaborou projetos desse tipo em grande escala e até ordenou a abertura de um canal para conectar o Nilo ao Mar Vermelho. Não bastasse isso, designou 'Ali para liderar os esforços educacionais e encarregou-o de fundar duas novas cidades universitárias no sul do Iraque: Kufah (morada do aprendizado) e Basrah (morada da razão). Esses centros acadêmicos concorrentes executaram a visão de planejamento urbano de Maomé, com uma mesquita cercada de academias, bibliotecas, um hospital e um mercado vibrante.

'Umar destacou-se no papel de liderança, exibindo habilidade inesperada ao aplicar a mentalidade de Maomé em escala muito maior que o *rasul* jamais fizera. Sob seu governo foi que o projeto cívico de Maomé foi levado adiante e redundou em um império global, incorporando grandes populações não árabes. Contudo, após exercer o poder por apenas uma década, um ex-soldado sassânida o matou. Moribundo, 'Umar indicou sete homens como potenciais sucessores e insistiu que os medinenses realizassem uma eleição aberta para escolher entre eles, exigindo que até "meninas de 7 anos" fossem autorizadas a votar. Barakah, então com 90 anos, morreu três dias depois de dar seu voto.

Uma semana após a morte de 'Umar, Uthman, genro de Maomé, foi eleito califa. De fala suave e introvertido, 'Uthman era suscetível à influência da família, o clã Umayyad, que Maomé afastara do poder em Meca. Esse clã ansiava por recuperar o poder e convenceu 'Uthman a designar o primo, Mu'awiyah (filho de Abu Sufyan), governador do Levante (Ash-Sham). Outros primos, filhos dos anciãos de Dar-un--Nadwah, também ganharam posições de destaque.

Embora o governo de 'Uthman tenha assistido a uma expansão territorial ainda mais rápida, muitas das reformas do bom governo de 'Umar foram, aos poucos, sendo esquecidas, e o império em crescimento carecia de noção clara do que representava. Os principais seguidores de Maomé temiam que a velha ordem *Jahiliyyah* estivesse sendo lentamente restabelecida. O mais eloquente era o ex-aluno de Maomé, Abu Tharr. Ele desafiou o governo inescrupuloso de Mu'awiyah em Damasco e denunciou publicamente suas interpretações distorcidas do Alcorão. 'Uthman acabou banindo Abu Tharr para o deserto, impondo ao dissidente um boicote que lembrava, de modo ameaçador, o de Maomé.

A inquietação aumentava sobretudo entre os jovens, para os quais o governo se tornara corrupto e nepotista. O estresse provocado pela agitação fragilizou 'Uthman. Um dia, durante os meses finais de seu governo, 'Uthman sentou-se perto do poço em Medina, onde Maomé recebera suas últimas revelações. De repente, o anel com o sinete de Maomé, que passara de califa para califa, escorregou de seu dedo e caiu no poço, para nunca mais ser recuperado.

Milhares de manifestantes convergiram para a frente da casa de 'Uthman, mas ele os ignorou e ficou o tempo todo recitando o Alcorão – mais preocupado em ler o texto que em aplicar seus ensinamentos para ouvir as queixas dos manifestantes. Após meses de agitação para "reviver o espírito de 'Arafah", vários defensores da ideia (incluindo o filho mais novo de Abu Bakr) saíram da multidão e irromperam pela casa, a fim de encontrar o califa. Durante a discussão, dois radicais esfaquearam 'Uthman até a morte, e seu sangue jorrou sobre o manuscrito original do Alcorão.

'Ali, que ficara em segundo lugar na eleição anterior, foi declarado califa por unanimidade. O genro de Maomé passara vinte anos fundando academias e aperfeiçoando os padrões de educação enquanto evitava, ao máximo, a política. Mas o clã Umayyad não queria abrir mão dos ganhos políticos que conquistara com 'Uthman. Com a viúva de Maomé, 'Aishah, seus membros iniciaram ataques militares contra 'Ali, exigindo que ele promovesse uma vingança contra os assassinos de 'Uthman. Seguiu-se uma guerra civil total. 'Ali acabou sendo assassinado, possivelmente em uma conspiração organizada por aqueles que desejavam ver Mu'awiyah no poder. O filho de 'Ali, Hasan, certamente foi envenenado em um complô tramado por Mu'awiyah e seu filho, Yazid, cujos soldados rastrearam o outro neto de Maomé, Husain, e o massacraram com setenta parentes.

A disputa marcou o início de um cisma entre os seguidores de Maomé sobre quem deveria herdar seu manto, divisão sectária que permanece sem solução até hoje. O resultado imediato, no entanto, foi que Mu'awiyah conseguiu consolidar seu poder como próximo califa e estabeleceu o Império Omíada, com sede em Damasco. Filho e neto de antigos chefes de Meca (seu pai era Abu Sufyan), Mu'awiyah foi preparado para a liderança. Muito ambicioso e extremamente inteligente, sabia como agir com diplomacia para restabelecer o domínio de seu clã a todo custo.

Em uma manobra brilhante, os omíadas decidiram alterar a imagem de Maomé para influenciar as massas, que, na maioria, não haviam conhecido o *rasul*. Reformularam Maomé como um messias santo e um guerreiro valoroso. O império contratou pseudoestudiosos para inventar hádices que mostrassem Maomé realizando milagres e conquistando, com valentia, novas terras. Os omíadas nomearam clérigos e forneceram-lhes sermões aprovados pelo Estado que amaldiçoavam 'Ali todas as sextas-feiras. Milhares de falsas tradições atribuídas a Maomé surgiram durante esse período, refletindo a política expansionista dos omíadas e a crescente marginalização dos não árabes.

Os seguidores originais de Maomé protestaram contra o domínio omíada, levando estes a sitiar Medina e Meca. Quando as forças atacantes usaram catapultas para bombardear as cidades sagradas com balas incendiárias de resina, muitos documentos preciosos se queimaram, entre eles biografias contemporâneas de Maomé e, talvez, até o manuscrito original do Alcorão, que desapareceu durante o cerco. A própria Ka'bah foi destruída, incluindo o ícone de Maria e Jesus. Os omíadas denunciaram os dissidentes como hereges, forçando os seguidores originais de Maomé a divulgar seus ensinamentos em segredo, triste eco das sessões abertas de Dar-ul-Arqam.

Após quase noventa anos de dominação, os omíadas conseguiram institucionalizar o islamismo como religião dogmática. O que começara como filosofia libertadora, baseada em conceitos universais do monoteísmo, o império reformulou como fé formal, em contraposição ao judaísmo e ao cristianismo. Quando 'Umar entrou pela primeira vez em Jerusalém, a liderança cristã local não o via como representante de uma religião nova, distinta – e até se perguntava se ele poderia representar uma nova seita judaica ou cristã. Sob o governo omíada, no entanto, restrições claras delinearam uma divisão entre muçulmanos e não muçulmanos – muito longe da Constituição de Medina ou do espírito do *hajj*.

O descontentamento popular com o governo omíada acabou provocando uma revolução sangrenta liderada pelos descendentes marginalizados do tio de Maomé, Al-'Abbas. Os abássidas massacraram quase 30 mil omíadas, e apenas um membro do clã conseguiu fugir pelos esgotos de Damasco. Ele foi para a Espanha, a fim de estabelecer lá um novo califado omíada – dessa vez, baseado em tolerância e mérito. No Oriente, os abássidas construíram uma nova capital em Bagdá e instituíram uma nova meritocracia, na qual muitos não árabes e não muçulmanos alcançaram posição de destaque. Estabelecendo um precedente de tolerância e liberdade de expressão, o segundo califa abássida, Al-Mansur, declarou: "Tolerarei qualquer coisa, exceto desafios ao meu direito de ocupar este trono".

A fase adolescente da era pós-Maomé chegara ao fim, dando lugar a uma maturidade que inaugurou a Idade de Ouro do Islã. Uma rivalidade pacífica entre o oriente abássida e o ocidente omíada desencadeou uma competição por talentos e realizações. Cada um dos dois principais braços do mundo muçulmano pretendia demonstrar, por mérito, que era o autêntico herdeiro de Maomé.

◆ ◆ ◆

Pouco depois da ascensão do Império Abássida, uma criança chamada Maomé nasceu – não em Meca, mas em uma aldeia de pescadores uzbeques sem nome, nos confins do império. O jovem Maomé ibn Musa tornar-se-ia conhecido, mais tarde, como Al-Khawarizmi, do nome de sua região natal de Khwarazm. Aos 6 anos, Maomé memorizara todo o Alcorão. Reconhecido como estudante talentoso, Al-Khawarizmi foi enviado para Samarcanda, onde estudou árabe clássico e as tradições orais da vida de Maomé.

O jovem ficou fascinado com as passagens do Alcorão que falavam de um código matemático embutido na criação do universo, tornando o cálculo numérico reflexo do Divino. Al-Khawarizmi percebeu que os estudiosos muçulmanos se viam às voltas com um enigma quando tentavam aplicar as complexas leis de herança islâmicas. Como era possível dividir uma propriedade em muitas frações, por exemplo, alocando um oitavo a uma pessoa, um quarto à outra e especificando um terço, metade e um sexto às demais? Seguindo a parábola hádice da abelha, Al-Khawarizmi começou a explorar antigas obras matemáticas da China, da Índia, da Grécia e de Roma. Coletou fórmulas de diversas fontes e refletiu por meses, enquanto tentava fundir modelos existentes em algo novo. Por fim, encontrou uma solução inovadora: *al-jabr* (curar fraturas), da qual obtemos a *álgebra* – método para transformar números fracionários em inteiros.

Armado com sua poderosa invenção, Al-Khawarizmi juntou-se a uma caravana de camelos para Bagdá, magnífica metrópole completa, com grande mesquita no centro cercada de um mercado. (Mais tarde, a cidade se tornaria a maior do mundo.) Al-Khawarizmi considerou Bagdá um centro de inovação e começou a estudar com os principais eruditos muçulmanos e rabinos, tornando-se até especialista no calendário hebraico. De fato, seu tratado "Extração da Era Judaica" facilitou cálculos de intervalos entre calendários solares e lunares, ainda usados hoje.

Al-Khawarizmi chamou a atenção do califa, que o nomeou bibliotecário-chefe do principal centro intelectual de Bagdá, Bayt Al-Hikmah (a Casa da Sabedoria). Seus tratados de álgebra demonstraram como usar o novo campo matemático para calcular a circunferência da Terra, alocar eficientemente materiais de construção, desenhar mapas mais precisos, fazer melhores projeções financeiras e muito mais. Os métodos da álgebra podiam determinar valores em números fracionários e mostrar como cálculos criativos conseguiam restaurar a integridade. A inovação transformou o mundo, pois os escribas de Bayt Al-Hikmah publicaram muitas cópias dos tratados de Al-Khawarizmi, e os tradutores do centro produziram versões em grego, latim, chinês etc. Sem a álgebra, o mundo moderno não existiria – na realidade, o termo "algoritmo", que sustenta a maioria das tecnologias de ponta, é tão somente a latinização (*algorithmi*) do nome Al-Khawarizmi.

Centenas de outros estudiosos espelharam-se no gênio de Al-Khawarizmi ao canalizar a mentalidade de Maomé para produzir invenções inovadoras. Cada visionário procurou imitar Maomé sintetizando o conhecimento existente para criar coisas novas – muitas vezes, com resultado que não podiam prever na própria época. Alguns exemplos:

- Mariam al-Asturlabi captou a ênfase de Maomé na leitura de constelações (*suwar*) no céu noturno para fundir o antigo astrolábio grego com novos cálculos algébricos. No processo, criou uma ferramenta de navegação avançada no século X que permaneceu em uso até meados do século XX.
- Ibn al-Haytham procurou ajudar pessoas com deficiência visual a ler o Alcorão. Tornou-se o pai da óptica moderna, inventando os óculos e construindo a primeira câmera (do árabe *qumrah* – literalmente, pequena cabine escura).
- Zainab Ash-Shahdah, farmacêutica que se inspirou na instrução de Maomé de "buscar a cura, porque toda doença pode ser curada". Criou o primeiro anti-inflamatório (da casca de salgueiro) para aliviar enxaquecas.
- Ibn Sina, conhecido no Ocidente como Avicena, seguiu as instruções do Alcorão sobre prevenção de doenças, higiene e cura,

para se tornar o pai da medicina moderna. As escolas de medicina europeias usaram seu livro, *Al-Qanunu-Fit-Tib* (Cânone da Medicina), até o início do século XX.

- Al-Jazari pesquisou maneiras de tornar o ritual de limpeza mais eficiente usando bombas de água mecânicas e se tornou o pai da engenharia moderna. Inspirado na advertência de Maomé de não desperdiçar água "mesmo que você viva ao lado de um riacho", Al-Jazari construiu um robô de ferro na forma de uma jovem donzela que liberava a quantidade certa de água necessária para lavar as mãos.
- Ziryab emulou o nome divino Al-Jamil (o embelezador) criando as indústrias de desenho de moda e cosméticos, produzindo ampla gama de roupas, desenvolvendo o conceito de *spa* e inventando receitas inovadoras para produtos higiênicos como enxaguante bucal, perfumes, batom e pasta de dente.
- Al-Farabi baseou-se na Constituição de Medina para criar novos conceitos ousados na filosofia política; os intelectuais europeus o chamam de "o Segundo Mestre", por reviver Platão e Aristóteles. Al-Farabi defendeu o autogoverno baseado no mérito com o axioma "Vocês são seus governantes".

A criação de universidades que padronizaram os sistemas de educação impulsionou, em parte, o fluxo de pensamento inovador durante a Idade de Ouro da civilização muçulmana. Em 859, uma rica empresária, Fatimah al-Fihri, fundou a primeira universidade, Al-Qarawiyyin, em Fez, no Marrocos. Seu compromisso filantrópico com a educação foi inspirado no exemplo de Ash-Shifa bint 'Abdillah, a brilhante estudiosa nomeada por Maomé como educadora-chefe em Medina.

Com base nos modelos de aprendizagem no pátio dos quais Maomé foi pioneiro em Dar-ul-Arqam e na mesquita de Medina, essas primeiras universidades estabeleceram modelos formais ainda em vigor mais de um milênio depois. Os chefes de departamento sentavam-se em uma *kursi* (cadeira) elevada em determinados cantos do pátio; e os professores tinham credenciais profissionais (*isnad*) e afiliação ao corpo docente (*kulliyyah*). Os alunos trabalhavam para obter diplomas (*ijazah*) e concluíam os estudos com uma cerimônia de formatura em que usavam um fez de borlas e uma beca que evocava a *burdah* (manto) usada por Maomé.

A universidade estava aberta a estudantes de todas as origens, e os instrutores eram escolhidos por mérito. O papa Silvestre II estudou na Universidade de Al-Qarawiyyin, e o filósofo judeu Maimônides pertenceu ao seu corpo docente. Muitas mulheres aproveitaram essas oportunidades educacionais, e surpreendentes 40% dos ulemás (eminentes estudiosos islâmicos), durante a Idade de Ouro, eram mulheres. Em Bagdá, uma ex-escravizada abissínia chamada Thamal (ela própria eco de Barakah) não só recebeu educação como se tornou a primeira mulher a ocupar o cargo de juíza suprema (Qadhi-al-Qudha).

Enquanto a Europa sofria durante a Idade das Trevas, a civilização muçulmana prosperava – preservando e enriquecendo a sabedoria clássica, atraindo os melhores talentos para suas instituições e implementando a mentalidade de Maomé em escala magnífica. Contudo, depois de quatro séculos de florescimento, os impérios muçulmanos começaram a perder o ímpeto. A complacência interna diminuiu o impulso para inovar, e as forças externas atacaram de todos os lados: os mongóis assediaram Bagdá, os cristãos tomaram Córdoba durante a Reconquista (reconquista cristã na Espanha), e os Cruzados entraram em Jerusalém.

Os ataques destruíram o centro da erudição islâmica – bibliotecas, universidades e associações intelectuais islâmicas. Os mongóis atiraram no rio Tigre centenas de milhares de livros das bibliotecas de Bagdá, destruindo, para sempre, tratados vitais em árabe e as primeiras biografias de Maomé. Em pânico, estudiosos muçulmanos tomaram medidas desesperadas para preservar o conhecimento. Transferiram a ênfase dos programas educacionais para a memorização, pois consideravam o cérebro das crianças verdadeiros arquivos para conservar as fontes primárias. Resumiram centenas de inúmeras tradições interpretativas e decretaram o congelamento temporário de novas interpretações (*ijtihad*), para evitar abusos de não especialistas.

Esse congelamento temporário, no entanto, logo se tornou permanente, à medida que os estudos se transformavam em sistema de estagnação. As academias concentraram-se em preservar o passado, temendo que qualquer mudança pudesse pôr em perigo sua herança. Os estudantes aprendiam sobre a mentalidade de Maomé, mas os professores os encorajavam a permanecer nos limites das interpretações estabelecidas. As instituições, antes apoiadas de modo independente por fundos comunitários privados (*awqaf*), tornaram-se dependentes da generosidade e do controle do governo. Trocando a independência por estabilidade, os estudiosos silenciosamente aquiesceram aos ditames dos autocratas, adotando a máxima: "Mil dias de tirania é melhor que um dia de caos".

O Alcorão, obra dedicada a tirar as pessoas da estagnação, tornou-se um texto rarefeito que eruditos isolados estudavam. Esses estudiosos estavam muito mais próximos do exemplo de Bahira, o monge, que do de Maomé, o *rasul*. Uma passagem do livro sagrado advertia que tal reversão poderia acontecer, com o Alcorão tornando-se uma casa histórica bem preservada, mas vazia. Tal como Maomé receava, logo que o Alcorão se tornou uma relíquia reverenciada, em vez de uma experiência vivida, o torpor retornou.

Com o declínio da Idade de Ouro, teve início o Renascimento na Europa. Muitos muçulmanos que permaneceram determinados a viver a mentalidade de Maomé fugiram para a Sicília, para Veneza e até para a Rússia. Por séculos, os muçulmanos serviram como administradores do pensamento clássico do Ocidente, e então o Ocidente se tornava herdeiro e propagador do pensamento muçulmano clássico. Inovadores europeus devoraram os livros dos eruditos muçulmanos clássicos e começaram a aplicar a metodologia inaugurada por Maomé de obter informação de fontes diversas e, assim, sintetizar novos avanços proveitosos.

Em 1911, Maomé 'Abduh, mufti egípcio e clérigo sênior da Universidade Al Azhar no Cairo, viajou para a Europa e para a América do

Norte. Profundamente impressionado com o sistema cívico moderno e as atitudes populares dinâmicas que observou, disse: "Fui ao Ocidente e vi o Islã, mas nenhum muçulmano; voltei ao Oriente e vejo muçulmanos, mas não o Islã".

◆ ◆ ◆

Como muçulmano que cresceu na América do Norte, pertenço a uma geração diferente da de Maomé 'Abduh. Passei a infância não no coração do mundo muçulmano, mas em uma sociedade em que os princípios de liberdade, igualdade e mérito eram partes centrais da cultura. Quando decidi, aos 10 anos, iniciar estudos islâmicos intensivos para aprender mais sobre meu xará, encontrei o Islã quase totalmente em uma estrutura teórica acadêmica.

Já adolescente, admirava Maomé. Queria saber tudo sobre sua vida porque pretendia imitá-lo de todas as maneiras que pudesse. Tentei andar como ele, comer como ele, me vestir como ele e até tomar banho como ele. Como muitas vezes ouvia falar dos esplendores do mundo muçulmano, meu sonho era realizar a peregrinação do *hajj* e ter uma experiência espiritual transcendente na Ka'bah. Aos 21 anos, economizara dinheiro suficiente para participar de uma excursão.

A realidade de Meca em 2002 me chocou. Os peregrinos que circundavam a Ka'bah empurravam-se uns aos outros para chegar mais perto do santuário e tocar a pedra negra na base. Outros conversavam nos celulares durante a procissão. Vi batedores de carteira roubando peregrinos, lojistas enganando compradores ingênuos, e gatunos surrupiando sapatos em uma mesquita durante as orações. A lacuna entre minhas expectativas românticas e a dura realidade diante de meus olhos era abissal.

Durante dois dias, vagueei sem destino por Meca, aborrecido e desiludido. Havia dedicado mais de uma década de vida a estudar Maomé e seus ensinamentos. Teria desperdiçado todos esses anos? Finalmente, decidi sair do centro comercial e caminhar pelo deserto. Essas andanças provaram ser terapêuticas, pois resolvi reviver o espírito de Maomé de modo que pudesse me relacionar com ele e cultivar ideias sem me prender a um lugar ou a uma pessoa. Precisava pensar por mim mesmo, não apenas memorizar.

Nessa nova fase de minha educação, agi como a abelha: coletei intensamente informações do máximo de fontes possível e analisei o material para construir minha própria compreensão da mentalidade de Maomé. Examinei cada conjunto de dados, em busca de precisão. Procurei encurtar quanto podia as correntes de transmissão acadêmica que me separavam de Maomé. Abordá-lo com mente aberta provou ser transformador: elaborar meu próprio juízo a seu respeito forjou um relacionamento pessoal muito mais significativo com seu legado.

Quando voltei para casa do estrangeiro, comecei uma terceira fase, em que produzi currículos sobre o árabe clássico e a *tajwid* (elocução), abri uma academia para treinar instrutores de *tajwid* e jovens estudantes e publiquei livros didáticos que formalizavam meus ensinamentos para o público ocidental. Trabalhando com jovens muçulmanos, percebi que muitos se sentiam desconectados de sua herança. Tinham crises de identidade exacerbadas por influências tóxicas e faziam perguntas insistentes sobre o Islã e a vida de Maomé. Esperavam que eu, como educador, fornecesse respostas, e senti que era minha obrigação lhes dar informações ponderadas, capazes de ajudá-los a resolver suas dúvidas de maneira saudável. Para tanto, precisava articular minha apreciação revisada da genialidade de Maomé.

Traçar um retrato coerente da vida de Maomé exigia reunir fragmentos dispersos e estruturá-los de maneira organizada. O que emergiu da reconstrução foi a percepção de que Maomé suportou contratempos terríveis e dores traumáticas, mas transformou seu passivo em ativo, desbloqueando habilidades latentes para melhorar o mundo ao redor. Movido pela própria experiência em superar desafios, Maomé dedicou-se a inspirar pessoas a considerar suas imperfeições a verdadeira fonte de seu potencial. Apesar de todo sofrimento, o profeta se recusou a se passar por vítima. Seu apelido, al-Badr Laylat At-Tamam (lua cheia) se referia à iluminação da escuridão por seu rosto brilhante.

Infelizmente, hoje a treva paira sobre muitas comunidades muçulmanas, estagnadas há séculos em uma espécie de neo-*Jahiliyyah*. As pessoas podem ver os remanescentes descorados de uma civilização que fora, outrora, a vanguarda da modernidade. Podem ouvir ecos de realizações da Idade de Ouro, porém permanecem alheias à mentalidade que as inspiraram. Do mesmo modo, os mecanos da era *Jahiliyyah* ainda se lembravam de Abraão e mantinham a Ka'bah, mas, mesmo assim, haviam perdido contato com os valores monoteístas centrais trazidos por ele ao mundo. Conscientes da herança desperdiçada, os mecanos da *Jahiliyyah* procuraram bodes expiatórios, culpando forças externas por seus fracassos.

Enquanto as mentalidades de Abraão e Maomé permanecerem obscurecidas, reviver a Idade de Ouro será difícil. Tentar retornar a um passado mítico não é uma solução, como descobri na adolescência tentando imitar meu herói Maomé.

Jahiliyyah não é uma era, mas uma mentalidade – e a estagnação intencional pode ocorrer a qualquer povo. Depois de estagnar por séculos na Idade das Trevas, os europeus finalmente perceberam que os muçulmanos – há muito rejeitados como pagãos – na realidade, preservaram a sabedoria clássica europeia. Quando abriram a mente para reivindicar essa herança, produziram o Renascimento. Os muçulmanos podem se beneficiar de perspectiva semelhante. O conhecimento ocidental não é herético, mas foi preservado e construído sobre os valores centrais de Maomé.

Cada vez que usamos nossos telefones celulares, tiramos fotos com uma câmera ou utilizamos os algoritmos de um mecanismo de busca, nos beneficiamos do legado da mentalidade moderna de Maomé. Sua mentalidade não está ligada a Meca ou a Medina, pois, como observou o filósofo político da Idade de Ouro Al-Farabi, "Medina não é um local, mas uma maneira pela qual uma comunidade se reúne". De fato, pessoas de qualquer cultura ou raça podem estabelecer um "lugar de mudança fluida". Como Maomé declarou em seus últimos dias de vida, "Minha descendência são aqueles que apoiam meu legado".

No dia em que nasceu, Maomé recebeu um nome único e com ele a missão de modelar um comportamento positivo para inspirar outros. Os grandes inventores da Idade de Ouro procuraram imitar seu sucesso aplicando a mentalidade de florescimento à realidade em que viviam. Cada um traduziu sua metodologia em inovações pioneiras que não só refletiram sua individualidade como também transformaram o mundo – precisamente o objetivo de vida que a mãe de Maomé prescrevera ao filho no leito de morte.

De fato, as últimas palavras inspiradoras de Aminah reverberaram além de Maomé, então com 6 anos, para alcançar pessoas de todas as origens ao longo das gerações: esforce-se para mudar o mundo à sua maneira.

FONTES DO MATERIAL

A erudição islâmica clássica exige que os autores escrevam de memória. Os ulemás consideravam os livros fontes secundárias e suplementares ao conhecimento aprendido, literalmente, aos pés dos mestres. Sua atitude é expressa na máxima: "*Laysa bil-kutbi mithlana tasiru falid-dajajati rishuw-walakil-la tatiru!*" (Não pense que lendo livros você se tornará erudito, pois a galinha tem penas, mas não voa!).

De acordo com os ulemás, um trabalho de erudição só é propriedade intelectual do escritor se ele: (1) aprendeu com eruditos com cadeias de transmissão retroativas ao profeta Maomé, (2) memorizou e analisou essa informação e depois (3) reestruturou o conhecimento para aprimorar o trabalho das gerações anteriores. Tão forte é a ênfase tradicional na memorização que meus professores viam como inerentemente questionável um sermão lido em um pedaço de papel.

Seguindo os padrões dos ulemás, escrevi este livro de memória. Só depois que o manuscrito estava completo consultei as fontes que lera anteriormente (em muitos casos, memorizadas). Forneço algumas informações a seguir para que estudiosos e outros leitores curiosos possam rastrear os fatos apresentados, embora uma obra tradicional sobre erudição islâmica quase nunca apresente a lista detalhada de fontes.

O grosso da informação incluiu dados transmitidos pela tradição oral de geração em geração. O ulemá considerava a tradição oral mais pura que os livros publicados. Uma vez que publicar, naqueles tempos, era muito caro (pagamento de escribas e compra de papel, costura, capas etc.), produzir um livro quase sempre exigia financiadores, como funcionários do governo ou comerciantes bem relacionados, cuja sensibilidade e preconceitos o autor precisava respeitar.

Conforme explicado na introdução, esta biografia de Maomé foi coletada com base em fragmentos dispersos de informação, colhida aos pés de eminentes estudiosos, e em milhares de fontes, depois analisadas durante décadas de pesquisa. Por exemplo, o testemunho ocular de Barakah encontra-se espalhado por dezenas de fontes, mas ainda assim é inestimável. O imame Al-Halbi, em *As-Sirat-ul-Halabiyyah*, observa que "Um Ayman [Barakah] foi testemunha ocular crucial" – mulher presente ao longo da vida de Maomé, do nascimento à morte. Suas observações sobre Maomé foram registradas por inúmeros eruditos nos anos que se seguiram ao seu falecimento. Esta biografia funde os vários fragmentos de seu testemunho, comparados aos de outras testemunhas oculares, em um todo coerente.

Parte do material descritivo provém de estudos históricos publicados por acadêmicos de universidades do Ocidente, em especial no caso de dados sobre Bizâncio, Abissínia e a geopolítica regional na época de Maomé. Quase todo o conteúdo, porém, deriva de fontes árabes originais da tradicional erudição islâmica (algumas datando de mais de mil anos).

O estilo corriqueiro de citação dos estudiosos islâmicos é mais narrativo que a estrutura de notas de rodapé comum no Ocidente; eles citam fontes assim:

> A fruta preferida do profeta Maomé (a paz esteja com ele) era a melancia, que degustava com *hutab*, segundo o hádice narrado por Abu Dawud, com base em informações de 'Aishah. Ele disse: "Nós compensamos o frio de uma com o calor do outro". E o hádice narrado

por Al-Majlisi via Husain ibn 'Ali disse: "Ele adorava comer *hutab* com melancia".

As fontes em questão são o livro do imame Abu Dawud, *Kitab-us--Sunan*, referência universalmente conhecida do público sunita, e *Bihar--ul-Anwar*, de Al-'Allamah Al-Majlisi, do público xiita. As tradições de estudos sunitas e xiitas nem sempre veem as fontes da mesma maneira, e, às vezes, suas visões até colidem. Como alguém instruído em ambas as tradições, não privilegio uma convenção em detrimento da outra. Sempre que possível, incluí fatos de fontes sunitas e xiitas, tentando, na maioria dos casos, aproveitar material com o qual ambas as correntes concordassem. Em áreas contestadas, recorri a técnicas de diversas tradições para tentar sintetizar o relato com maior probabilidade de ser autêntico.

A ciência para determinar a credibilidade de um hádice é bastante complexa, girando em torno de dois aspectos cardeais:

- a cadeia de transmissão – chamada *isnad* (fonte) ou *sanad* (suporte para apoio) e *silsilah* (corrente);
- o conteúdo – chamado *matn* (substância).

Na tradição sunita, um hádice é geralmente considerado confiável (*sahih*) ou não confiável (*dha'if*) com base na *isnad*, não no *matn*. No entanto, avaliar a precisão das fontes hádices requer investigação aberta, mesmo que a fonte seja, em geral, confiável. Os narradores, é claro, eram seres humanos falíveis, cada um com as próprias inclinações. Conhecer a história pessoal de um narrador é essencial. Por exemplo, Hisham ibn 'Urwah (sobrinho-neto de 'Aishah) foi considerado fonte confiável porque ouviu tradições diretamente do pai, testemunha ocular. No entanto, depois que ficou senil, começou a fazer declarações estranhas, inclusive que Khadijah tinha 40 anos, e 'Aishah, 9, quando Maomé se casou com elas. Ambas as idades estão erradas em mais de uma década (uma aumentada, a outra diminuída), resultando em graves mal-entendidos sobre Maomé, que persistiram por séculos.

O processo acurado que adotei na avaliação de cada fonte não pode ser facilmente reproduzido ao leitor. Muitos pontos relativos a dados e pistas foram considerados ao longo de décadas de pesquisa. Depois, esses milhares de deduções individuais específicas foram, por sua vez, processados, analisados e refinados na narrativa do livro. Para maior legibilidade e praticidade, os fatos apresentados nesta biografia não são documentados por uma fonte específica.

Vários textos acadêmicos tradicionais em árabe clássico servem como referências e aparecem repetidamente nas fontes: (Al-Bukhari) se refere a *Sahih al-Bukhari*; (Muslim), a *Sahih Muslim*; (Abu Dawud), a *Sunan Abu Dawud*; (An-Nasa`i), a *Sunan an-Nasa`i*; (Al-Bazzar), a *Sunan al-Bazzar*; (As-Suhaili), a *Ar-Rawdh-ul-Unuf*; (Al-Hakim), a *Al--Mustadrak*; (Ibnu Hiban), a *Sahih ibnu Hibban*; (Ad-Daraqutni), a *Sunan ad-Daraqutni*; (Ahmad), a *Al-Musnad*; (At-Tirmithi), a *Al-Jami'-us--Sahih*; (Al-Halabi), a *As-Sirat-ul-Halabiyyah*; (Ad-Darami), a *Sunan-ad--Darami*; (Ibnu Kathir), a *Al-Bidayatu wan-Nihayah*; (Ibnu Majah), a *Sunan ibnu Majah*; (Ibnu as'd), a *At-Tabaqat-ul-Kubra*; (Al-Hamawi), a *Mu'jam-ul-Buldan*; (Abu Na'im), a *Hilyat-ul-Awliya*; (Ibnul-Athir), a *Al-Kamilu fit-Tarikh*; (Abu Ya'la), a *Musnad abu Ya'la*; (Malik), a *Al--Muwatta*; (At-Tabarani), a *Mu'jam at-Tabarani*; (Al-Bayhaqi), a *Sunan Al-Bayhaqi*; (Ibnu 'Asakir), a *Tarikh Dimashq*; (Ibnu 'Abdil-Barr), a *Al--Istithkar*; (Ath-Thahabi), a *Siyar A'lam an -Nubala*; (Al-Qurtubi), a *Tafsir Al-Qurtubi*; (Al-Waqidi), a *Kitab at-Tarikh wal-Maghazi*; (Ibnu Hazm), a *Al-Muhalla*; (Al-'Asqalani), a *Fath-ul-Bari*.

Esses livros são referenciados a seguir com a citação do nome do autor e o volume/página ou o número do hádice entre parênteses. Estudiosos tradicionais que coletaram hádices criaram uma ordem-padrão para eles em seus livros, permitindo que um hádice específico fosse referenciado por determinado número. Por exemplo, "Al-Bukhari (6830)" se refere ao *Sahih* do imame Al-Bukhari, número de hádice 6830, enquanto "Ibnu Kathir (5/215)" se refere à página 215 do quinto volume de *Al-Bidayatu wan-Nihayah*, do imame Ibnu Kathir.

Introdução

Para detalhes da aparência física de Maomé em muitos relatos de testemunhas oculares, incluindo 'Ali, Ibnu 'Abbas e Anas ibnu Malik, ver: Al-Bukhari (3394, 3437, 3547, 3548, 5845); Muslim (168, 2330, 2338, 2347), Abu Dawud (4863); At-Tirmith (1754, 3638, 3642); Ahmad (13381); *Zawa`id-ul-Musnad*, 'Abdullah ibn Ahmad (944); Ibnu Hibban (6311); Abu Ya'la (369); At-Tabarani (679); Mishkat-ul-Masabih de Al-Baghawi, *Mishkat-ul-Masabih* (5728); Al-Bayhaqi (1/386); As-Suhaili (2/199-200). Jabir ibn Samurah disse: "Eu o vi naquele dia vestindo uma roupa vermelha e branca; era mais belo que a lua na plenitude"; ver At-Tirmithi (2811).

No caso do pedido de Maomé para que os seguidores não escrevessem sobre ele (além do Alcorão) via testemunha ocular Abu Sa'id al-Khudri, ver: Muslim (2004); An-Nasa`i (8008); Ahmad (11085, 11087, 11158, 11344, 11536); Ibnu Hibban (64). Para o pedido de Maomé "Não me glorifiquem" via testemunha ocular Ibnu 'Abbas e 'Umar, ver: Al-Bukhari (6830); Muslim (1691); An-Nasa`i (7158); Ahmad (331); Ibnu Hibban (414); Al-Bazzar (1/299); Ibnu Kathir (5/215). Para a citação de Maomé "Sou filho de uma mulher que comia *qadid*" (e em uma variante "*tharid*") via diversas testemunhas oculares, incluindo Ibnu Mas'ud, Jabir ibnu 'Abdillah e 'Uqbah ibnu 'Amr, ver: Al-Muzzi (2/141); At-Tabari (2/64); Ibnu 'Asakir (4/82); Ibnu Majah (3312).

Traduções dos nomes divinos, passagens do Alcorão e terminologias são baseadas em várias fontes etimológicas e linguísticas árabes, incluindo *Tafsir Asma`il-lahil-Husna*, de Az-Zajjaj; *Al-Asma`u was-Sifat*, de Al-Bayhaqi; *Al-Maqsad-ul-Asna*, de Al-Ghazali; *At-Tahbir Fit-Tathkir*, de Al-Qushairi; *Al-Luma'u Fil-'Arabiyyah*, de Ibn Junni; *Al-Bayan wat-Tabyin*, de Al-Jahith; *Mabadi`-ul-Lughah*, de Al-Iskafi; *Fawa`id fi Mushkili-Qur'na*, de Al-'Izz ibn 'Abdis-Salam; *alil-ul-Ayati-Mutashabihatil-*

-*Alfath*, de Siraj Salih Mala'ikah; *Mukhtar-us-Sihah*, de Ar-Razi; *Al--um'Jam-ul-Kamil fi Lahjatil-Fusha*, de Dawud Sallum; *um'jam Maqayis-il--Lughah*, de Ar-Razi; *Al-Muyassar fi Takhrijil-Qira'atil-Mutawatirah*, de Muhaisin; *Al-Buduruz-Zahir*, de Al-Qadhi; *Al-Muzhir fi 'Ulumil-Lughah*, de As-Suyuti; *Lisan-ul-'Arab*, de Ibn Manthur; *Tahthib-ul-Lughah*, de Al-Azhari; *Al-Mudhish*, de Ibnul-Jawzi; *Al-Ajnas Min Kalamil-'Arab*, de Al-Qasim ibnu Sallam; *Al-Kitab*, de Sibawayh; *Al-'Ayn*, de Al-Khalil ibn Ahmad; *Sharh-al-um'allaqatis-Sab'*, de Az-Zawzuni; *Taj-ul-'Arus*, de Az--Zubaidi; *Mat-Tafaqa Lafthuhu Wakh-talafa Ma'nahu Fil-Qur'anil-Majid*, de Al-Mubarrid; *I'rab Amma Ba'd*, de Ibn Al-Amin Al-Jaza'iri; *Asas-ul--Balaghah*, de Az-Zamakhshari; *Tarikh-ul-Adab-il-'Arabi*, de Hanna al-Fakhuri; *Sharhu Milhatil-I'rab*, de Al-Hariri; *Asrar-ul-Balaghah fi 'Ilmil--Bayan* e *Dala'il-ul-i'jaz fi'ilmil-Ma'ani*, de Al-Jurjani.

Capítulo 1

Para o relato do nascimento, incluindo hora, data e cerimônia de nomeação via testemunha ocular Al-'Abbas, ver: As-Suhaili (1/278-89); Al--Halabi (1/69-73 e 78-124). Ibnu 'Abbas menciona o nascimento e a morte de Maomé em uma segunda-feira; ver Ahmad (2502).

Para informações sobre os pais de Maomé, Aminah e 'Abdullah, ver: As-Suhaili (1/210); e para informações sobre a mãe de 'Abdul-Muttalib, Salma, e suas raízes judaicas Banu Najjar, ver: As-Suhaili (1/206); Al--Halabi (1/48-68).

Descrições do processo de seleção dos beduínos e detalhes dos primeiros anos de Maomé foram fornecidos por Halimah e seus filhos durante o primeiro *hajj*. Seu testemunho foi recolhido por Ibnu 'Abbas, Ibnu 'Umar e Ibnuz-Zubair; ver: Ahmad (17196); As-Suhaili (1/283-294); Al-Halabi (1/24-153).

Para a descrição de Yathrib na época da visita de Maomé, incluindo as narrativas sobre seu tempo lá com Aminah, que o levou "a visitar a família materna [*akhwaluh*] dos Banu Najjar", ocasião em que aprendeu a "nadar na lagoa de Aris, o judeu" (o mesmo poço onde seu anel de sinete seria perdido mais de setenta anos depois), o relato da morte de Aminah e a famosa citação "Ó Maomé, seja um transformador do mundo", ver: Al-Bukhari (5873); Muslim (2091); *Sabil-ul-Huda war-Rashad*, de As--Salihi Al-Hashimi (2/120); Al-Halabi (1/74, 154-64); *Ma'alimu Taybah*, de Majd Ad-Din Abadi; As-Suhaili (1/48-81, 2/372); Al-Hamawi (5/430-31); Ibnu Sa'd (1/116); Ibnu 'Abdil-Barr (1/30).

Capítulo 2

Para o relato de 'Abdul-Muttalib redescobrindo Zamzam e o quase sacrifício de 'Abdullah, ver: As-Suhaili (1/214-16, 257-73); Al-Hamawi (4/463-67); Al-Qurtubi (18/82); Al-Fakihi (1002, 1003, 1004, 1008); As-Suyuti (12/434); Ibnu Kathir (7/29); Al-Albani (26).

Ibnul-Athir fornece descrições valiosas da *Jahiliyyah*, ver *Al-Kamil Fit-Tarikh* (1/502-684), bem como a afinidade de 'Abdul-Muttalib com judeus (2/15) e o relato dos ancestrais de Maomé, Hashim e Qusai (2/16-23). Para rituais pagãos e idolatria de Meca, ver *Kitab-ul-Asnam*, de Al-Kalbi (pp. 22-78).

Para o relato da morte de 'Abdul-Muttalib e a criação adotiva de Maomé na casa de Abu Talib, ver: As-Suhaili (1/300-13); Al-Halabi (1/164-71); At-Tabarani (8/252).

Capítulo 3

Para o relato de Bahira, ver: As-Suhaili (1/313-18); Ibnul-Athir (2/37); Al-Halabi (1/171-77, 195); Ath-Thahabi (1/55); Ibnu Kathir (2/264); At--Tirmithi (3620); Al-Bazzar (3096); At-Tabari (11/80); Al-Waqidi (2/33).

Para o relato da juventude de Maomé em Meca, Ibnu Jud'an e Hilf-ul--Fudhul, ver: Ibnul-Athir (2/41-42); Al-Halabi (1/178-92); As-Suhaili (1/242-56); Ibnu Hisham (1/141-42); Ibnul-Mulqin (2/153); Al--'Asqalani (3/1097); Al-Bukhari (379); Muslim (214); Ibnu Hibban (330); Ibnul-Mulqin (7/325); Al-Haithami (8/89); Ibnu 'Adi (4/59); Ibnu Mundah (969); Abu Na'im (3/318); Ibnul-Qaisarani (3/1690);

Ahmad (24892); Abu Ya'la (4672); At-Tirmithi (708); Ibnu Taymiyyah (8/540); An-Najjar (p. 100); Al-Khudhari (1/14); Al-Albani (72).

Capítulo 4

Para descrição de Khadijah, o pedido de casamento, o amor de Maomé por ela e sua vida familiar, ver: As-Suhaili (1/322-25); Al-Bukhari (3816, 3818, 3821); Muslim (2435, 2437); Ibnul-Athir (2/39-40); Ahmad (24310, 24864); Al-Halabi (1/193-204); At-Tabari (2/281); At-Tirmithi (2017, 3875); Ibnul-Jawzi (2/210); Ath-Thahabi (127); An-Nasa`i (8361); Ash-Shawkani (249); Ibnu Majah (1997); Al-Bazzar (4/249); Al-Haithami (6/223, 9/223-27); Ibnu Hibban (7006, 7008); Ibnu Kathir (2/293-94); Ibnu Sa'd (8/174). Estudiosos concordam que Maomé foi casado por quinze anos, "*qablal-bi'thah*" (antes de sua missão profética), e não há dúvida de que tinha 40 quando iniciou sua missão profética. Quarenta menos quinze anos dá vinte e cinco. Isso coloca o casamento de Maomé com Khadijah em 595 d.C.; ver Ibnu Kathir (2/295).

Para deduzir a idade de Khadijah na época de seu casamento com Maomé, cito o próprio testemunho dela para sua melhor amiga, Lubabah (que o transmitiu ao filho Ibnu 'Abbas), segundo o qual ela tinha 12 anos quando viu o leitor de *firasah* no mercado proclamar o futuro de Maomé – que tinha 9 anos na época do incidente. Shaykh Bahauddin Al'-Amili afirma que Khadijah tinha 28 anos na época do casamento com Maomé; ver *As-Sahih min Sirat-in-Nabi* (2/114); Al-Hakim (3/200); Ad-Dulabi em *Ath-Thurriyyah At-Tahirah na-Nabawiyyah* (p. 52); *Tarikh-ul-Khamis*, de Shaykh Husain ibn Muhammad Diyarbakri (1/264); Ibnu 'Asakir (1/303).

É importante notar que as fontes variam na menção à idade de Khadijah, de 25 a 30 anos na época do casamento. Sua idade de 25 anos na época do casamento é relatada por Ibn Kathir (2/294), Al-Bayhaqi (2/72) e Baladhuri, em *Ansab-ul-Ashraf* (1/98). Uma pista reveladora é a declaração do Alcorão (78:33) de que o "ideal" em uma união é que o casal seja *atrab* (do mesmo solo), significando "da mesma geração" – isto é, com diferença de cinco anos ou "do mesmo ano". At-Tabari diz "*atrab* significa que eles são da mesma idade" (*sin-iw-wahid*). Segundo As-Sa'di, "*atrab* significa *'ala sin-iw-wahidim-mutaqarib*" (próximo em idade). Al--Baghawi diz "*mustawiyatin-fis-sin*" (idade semelhante). Al-Qurtubi diz "*al-aqranu fis-sin*" (da mesma geração). E Ibnu Kathir diz "*atrab* significa da mesma idade".

Para o relato da mediação da disputa dos anciãos e o nascimento de Fatimah, ver: As-Suhaili (1/336-47); Ibnul-Athir (2/42-45); Al-Halabi (1/204-65). O relato fornecido por Al-Halabi inspirou Al-Busairi a dar ao seu poema épico sobre Maomé o título de *Al-Burdah* (O Manto).

Para o relato do período de infelicidade de Maomé que o levou às viagens a Hira, ver: Al-Bukhari (4953); Al-Qurtubi (10/335-51); Ar-Razi (11/190-209); Ibnul-'Arabi (4/408-13); Az-Zamakhshari (4/770-77); Al-Baghawi (4/631-42); Ibnul-Athir (2/46-47); Al-Halabi (1/322-34).

Capítulo 5

O relato da primeira revelação e da reação inicial de Maomé são extraídos de várias fontes, incluindo Al-Bukhari (3, 4, 4953, 6982); Muslim (160, 161); As-Suhaili (1/396-411); Al-Qurtubi (10/358-62); Ar-Razi (11/215-19); Ibnu Hibban (33); Al-Haithami (8/259); At-Tabarani (6/287); Ibnul-'Arabi (4/418-23); Az-Zamakhshari (4/781-85); Al--Baghawi (4/647-50); Al-'Ukbari (392); Al-Ujhuri (785-86); Al-Halabi (1/334-75); Al-Maturidi (10/575-82); Abu Hayyan (10/309-40); Ibnul--Athir (2/48-50).

Para o relato de Waraqah, ver: As-Suhaili (1/330-35, 396-411); Ibnul-Athir (2/48-49); Al-Bukhari (4953); Al-Halabi (1/381-427); Ibn Manthur (8/420-23).

Para o relato de Sumayyah e a repressão após o discurso de Abu Qubais, ver: Ibnu Sa'd (4/101); Ibnu 'Abdil-Barr (4/1589, 1864); Ibnu Mindah (1/92); Al-Balathiri (1/157); Al-Majlisi (18/241); As-Suhaili (2/337); Ibnu-Athir (2/60-76).

Para o relato da tentativa de intervenção de Al-Walid, ver: Al-Ujhuri (742); As-Suhaili (2/216).

Para o relato da conversa de Umar, ver: Ibnul-Athir (2/84-86); As--Suhaili (2/120-26); Ash-Shawkani (3/502); Ibnu Daqiq Al-'Id (2/424); Ath-Thahabi (3/375); Al-Hakim (6897); Al-Bayhaqi (420); Ad-Daraqutni (1/123); Al-'Asqalani (1/198); Al-Busairi (7/166); Ibnu Sa'd (3/267); Az--Zaila'i (1/199).

Para a discussão de cartas no início dos capítulos do Alcorão (como Taha), ver As-Suhaili (2/308).

Para o relato da discussão de Bilal e o boicote dos anciãos, ver As--Suhaili (2/7-89).

Capítulo 6

Para o relato da migração para a Abissínia com todos os detalhes – incluindo a visão da "Igreja de Maria de Sião", discussão na corte do negus e os seguidores de Maomé oferecendo-lhe apoio durante uma rebelião, via testemunha ocular Um Salamah, ver: Al-Bukhari (434, 1341, 4230, 4232); Muslim (528, 2502, 2499); Ahmad (1740, 1742); Ibnu Hibban (3181); Al-Haithami (6/27); Abu Na'im (1/114-15); Ibnul-Athir (2/76-82); Al-Halabi (1/456-87); As-Suyuti (1/149); As-Suhaili (2/90-119); Ahmad (1740); Al-Wadi'i (96, 1672); *Takhriju Siyari A'lamin-Nubala*`, de Shu'aib Al-Arna`ut (1/216, 429).

Para o relato da revolta popular contra o boicote, mortes de Abu Talib e Khadijah e, subsequentemente, a visita a Ta'if, ver: Al-Halabi (1/488-512); As-Suhaili (2/223-34); Al-Bukhari (3884, 4772); Muslim (24); Ibnu Hibban (982); Al-Arna'ut (2486); Al-Albani (126); Ibnul--Athir (2/87).

Estudiosos debatem se o *isra'* (viagem noturna a Jerusalém) foi uma visão epifânica ou uma jornada física. Essa discussão surge da formulação do Alcorão para descrevê-la como *ru`ya* (visão percebida pelos olhos da alma), em vez de *ru`yah* (ato físico de ver com os olhos). As principais fontes que classificam a viagem como visão espiritual são 'Aishah e Huthaifah ibnul-Yaman, que disseram: "O corpo do profeta não partiu; a jornada noturna foi espiritual (*walakin usriya bi-ruhih*)". A mesma opinião é transmitida por intermédio de Al-Hasan Al-Basri, proeminente discípulo de 'Ali. A distinção aqui é que a viagem foi uma visão, não um sonho – isto é, de inspiração divina, não uma invenção da imaginação. No entanto, a maioria dos teólogos sunitas e xiitas acredita que a jornada noturna foi física. Ver: Al-Qadhi 'Iyadh (1/147); Ibnu Hisham (2/46); At-Tabari (14/445); Al-Halabi (1/514-86); As-Suhaili (2/187-212); Ibnu 'Abdil-Barr (135).

Para o relato de Jundub (ou Abu Tharr), ver: Al-Bukhari (3522); Muslim (2473, 2474); Ibnu Hibban (7133); At-Tabarani (1/23, 3/150); Al-Bazzar (3888); Ahmad (1019, 21525); Ibnu 'Abd-Al-Barr (1/252-55); Al-Haithami (9/330); Ibnu Kathir (5/8); Ad-Dailami (4145); As-Suyuti (5627); Ath-Thahabi (2/49); Az-Zarkali (2/140); Al-'Asqalani (7/107).

Para o relato da delegação yathribita, ver: As-Suhaili (2/245-52); Ahmad (15798); Ibnu Hibban (7011); At-Tabarani (174); Al-Haithami (6/45, 100).

Para o relato do plano de assassinato dos anciãos e a fuga subsequente de Maomé, incluindo deixar 'Ali encarregado do depósito de segurança, ver: As-Suhaili (2/306-29); Alcorão 8:30; Ibnu Kathir (3/177, 218-19); Al-Bukhari (3905, 3906, 5607, 5807, 6079); Muslim (2009); Ahmad (25626); At-Tahawi (4076); Ibnu Hibban (6277, 6280); Al-Haithami (6/56); Al-Baghawi (7/106); Al-Bayhaqi (12477); At-Tabari (2/372); Al-Hulli (123); Ibnu Taymiyyah (7/110); Al-Albani (5/384).

Capítulo 7

Para o relato da *hijrah* (hégira) e da chegada a Yathrib, ver: Al-Bukhari (3906, 3911, 3925); Muslim (2381); At-Tabarani (611, 3605); Al-Bazzar (1746); Al-'Asqalani (7/307, 735); Al-'Iraqi (2/342, 7/239); As-Suhaili (2/187-212); Al-Bayhaqi (1/298); Ahmad (23061); At-Tirmithi (3690).

Para o relato de Abu Ayyub e o louvor de Maomé aos Banu Najjar, ver: Al-Bukhari (3807, 3789, 3790, 5300, 6053); Muslim (2511, 2512); Abu Na'im (6/391); Al-Busairi (7/319); Ahmad (16050, 16051, 16052);

At-Tirmithi (3910); Ibnu Hibban (7286); An-Nasa`i (8340); At-Tabari (6/125); As-Suhaili (2/340-41); Ibnu Hibban (5110).

O nome original da Sura 17 como "Surah Bani Israel" aparece em vários hádices, incluindo Al-Bukhari (4994) e At-Tirmithi (3402). Na realidade, Al-'Asqalani declarou que "o nome da *surah* durante o tempo do profeta Maomé, assim como o das gerações que vieram depois dele, era Surah Bani Israel" – ver *Fath-ul-Bari* (8/388). Ibnu 'Ashur disse: "Era chamada de Bani Israel durante o tempo dos seguidores do profeta" – ver *At-Tahriru wat-Tanwir* (5/15). O imame As-Sadiq, destacado descendente de Maomé, se refere ao capítulo como Surah Bani Israel, ver *Nur-uth-Thaqalain*, por Al-Juwaizi (4/115). O próprio Maomé se refere a ela como Bani Israel – ver Az-Zamakhshari (2/854) e *Ruh-ul-Ma'ani*, por Al-Alusi (15/5).

Para o relato de Nu'aiman, Rabbi Mukhairiq e Rabbi ibn Salam, ver: Ibnu Sa'd (3/371); Ath-Thahabi (5/331); Ibnu Hajar (6/351); Al-'Iraqi (3/154, 164); *Wafa`ul-Wafa* (1/170); Al-Bukhari (4330); As-Suhaili (2/373-76); *Ansab-ul-Ashraf* (pp. 74-76, 90); Al-Waqidi (164, 215).

A datação da Constituição de Medina (incluindo seu texto) até o dia seguinte ao Rosh Hashanah em 622 é: Maomé entrou em Yathrib na sexta-feira, 16 de julho de 622. A Constituição foi assinada dois meses depois que ele entrou na cidade, quinta-feira, 16 de setembro, correspondente ao terceiro dia do mês do Tishri do ano de 4383 do calendário judaico. O feriado de dois dias do Rosh Hashanah começa no primeiro dia do Tishri, ver: Muslim (1538); As-Suhaili (2/346-50); Ibnu Kathir (3/222).

O relato da fábrica de tâmaras abandonada, 'Umar sugerindo o *athan* e a tarefa atribuída a Bilal de cantá-la são abordados em várias fontes sunitas, ver: Al-Bukhari (604, 2774); Abu Dawud (498, 502, 503); As-Suhaili (2/335-60). Os xiitas acreditam que o *athan* foi revelado por intermédio de Gabriel, não do sonho de 'Umar.

Para a construção da mesquita, sua planta e o incidente do nômade urinando, via Anas ibnu Malik, ver: Al-Bukhari (428, 446, 496); Muslim

(285, 509); Abu Dawud (452); An-Nasa`i (702); Ibnu Majah (528, 529, 530, 744); As-Suhaili (2/336 e 339).

Para o estabelecimento do fundo *zakah*, ver: Ibnu Qudamah (4/161-62); Abu Dawud (1568, 1604). As oito categorias de favorecidos pelo *zakah* são descritas no Alcorão 9:60.

Para as declarações progressivas de Maomé sobre o álcool, ver: Al--Halabi (2/375); *Al-'Aqd-ul-Farid* (6/381); Al-Ghazali (2/325); *Kanz-ul--'Ummal* (4/27). O Alcorão discute os três estágios da erradicação do álcool: a passagem 4:43 exorta as pessoas a não comparecer a reuniões públicas quando embriagadas. A passagem 2:219 afirma que há benefícios e danos no vinho, mas o dano é maior. A passagem 5:90 pede que o álcool seja totalmente evitado. Deve-se observar que essas proibições são informativas, não impositivas.

Para o relato da seca que assolou a Arábia, ver: Al-Bukhari (8/573); Al-Baghawi (4/111-22).

Para a juventude de Salman, a jornada religiosa, a redenção da escravidão e as ideias estratégicas em batalha via testemunha ocular Ibnu 'Abbas, ver: Ahmad (23225, 23737); Al-Bazzar (2500); At-Tahawi (4772); Al-Hakim (4/784); Ibnu Hajar (3/118-20); Al-Wadi'i (84, 442); Al--'Asqalani (3/265); Al-Haithami (2/315, 8/43, 9/335); Ibnu Hazm (9/226); At-Tabarani (6058); Abu Na'im (1/201).

Para o relato de casamento de 'Ali com Fatimah, ver: *Maqatil-ut--Talibiyyin*, de Abul-Faraj Al-Asfahani (59); *Ar-Rawdhah min Al-Kafi*, de Al-Kulaini (2/180-81); At-Tabari (2/410); Ibnu Sa'd (8/22-23); *Al--Amali*, de Shaykh At-Tusi (1/93-99).

Capítulo 8

Para o relato de Badr, ver: Al-Haithami (9/216); As-Suhaili (3/48, 79-89); Muslim (1763, 1779, 1901); Al-Bukhari (2301, 3141, 3950, 3956, 3958). O incidente da menina de 5 anos tomando Maomé pela mão após o retorno de Badr é descrito em Al-Bukhari (5724).

Os exemplos de Maomé pregando os princípios da não violência incluem: "Em tempos de confusão, quebre sua espada e permaneça em casa. Se um inimigo aparecer com a intenção de matá-lo, vá para sua despensa e fique de joelhos. Se ele o seguir, diga-lhe: 'Se me matar, arcará com a culpa do meu assassinato! Quebrei minha espada e não o matarei'". Ver Al-Wa'idi (557).

Advertência de Maomé antes da batalha para não prejudicar civis, via Abu Bakr: "Não machuquem/matem uma mulher, uma criança ou uma pessoa idosa; não cortem árvores frutíferas; não destruam edifícios; não façam mal ao gado – a menos que estejam precisando de comida –; não inundem palmeirais nem lhes deitem fogo! Nunca confisquem a propriedade de civis nem impeçam seu sustento!" Ver *Takhrij Sharh as-Sunnah*, de Shu'aib Al-Arnaut (2696); Malik (2/448); *Al-Madawwanat-ul-Kubra* (2/7); Ibnu Abi Shaibah (7/655); Ibnu Kathir (2/320); Ibnu Hazm (7/297); Ash-Shawkani (8/74); Ar-Riba'i em *Fath-ul-Ghaffar* (4/1778); Ibnu 'Asakir (2/9); Ash-Shafi'i (5/594); Al-Bayhaqi (3/387).

Tal como sucede no debate sobre a idade de Khadijah na época do casamento com Maomé, há confusão em torno da idade de 'Aishah. O mito de que ela tinha 9 anos na época do casamento colocaria seu nascimento em 615 d.C. Isso é impossível, pois a narrativa de Ibnu Hisham (via Ibnu Ishaq) lista 'Aishah entre as primeiras dezenove pessoas a aceitar a profecia de Maomé em 610 d.C. Além disso, a mãe de 'Aishah, Um Ruman, ficou viúva aos 27 anos, em 592, casou-se com Abu Bakr no fim daquele ano e deu à luz 'Aishah três anos depois, em 595. Além disso: a filha mais jovem de Maomé, Fatimah, era dez anos mais jovem que 'Aishah – e Fatimah tinha 19 anos em 624, quando se casou com 'Ali. Por essa linha de tempo, 'Aishah tinha 29 anos em 624, quando se casou com Maomé. O nível de maturidade que 'Aishah revela no período de Meca e seu relato de eventos importantes nos mostram claramente uma mulher madura, não uma criança. Que ela era adulta (mais de 19 anos) na época do casamento com Maomé vê-se por várias fontes, incluindo *As-Sahih*

Minas-Siratin-Nabi, de Shaykh Al-'Amili (3/285-87); *Bihar-ul-Anwar*, de Shaikh Al-Majlisi (23/291); Ibnu Hajar (8/232).

Para o relato da decisão do rabino Mukhairiq de interromper os serviços do sabá e prometer suas terras como depósito permanente, além do martírio em Uhud, ver: Ibnu Sa'd (1/502); Al-'Asqalani (3/373); Ibnu Rajab (2/485). Os pomares do rabino Mukhairiq ainda existem como fundo de caridade em Medina, localizados ao norte do poço de Salman.

Para o relato de Barakah assumindo o comando a fim de salvar a vida de Maomé com a admoestação 'peguem o fuso e deem-nos [mulheres] a espada!', ver: Ibnu Sa'd (8/223-26); Ibnu Kathir (7/325); Ibnu 'Abdil--Barr (13/178); Al-Hakim (4/63).

Para o relato do primeiro 'Id al-Adh-ha via testemunha ocular Hafsah bint Sirin, ver: Muslim (890); Al-Bukhari (971); Abu Dawd (1158); At-Tirmithi (530, 541); Ibnu Majah (1303).

Para o relato do tratado em Hudaibiyyah via testemunha ocular Anas ibnu Malik, Al-Bara `ibnu 'Azib e Al-Maswar ibnu Makhramah, ver: Al-Bukhari (1778, 2698, 2731, 4178); Muslim (1253, 1783); Abu Dawud (2117, 2736, 2765), Ibnu Hibban (4872); Ahmad (15470); Al--Bayhaqi (4/99); Ibnu Daqiq Al-'Id (4/448); Ibnul-Mulqin (10/368); Ibnu Kathir (4/229); Al-Haythami (4/125); Al-'Asqalani (2/361).

Para detalhes do anel de sinete de Maomé, incluindo como 'Uthman, mais tarde, o perdeu no poço de Aris (cerca de três quilômetros ao sul da mesquita), via diversas testemunhas oculares, incluindo Ibnu 'Umar, Ibnu Mas'ud e Anas ibn Malik, ver: Al-Bukhari (3106, 5868, 5874, 5878, 5979); Muslim (2091, 2092, 2094); Abu Dawud (4217, 4218); An-Nasa`i (5207, 5209, 5217, 5292, 5293, 5879); At-Tirmithi (1748); Ibnu Hibban (5499); At-Tabarani (6/371, 7/114); Al-Bayhaqi (5/2175); Al-Haithami (5/156).

Para o relato do incidente de Heráclio em Jerusalém via testemunha ocular Abu Sufyan e o cortesão árabe de Heráclio, "o cristão At-Tannukhi", ver: Al-Bukhari (7, 4553, 6260, 7541); Muslim (1773); Ibnu Hibban (6555); Ahmad (15655); Abu Dawud (5136); Ibnu Janzawayh (961);

At-Tabari (7831); Al-Haithami (8/237); Ibnu Kathir (4/266, 5/14); Al--'Asqalani (1/45).

Para o relato da delegação abissínia autorizada a se apresentar e orar na mesquita via testemunha ocular 'Aishah, Anas ibnu Malik e 'Ali, ver: Al-Bukhari (907, 4894); Muslim (892, 1941, 1943, 1945, 1946); Ahmad (860, 12564).

Para o relato do imperador sassânida pedindo a Batham que assassinasse Maomé e Maomé enviando Mu'ath para mobilizar a população judaica do Iêmen, ver: Al-Bukhari (1496); Muslim (19, 26); Ibnu 'Asakir (18/195); Ibnul-Jawzi (3/451); Al-Bayhaqi (11592); At-Tabarani (44); Abu Na'im (1/231); Al-Haithami (8/290).

A evidência de que os Banu Quraithah não foram massacrados vem de várias tradições que datam do período medinense posterior, em que Maomé foi convidado por membros do clã judaico a mediar as questões de casamento e divórcio. Um incidente envolve um homem chamado Rifa'ah al-Qurathi (do clã Banu Quraithah) que se divorciou da esposa – uma amiga de 'Aishah. Al-Awza'i se opôs fortemente ao mito do massacre dos Banu Quraithah, afirmando: "Até onde sei, não existe um decreto do Divino para castigar muitos pela culpa de poucos, mas para repreender poucos pela culpa de muitos". Ibnu Hajar al 'Asqalani chamou a lenda de "conto distorcido" em seu *Tahthib-ut-Tahthib*, e At-Tabari chamou a fábula de "alegação infundada"; ver Al-Bukhari (2639, 5792, 5825); *Tafsir Al-Mizan*, de Allamah At-Tabtaba`i (9/82); *Tahthib-ut-Tahthib*, de Al-'Asqalani (9/40); *Tarikh Tahlil Al-Islam*, do dr. Shahidi (pp. 88-90); *'Uyun Al-Athar*, de Ibn Sayyid An-Nas (1/17); *Al-Maghazi An-Nabawiyyah*, de Ibn 'Uqbah (pp. 82-83).

Para o relato de Maria e sua confortável casa nos exuberantes "bosques de 'Aliyah", nas 'terras do clã judeu Banun-Nadhir, via 'Ali, Ibnu 'Abbas e Ibnu 'Amr, ver: Ibnu Kathir (7/74, 8/192); Ibnu Sa'd (8/171); At-Tabarani (3/13); Al-Bazzar (10/304); Al-Haithami (5/181, 7/129, 9/164); Al-'Asqalani (9/200); Al-Hamawi (5/138); Ibnu Sa'd (1/107); Ibnu 'Abdil-Barr (1/153); Ibnu 'Asakir (3/144).

Para as declarações de Maomé sobre *yusr* via Ibnu 'Abbas e Anas ibnu Malik, ver: Al-Bukhari (39, 69, 6125); Muslim (1734, 2816); Al--Baghawi (2/470); Ibnu Hibban (351); An-Nasa`i (5049); Ash-Shawkani (6/3207); Al-Busairi (1/115); Abu Ya'la (6863); At-Tabarani (372); Abu Dawud (4946); Ahmad (2136, 2556); Al-Bazzar (4872); At-Tayalisi (2730); Ibnul-Qaysarani (5/2785); Ath-Thahabi (3/422); Al-Haythami (1/66); Al-'Asqalani (1/485); As-Suyuti (5462).

As passagens mais severas do Alcorão reveladas na Sura 9 dizem respeito ao clã Banu Bakr, que quebrou o Tratado de Hudaibiyyah massacrando os Banu Khuza'ah. Contexto importante sobre esses versículos e o incidente que os desencadeou são fornecidos por At-Tabari (11/351-53); *Al-Basit*, por Al-Wahidi (10/301-3); *Al-'Athbun-Namir*, por Ash-Shinqiti (5/285-86); Ibnu Kathir (4/114); Al-Qurtubi (8/78); Ibnul-Jawzi (2/238-39); Ibnu Abi Hatim (6/1758); e Ibnu 'Ashur (10/120-24). Ibnu 'Ashur comenta que "o Alcorão sanciona a execução dos culpados do Banu Bakr porque eles massacraram o desarmado Banu Khuza'ah a sangue-frio e traíram o tratado de paz" (120-21), "mas a passagem continua enfatizando (*tawkid*) que pagãos que cumpriram a promessa não devem ser prejudicados". Ver: Ibnu 'Ashur (10/123); Az-Zamakhshari (2/249); Abu As--Su'ud (4/45).

Para o conselho de Maomé para "perseguir seus objetivos mantendo o máximo sigilo", via Mu'ath ibnu Jabal, ver: At-Tabari (1186); Abu Na'im (6/96); Al-Haithami (8/198); Ahmad (66); Ar-Rawyani (1449).

Capítulo 9

Para relatos da entrada sem derramamento de sangue de Maomé em Meca via testemunhas oculares 'Ali, Ibnu 'Abbas e 'Umar, ver: Al-Bukhari (1846, 4274, 4276, 4280, 4287); Abu Dawud (3022, 4156); Muslim (1780); An-Nasa`i (4067); At-Tabarani (19/182). Para um relato sobre tropas judaicas no exército de Maomé, ver At-Tirmithi (1558).

Para a surpreendente declaração de Maomé: "Hoje é o dia da anistia", via testemunhas oculares 'Ali e 'Urwah ibnuz-Zubair, ver: Al-Bukhari

(3944, 4280); Ibnu Abi Hadid (17/272). Para a observação de Maomé: "Sou o filho de 'Abdul-Muttalib!", ver Al-Baghawi (2506). Para as declarações de Maomé sobre não temer a contaminação pelos pobres, ver Al-Baghawi (2599, 3064).

A atitude de Maomé em relação à escravidão é clara em milhares de hádices e em mais de cem passagens do Alcorão, nas quais a emancipação dos escravizados é altamente encorajada, inclusive como expiação para muitos pecados, e também a repartição de um oitavo dos fundos do *zakah* para emancipação e apoio dos escravizados. O Alcorão 12:13 afirma: "Não devo informá-lo do caminho para o sucesso? Ele consiste em emancipar os escravos!". O Alcorão 24:33 também incentivou as pessoas a libertar os escravos e a se casar com eles. Maomé declarou que um dos piores pecados é vender uma pessoa livre como escrava, incentivou os seguidores a emancipar os escravizados na tentativa de acabar completamente com essa instituição, proibiu o espancamento de escravos e deu o exemplo quando emancipou os escravizados em Ta`if. Essa emancipação em massa foi descrita por várias testemunhas oculares, incluindo Ibnu 'Umar, 'Ali, Anas ibnu Malik e Ibnu 'Abbas. A paixão de Maomé pela questão da escravidão faz sentido, já que ele quase foi sequestrado quando criança e depois libertou a própria escrava (Barakah) quando ainda muito novo. Ele procurou desbloquear o potencial de cada ser humano, mas por meio de persuasão e incentivo, não de medidas forçadas. Também reconheceu as complexidades da libertação em massa, como evidenciado pelas enormes dificuldades que Moisés enfrentou com os antigos israelitas vagando quarenta anos pelo deserto depois de fugir da escravidão no Egito. Embora Maomé nunca tenha proibido totalmente a escravidão, deve-se notar que o Alcorão é o único livro religioso que prevê um tempo futuro no qual "não se encontrará nenhum escravo para ser libertado" (5:89). Ver: Al-Bukhari (97, 2114, 2491, 2522, 2524, 4798, 5691, 6337, 6715); Muslim (1501, 1509, 1661, 1657, 2249); Abu Dawud (3940, 3966); At-Tahawi (5369); Ibnu Hibban (4308, 4316); Abu Na'im (6/333); An-Nasa`i (3142, 3144, 3145, 4874, 4878, 4947); At-Tirmithi (1541, 1635,

1638); Ahmad (3257, 9773, 17020, 18091, 19437, 19623); Abu Ya'la (5725); Ibnu Kathir (8/429); Al-Bazzar (14/362); Ibnu 'Adi (4/293); Ibnu 'Asakir (2/658); Ad-Dimyati (310); Ibnul-'Arabi (4/401); Al-Munthiri (2/249); Al-Ishbili (1635); At-Tabarani (3/285, 7/234, 8/131); Al-Wadi'i (353); Ibnu Majah (1625, 1984, 2812); Ibnu Hazm (9/35, 8/24); Al-Bayhaqi (4/203); Ibnu 'Abdil-Barr (6/319); Al-'Iraqi (6/194); Al-Bukhari's *Al-Adab Al-Mufrad* (181, 188); Al-Makki (2/180); Al-Haithami (4/245); Ash-Shafi'i (615).

Para Maomé dizendo "Ofereceram-me realeza, riqueza abundante e poder, mas escolhi a vida de servo" e tranquilizando os medinenses via Ibnu 'Abas e Abu Sa'id Al-Khudri, ver: Ash-Shawkani (9/44); At-Tabarani (10686); Ibnu Kathir (6/50, 8/674); Abu Ya'la (1092, 4920); Ibnu Sa'd (902); Al-Haithami (6/192, 10/32); At-Tirmithi (3904); Ahmad (11730, 11842); Ibnu Abi Shaibah (33018).

Embora haja a percepção comum de que as mulheres não podem ocupar cargos de liderança religiosa muçulmana ou estudar, o próprio Maomé forneceu dois contraexemplos claros: nomeando Um Waraqah como imame de sua comunidade e Ash-Shifa bint 'Abdillah como educadora-chefe de Medina. Nomeou Um Waraqah como imame "porque ela dominou a arte do Alcorão e o memorizou" e atribuiu-lhe um *as'athin*. Ver: Ahmad (26739); Ibnu Khuzaimah (1676); Abu Dawud (592); IbnasSa'd (8/457); *Irwa'-ul-Ghalil*, de Al-Albani (2/225); *Tanqih-ut-Tahqiq*, de Ibnu 'Abdil-Hadi (2/82).

Com base no exemplo de Um Waraqah, estudiosos eminentes como At-Tabari, Ibnu Hazm, Ibnu Rushd (Averróis), Ibnu 'Abidin e muitos outros (incluindo o estudioso moderno doutor Muhyi Hilal As-Sarhan no livro *Adabul-Qadh*` [1/202]) declararam que uma mulher pode ocupar cargos públicos desde que seja qualificada. Ver: *Al-Ahkam As-Sultaniyyah*, de Al-Mawardi (65); *Al-Mughni*, de Ibnu Qudamah (9/39); *Bidayat-ul-Mujtahid*, de Ibnu Rushd (2/429); *Al-Muhalla*, de Ibnu Hazm (9/429); Ash-Shawkani (8/508); *Al-Hashiyah*, de Ibnu 'Abidin (5/354); e *Sharh Adab Al-Qadhi*, de Ibnu Muzzah (3/160).

O hádice narrado por Ibnul-Qattan em *Al-Wahm Wal-Iham* (5/685) menciona "*Imamat Um Waraqah bi-qawmiha*", que é mais vasto que seu bairro e implica um distrito maior, com muitos habitantes (*qawm*). O aclamado erudito xafiita An-Nawawi declarou: "Abu Thawr, Al-Muzni e Ibnu Jarir [At-Tabari] permitiram que uma mulher conduzisse os homens em oração atrás dela, conforme transmitiram a Al-Qadhi Abut-Tayyib e Al-'Abdari". Ver *Al-Majmu' Sharh Al-Muhaththab* (4/223).

Ibnu Taymiyyah declarou: "Ahmad [fundador da escola hanbalita] permitiu que uma mulher conduzisse homens na oração, quando necessário, nos casos em que fosse especialista no Alcorão e eles não, para que ela pudesse liderá-los nas orações de *tarawih*, do mesmo modo que o profeta (a paz esteja com ele) nomeou Um Waraqah, imame de sua vizinhança, e concedeu-lhe um *mu'athin*". Ver *Al-Qawa'id An-Nuraniyyah* (1/78). Ibnu Taymiyyah afirma com clareza: "Digo que os homens podem ser liderados por uma mulher especialista no Alcorão durante as orações noturnas do Ramadã, com base no que é amplamente conhecido (*Al--Mashhur*) da opinião de Ahmad". Ver *Naqdu Maratibil-Ijma'* (290).

Para Maomé estabelecendo a meritocracia, incluindo a nomeação de 'Attab e Usamah, de 16 anos, ver: Al-Bukhari (2753, 4250, 4469, 7187); Muslim (206, 2426); Ibnu Hibban (7059); Al-Jami' (1416), Ibnul-Jawzi (3/453); Ibnu Kathir (5/111); Ibnu 'Abdil-Barr (3/635), *Athar Ad-Da'wah Al-Muhammadiyyah fil-Hurriyyati wal-Musawah*, de Ibnu 'Ashur (estudo publicado em 1934).

Para o comentário de Maomé "toda doença tem cura" e seu conceito de prevenção via 'Ali, ver: Ibnul-Qaisarani, *Takhriju Zadil-Ma'ad* (4/135); Ath--Thahabi, *Thakhirat-ul-Huffath* (4/1864); Muslim (2204); Ahmad (14597); An-Nasa`i (7556); Abu Dawud (3874); *Ad-Dirayah*, de Ibnu Hajar al-'Asqalani (2/242); *Al-Adabush-Shar'iyyah*, de Ibnu Muflih (2/336).

Para o incentivo de Maomé a buscar conhecimento (mesmo "viajando até a China") e promover a educação das mulheres via Ibnu 'Umar, Ibnu 'Abbas e Hasain ibnu 'Ali, ver: Muslim (332); Abu Dawud (316); Ibnu Majah (224, 531); At-Tabarani (10439); Al-Bazzar (6746); Ibnu 'Abdil-Barr

(17); Al-Qawqji (40); Al-'Ajluni (1/154); Ibnu 'Adi (4/118); Ad-Darami (335); Al-'Asqalani (3/321); Abu Na'im (8/361); Al-'Uqaili (2/230); Abu Ya'la (320, 2837); As-Suyuti (1105, 5246); Al-Bayhaqi (1/292); Ibnul--Qaysarani (1/416); Ibnul-Jawzi (1/347); Ath-Thahabi (22, 34).

Para o relato de Maomé brincando com os netos e levando-os à mesquita via 'Aishah, Jabir ibn 'Abdillah e Ibnu 'Amr, ver: Al-Bukhari (5997, 5998, 7376); Muslim (2318); Ahmad (6494); At-Tirmithi (1924); Abu Dawd (4941); Al-'Asqalani (1/62); Ibnu Daqiq Al-'Id (127). Visitando os amigos de Khadijah e enviando-lhes comida em memória dela, ver Al-Bukhari (3818).

Para o sepultamento de Abraão e sua coincidência com um eclipse solar (o que ajuda a identificar o dia e a hora e outros eventos relacionados) via testemunhas oculares Ibnu Labid, Ibnu Mas'ud e Ibnu 'Umar, ver: Ahmad (6868, 23629); Ibnu Khuzaimah (1393); Ibnu Sa'd (327); Al--Haithami (2/210).

Para Maomé respeitando um funeral judaico e instruindo os seguidores a ajudar a carregar o esquife, via testemunhas oculares Jabir ibnu 'Abdillah e Anas ibn Malik, ver: Al-Bukhari (1311); Muslim (960); Ahmad (14427, 14591, 14812); Abu Dawud (3174); An-Nasa`i (1922, 1928, 2049); Al-'Aini (7/278); Al-Baghawi (70, 1262); At-Tabarani (6/40).

Capítulo 10

'Uthman ibnu Abil-'As e Ibnu 'Abbas relembraram: "Eu estava sentado com o profeta [Maomé] quando seus olhos se fecharam. Então ele abriu os olhos e, com olhar aguçado, me informou que tinha acabado de receber a revelação de *Innal-laha Ya`muru Bil-'Adli Wal-Ihsan* e me pediu para colocá-la na Surah An-Nahl, a nonagésima passagem". Para um relato de revelação e do processo de escrita, ver: At-Tabarani (315, 8322); Al--Bukhari (893); Ahmad (2922, 17918, 17947); Al-Haithami (7/51); Ibnu Kathir (4/516); Abu Hatim (13456); Ibnu Sa'd (410); Ash-Shawkani (3/267); Al-Baghawi (2077, 3456).

No total, Maomé teve quarenta e três escribas originais, dos quais 'Ali e Zaid ibn Thabit foram os que escreveram mais. Os principais escribas de Maomé em Meca incluíram Ibnul-Arqam, 'Ali, Fatimah bint Al--Khattab, Khadijah, Barakah, Sa'id ibn al-'As, Khalid ibn Sa'id, Abban ibn Sa'id, Ibnu Abi Sarh, 'Umar, 'Uthman e Abu Bakr. Os principais escribas de Maomé em Medina incluíram Ubayy ibn Ka'b, Zaid ibn Thabit, Thabit ibn Qays, Talhah ibn 'Ubaidillah, Sharahbil ibn Hasanah, Hanthalah ibn Ar-Rabi', Ibnu Rawahah, Sa'd ibn Abi Waqqas, Hudhaifah ibn Al-Yaman, Khalid, 'Amr ibn al-'As, Ibnu 'Abbas e Ibnu 'Umar. Ver At-Tabarani (4748).

Zaid ibn Thabit comentou: "Enquanto estivemos com o Mensageiro de Deus, compilamos o Alcorão concentrando muitas folhas em uma". Ver: Ahmad (5/184); Al-Hakim (2/668); Ibnu Hibban (1/320); At--Tirmithi (5/734).

Zaid disse: "Fui escriba da revelação... escrevendo-a em folhas de palmeira", e, mais tarde, "compilando [o Alcorão] em um volume a partir de cortes da parte inferior de folhas de palmeira [*al-'usb*], lajes de pedra branca [*al-likhaf*], panos e pedaços de pele de animal crua [*ar-riqa'*], pergaminhos de couro curtido [*qita'-ul-adim*], selas de camelo [*al-aqtab*], ossos de costela de camelo [*al-adhla'*] e ossos de omoplata de carneiros e camelos [*al-aktaf*]". Ver: Al-Bukhari (4986, 7191); Ahmad (76); Al-Haithami (8/260); At-Tirmithi (3103); Al-Marwazi (45); An-Nasa`i (7995).

'Uthman e Ibnu 'Abbas narraram como passagens específicas foram compiladas no Alcorão, observando que alguns capítulos seriam revelados com grande número de passagens, mas, outras vezes, apenas passagens individuais seriam reveladas. Nesses casos, Maomé dizia: "Coloque esta passagem na *surah* que tem tais e tais passagens e insira-a entre tais e tais passagens". Ver: Ahmad (399, 499); An-Nasa`i (8007); Abu Dawud (786); Ibnu Hibban (6919); At-Tirmithi (3086); Ibnul-'Arabi (2/445); Al-'Asqalani (1/44).

No caso da repartição do Alcorão para estudo regular (todos os meses, semanalmente etc.) via as testemunhas oculares Ibnu 'Umar e Ibnu

'Amr, ver: Ibnu Hibban (756); At-Thahabi (3/84); Al-Qastalani (4/459); Al-'Asqalani (8/668); Ahmad (6516, 6873); An-Nasa`i (8064); Ibnu Majah (1114, 1346); Ibnu 'Ashur (19/20); Ath-Tha'labi (7/132); As-Sa'di (582); Ibnu 'Atiyyah (4/209); Ar-Razi (24/457). O conceito de *tartil* deriva do Alcorão 73:4 e 25:32.

Para o relato da mãe protegendo o filho das chamas via testemunha ocular 'Umar, ver: Al-Bukhari (5999); Muslim (2754); At-Tabarani (3/232); Ibnu Kathir (2/197); Abu Na'im (3/264).

Para nomes divinos, ver: Al-Bukhari (365, 2736, 6410, 7392); Muslim (2677); At-Tirmithi (3506, 3507, 3508); An-Nasa`i (7659); Ibnu Majah (3127, 3128, 3860); Ahmad (7502, 10532); Ibnu Hibban (807, 808); At-Tabarani (4/235); Abu Na'im (3/144); Al-Bayhaqi (56, 57); Al--Uqaili (3/15); Ibnu'Adi (7/468).

Para o relato do nome divino Al-Jamil via testemunhas oculares Abu Sa'id Al-Khudri, Ibnu Mas'ud e Abu Umamah al-Bahili, ver: Muslim (91, 147, 1015); Al-Haithami (5/135); Ahmad (4/133); Al-Hakim (1/26); Ibnu Hibban (5466); At-Tabarani (5/60); Ahmad (3789); At-Tirmithi (1999).

Para a parábola de *abiri sabil* (viagem ao deserto) via testemunhas oculares 'Ali, Ibnu 'Umar e Ibnu 'Abbas, ver: Al-Haithami (248); Ibnu Daqiq Al-'Id (126); Al-Bukhari (425, 6416); An-Nawawi (40).

Embora houvesse mais de cem mil testemunhas do *Hajj* e dos sermões de Despedida, os testemunhos vívidos vêm das testemunhas oculares 'Ali, Ibnu 'Abbas, Ibnu 'Umar e Jabir ibnu 'Abdillah. O relato de Jabir é especialmente extenso e detalhado. Ver: Al-Bukhari (1739, 1742, 4406, 5550, 6043, 7078, 7447); Muslim (1218, 1679, 2224); Abu Dawud (1905); An-Nasa`i (656, 4092); At-Tirmithi (3087); Al-Wadi'i (1259); Ahmad (20419); Ibnul-'Arabi (6/179); Ibnu Hibban (1457, 3944); Al-'Ayni (14/517); Al-Haithami (3/268); Ibnu Majah (2512, 3074); Ibnu Qayyimil-Jawziyyah (5/171); At-Tabarani (6/70); Al-Baghwai (7/149); Ibnu Kathir (5/173); Ibnul-Qaysarani (3/1290); Al-Busairi (1/218).

Maomé despojando-se de todas as posses, incluindo penhorar sua armadura com um vizinho judeu, via diversas testemunhas oculares, incluindo

'Aishah, Anas ibnu Malik, Asma e Ibnu 'Abbas. 'Aishah e Juwairiyyah testemunharam: "Ele não deixou, no momento da morte, nem um simples dinar ou dirham... ou quaisquer posses". Ver: Al-Bukhari (2739, 4461); Al-Hakim (573, 1568); Ibnu Majah (2436, 2437, 2438, 2439).

No caso da parábola das duas mulheres (ambas judias himiaritas, "Bani Israel" do Iêmen), a do gato contrastada com a do cão (prostituta), via diversas testemunhas oculares, incluindo Ibnu 'Amr, Asma e Ibnu 'Abbas, ver: Al-Bukhari (127, 538, 3318, 3321); Muslim (2245, 2619); Ibnu Majah (4256); Ibnu Hibban (7489); Al-Bazzar (15/257). O Alcorão 26:89 se refere a *Al-Qalb-us-Salim*.

Para o relato do último mês da vida de Maomé, ver: As-Suhaili (4/380-437); Al-Bukhari (4435); Muslim (2444); Ibnu Majah (1620); Ahmad (26346); na-Nasa`i (7103); Ibnu Hibban (6617).

Epílogo

Para o relato de eventos a partir da morte de Maomé até o período abássida, ver: Al-Bukhari (1242, 2704, 3670, 3700, 7207, 7217, 7219, 4454); Muslim (1759); As-Suhaili (4/438-61); Ibnu 'Asakir (67/98); Al-Bazzar (1/98, 193); Ibnu Hibban (6607, 6919); Ibnu Kathir (7/60-194); At--Tabarani (1628); *Tarikh-ul-Khulafa*, de As-Suyuti (6-422).

ÍNDICE REMISSIVO

'Abdu-'Amru ibn 'Awf (renomeado 'Abdur-Rahman), 157, 165, 181, 193, 241
'Abdul-'Uzza (tio de Maomé), 37-8, 41, 84, 161, 162, 181, 188-89, 216
'Abdullah (filho de Maomé), 137, 138, 139
'Abdullah (irmão adotivo de Maomé), 48
'Abdullah (pai de Maomé), 39-40, 41, 48, 54, 61, 67
'Abdullah ibn Salam, 234
'Abdullah Ibn Zaid, 241
'Abdul-Muttalib (avô de Maomé), 39-46, 49, 65-73, 75, 78-9, 81-4, 86, 134, 137, 306
'Abdur-Rahman (antes, 'Abdu'-Amru), 157, 165, 181, 193, 241
Abraão (filho de Maomé), 328-29, 333, 357

Abraão (patriarca), 48-51, 58, 60, 140-41, 166, 196, 241, 274, 303, 334, 336, 347, 375
abtar (metaforicamente, homem castrado), 142, 268
Abu Ayyub, 228-29, 232, 234-36, 240-41, 265, 275, 291
Abu Bakr (antes, 'Atiq)
    amizade antiga com Maomé, 111-16, 130, 134, 136, 137-38, 142, 157
    casamento da filha Aishah com Maomé, 273-74
    confronto com possíveis assassinos de Maomé, 216-18
    Dar-ul-Arqam e, 165
    encontro com Maomé, 111-16
    libertação de escravos, 177-78, 185
    no cemitério de Mu'alla, 304
    nome recebido de Maomé, 158
    revelação final de Maomé, 357
    sepultamento de Maomé, 359-63

Abu Huthaifah, 179, 185
Abu Qubais, 17-9, 29, 33, 34, 78, 113, 143, 159, 162, 174, 235, 305
Abu Sufyan, 277, 280-84, 286-87, 291-92, 295-302, 313, 314, 319
Abu Talib (tio de Maomé)
  a Maomé, 178
  escolhido como guardião de Maomé, 83-4
  firasah, profecia do leitor de rostos Maomé, 86, 93-5, 98-101, 107-10
  morte de, 198-99
  oferta de suborno para renunciar paganismo de, 190
  sobre Maomé, 86-7
  viagem de caravana para Damasco com
Abu Tharr (antes, Jundub), 206-08, 294, 365
ahzab (ramos), 340
'Aishah (esposa de Maomé), 142, 157, 274, 282, 286, 357-59, 365
ajza (hastes), 340
akhirah (vida após a morte), 169, 219, 230
Al-'Abbas (tio de Maomé), 40
  adotando Ja'far, 181, 185
  agiota, 210
  batalha de Badr, 258, 259, 263-64, 276
  conquista de Meca, 299-300
  descendentes de, 367
  mensageiro de Maomé, 258, 259, 264, 276, 282
  paganismo de, 258

primeiro *hajj*, 350-52, 353-54
sepultamento de Maomé, 361
seguidor de Maomé, 162
Al-'As ibn Wa`il, 268
Alá (Divino Mentor), 50-1, 163, 164, 171, 187, 214, 242, 290, 303, 334
Al-Arqam, 164-65, 175-76, 190
Al-Awza'i, 27
Alcorão,
  compilação e edição do, 331-43
  juz` (passagem do Alcorão), 22
  memorização do, 21-22, 165, 169, 322, 341-42
  origens do, 169-70
  questões sociais e, 253-54
  Surah Al-Baqarah, 249
  Surah Al-Fatihah, 206
  Surah Al-Muddaththir (Capítulo do Que Treme sob os Cobertores), 153
  Surah An-Nur, 58
  Surah At-Tawbah, 249, 295
  Surah Bani Israel, 229-30
  Surah Taha, 169-76
  Surah Yusuf, 201-02, 252-53
  Surah-An-Nahl, 213
  Ver também revelações de Maomé (o profeta)
Al-Fadhl (primo de Maomé), 115-16, 120-21
Al-Farabi, 370, 375
Al-Hajj-ul-Akbar (a grande convenção), 350
Al-Harith IV, Rei de Ghassan, 76
Al-Harith, 44-5, 48-9

Al-Hasan (neto de Maomé), 327, 358, 365-66
'Ali (primo e filho adotivo de Maomé)
   adotado por Maomé, 140
   assassinato de, 365-66
   batalha de Badr, 265, 271-72, 277
   batalha de Uhud, 278
   casamento com Fatimah, 257
   cerco de Medina, 283-84
   declarado califa, 365
   infância, 145, 148, 149
   jura fidelidade à liderança espiritual de Maomé, 156
   morte da esposa, Fatimah, 362
   morte de Maomé, 358
   morte de, 365-66
   nascimento do filho de Al-Hasan, 276
   registros e testemunhos dos ensinamentos de Maomé, 151, 153, 205-06, 207-08, 324
   sepultamento de Maomé, 361
   visita ao cemitério de Mu'alla, 304-05
Al-Khawarizmi, 368-69
Al-Mahdi, 24-5
Al-Mansur, 24, 367
Al-Mut'im ibn 'Adi, 179-80
Al-Muttalib, 78
Al-Qasim (filho de Maomé), 134-39
Al-Qaswa (camela montada por Maomé), 227-28, 235-36, 305
Al-Risalah (filme), 20-1, 23
Al-Walid ibn al-Mughirah, 172, 174-75, 180, 268
'Ammar, 167-68, 184, 214
'Amr ibn al'-As, 191, 193-97, 293

'Amr ibn Hisham, 113-16, 161
   batalha de Badr, 267-68
   campanha de boicote contra o clã hachemita, 181, 186-89, 197-99
   campanhas de difamação contra Maomé, 178-79, 206, 252, 257-58
   conhecido como Abul-Hakam (o sábio), 113-14
   Hilf-ul-Fudhul ("Pacto para Fomentar a Honra da Sociedade"), 114-16
   morte de, 267-68
   plano de assassinato contra Maomé, 216-17
   práticas de agiotagem de, 325-26
   tortura da família de Sumayyah, 166-68
   tortura de Lubainah, 185
'Amr ibn Luhayy, 50
Aminah (mãe de Maomé)
   conta a Maomé sobre o pai, 54-5
   criação beduína de Maomé, 44-5
   morte de, 61-5
   morte do marido 'Abdullah, 39-40
   nascimento de Maomé, 39-44
   retorno de Maomé após criação beduína, 48, 49
   últimas palavras chamando Maomé de *kum rajula* (transformador do mundo), 61-2, 207, 309-10, 320, 374-75
   viagem de caravana para Yathrib, 55-62
Anastácio I, imperador, 76
'aql (corda de fixação ajustável para a condução de camelos), 87

árabe clássico, 368, 374
arkan (níveis ou camadas), 343-50
Arwa (tia de Maomé), 162
Ash-Shifa ('Iyadh al-Yahsubi), 25
Ash-Shifa (parteira), 39, 40-1, 157
Ash-Shifa bint 'Abdillah (estudiosa), 321, 327, 363, 370
athan (chamada à oração), 242, 312
'Atiq. *Ver* Abu Bakr (antes, 'Atiq)
At-Tabari 22-3, 27
Axum (capital da Abissínia), 191-97, 240
aya (estrela mais brilhante de uma constelação), 340-42
Az-Zubair (tio de Maomé), 66

Badr, batalha de, 261-77
Bagdá, saque de, 25
Bahira (abade), 93-5, 106, 111, 144, 145, 325, 372
Banu Bakr, clã, 295
Banu Harith, clã, 101, 161, 180, 289, 317
Banu Hashim, clã, 17
Banu Hilal, clã, 301
Banu Khuza'ah, clã, 289, 295-96
Banu Nadhir, clã, 290
Banu Najjar, clã, 56-9, 61, 63, 64, 74, 77, 91-2, 107, 224, 228, 232, 235, 243, 265, 268, 285, 320
Banu Quraithah, clã, 225
Banu Sa'd, clã, 43-7, 49-50, 67, 72, 98, 131-32, 142, 339
Banu Umayyah, clã, 17, 157, 179, 188, 255

Barakah (mãe adotiva de Maomé)
    batalha de Badr, 265
    batalha de Uhud, 278, 280-81, 283-84
    conselheira de Maomé, 131, 158, 181, 183-84, 287, 288, 289, 296
    escravidão de, 39, 67-8
    libertada por Maomé, 67-8, 86, 135, 308
    morte da mãe de Maomé, 61, 63-6
    morte de, 364
    nascimento de Maomé, 40-1
    papel no casamento de Maomé com Khadijah, 125, 130-32
    parto do filho de 'Ali, Al-Hasan, 276
    parto do filho de Maomé Abraão, 328
    parto do filho de Maomé Al-Qasim, 134
    refúgio em Axum, 183-85, 191-94, 196-97, 201
    sepultamento de Maomé, 361-62
Barrah (avó de Maomé), 57, 91-2
Batalha da Trincheira, 284-85
batalha de Badr, 261-77
Batalha de Bu'ath, 233
Batalha de Uhud, 277-85, 289, 293, 351, 357
Benjamim I, papa copta, 294
Biblioteca Al-Zahiriyah (Damasco), 32
Bilal, 177-78, 181, 185, 192-93, 214, 243, 247-50, 259, 268, 309, 312-13
boicote dos hachemitas (o clã de Maomé em Meca), 181, 184-90, 197-202, 210-11, 216, 254, 291-92, 293-94, 350-51

Burak (mês de peregrinação;
    Thul- Hijjah), 54, 354
burdah (manto), 18, 141, 371

Constituição de Jerusalém, 363
Constituição de Medina, 236-39, 244,
    252, 317, 361, 363, 367, 370
cultura beduína, 44-8, 89, 131, 334

Dar-ul-Arqam, 165, 172, 176-77, 181,
    201, 207, 212-13, 240, 323, 367, 370
Dar-un-Nadwah (Casa da
    Assembleia), 72-7
Dihya al-Kalbi, 291
Divino Amoroso, 171, 202, 214, 225,
    229, 233, 241-42, 249, 274, 326,
    334, 352, 355, 356
Divino Mentor, 196, 213, 239, 333,
    337

ética de guerra, código de, 270

Fatimah (filha de Maomé)
    casamento com 'Ali, 257
    infância, 145, 150-52, 189
    morte da mãe, 199-200
    morte de Maomé, 358
    morte de, 362
    nascimento de, 141-42
    nascimento do filho Al-Hasan, 276
    preferida de Maomé, 189, 198
Fatimah bint al-Khattab, 174, 181
Fatimah Bint Asad (esposa de Abu
    Talib), 84-7, 124, 125, 130, 132,
    344

feminicídio, 53-4
fikr (mentalidade), 31-4
firasah (desvendando o oculto;
    habilidade de divinação), 86, 93,
    121, 151

Ghifar, clã, 206-07, 256, 294

hachemitas (clã de Maomé em Meca),
    181, 187-90, 197-99, 216, 255, 315,
    362
boicote social e econômico dos, 181,
    184-90, 197-203, 211, 216, 255,
    292, 293, 351
hadi (especialista em chamada; guia),
    89-91, 210, 217, 343
Hádice, 21, 23, 26, 32, 323-24, 335,
    355
Hafsah (esposa de Maomé), 274, 282,
    357
hajj, 30, 343, 346-51, 353-54, 359-60,
    367, 373
Hakim ibn Hizam, 119-22, 124, 130,
    189, 200
halal, 20
halaqah (círculo), 47
Halimah (beduína mãe adotiva de
    Maomé), 44-8, 132, 142
Hamzah (tio de Maomé), 66, 72, 102,
    113, 178-79, 181, 216, 241, 262-65,
    268, 277-80, 357
harb-ul-fijar (guerra sacrílega), 54
Haritha ibn Sharahil, 124, 133
Hashim (bisavô de Maomé), 75-8, 97,
    113, 290, 321

Hejazi árabe, 56
Heráclio (imperador bizantino), 291
higiene, 21, 165, 244, 286, 369
hija (esfaqueamento), 206
hijrah (migração), 213-15, 273
Hilf-ul-Fudhul ("Pacto para Fomentar a Honra da Sociedade"), 114-16, 121, 161, 181, 325-26
Hilf-ul-Mutayyabun (Pacto dos Perfumados), 76
Hind, 277, 278-79, 280, 281
História de Profetas e Reis (At-Tabari), 22-3, 27
Hizam, 130-31, 133
Hubal (divindade principal de Meca), 50, 187, 258, 279, 283, 302
Husain (neto de Maomé), 327, 358, 366
Huthafah, 47

Ibnu 'Abbas, 24
Ibnu Hajar Al-'Asqalani, 27
Ibnu Hisham, 22-3, 25
Ibnu Ishaq, 24
Ibnu Jud'an (mentor de Maomé), 104-05, 110-11, 113-15, 120-22, 136, 137-38, 145
Ibnu Mas'ud, 24
imame, 322
Império Abássida, 368
Império Omíada (Umayyad), 24, 32, 287, 313-14, 319, 364-67
'Inaq, 271
Inquisição, 25
iqra, 28-9, 147, 148-50, 153, 160, 169

Isaf e Na`ilah (amantes em uma lenda), 70, 307
isra` (jornada noturna espiritual), 204-05
Iyadh Al-Yahsubi, 25

Ja'far (primo de Maomé), 181, 185, 190-97, 201
Jahiliyyah (estagnação)
  Alcorão e, 339, 341
  Alcorão sobre, 53
  como mentalidade, 53-4, 375
  disputas interclãs e, 167-68, 176
  fim da era da, 296-311, 319-23, 333
  hajj e, 347
  infanticídio e, 54
  mercantilismo e, 53
  morte de Maomé e, 360, 365
  mulheres e, 119-20, 142, 277, 322
  Tratado de Hudaibiyyah e, 289-90
Jundub (depois Abu Tharr), 206-07, 294, 365
juz` (passagem do Alcorão), 22

Khabbab, 173-75
Khadijah (primeira mulher de Maomé)
  casamento com Maomé, 129-32
  conhece e emprega Maomé, 121-28
  firasah, profecia do leitor de rostos sobre Maomé, 86, 121, 151
  irmão Hizam, 130-31, 133
  morte de, 199-201
  nascimento da filha Fatimah, 141-42
  nascimento da filha Ruqayyah, 139

nascimento da filha Um Kulthum, 139
nascimento da filha Zainab, 139
nascimento e morte do filho Abdullah, 137, 138, 139
nascimento e morte do filho Al-Qasim, 134-38
período de luto por, 201-06
primo Waraqah, 23, 153-56, 158, 161-62, 216, 325
promete fidelidade à liderança espiritual de Maomé, 156
serva (Maysarah), 122, 128-29, 150
usa informantes disfarçados para espionar Maomé, 128-29
Khalid, 277, 280, 287, 289, 293, 304, 309
khalifah (califa, sucessor), 361, 363
kun rajula (transformador do mundo; últimas palavras de Aminah para Maomé), 61-2, 207, 309-10, 320-21, 376

limpeza, 21-2, 165, 244-45, 286, 370
Língua etíope, 81, 183, 193
Lubabah (tia de Maomé), 162, 181, 299
Lubainah (seguidora secreta de Maomé), 181, 185, 187, 193

Maimunah (esposa de Maomé), 301
Majlis ash-Shuyukh (congresso de anciãos), 68, 306
Malik, Imam, 25
Maomé (o profeta)

adoção de ʿAli, 140
adoção de Zaid, 132-33
agressões físicas contra, 202-03
anel de sinete de, 290-91, 322-23, 362, 365
ʿardh (grande impulso), 15-8, 34, 350-53
casamento com Khadijah, 129-32
código de ética da guerra de, 270
como *rasul*, 242, 244, 290, 307, 319, 323, 326-28
criação beduína, 44
declaração de liberdade de Barakah, 67
dias finais em Medina, 354-58
editando o Alcorão, 346-47
educação árabe de, 78-82
encontro com mulher idosa se esforçando para carregar jarros de água pesados, 29-30, 162-63
entrando no santuário Kaʿbah quando criança, 69-70
estratégia militar, 33, 296-97
firasah, profecia do leitor de rostos, 86, 93, 121, 151
Hilf-ul-Fudhul ("Pacto para Fomentar a Honra da Sociedade"), 115-16, 121, 161, 181, 325-26
infância em Meca, 48-55
infância, 43-8
israʾ (jornada noturna espiritual para Jerusalém), 204-06
legado de, 367-73
libertação de Zaid, 133-34
mentalidade de, 31-4, 218-20

morte da esposa Khadijah, 199-201
morte de, 358
morte do avô ('Abdul-Muttalib), 82-5
morte e sepultamento da mãe, 61-4
nascimento da filha Fatimah, 141
nascimento da filha Ruqayyah, 139
nascimento da filha Um Kulthum, 139
nascimento da filha Zainab, 139
nascimento de Maomé, 37-43
nascimento e morte do filho 'Abdullah, 137, 138, 139
nascimento e morte do filho Al-Qasim, 134-38
nomeação de, 41-2
plano de assassinato contra, 216-17, 239
primeira reação à prostituição, 103-04
primeiras práticas religiosas e crenças, 101-02
primeiros seguidores de, 156-62
retorno a Meca após criação beduína, 48-9
retorno a Meca de Yathrib, 64-5
segunda revelação de, 151-56
sepultamento de, 359-62
Sermão de Despedida, 350-54
sobre autolibertação da estagnação, 166-67
terceira revelação de, 163-64
trabalho como pastor, 102-03
trabalho para o ancião de Dar-un--Nadwah, 104-05
últimas palavras da mãe para, 61-2
uso do termo *muçulmano*, 166

Ver também revelações de Maomé (o profeta)
viagem de caravana para Damasco, 87-99, 106-10
viagem de caravana para o Iêmen, 101
viagem de caravana para Yathrib, 55-64
visita ao túmulo do pai, 60-2
Maomé 'Abduh, 372-73
Maomé ibn Musa (depois Al-Khawarizmi), 368-69
Maria (esposa de Maomé), 294, 328
mathahib (jurisprudência islâmica), 24
Meca, conquista de, 299-317
Medina, cerco de, 282-90
Medina, Constituição de, 236-39, 244, 251-52, 317, 361, 363-64, 367, 370
Mensagem, A (filme), 20, 23
mentalidade de Maomé (o Profeta), 31-4, 359-76
  atitude positiva, 219
  propósito transcendente, 218-19
  técnicas práticas, 219-20
Mentor Cósmico, 148-49, 152-53, 172, 209, 235, 341
mesquita (local de enraizamento), 240-49
mezuzah, 57-8
mito do "Massacre de Medina", 27-8
modernidade, 34, 375
monogamia, 257, 273, 276
monte Hira, 147-55, 169, 201, 206, 267
mu`athin (proclamador), 243

Mu'ath ibn Jabal, 293
Mu'awiyah, 313, 319, 364-66
Mukhairiq, 225, 234-36, 239, 256, 278-81, 357
Muqata'ah, 186-88
Mus'ab ibn 'Umair, 157-58, 159, 165, 169, 193, 211-12, 224, 229, 235, 291

nabi (fonte borbulhando em deserto estéril; profeta), 154-55
negus (rei), 192-97, 254
Nu'aiman, 232-33, 246, 254
Nubaih, 116

Poços Hudaibiyyah (dobrador de costas), 65
poligamia, 253, 257, 275-76
prece, 205-06, 325
   athan (chamado para a oração), 242, 312
   de Ação de Graças divina, 285
   orações da noite, 345
   orações do amanhecer, 313, 345, 357
   orações do meio-dia, 345
   salah (conexão; sessões de oração terapêuticas), 85, 206, 344-45
prostituição, 104, 108, 111, 165, 251-52, 267, 271, 355

Qayn, tribo, 124
qidam (vento leste), 65
Quraish, tribo, 17, 54, 122, 241

Qusai, Zaid ibn Kilab (tataravô de Maomé), 73-6, 100, 241, 305-06, 321

rabb (guia, mentor), 153, 159
Rabb (palavra para o Divino), 164, 214, 239
rahim (útero), 164
Ramadã, 19, 257-58, 264, 267, 303, 345-46
Ramlah (mulher de Maomé), 292, 296
rasul (canal de irrigação; mensageiro), 242, 244, 290, 307, 319, 323, 326-28
reino gassânida, 76
reino himyarita, 48, 166-67
revelações de Maomé (o profeta)
   Al-Inshirah ou *Ash-Sharh* (Consolação/Consolo), 207-08
   In 'alaika illal-balagh (sobre passar a mensagem com eloquência), 208
   introdução do profeta Ló, 215
   isra` (jornada noturna espiritual para Jerusalém), 204-06
   releitura da história de José (Surah Yusuf), 201-02
   revelação de *iqra* no monte Hira, 147-55, 169, 201, 206, 267
   revelação final (sobre o valor na vida de uma pessoa), 356
   sobre a autodefesa, 264
   sobre a humanização dos inimigos, 266-67
   sobre a paciência, 189-90, 212-13
   sobre a proposta da *hijrah*, 213

sobre *akhirah* (vida após a morte), 169
sobre as características positivas de Medina, 230-31
sobre evitar o desperdício, 255
sobre guiar os outros por meio de sabedoria criteriosa e equilíbrio calmo, 234-36
sobre julgar o indivíduo pelos méritos, 314-15
sobre não confiar cegamente no julgamento de estudiosos e clérigos, 233
sobre o coração purificado, 355-56
sobre o Divino como *Rabb*, 235-36
sobre o equilíbrio do universo, 247-48
sobre o fim da era da *Jahiliyyah*, 307-08
sobre o valor da monogamia, 276
sobre o *yusr* (fluxo), 208-09
sobre os beneficiários dos fundos *zakah*, 249-50
sobre os israelitas justos, 234
sobre por que o Divino não fez os seres humanos monolíticos, 348
sobre reserva de tempo para o serviço social, 256
Surah An-Nahl (As Abelhas), 213-14
Surah At-Tawbah (A Reconciliação), 295
Surah Bani Isra`il (Os Filhos de Israel), 229-31
Surah Taha, 169-75
Rozbeh (posteriormente, Salman), 255-56, 266, 282, 290, 309

Ruqayyah (filha de Maomé), 139, 150, 184, 216, 272
rutab (tâmaras deliciosas), 38, 135

Sa'ad, 40, 61
Sa'id ibn al-Musayyib, 272
Sakhr, 188
salah (conexão; sessões de orações terapêuticas), 85, 206, 344-45
salim, 355
Salma (bisavó de Maomé), 77, 142, 251, 256, 266, 282, 290, 309
Salman (antes, Rozbeh), 256, 266, 282, 290, 309
Santo dos Santos, 94, 363
Santuário Ka'bah (Meca), 16-7, 38, 51, 69-70, 140-41, 176, 204, 241, 301-17, 334-35, 347-50, 373
sawm (partir o pão), 256-57, 345, 349
shahadah, 45-6, 344
Shaibah, 77-8, 268
sirah (seguir pegadas), 24-6, 27, 30
Siratu Rasulillah (Ibnu Hisham), 22, 23
sistema de caravana, 55-64, 75-6, 87-100, 101, 106-10
Suhaib, 138-39, 177, 190, 215-16, 247
Suhail ibn 'Amr, 288
Sumayyah (seguidora de Maomé), 166-69, 172, 175-76, 184, 229
sunnah (fórmula), 325, 352
surah (constelação), 171, 174-75, 195, 201-03, 213, 229-30, 340, 342
Surah Al-Baqarah, 249

Surah Al-Fatihah, 206
Surah Al-Muddaththir, 153
Surah An-Nahl, 213
Surah An-Nur, 58
Surah At-Tawbah, 249, 295
Surah Bani Israel, 220-30
Surah Taha, 169-76
Surah Yusuf, 201-03, 252

tahnik (iniciação), 42, 46, 135, 276
tajwid (elocução), 22, 339-40, 340, 374
taqlim (poda), 51
Tawaf-ul-Wada' (cerimônia culminante do *hajj*), 349-50, 353-54
Tayy, tribo, 124, 133
thakar (macho), 51
Thul-Hijjah (mês de peregrinação; Burak), 54, 354
Thuwaibah, 38-41
Tish'ah B'Av (dia de lamentação), 59, 223
Tratado de Hudaibiyyah, 103, 287-90, 293-95, 342
tribo Aslam, 294
Turhibuna, 28

'Ubaidah (primo de Maomé), 268, 277
Uhud, Batalha de, 277-85, 289, 293, 351, 357
'ulama (eminentes estudiosos islâmicos), 371, 377-78

Um Kulthum (filha de Maomé), 139, 150, 216, 286
Um Salamah (esposa de Maomé), 275, 287-89, 296
Um Waraqah bint 'Abdillah ibn al-Harith (Ash-Shahidah), 322, 363
'Umair (amigo de infância de Maomé em Meca), 50, 157-58
'Umar (sobrinho de dois metros de altura de 'Amr ibn Hisman), 167, 173-76, 178, 215, 241-42, 257, 266-67, 274, 289, 359, 361-67
Umayyah ibn Khalaf, 176-77, 268
ummah (comuna), 103, 234, 236-37, 239, 317, 361
untha (fêmea), 51
Usamah, 322
'Urwah ibnuz-Zubair Waraqah, 24
'Utbah (ancião-chefe), 179, 188, 268
'Uthman ibn 'Affan (casado com a filha de Maomé, Ruqayyah), 157-58, 169, 181, 272, 274-75, 287-88, 291, 349-50, 363-64

wa`d (feminicídio), 53
Wadi Marr Ath-Thahran (vale de amargura extenuante), 299-300
Wahb (avô de Maomé), 57, 92
Wahshi, 277, 280
Walid, 268
waqf (ficar imóvel; fundo de caridade), 241, 281, 286
warid (gerente de água), 103, 234

wudhu (iluminação, ato simbólico de purificação), 206

Yasir, 167, 175
yathribitas, 56-8, 60, 210-12, 218, 223, 252, 256, 349
yawm-ul-'urubah (dia do arabismo), 15
yawm-ul-jumu'ah (dia de inclusão), 16
yusr (fluxo), 34, 91, 208-09, 251, 294

Zaid (escravo de Khadijah e filho adotivo de Maomé), 122-27, 137-38, 140, 145, 148-49, 203-04
 adotado por Maomé, 132-33
 libertado por Maomé, 132-33, 135
 promete fidelidade à liderança espiritual de Maomé, 156
Zaid ibn Thabit, 331
Zainab (esposa de Maomé), 273
Zainab (filha de Maomé), 139, 150, 215, 273, 275, 281
zakah (plataformas elevadas; princípio da igualdade de investimentos), 249-52, 255, 286, 294, 345, 349
Zinnirah Ar-Rumiyyah, 165
zoroastristas, 255, 317

LISTA DE LEGENDAS

———◄o►———

Figura 1. Dedicatória [sem necessidade de legenda], p. 7.

Figura 2. Mapa de principais localizações (Arábia em 610 d. C.), p. 8.

Figura 3. Mapa de rota de caravana [rotas de caravanas de Meca; Norte para Damasco/Ascalão (Verão) e Sul para Iêmen (Inverno)], p. 9.

Figura 4. Introdução [neocúfico fundido com Estilo Haida ("Canadá"), escrito cinco vezes para simbolizar os quatro pontos cardeais e o centro. Na forma de um bode montês, simboliza perseverança e determinação], p. 15.

Figura 5. Capítulo 1 (neocúfico fundido com Estilo Haida, "Ó Maomé, sê aquele que transforma o mundo!), p. 37.

Figura 6. Capítulo 2 [neocúfico fundido com Estilo Maori da Palavra-Raiz H-Q-Q ("Verdade")], p. 63.

Figura 7. Capítulo 3 [palavra-raiz H-S-N ("Beleza")], p. 89.

Figura 8. Capítulo 4 [estilo persa, palavra-raiz H-N-N ("Amor Incondicional")], p. 119.

Figura 9. Capítulo 5 [Florescimento], p. 147.

Figura 10. Capítulo 6 [neocúfico fundido com Estilo Maori das passagens 110-111 do Capítulo 12 do Alcorão (Surah Yosuf) sob a forma de um Tsunami convergindo para a palavra árabe que significa "vida" (*Hayah*), sob a forma de um antigo egípcio olhando de frente uma tempestade], p. 183.

Figura 11. Capítulo 7 [forma manuscrita da canção de boas-vindas (*Tala 'al-Badru 'Alaina*)], p. 223.

Figura 12. Capítulo 8 [verso 79 do famoso poema do Imã Ash-Shatibi ("Não fosse pela compaixão previdente e pelo espírito de cooperação, o mundo, seguramente, mergulharia num abismo de discórdia e ódio")], p. 261.

Figura 13. Capítulo 9 [estilo neocúfico], p. 299.

Figura 14. Capítulo 10 [Florescimento], p. 331.

Figura 15. Epílogo [estilo otomano ("Hu, Allah, Maomé, Abu Bakr, 'Umar, 'Uthman, 'Ali")], p. 359.

Figura 16. Fonte do Material, p. 377.

Parte I, p. 35.

Parte II, p. 117.

Parte III, p. 221.

LISTA DE AUTORIZAÇÕES

Figura 1. Dedicatória [cortesia do autor].

Figura 2. Mapa de principais localizações [cortesia do autor].

Figura 3. Mapa de rota de caravana [cortesia do autor].

Figura 4. Introdução [cortesia do autor].

Figura 5. Capítulo 1 [cortesia do autor].

Figura 6. Capítulo 2 [cortesia do autor].

Figura 7. Capítulo 3 [cortesia do autor].

Figura 8. Capítulo 4 [cortesia do autor].

Figura 9. Capítulo 5 [cortesia do autor].

Figura 10. Capítulo 6 [cortesia do autor].

Figura 11. Capítulo 7 [cortesia do autor].

Figura 12. Capítulo 8 [cortesia do autor].

Figura 13. Capítulo 9 [cortesia do autor].

Figura 14. Capítulo 10 [cortesia do autor].

Figura 15. Epílogo [cortesia do autor].

Figura 16. Fonte do Material [cortesia do autor].

Impresso por :

Graphium
gráfica e editora
Tel.:11 2769-9056